Hartgesottene Männer waren sie, ihr Leben und Sterben der Stoff, aus dem Legenden sind: Arnold Rothstein, der das organisierte Verbrechen revolutionierte; Bugsy Siegel, vielleicht der bestgekleidete Gangster aller Zeiten; Dutch Schultz, dessen unglückliches Ende in *Billy Bathgate* nur zur Hälfte erzählt wird; Abe »Kid Twist« Reles, der unter nie geklärten Umständen auf dem schmutzigen Vordach eines Hotels in Brooklyn starb; Meyer Lansky, einer der wenigen Gangster, die das Pensionsalter erreichten; und all die anderen großen und kleinen Helden der New Yorker Unterwelt in den zwanziger und dreißiger Jahren. Gemeinsam war diesen Männern eines: Sie waren Kinder jüdischer Immigranten aus Osteuropa und Underdogs in einer Gesellschaft, die sie nicht wollte. Sie waren »tough jews«, furchtlos und unerschrocken. Schon ihre Söhne und Enkel schlugen einen anderen Weg ein, sie gingen zur Schule, studierten und hatten Möglichkeiten und Erfolge, von denen ihre Väter nur träumen konnten.
Rich Cohen, dessen Urgroßeltern das Diner betrieben, wo regelmäßig die Mitglieder des Syndikats mit dem durchaus ernstzunehmenden Namen »Murder Incorporated« verkehrten, entführt seine Leser in die untergegangene Welt der Brooklyner Straßenecken, der Bars und Nachtclubs, des Glücksspiels, der Prostitution und Bandenkriege. Sein Buch gleicht einem großen Gangsterfilm: es ist das authentische, wie ein Roman zu lesende Pendant zu *Es war einmal in Amerika, Scarface, Bugsy* oder *Der Pate,* akribisch recherchierte und wunderbar erzählte Geschichte zugleich. Es ist ein fesselndes, bisweilen auch melancholisches und persönliches Buch über ebenso berüchtigte wie bewunderte Gangster, über Väter und Söhne, über Orientierung und Fremdheit in einem unbekannten Land.

Rich Cohen, Jahrgang 1968, schreibt für ›Rolling Stone‹. Er hat außerdem im ›New Yorker‹, der ›New York Times‹ und in ›Details‹ publiziert. Geboren und aufgewachsen in Illinois, lebt Rich Cohen in New York. Neben ›Murder Inc. oder Nicht ganz koschere Geschäfte in Brooklyn‹ liegt auch sein zweites Buch, ›Nachtmarsch. Eine wahre Geschichte von Liebe und Vergeltung‹, im S. Fischer Verlag vor.

Unsere Adresse im Internet: www.fischer-tb.de

RICH COHEN

MURDER INC.

oder
Nicht ganz koschere Geschäfte in Brooklyn

Aus dem Amerikanischen
von Bernhard Robben

Fischer Taschenbuch Verlag

Ungekürzte Ausgabe
Veröffentlicht im Fischer Taschenbuch Verlag GmbH,
Frankfurt am Main, August 2000

Lizenzausgabe mit freundlicher Genehmigung des
S. Fischer Verlages GmbH, Frankfurt am Main
Die amerikanische Originalausgabe erschien 1998 unter dem Titel:
›Tough Jews, Fathers, Sons, and Gangsters' Dreams‹
beim Verlag Simon & Schuster, New York

Druck und Bindung: Clausen & Bosse, Leck
Printed in Germany
ISBN 3-596-14744-1

Für meine Mutter und meinen Vater

Inhalt

Arnolds Jungs

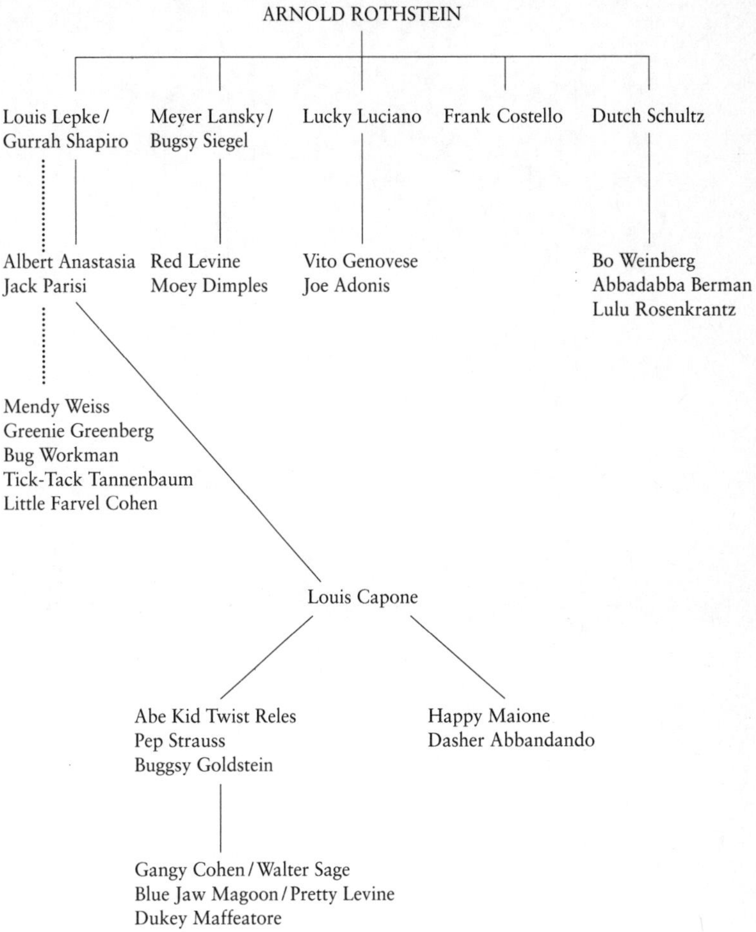

Der Gangsterstammbaum, der aus Arnold Rothsteins Unterweltimperium erwuchs.

Nate 'n' Al's

Sie fahren in deutschen und italienischen Sportwagen vor. Sie parken in zweiter Reihe, Strafzettel kümmern sie nicht. Sie öffnen die Tür zu *Nate 'n' Al's*, einem Delikatessen in Beverly Hills, kommen aus dem gleißenden Sonnenlicht des Rodeo Drives und erwarten freundliche Gesichter. Sie werden nicht enttäuscht. Sie schweben auf italienischen Schuhen herein und stehen gedrängt in den Gängen, füllen den Raum, reden Pseudo-Jiddisch. Sie verlangen Pickles, Ketchup, Hering, und sie sagen niemals bitte. Immer heißt es: Gib schon, gib schon, gib schon.

»Jetzt mach, hast Asher doch gehört«, sagt Herbie und verschränkt die Arme. »Gib ihm schon den Hering.« Asher bekommt seinen Hering, legt ihn aufs Bagel und sagt niemals danke. Das ist in Ordnung. Das versteht sich so. Es gibt vieles, was Asher niemals sagt.

Sie sitzen jeden Morgen in derselben Ecke hinten im Restaurant. Sie werfen einen Blick auf überfüllte Tische und Sitzecken, auf hohe Tiere in der Menge und hastende Kellner, auf die Zigarrenschachtel, die umsonst Zahnstocher und Pfefferminzbonbons feilhält. Sie blinzeln im Dämmerlicht, das sich in allen echten *Delis* findet, in denen jeder Morgen der gleiche Morgen ist. Sie sitzen unter Juden, die aus dem Osten hergezogen sind – aus Baltimore, Chicago, Brooklyn –, und die nun nach dem suchen, was auf dem Weg nach Westen verlorenging. Sie kommen zur tags zuvor vereinbarten Zeit. »Morgen um neun«, hatte Sid gesagt und dabei auf seine Armbanduhr getippt. »Wer zuletzt kommt, zahlt. Einverstanden?« Köpfe nicken. Einverstanden.
Heute ist Sid der letzte. Sid muß bezahlen. Sid steht zu seinem Wort. Er hält sich an die Regeln. »Erst recht, wenn es meine Regeln sind«, sagte er und schiebt sich auf die Sitzbank. »Ein Mann, der sich nicht an seine eigenen Regeln hält, ist überhaupt kein Mann.«
Sid ist knapp einsachtzig, breitschultrig und stämmig, doch sind seine Ausmaße nicht das erste, was einem an ihm auffällt. Das erste, was einem auffällt, das sind seine Augen, in denen der Schalk blitzt. »Gute Augen sehen Gegenwart und Vergangenheit genau zur selben Zeit«, sagt er.
Sid hat gute Augen. In den letzten Jahrzehnten ist er mit dem Land nach Westen gezogen, von New York nach Los Angeles. Er hat seine Zeit auf Maklermeetings im Mittleren Westen zugebracht, einen Drink in der Hand, weit und breit nichts als reifender Mais und Roggenfelder. Er ist zu Seminaren gefahren, hat über PTA* geredet, über die Zukunft des *Rust Belts*, der Industrieregion im Nordosten, über Computer, die explosionsartige Entwicklung des Südwestens und das Internet. Trotzdem hat er in all den Jahren, in all den Häusern mit all den Frauen nie den Blick von Bensonhurst abgewandt, von jenem Viertel in Brooklyn, in dem er vor fünfzig Jahren erwachsen wurde. Wohin er auch geht, stets umgibt er sich mit Leuten, die ihn auf unbestimmte Weise an jene Jungs erinnern, die seine Welt in Brooklyn geprägt haben, wo jeder Sohn der Sohn eines Einwanderers,

* Preferential trade area – Präferenzhandel

jeder Traum das Luftschloß eines Einwanderersohnes war. In Los Angeles, der Stadt, in der so viele seiner Kindheitsfreunde gestrandet sind, zieht es ihn zur alten Meute. »Hallo Leute«, sagt er und langt nach der Speisekarte. »Freut mich, daß ihr alle so fröhlich ausseht.«

Sid ist Millionär. Früher war er Grundstücksmakler, hat seine Firma aber inzwischen verkauft. Sid sagt, aus Brooklyn zu sein, ist ein Ganztagsjob. Wenn er redet, dann in jenem hohen Singsang, der in so angenehmem Gegensatz zu seinem Äußeren steht. »Offenbar bin ich der letzte«, sagt er und winkt einer Kellnerin. »Dann muß ich wohl auch zahlen. Okay, in Ordnung. Keine Hemmungen, Jungs. Eßt. Ich habe Geld wie Heu.«

Sie grunzen zustimmend, ins Essen vertieft: Asher und sein eiweißes Omelett, schlierig und mit Ketchup bedeckt; Herbie und sein Bagel, leicht getoastet, mit einem Klecks Käse; Larry, der von Ashers eiweißem, schlierigem und mit Ketchup bedecktem Omelett probiert. »Ich möchte einen Bagel mit Weißfisch«, sagt Sid zur Kellnerin. Und als er ihr die Karte zurückgibt, sagt er: »Bestellen Sie dem Koch, er soll die Augen ausstechen. Ich mag's nicht, wenn mich mein Frühstück anglotzt.«

»He, Asher, versuchst du, deine Eier vor mir zu verstecken?« fragt Larry mit einem Blick auf Ashers Teller. »Was soll dieser ganze Ketchup?«

»Halt den Mund«, sagt Asher. »Dich hat keiner eingeladen.«

Ein solcher Menschenschlag gedeiht in Los Angeles: Broker, Anwälte, Unterhaltungskünstler, unterhaltsame Anwälte, Darsteller, Magnate, pensionierte Pelzhändler, Spediteure, Importeure, Exporteure, Selbstdarsteller, Privatiers. Vor fünfunddreißig, vierzig Jahren flohen sie aus Brooklyn und haben die äußerlichen Spuren ihrer Herkunft abgestreift, soweit sie abzustreifen waren, haben aber dennoch von der alten Welt etwas behalten, einen letzten, flüchtigen Blick darauf, wie ihre Väter gewesen sein müssen. Ihre Gesichter sind konzentriert, in den Gesprächen klingen Warnungen an, Vorahnungen, Zeit, die sich wiederholt, gute Männer, denen alle weltliche Habe genommen war und die wieder einmal mit nichts anderem als ihrem Instinkt den Kampf aufnehmen mußten. Jedesmal, wenn er ein Zimmer betritt, merkt sich Asher, wo wer steht, wer die größte Gefahr bedeutet und wen er, falls nötig, zuerst erledigen muß. »An so was muß ich ständig denken«, sagt er und wischt sich die Hände ab. »Das ist für mich wie ein Kreuzworträtsel.«

An Vormittagen, an denen die Gang in Hochform ist, wenn die Geschichten rascher aufeinanderfolgen als die Songs auf einer CD, reißen sie *Nate 'n' Al's* in einen Zeitsumpf, in dem das alte Brooklyn Aug in Aug dem modernen Los Angeles gegenübertritt. Bei solchen Gelegenheiten ist die Gruppe eine Attraktion für die Gäste in den umliegenden Sitzecken, den Stammkunden von *Nate 'n' Al's*, die der Gang zusehen, als schauten sie sich eine Pantomime auf der Bühne an, statten sie doch jede Geste mit Bedeutung aus und meinen, in diesen Männern einfach alles sehen zu können, ungehobelte Kerle, die ihren Reichtum nicht verdienen, ebenso wie die letzten eines aussterbenden Menschenschlags, deren Dialekt allein, dieses breite Brooklynisch, es nirgendwo sonst außer in diesen Geschichten erzählenden, von der Vergangenheit träumenden Kreisen gibt. »Neuerdings versuchen sie, meinem Enkel in der Schule Spanisch beizubringen«, sagt Asher und überläßt Larry seinen Teller. »Was soll der Blödsinn? Wenn er was lernen muß, dann Jiddisch. Die Sprache meines Volkes stirbt aus.«

Und wenn sich die Männer auf der Bühne im Restaurant umsehen, in die Augen derjenigen blicken, die sie anschauen, was sehen sie dann? Sehr viel. Menschen, die jedes Sandwich mit Mayonnaise verderben, die teuer kaufen und billig verkaufen, die tun, was man ihnen sagt, die Sätze von sich geben wie: ›Es ist nett, wichtig zu sein, aber wichtiger, nett zu sein‹, die auf jeden Schönschwätzer hereinfallen, der zur Tür hereinkommt und der nichts über Brooklyn weiß, nichts über jene Tage, als es die alte Welt noch neben der neuen gab, als jedes Dach noch wie die Kulisse für eine Verfolgungsjagd aussah. »Ich geh hin, wohin ich gehen will, und bin stets ich selbst«, sagt Sid und schaut sich um. »In anderer Leute Haus bin auch ich zu Hause.«

Diese Männer strahlen eine derart ungezwungene Lässigkeit aus, daß man sich ihnen anvertrauen möchte. Die Ungezwungenheit alter Freunde. Späte Abende. Geschichten, die eher erfunden als wahr scheinen. Geschichten, die auf den Treppen und an den Ecken von Bensonhurst, Flatbush und Brownsville spielen, zu einer Zeit, da jüdische Gangster, diese lang vergessene, romantische Spezies, noch durch die Straßen zogen, als die Italiener noch kein Monopol auf das Rowdytum hatten, als ein jüdischer Junge sich seine Zukunft noch mörderisch, tollkühn und weit offen vorstellen konnte, ein Schnappschuß der Zukunft voller Löcher. Seitengassen. Blauverrauchte Räume. Kellerwohnungen. Das bedrohliche Echo von Schritten. Lederne Schulterhalfter.

In seiner Jugend konnte Sid den Wohnblock seiner Familie in der Vierundsiebzigsten Straße verlassen und an den Reihenhäusern vorbei zum Kings Highway laufen, um dem unsterblichen Sholem Bernstein, der ›Botengänge‹ für das Jüdische Syndikat erledigte, bis hin zum Hafenviertel nachzuschleichen, wo sich die Welt zu öffnen schien. Wenn er sich ein wenig Mühe gab, konnte Sid fast wie Sholem gehen, konnte wie er die Schultern rundmachen, den Fuß nachziehen. Oder wie irgendein anderes Mitglied von *Murder Incorporated*, der jüdischen Gang, die im organisierten Verbrechen, im Alkoholschmuggel und Wuchergeschäft mitmischte. Doch all das geschah vor langer Zeit, als ein Jude im Gefängnis noch nicht zwangsläufig ein Wirtschaftsverbrecher war.

»Habe ich euch schon erzählt, wen ich getroffen habe?« fragt Larry und blickt von Ashers Teller auf. »Mike Tyson. Ich habe ihn im Ring nach seinem Kampf mit dieser Flasche McNeely interviewt. Erst haben wir ein bißchen über den Fight geredet und dann eine Stunde lang über die alten Gangster geplaudert.« Tyson stammt aus Brownsville, wo *Murder Incorporated* zu Hause war. Und wenn auch noch so viele bürgerliche Familien in die Vorstädte und den Schutz der Büsche und Hecken von Long Island fliehen, so verlassen die Helden ihr Viertel doch nie. »Wenn Tyson über Lepke redet«, sagt Larry, »dann redet er wie ein Schulmädchen mit erstickter Stimme.«

Larry ist der Fernsehstar Larry King. Als Larry Zeiger wuchs er in Brownsville und Bensonhurst auf, zottelte hinter Leuten wie Sid und Asher her und träumte von langen Nächten am Radio. »Ich mache Larry die Hölle heiß«, erzählt Sid und schaut seinen Freund dabei an. »Piesacke ihn, grill ihn. Eine Stunde vergeht, und er kann immer noch nicht fassen, was geschieht, daß sich da jemand über Larry King lustig macht. Über Larry Zeiger vielleicht, aber über Larry King?«

Larry, der von gefröntem Haar und Hosenträgern zusammengehalten wird, hängt überm Tisch, prüft sein Spiegelbild in Ashers Teller. Wie für die anderen in dieser Sitzecke ist sein Weg bis zu *Nate 'n' Al's* ein ausgedehnter Streifzug durch Jahre und Landschaften. 1962 hockte er mit einem Mikrophon im Fenster von *Pumpernicks,* einem Restaurant in Miami, und interviewte jeden Trottel, der zur Tür hereingeschneit kam. Eines Morgens aß Meyer Lansky am Nachbartisch, ein alter Mann, der einen alten Freund, den Killer Jimmy Blue Eyes, zum Frühstück eingeladen hatte. »Lansky fragte immer: ›Warum bleibst du bloß in New York, Jimmy?‹« erinnert sich Larry. »›Weißt du, wie kalt es jetzt in Brooklyn ist? Zwei Grad. Warum tust du dir das an? Zieh hierher. Miami ist das Gelobte Land.‹«

Einige Jahre später setzte Larry dann aufs falsche Pferd, wurde, das Gesicht in allen Zeitungen, regelrecht aus Miami gejagt und landete schließlich in irgendeinem Provinzknast. »Ich war mal da, aber zum Glück bin ich jetzt hier«, sagt Larry und trommelt auf den Tisch.

Larry ist in Los Angeles, um über den Prozeß gegen O. J. Simpson zu berichten. Er kam heute morgen an, hat seine Taschen im Beverly Wilshire abgestellt und ist gleich hergefahren. »He, Larry, wie steht's mit dieser Simpson-Sache?« fragt Asher und nimmt eine Gabel zur Hand. »Wieviel weiß die Jury? Wie isoliert ist isoliert?«

»Sie hatten gestern abend Besuch von ihren Gatten und Ehefrauen, also wissen sie alles, was du auch weißt«, sagt Larry.

»Besuch von Ehefrauen? Wie oft dürfen die kommen?« fragt Asher.

»Einmal die Woche.«

»Das reicht«, sagt Asher. »Wäre mir schon fast zuviel.«

Asher ist der attraktive, dunkeläugige Mann in dieser Gruppe. Wenn er lächelt, verschwinden seine Augen. Sein Haar ist grau, die Brille getönt. Er betreibt ein Maklerbüro gleich um die Ecke. »Wann bist du angekommen, Herbie?« fragt er und blickt über den Tisch.

Herbie ist eingenickt. Das hat nichts zu bedeuten. Herbie nickt ständig ein. Er ist ein geruhsamer Mensch. Einmal ist er beim

Zahnarzt eingenickt, als der an seinen Zähnen herumbohrte.
»He, Sid, rüttle mal Herbie wach.«
»Was ist?« fragt Herbie und schlägt ein Auge auf.
»Wann bist du angekommen?« fragt Asher noch einmal. »Sag mir nicht, daß du dich hier draußen vor deinen Kumpeln versteckt hast. Das würde mir das Herz brechen.«
»Nein, Asher«, sagt Herbie und schließt das Auge wieder. »Ich bin gestern gekommen, spät abends.«
Herbie ist mein Vater. Mein ganzes Leben lang hat Herbie sich gefreut, mich zu sehen. Wenn er mich sieht, benimmt er sich ganz anders als vorher, das weiß ich aus den Erzählungen seiner Freunde und weil ich ihn belauscht habe. Wenn er mich nicht sieht, ist seine Sprache mit Obszönitäten gespickt, mit Schwanzlutschern, Wichsern und verdammten Arschlöchern. Es gibt etwas, das häufig in seinen Geschichten vorkommt – bevor er mich sieht –, und das sind tote Männer. »Dieses Arschgesicht von Schwanzlutscher und diese scheißdämlichen Wichser, die er seine Gang nennt, die sind so gut wie tot.« Sobald er mich sieht, redet er von der Zukunft, davon, wie man sich benehmen soll, von Gott, den Geheimnissen des Lebens, den Nachbarn, wie sich Hank Greenberg* auf dem Platz machte, über komische Straßenschilder und jüdische Sportstars.
Bevor er mich sieht, drehen sich seine Gespräche um Louis Lepke und Gurrah Shapiro, wenn er mich sieht, um Sandy Koufax** und Sid Luckman***. Natürlich redet er aus dem gleichen Grund über Louis Lepke (ohne mich) wie über Sandy Koufax (mit mir). Beide Male geht es um Juden, die sich anders verhalten, als man es von Juden erwartet, um Juden, die die Welt in ihren Köpfen verlassen, um es in der realen Welt, der Welt der Sinne, Gerüche, einer Welt voller Chuzpe, Stärke, Mut und Schmerz zu etwas zu bringen. »Der Tag, an dem Koufax sich weigerte, während der World Series an Yom Kippur den

* Hank Greenberg, 1911–1986, erster jüdischer Superstar im Baseball. (A. d. Ü.)

** Sandy Koufax, geb. 1935, Baseballspieler, bekannt für seinen vorbildlichen Charakter. (A. d. Ü.)

*** Sid Luckman, 1916–1998, Footballspieler. (A. d. Ü.)

Ball zu schlagen, das war ein großer Tag für unser Volk«, sagt Herbie.

In dem Haus, in dem ich aufwuchs, gab es mindestens drei Bücher über die Heldentaten jüdischer Sportstars. Immer wieder hat mir mein Vater jenen Eintrag in der *Baseball-Enzyklopädie* gezeigt, der das Leben der Juden in Amerika auf den Punkt bringt: »Mo Solomon, ›Der Rabbi mit dem Hammerwurf‹: Bats 8; Hits 3. Geboren in New York, N.Y., 1900; gestorben in Miami, Florida, 1966.« Bei uns zu Hause gab es kein einziges Buch über jüdische Gangster. Und obwohl ich die Gespräche mit meinem Vater genoß (über *home-runs* und *no-hitters*), wünsche ich mir doch manchmal, ich könnte mit ihm reden, ehe er mich sieht, könnte mit ihm über Lepke und Shapiro reden, ein mit Obszönitäten gespicktes Gespräch führen, ein Blutbad von einem Gespräch, wo sich hinter jedem zweiten Satz ein toter Mann verbirgt.

Mein Vater hat ein äußerst ausdrucksstarkes Gesicht, das jedes Gefühl wie einen Lichtreflex spiegelt. Die Falten darin verlaufen senkrecht wie Furchen in einem Berg. Er redet auf eine langsame, schleppende Art, die seine Zuhörer mitreißt und länger festhält, als sie bleiben wollten. Freunde rufen an, wollen fragen, wie es mir geht, und telephonieren stundenlang mit ihm, bis sie ihm endlich recht geben, ja, sie hätten wirklich die falsche Laufbahn eingeschlagen, wären auf dem schnellsten Wege ins Nirgendwo.

Mein Vater wuchs mit Sid, Asher und Larry in Bensonhurst auf. Sie bildeten eine Gang, die sich die ›Warriors‹ nannte, hatten aber weder Gelegenheit noch Lust, *Murder Incorporated* anders als durch Sprache und Kleidung nachzuahmen. Und durch ihre Spitznamen. Sie gaben sich so überdrehte Spitznamen, wie sie Gangstern nun mal zukommen: Mouth Piece, Who-Ha, Inky, Bucko, Lefty, Gutter Rat und Moppo. Mein Vater nannte sich selbst *Handsomo*, ein Name, der in meinen Ohren bescheuert klingt. Doch einige Mitglieder der alten Gang bestehen darauf, daß mein Vater wirklich umwerfend, eben richtig *handsome* ausgesehen hat. »Dein alter Herr wurde zu Recht *Handsomo* genannt«, erzählte mir Larry. »Er hatte dunkles, fast schwarzes Haar und grüne Augen, eine seltene Kombination in unserer Gegend.« Larry hat mindestens zwei Bücher über Herbies jugendliche Heldentaten geschrieben. Mein Vater gibt sich in diesen Geschichten, wie sich alle dem Untergang geweihte, jugendliche Helden in allen Büchern geben, die vom Erwachsenwerden handeln: »Es gab eine Phase in meinem Leben«, schrieb Larry, »da wollte ich wie Herbie sein. Herbie war ein Provokateur, ein Ränkeschmied und Unruhestifter, aber er war immer aus lauter Spaß an der Sache dabei, und sich aus einem Schlamassel zu befreien hat er stets ebenso genossen, wie in einen hineinzugeraten...«

Nachdem er in der Armee gedient und an der New Yorker Universität seinen Abschluß in Jura gemacht hatte, wurde mein Vater von der Allstate Insurance Company eingestellt, in der er jeden Morgen sein Eintreffen mit den Worten ›Der Vorzeigejude kommt‹ ankündigte. Einige Versetzungen später (New Jersey, Long Island, Illinois) kündigte er bei Allstate und machte sich selbständig. Er beriet, hielt Vorträge und führte Verhandlungen. »Wen kannst du schon beraten?« hatte ihn sein Vater damals gefragt.

»General Motors«, antwortete Herbie.

»Wie lange ist General Motors schon im Geschäft?«

»Seit Jahrzehnten schon, Dad«, sagte Herbie.

»Und sind die bisher auch ohne dich ausgekommen?«

Und so fing mein Vater im hintersten Illinois, wo das ›s‹ immer stumm bleibt, aufs neue an. Während meiner Kindheit fand ich heraus, daß ich mich in mancher Hinsicht deutlich von ihm unterschied. Ich lernte, in mir einen typischen Midwesterner zu sehen, offen und freundlich wie die Prärien, während er sich stets enger in sein Brooklyn hüllte. Mit fünfzig hatte er eine Theorie über die großen Persönlichkeiten der Welt aufgestellt, derzufolge alle bedeutenden Menschen aus Brooklyn stammten. »Gefällt dir der Typ?« fragte er und schaute auf den Fernsehschirm. »Tja, auch einer aus Brooklyn.«

Etwa zehn Jahre nach seiner Kündigung bei Allstate schrieb mein Vater ein Buch, das ein Bestseller werden sollte. Das Buch heißt *Sie können alles schaffen*, ein Titel, für den ich in der High School bestraft wurde. »In diesem Seminar können Sie offenbar nicht alles schaffen, Mr. Cohen.«

Ach ja? Scheiß drauf.
Für mich faßt dieser Titel *Sie können alles schaffen* das Ethos seines alten Wohnblocks zusammen, ein Ethos, das Sid, Asher und Larry ebensoviel bedeutet wie meinem Vater, und bei dem es darum geht, Grips zu haben, keine Menschenseele je wissen zu lassen, ob man es ernst meint oder nicht, ob man verrückt ist oder normal, anständig oder gemein, gut oder schlecht. Es geht um Risiko. Auf Familienausflügen saß mein Vater am Steuer unseres Kombis, las die Zeitung (quer übers Steuer ausgebreitet) und aß mit der einen Hand (der linken) einen Hamburger. »Jeder blöde Idiot kann Auto fahren«, sagte er und blätterte um. »Zeitung lesen, essen *und* Auto fahren, das muß mir erst mal einer nachmachen!«
Genau wie Elvis – der übrigens nicht aus Brooklyn stammt – war mein Vater während des Koreakrieges in Westdeutschland stationiert. Gut zehn Jahre nach dem Zweiten Weltkrieg saß er in Bad Kissingen an der ostdeutschen Grenze. Als ich eines Tages einige grobkörnige Photos mit meinem Vater im Kampfanzug sah, fragte ich ihn, ob er sich nicht gefürchtet hätte unter all diesen Männern, die kurz zuvor noch Nazis gewesen sein mochten. »Gefürchtet?« wiederholte er, als sei ich ein Trottel. »He, Junge, in meinem Gürtel steckte eine 38er, also habe ich den Mund aufgemacht, und die anderen haben die Klappe gehalten. Besatzungsarmee, mein Junge. Ich brauchte keine Angst zu haben. Die Krauts, der Jerry, der Hunne, mein Junge, das waren die, die gezittert haben.«
Und diese Lektion hatte der Krieg viele Juden der Generation meines Vaters gelehrt. Schießereien sind schlecht. Schießereien sind bedauernswert. Doch kommt es zu einer Schießerei, paß auf, daß du am richtigen Ende vom Schießeisen stehst. *Besatzungsarmee, mein Junge!* Auch das ist einer der Gründe, warum sich die Freunde meines Vaters an ihre romantischen Vorstellungen vom jüdischen Gangster klammern. In ihren prägenden Jahren, jenen Jahren nach dem Holocaust, als sie mit den Bildern toter, gedemütigter Juden konfrontiert wurden, die man mit Bulldozern in Massengräber schob, da gab es noch ein anderes Bild, ein Bild aus ihrer unmittelbaren Umgebung – bewaffnete Juden, rücksichtslose, furchtlose Juden. Laßt euch nicht von der

Kippa täuschen. Diese Juden bringen euch um die Ecke, ehe ihr einen Mucks machen könnt. Bugsy Siegel, Abe Reles, Louis Lepke, Antihelden, deren wiegender Schritt eine Alternative zu bieten schien. Wenn heute noch jüdische Gangster den Ton angeben würden, wenn sie nicht koscher geworden wären, wenn die Juden meiner Generation sie nicht für Phantasmen hielten, für Wesen, die mit dem Yeti und dem Ungeheuer von Loch Ness auf einer Stufe stehen, ich glaube, dann wäre die jüdische Gemeinschaft besser dran. Schließlich braucht jeder Mensch jemanden, der ihm die Illusion von Kraft verleiht. Wie sonst ließe sich der Heiligenschein erklären, den die amerikanischen Juden der israelischen Armee verleihen? *Besatzungsarmee, mein Junge!*

Bei den jüdischen Gangstergeschichten, die mein Vater und seine Freunde sich jeden Morgen erzählen, handelt es sich eigentlich um die Erinnerungen an alte Geschichten aus der Nachbarschaft, um Legenden, die von Klubzimmern und Straßenecken in Vorstandsetagen und Delis bis hin zu solchen Vorstädten weitergetragen wurden, in denen ich aufgewachsen bin. Durchs häufige Erzählen wurden diese Geschichten mit den Jahren geschmeidig, wurden aufgepeppt und ausgeschmückt, bis sie eher dem Erzähler als dem Thema Genüge taten. Die Geschichte, die mir blieb, ist daher nicht unbedingt eine Geschichte der Tatsachen, sondern vielmehr eine Geschichte der Geräusche, die diese Tatsachen auf ihrem Gang durch die Geschichte hinterließen. Es ist eine Geschichte vom Wechsel der Perspektive, davon, wie eine Bande Brooklyner Gangster – jeder mit dem ihm eigenen Aufstieg und Fall – ein Loch im Leben meines Vaters und seiner Freunde und auch in meinem Leben stopft. Was folgt, ist also keine geradlinige Sachgeschichte. Es ist die Geschichte einer Gang aus Brooklyn, gesehen mit den Augen meines Vaters und seiner Freunde, eine Geschichte (der Blick meines Vaters auf die Gangster), die erneut durch meinen Blick gebrochen wird, als legte man eine bunte Scherbe über eine andere bunte Scherbe.

Und obwohl sich diese Geschichte über Jahrzehnte und mehrere Zeitzonen erstreckt, von den Treppen und Süßwarenläden in Brooklyn zu den Garageneinfahrten des vorstädtischen Chicago, auf denen Väter ihre Söhne beim Basketball gewinnen lassen, ist es eigentlich doch nur die Geschichte dreier Generationen: der Generation der Gangster, jener Handvoll von Juden zu Beginn dieses Jahrhunderts, die mit dem Kuhfuß in den Palast einzubrechen versuchten, der Generation meines Vaters, fleißiger Söhne, die uns mit harter Arbeit über die Schwelle trugen, und meiner eigenen Generation, kühl kalkulierender Vorstädtler, die sich fragen, wie es damals da draußen gewesen sein mag. Für Leute wie mich, die in ihrer Kindheit nur Geschichten über die guten Juden hörten, über die Spendensammler und Aktivisten, erlauben die Gangster einen Blick auf unruhigere Zeiten, wie auf die Eiszeit etwa, als auf der Erde noch eine große Artenvielfalt gedieh.

Der jüdische Gangster ist in Vergessenheit geraten, weil sich niemand an ihn erinnern will, weil meine Großmutter nicht über ihn sprechen will, weil er jemand ist, dessen man sich schämt. Nun, mir bietet die Auseinandersetzung mit jüdischen Gangstern eine Möglichkeit, mich mit der Tatsache abzufinden, daß ich nach 1945 geboren wurde, daß ich jemand bin, der schon immer den Holocaust und den fernen Rhythmus *sechs Millionen, sechs Millionen, sechs Millionen* in seinem Rücken vernahm. Die Gangster mit ihrem eigenen klugschwätzigen Maschinengewehrrhythmus putzen dieses Geräusch einfach aus meinem Hirn. Und in diesem Lärm gehen auch andere Dinge unter, etwa jenes Klischee, das die gesamte jüdische Gemeinschaft der bürgerlichen Mittelklasse zuordnen will, als wären sie bequemliche Schaukelstuhljuden, die die Moral mit Löffeln gefressen haben. Wo ich aufwuchs, verstand sich von selbst: Auch der draufgängerischste Jude endet im Medizinstudium. Nun, die Gangster haben mir geholfen, diese Falle zu umgehen; sie haben mir gezeigt, daß das Schlimmste und somit auch alles andere möglich ist. Wenn ein Jude auf dem elektrischen Stuhl sterben kann, dann kann einfach alles geschehen.

Nach siebenundzwanzig Jahren in Chicago kehrten meine Eltern in den Osten zurück und zogen nach Washington, D.C. Doch sooft mein Vater in Los Angeles ist, verbringt er seine Vormittage bei *Nate 'n' Al's*. Und kaum ist er da, fährt er mit seinen Geschichten über die jüdischen Gangster fort, als hätte er nur einen Augenblick innegehalten. »Eines Tages komme ich von der

Schule heim, und da rennt dieser Kerl die Fünfundachtzigste Straße entlang«, sagt Herbie, als er aus seinem Nickerchen erwacht. »Ein Wagen jagt hinter ihm her, und zwei Männer springen raus. Sie tragen Hüte. Sie schleudern den Kerl an die Wand, packen ihn am Kragen, schlagen ihm in den Magen. Er krümmt sich, und sie treten mit den Füßen auf seinen Kopf ein. Der Typ sackt an der Wand zusammen. Als die Kerle zum Wagen zurückgehen, entdecken sie mich, und der eine sagt: ›Was glotzt du so dämlich?‹ Das war das erste Mal, daß ich richtige Gewalt gesehen habe – grausame, unprovozierte Gewalt. Das waren keine Männer, die miteinander gekämpft haben. Das war was anderes.«

In gewisser Hinsicht sind mein Vater, Sid, Asher und Larry die Nachfahren dieser alten Gangster. Sie wuchsen im selben Viertel auf, gehörten der gleichen Welt an, wuchsen der gleichen Zukunft entgegen. Sie waren Kinder auf den Straßen, auf denen Lepke und Reles Väter und Großväter waren. Und in gewisser Hinsicht verkörpern Sid, Asher, Herbie und Larry den Traum, den die Gangster von der Zukunft hatten. Sie sind Juden, die von anderen Amerikanern ununterscheidbar geworden sind. Juden, die Amerikaner sind. Juden, die mit der gleichen Nonchalance in die Synagoge gehen, mit der Präsident Clinton die Kirche betritt. Juden, reingewaschen von Odessa, dem Schtetl, den Lagern, den Mietskasernen, Juden, die Millionäre sind, deutsche Autos fahren, und Juden, die vor dem Frühstück koschere Geschäfte abschließen, die sich schon nach dem Mittagessen auszahlen.

Dennoch – sind diese Juden glücklich? Können sie jemals glücklich sein? Ist Glück ein Wort, mit dem sich Moses beschreiben läßt? Jesus? Freud? Einstein? Groucho? Zum Teufel, nein, sie sind nicht glücklich. Sie sehnen sich nach der faßbaren Macht der Gangster. Den *Paten* haben sie dutzendemal gesehen. Sie verstehen keinen Spaß, wenn es ums Geschäft geht. Legst du dich mit ihnen an, ziehen sie dir eins über – vielleicht. Nein. Sie sind nicht glücklich. Sie sehnen sich nach der Vergangenheit, nach einer Zeit, in der all die alten Klischees über die Juden soviel galten wie die Reichsmark nach dem Zweiten Weltkrieg – nichts.

Jeden Tag nach den Frühstückseiern, doch vor dem Kaffee, nach den Baseballergebnissen, doch vor den Aktienkursen, kommt das Gespräch wieder auf diese Verbrecher. Und in der eigenwilligen Sprechweise der Gang kann man die Stimmen der Killer unter der Brücke am Gowanus Canal im Morgengrauen hören, kleine Fische, große Haie, wäschebehangene Straßen und frühe Morgenspaziergänge, wenn junge Mobster ihre letzte nächtliche Runde drehen und die gelackmeierten großen Brüder aufstehen, um wieder mal für ein paar Peanuts einen ganzen Tag lang zu schuften.

Abe und Buggsy

Abraham Reles und Martin Goldstein kamen gerade nach Hause. Am östlichen Horizont wurde es bereits hell, also mußte es etwa halb fünf, fünf Uhr früh sein. Sie kamen aus dem Ostteil New Yorks zurück, der nächtlichen Welt junger Italiener in schimmernden Anzügen, der alten Italiener in gerippten Unterhemden, der ausländischen Akzente und Feuerleitern. Sie fuhren über die Van Siclen zur Livonia Avenue, ließen den Wagen an einer Tankstelle stehen und gingen zu Fuß weiter. Auf ihrem Weg durch Brownsville im Jahre 1931, dem Höhepunkt der Weltwirtschaftskrise, dürften sie gelegentlich einen Eiswagen und jene Männer gesehen haben, die zur Frühschicht in die Fabriken und Packereien gingen. Um diese Uhrzeit mußten die Männer wie Luftbilder gewirkt haben, wie die Geister jenes Lebens, das

Abraham und Martin geführt haben würden, hätten sie sich an die Spielregeln gehalten und getan, was man ihnen gesagt hatte.
Reles war im Viertel als ›Kid Twist‹ bekannt, ein Name, den er sich selbst gegeben hatte, einem East-Side-Gangster vergangener Tage zu Ehren, aber auch aus Bewunderung für dessen persönliche Note, die darin bestand, seinen Feinden an den Hals zu springen und das Leben aus ihnen herauszuwringen. Für Freunde war er einfach ›Kid‹, ein kleiner Mann mit langen Armen, riesigen Händen und Fingern, die ein Polizist einmal als ›spachtelförmig‹ beschrieben hatte. Reles war gerade fünfundzwanzig geworden, wirkte aber mit dem sanften, faltenlosen Gesicht eines Musterschülers oder – schlimmer noch – eines Muttersöhnchens nur halb so alt. Er sah auf jene Weise jung aus, die so viele brutale Ganoven jung aussehen läßt – als wäre etwas in seiner Entwicklung gehemmt, verhindert oder in etwas anderes verkehrt worden. Für Goldstein, allen als ›Buggsy‹ bekannt, dürfte es beruhigend gewesen sein, einen Freund wie Abe an seiner Seite zu wissen.
Als Reles und Goldstein über die frühmorgendliche Straße gingen, vorbei an den mit Stahlrolläden verschlossenen Läden, kamen ihnen die Worte gewiß tagesendmüde über die Lippen. Sicher redeten sie über die letzten Monate, über die schlimmen Dinge, die passiert waren, über die schlimmen Dinge, die noch passieren sollten, und darüber, wie sie sich für ihre Verluste schadlos halten wollten.
In jenen Tagen gaben die Brüder Shapiro in Brownsville den Ton an. Meyer, der älteste der Brüder, wurde im Viertel geboren, ein fettes Kind, das zu einem fetten Mann heranwachsen sollte. Alles an ihm war fett: fette Augen, fette Nase, fette Ohren, fetter Mund. Seine jüngeren Brüder (Irving und William) glichen billigen Kopien des Originals: nicht ganz so fett, nicht ganz so gefährlich, nicht ganz so clever; meist gingen sie Meyer bei seinen Hehlereien, seinen Schikanen und Zuhältereien zur Hand. Die Brüder führten fünfzehn Bordelle in den Elendsvierteln. Sie spielten sich auf wie die jüdischen Bosse im russischen Odessa im neunzehnten Jahrhundert und terrorisierten die Ladenbesitzer und Geschäftsleute, die, wie sie selbst, an die Grenzen ihres Viertels gebunden waren.

Das große Geld, ihre Zukunft, steckte in den Spiel- und Verkaufsautomaten. Jeder Laden- oder Restaurantbesitzer, der Anfang der dreißiger Jahre in Brooklyn einen Spielautomaten kaufen oder leihen wollte, mußte sich an die Shapiros wenden, die außer einem Prozentsatz vom Gewinn auch noch fünf Dollar für jeden Automaten verlangten. Und wenn man die Shapiros nicht bezahlte? Wenn man sich die Jukebox, den Zigarettenautomaten oder das Flipperspiel woanders besorgte? Nun, dann konnten betrübliche Dinge geschehen – vielleicht brannte einem der Laden ab, man wurde ausgeraubt, wer wollte das schon sagen? So etwas passiert eben.
War man ein junger, knallharter Typ aus dem Viertel, der stehlen, Schrecken verbreiten oder auf den Putz hauen wollte, ging man zu den Shapiros. In Brownsville waren die Brüder der einzige Weg zum Verbrechen, die einzige Auffahrt zur Schnellstraße.
Abraham Reles und Martin Goldstein – keiner von beiden brachte es weiter als bis zur siebten Klasse – begannen Ende der zwanziger Jahre, für die Shapiros zu arbeiten. Die Jungen waren noch keine fünfzehn, da ließ Meyer sie Stinkbomben in Restaurants werfen, streikende Arbeiter verprügeln und Schulden eintreiben. Und zeigte Meyer ihnen vielleicht, daß er ihre Arbeit zu würdigen wußte? Lieferte er den Jungs etwa einen Beweis seiner Dankbarkeit? Beförderte er sie? Bezahlte er sie? Natürlich nicht. Meistens verspottete und verhöhnte er Abe nur, der wirklich ziemlich komisch aussah. Doch mit Kids Geduld ging es an jenem Abend zu Ende, als ihn die Cops bei Meyers Drecksarbeit erwischten. Besorgten ihm die Shapiros vielleicht einen Anwalt, rückten sie mit der Kaution heraus? Nein. Sie besuchten ihn nicht einmal. Sicher hat Kid an nichts anderes gedacht, als die Cops ihn den Anwälten vorführten, die ihn dem Richter vorführten, der ihn zu den Wachen führen ließ, die ihn in einen Bus steckten, der ihn in die Besserungsanstalt Elmira brachte. Reles saß zwei Jahre im Norden des Bundesstaates ab. Bestimmt hat er sich geschworen, daß er es den Shapiros heimzahlen würde, sollte er je den Weg zurück nach Brownsville finden.
Am 1. April 1930 spielte das New Yorker Justizressort den Brooklynern einen Aprilscherz – es entließ Abe Reles aus dem

Gefängnis. Während Kid seine Zeit absaß, hatte sich Buggsy einen Billardsaal gekauft, eine heruntergekommene Kaschemme an der oberen Sutter Avenue. Reles lungerte oft in diesem Billardsaal herum und forderte jeden heraus, der gerade zur Tür hereinkam. Und eines Abends taucht dann dieser gutaussehende Typ auf und will spielen. Der Typ nimmt Reles fast hundert Dollar ab. Danach wurden Reles und dieser Typ Freunde.

Abe brauchte nicht lang, um herauszufinden, wer dieser Typ war – George Defeo, der kleine Bruder von William Defeo, der wiederum eng mit Meyer Lansky und Ben Siegel befreundet war. Selbst hier draußen in Brownsville, am äußersten Rande des Stadtplans, hatten die Namen ›Lansky‹ und ›Siegel‹ einen magischen Klang: Sie beschworen ihre ganze Geschichte herauf, den Aufstieg zweier jüdischer Kids aus den Slums der Lower East Side zu den Höhen der Unterwelt. »Dein Bruder ist also William Defeo«, hat Reles wahrscheinlich irgendwann gesagt. »Nicht übel, so einen Bruder zu haben.«

Einige Wochen später sagte Reles mitten bei einem zwanglosen, nachmittäglichen Billardspiel etwa Folgendes: »He, George, die Gang deines Bruder, die vertickt doch auch Spielautomaten, nicht?«

»Klar«, sagte Defeo. »Wieso?«

»Sag deinem Bruder, wenn er uns Automaten liefern kann, dann stellen wir sie in Brownsville und im Ostteil von New York auf.«

»Das geht nicht«, sagte Goldstein. »Das ist immer noch Shapiros Gebiet.«

»Zum Teufel mit den Shapiros«, sagte Reles. »Was können die uns schon tun, wenn wir Lansky und Siegel im Rücken haben?«

Defeo sagte, er würde sich drum kümmern.

Einige Wochen später waren Reles und Goldstein mit Defeo im Geschäft. Sie verfügten über einen Vorrat von Spielautomaten, die sie an Bars und Restaurants vermieten konnten. Einen Prozentsatz vom Gewinn jedes Automaten behielten sie ein, verzichteten aber auf die Gebühr von fünf Dollar pro Automat. Und da Lansky und Siegel hofften, auf das jungfräuliche Terrain von Brownsville vordringen zu können, überließen sie der Reles-Gang die Automaten sogar auf Kredit. Wurden die Bar- und Restaurantbesitzer von den Shapiros bedroht, lachte Kid bloß.

»Keine Sorge«, sagte er seinen Kunden dann, »wir haben noch ein paar mächtig schwere Jungs in der Hinterhand.«
Reles wagte sich bald auch in andere Hochburgen der Shapiros vor: in die Wettbüros etwa und die Kreditgeschäfte. Kaum sechs Monate aus dem Knast, hatte Kid Meyer Shapiros Aufmerksamkeit gewonnen. Und da Verträge und Drohungen Reles nicht abschrecken konnten, unternahm Shapiro nun den nächsten Schritt: Wer in der Gegend von Brownsville Bescheid wußte, der wußte auch, daß Abe Reles, Martin Goldstein und George Defeo nicht mehr lange zu leben hatten.

■ ■ ■

Juden der Generation und Denkweise meines Vaters haben einen Lieblingsgangster, so wie Katholiken ihren Schutzheiligen haben: Eine mythische Gestalt, die ihnen eine Lebensart vorgab, einen Stil, eine Weise, die Dinge anzugehen. Es gab da einen Kerl im Viertel meines Vaters, der am Sabbat nicht kämpfen wollte, der sich lieber von einem halb so großen Kerl zu Brei schlagen ließ, als an einem Freitagabend zu kämpfen, denn so hatte es auch Red Levine gehalten. Für meinen Dad, der mehrere Gangster ausprobierte und sie als entweder zu brutal oder nicht brutal genug verwarf, war Abe Reles der größte der alten Ganoven. »Einmal habe ich Kid gesehen, wie er aus seinem Versteck kam, um sich eine Zeitung zu kaufen«, erzählte mir mein Vater. »Das Blatt kostete einen Nickel, aber er gab der Lady einen Fünfziger. So wird man zum Helden. Schieb jedem die Scheine hin. Denn wer zuviel Trinkgeld gibt, der verschleudert kein Geld. Der investiert in seine Legende.«
Die Legende von Abe Reles wurde von meinem Vater an mich weitergegeben. Ich habe jedes Detail gelernt, jeden Schritt, jeden Fehltritt, jede tollkühne Tat. Außerdem habe ich gelernt zu verallgemeinern, über die Einzelheiten hinaus die Poesie zu sehen, die der Zeitkurve eines jeden Lebens innewohnt.

■ ■ ■

Reles wuchs in der Pitkin Avenue und Watkins Street in Brownsville auf; er wurde in den Jahren unmittelbar vorm Ersten Weltkrieg groß, kurz bevor sich Amerika kopfüber ins zwanzigste Jahrhundert stürzte. Nachts waren die Straßen voller Gesichter, verschlagenes Grinsen, düstere Mienen, wimmernde Babys. Es waren Leute am Abend auf den Straßen von Brownsville, und sie alle versuchten herauszukommen, weiterzukommen, aufzubrechen, durchzuhalten, es zu was zu bringen, reich zu werden, nach Hause zu gelangen.

Wie die meisten Erwachsenen in dieser Gegend kam Sol Reles, Abes Vater, aus Europa, aus Galizien, einer öden Gegend im Osten des damaligen Österreichs. Auf der Flucht vor Pogromen verließ Sol sein Dorf. Als er Ellis Island im ersten Jahr dieses Jahrhunderts erreichte, besaß er nichts mehr. Einige Jahre später traf er eine Frau, die ebenfalls aus Österreich stammte und auch nichts besaß. Sie heirateten, danach hatten sie zusammen nichts. 1905 bekamen sie ihr erstes Kind und hatten zum erstenmal nicht mehr nichts. Sie hatten einen Sohn, und eines Tages würde dieser Sohn alles haben. Doch als Abraham in der Unterwelt aufstieg, mußte Sol sich immer noch abrackern. »Mein Abie war stets ein guter Junge«, erzählte Frau Reles einem Reporter, als Kid zum dreiundvierzigstenmal verhaftet wurde. »Wenn er wirklich so ein bedeutender Mann ist, warum muß sein Papa dann noch Schlipse und Hosenträger vom Handkarren verkaufen?«

Abraham Reles wurde als Jude erzogen. Man hat ihm von Abraham und Isaak erzählt, hat ihm erzählt, wie Isaak gefesselt wurde, und er wird sich die Klinge vorgestellt haben, die Abraham an Isaaks Kehle hielt. Man hat ihm von der Sintflut erzählt, den Plagen, dem Auszug aus Ägypten und den Zehn Geboten. Doch das Leben um ihn herum, der Trubel auf den Straßen muß unendlich viel lebendiger als diese alten Geschichten gewesen sein. Was für Abe die Jugendzeit war, das war für die Juden Amerikas ein Zwischenspiel. So wie viele andere jüdische Kinder wurde Kid Twist auf einer langen Reise geboren, wußte weder, woher er kam, noch, wohin er ging; erwartete man von ihm doch nur, daß er eine Reise beendete, die seine Eltern an jenem Tag begonnen hatten, als sie aus ihren Dörfern und Schtetln in Osteuropa flohen, eine Reise, die schließlich zu *Nate 'n' Al's* in Beverly Hills führen sollte.

Als sie erwachsen wurden, machten sich Männer wie Abraham Reles daran, die neue Welt zu erobern. Sie griffen sich den Traum von Amerika und verwandelten ihn in ihren eigenen, persönlichen Traum. Sie machten ein Vermögen. Sie fuhren tolle Autos. Sie spazierten furchtlos durch die Straßen. Doch letzten Endes waren sie es, die bezwungen wurden, die man jagte, hetzte und ins Gefängnis warf. Manche von ihnen, die kühnsten, brutalsten, sollten auf dem elektrischen Stuhl enden. Später dann blieben von ihnen nur Ausschnitte aus Erzählungen und schillernde Namen, amüsante Anekdoten, mit denen Männer wie mein Vater ihre Gespräche schmückten. Und noch später würden ihre Urenkel Ehen mit Nichtjuden eingehen und ihren Weg aus den Augen verlieren. Ihre Traditionen und ihre Vergangenheit würde wie Wasser auf einer heißen Herdplatte verdampfen. Doch lag dies noch weit in der Zukunft, in einer Zukunft, in der es keine alte Welt mehr geben würde, in die zurückzukehren man träumen konnte.

Als Junge in Brownsville hatte Abe gewiß Geschichten von der alten Heimat gehört. Vom weiten Horizont und dem hohen, weißen Himmel. Von Pferden, Maultieren und Hühnern. Und vom Grund und Boden, dem einzigen, das letztlich noch einen Pfifferling wert sei. Und von Amerika, einem schönen Land voller schöner Leute. So, wie man den Einwandererkindern von Amerika erzählte, hätten sie glauben mögen, es läge nicht die Treppe runter und vor der Tür, sondern immer noch jenseits des Ozeans, ein ferner Ort, der alles verspricht und einem durch harte Arbeit auch alles gibt. Seit jenem Tag aber, an dem Abe das Haus seiner Eltern verlassen hatte, wußte er gewiß, daß sein Vater recht hatte, daß Amerika alles verspricht, doch wußte er auch, daß sein Vater sich irrte – Amerika gab nichts. Was versprochen wurde, das konnte man sich nicht erarbeiten, das mußte man sich nehmen, das mußte man mit gutem Aussehen, mit Unterwürfigkeit und täuschender Nachahmung abluchsen oder gegen ein Stückchen von der eigenen Seele, gegen die Moral jener Geschichten einhandeln, wie sie die Eltern erzählt hatten, oder man mußte es mit Lügen abtricksen, mit brutaler Gewalt entreißen.

Zu Hause, das war in Brooklyn die alte Heimat, das Land von *schul* und *schtetl*, die Straße aber war der Ort, wo gedealt wurde, wo Rockefeller auf Öl stieß, wo alle Straßen nach Tammany Hall* führten und Jimmy Walker** als König regierte. In Brooklyn war die Straße eine neue Welt.

Damals befand sich das Viertel in ständiger Bewegung. Jeden Tag ergossen sich neue Ströme von Einwanderern in die schmalen Straßen. Es kam zu Zusammenbrüchen. Reibereien waren an der Tagesordnung. Reibereien und Streikdrohungen. Mitten auf einem überfüllten Markt konnte ein junger Mann überfallen, zusammengeschlagen und blutend liegengelassen werden. In kaum einer Minute war alles vorbei, die Angreifer verschwanden in den Gassen. Und an jedem Tag wachten überall im Viertel Brüder und Schwestern zu einem weiteren Schultag auf, einer neuen, nutzlosen Lektion in fremder Sprache. Die wildesten Kids rannten fort, verbrachten die Zeit nach Lust und Laune – Penner beklauen, Karten spielen, sich in die Wolle kriegen, Kisten abladen oder Münzen werfen.

In Vierteln wie dem, in dem Abraham aufwuchs, gab es bereits eine Generation richtiger jüdischer Gangster. Veteranen. Sie gaben sich noch mit allerlei unbedeutenden Gaunereien zufrieden und hatten ihre Träume. Sie waren härter als ihre Väter, härter als die Cops. Sie bildeten ihre eigene Nation mit eigenen Gesetzen, Loyalitäten und eigener Justiz. Die berüchtigtsten Jungs waren Buchalter (Louis Lepke), Flegenheimer (Dutch Schultz) und natürlich Lansky und Siegel. Von manchen wollten die Gerüchte wissen, sie hätten einen Mord auf dem Gewissen. Reles versuchte, diese älteren Jungs nachzuahmen. Sie zeigten ihm, was möglich war. Selbst in den frühen Tagen also, ehe Meyer Shapiro auch nur eine Wolke am Horizont war, befand sich Kid schon auf der Suche nach anderen Kids, nach jüdischen

* Tammany Hall, polit. Organisation der Demokraten in New York City, 1789 gegründet, die seit Ende des neunzehnten, Anfang des zwanzigsten Jahrhunderts vor allem mit Korruption und Machtmißbrauch assoziiert wird.

** James John Walker (gen. Jimmy), 1881–1946, von 1926 bis 1932 Bürgermeister von New York, ein korrupter Hallodri, dessen Amtszeit sich vor allem durch seine Vorliebe für hübsche Damen auszeichnet. (A. d. Ü.)

Kids zumeist, die die Lehren ihrer Eltern ernst, doch nicht allzu ernst nahmen. Meistens suchte er Kids, die keine Angst hatten – vor den Italienern, den Iren, den Cops, den Konsequenzen. Von Anfang an aber wußte Reles nur, entscheidend war, daß man nach oben kam, nicht, wie man dorthin gelangte. Wie man es schafft, darüber laß die Trottel debattieren, die es sowieso nie schaffen.

■ ■ ■

Irgendwann wurde Reles zum Anführer. Er war zwar kaum größer als einsfünfzig, aber etwas an ihm verlangte Respekt. Die winzigste Provokation, eine Kleinigkeit, deren Bedeutung nur er allein kannte, konnte ihn in Rage versetzen. Anfang der zwanziger Jahre glaubte er eines Tages, eine Gruppe älterer Jungs würde ihm die kalte Schulter zeigen, also jagte er mit seinem Motorrad auf den Bürgersteig und quetschte die Jungs an die Wand. Dieser Zug an ihm, dieser wilde Cowboycharakter, wurde meist von einem lässigen, entspannten Benehmen verdeckt. Er sprach mit einem trägen, gutturalen Lispeln und hatte einen komischen Gang. Wenn er über die Straße lief, sah er wie ein Mann aus, der versucht, seine Schuhe fortzuschleudern. Wurde er geschnappt, gab er als Beruf stets Eisverkäufer an.

Als Reles aufwuchs, war Brownsville ein Treibhaus für verbrecherische Talente. Gerade gegenüber, in der Alabama Avenue, Ecke Dumont Avenue, wuchs Harry Strauss heran. Kid kannte Strauss von der Schule. Er war einer von den Jungs, die man bewunderte, denen man aber fernblieb, die allein in einer Ecke auf dem Schulhof ihr Brot aßen. Man nannte ihn Big Harry – und er war wirklich ziemlich groß. Oder Pep – er konnte so freundlich sein, daß ein nettes Kürzel einfach angebracht schien. Oder Pittsburgh Phil – das klang härter und interessanter als Big Harry oder Pep. Als er zum Mann heranwuchs, wurde Pep oft von den Verzweifelten angeheuert, um die Chancen zu verbessern. Er war groß, stark und rücksichtslos, aber er war auch nicht ganz richtig im Kopf. Alles, was mit Gewalt zu tun hatte, gefiel ihm zu gut. Gewalt ist etwas, vor dem man sich nicht fürchten darf, aber lieben darf man sie auch nicht. Das eine

Laster ist so schlimm wie das andere. Exzesse sind der Anfang vom Ende jedes ehrgeizigen Jungen. Es war zwar immer gut, Big Harry in der Reserve zu haben, so wie Senfgas etwa, aber er war nicht gerade der erste, zu dem man ging.

Der erste, zu dem Kid ging, war Martin Goldstein, der einige Häuser weiter wohnte. Marty war furchtsam, doch Kid sah etwas in ihm. Wenn seine Furchtsamkeit herausgefordert wurde, konnte das einen irren Anfall auslösen. Deshalb wurde er Buggsy genannt – weil er nämlich ein bißchen *buggsy* war, ein bißchen spinnert, eine Eigenart, die bei einigen Gangstern stets anerkannt wird und immer ›buggsy‹ heißt.

Wer die Jungs von Brooklyn kannte, war überzeugt, daß Edward G. Robinsons Filmfigur auf Buggsy Goldstein basierte, der auf dieselbe Art wie der Filmstar nuschelte, denselben, vornübergebeugten Gang und dieselbe Ausstrahlung eines ›tough guys‹ hatte. Außerdem hatte Buggsy echtes Stilgefühl und besaß diese gewisse Mafiososchläue. Wer in den dreißiger Jahren in der Unterwelt war und sich mit Vornamen Buggsy nannte, mit Nachnamen aber nicht Siegel hieß, für den war es auch ratsam, Stilgefühl zu haben. Ein Cop fragte Goldstein mal, unter welchem Namen er bekannt sei.

»Buggsy«, sagte er.

»Kennt man Sie noch unter anderem Namen?«

»Nicht, daß ich wüßte«, antwortete Buggsy, aber das war natürlich ein Witz, schließlich war er unter einer Menge anderer Namen bekannt: Schwachkopf, Jude, Arschloch, Schmock.

Im Laufe der Jahre drängten Buggsy und Kid einander ins Verbrechen, wie Freunde sich eben von einer Mutprobe zur nächsten triezen. Sie standen zusammen am Fuß der Leiter, und Abe würde schon dafür sorgen, daß er später auch ganz oben stand.

Mit zwölf Jahren hörten Reles und Goldstein auf, zur Schule zu gehen. Was konnte man ihnen dort beibringen? Statt dessen übernahmen sie Halbtagsjobs, Abe als Graveur, Marty als Klempner. Und sie raubten Läden und Wohnungen aus, stahlen Autos. Sie wurden verhaftet. Sie wurden freigelassen. Ihr Ansehen stieg. Im Viertel sah man in ihrer Freundschaft voller Bewunderung eine Partnerschaft.

Es lungerten auch noch andere Typen herum. Zu Hunderten.

Man sah sie an der Straßenecke, sagte Hallo, Tschüs, das war's. Manche benannten sich nach alten Gangstern, andere nach verrückten Eskapaden, wieder andere ohne allen erkennbaren Grund. Manche wurden nach ihren körperlichen Deformationen benannt: Fatty, Big Head, Little Ears. Einige waren für einen Tag, eine Woche, einen Monat dein bester Freund und verschwanden dann wieder in der Versenkung. Anderen versuchte man zu helfen, Joey Silver etwa, ein Junge aus dem Viertel, der sich stets an Reles' und Goldsteins Fersen heftete. Wenn Abe von der Zukunft erzählte, davon, was er noch alles vorhatte, hing Joey an seinen Lippen. Joey war ein Jubelperser, und Kid hatte ihn gern um sich.

Kurz bevor er nach Elmira geschickt wurde, besorgte Reles dem kleinen Joey einen Job bei den Brüdern Shapiro. Als Abe drei Jahre später seine eigene Gang gründete, blieb Joey bei den Shapiros. Aber das war in Ordnung. Damit hatte man gerechnet. Ein Job ist eben ein Job. Außerdem besorgte Joey nur kleine Botengänge für die Shapiros. Und wenn es wirklich hart auf hart kam, wußte Kid, daß er seinen alten Schützling immer um Hilfe bitten konnte. Und jetzt standen die Dinge ziemlich schlimm. Ein Todesurteil war gefällt worden. Also bat Abe den kleinen Joey um einen Gefallen. »Gib mir Bescheid, wenn Meyer und die anderen Shapiros zusammen ausgehen«, sagte er. So würde Kid wissen, wann sie zuschlugen; außerdem würde er wissen, wann das Hauptquartier der Shapiros unbewacht war, wann er seinen eigenen Guerillaüberfall durchführen konnte.

Als Reles, Goldstein und George Defeo eines Abends im Billardsaal herumhingen, klingelte das Telefon. Möglich, daß Buggsy im Hinterzimmer abgenommen hat. Als Defeo die Kugeln zusammenschob, hörte Kid, wie Marty sich flüsternd unterhielt. Er hörte Marty ›danke‹ sagen und auflegen. »Das war Joey Silver«, sagte Buggsy und griff nach seinem Mantel. »Die Shapiros sind gerade ausgegangen.«

Abe, Buggsy und George parkten in einiger Entfernung. Sie gingen zum Parkplatz der Shapiros. Hinter Limousinen und Lastwagen kauerte im Dunkeln das Klubhaus, ein gedrungenes Gebäude, nirgendwo brannte Licht. Nicht weit entfernt fuhr ein Wagen vorbei. Abe schlich sich hinter eine der Limousinen.

Nachdem er ein Messer aus der Tasche gezogen hatte, hieb er die Klinge in den Reifen, hörte, wie zischend die Luft entwich, als würden Eltern mißbilligend seufzen, als würde, sagen wir, Kids Mutter, die Schürze umgebunden, ein Stück Fleisch in der Hand, kopfschüttelnd sagen: »Warum, Abie? Warum nur?«

Auf der anderen Parkplatzseite behielt Defeo die Straße im Auge, als Buggsy einen Stein auf einen der Laster warf. In der Windschutzscheibe, die gleich darauf in tausend winzige Bilder zersplitterte, mag Buggsy noch das Spiegelbild der Männer gesehen haben, die aus dem Klubhaus hinter ihm stürmten. Er muß die Gewehrschüsse gehört und die Funken gesehen haben, die dort, wo die Kugeln einschlugen, vom Bürgersteig aufspritzten. Buggsy schaffte es mit blutigem Gesicht und abgeschossener Nasenspitze bis zur Ecke. Defeo saß der Schreck in den Knochen, doch war ihm nichts passiert. Reles entkam als letzter. Man hatte ihm in den Rücken geschossen, die Kugel sollte er bis an sein Lebensende mit sich herumtragen.

Als er weglief, muß Reles gedacht haben: Scheiße. Joey. Joey Silver. Schwanzlutscher. Itzig. Verdammtes Arschloch. Hat uns reingelegt. Hat sich für die falsche Gang entschieden. Er kann nur hoffen, daß wir nicht überleben.

Abe hörte, wie ein Motor angelassen wurde, gleich darauf knirschten Reifen über Glassplitter, als die Shapiros davonbrausten. Meyer Shapiro kämmte an diesem Abend die Straßen von Brownsville ab, suchte nach Kids Mädchen. Endlich fand er die Kleine, rief sie zum Wagen. Er zückte seine Waffe. »Steig ein«, sagte er. Die Männer auf dem Rücksitz machten ihr Platz. Meyer fuhr zu einer menschenleeren Straße, verprügelte sie, vergewaltigte sie, verprügelte sie noch mal. Dann ließ er sie an einem Sportplatz liegen.

Es war ein schlechter Abend für Kid. Doch die Shapiros hatten einen Fehler begangen. Sie hatten Reles auf jede nur erdenkliche Weise gedemütigt, doch er lebte noch. Kid brauchte mehrere Wochen, erst im Krankenhaus, später bei Buggsy, um sich zu erholen. Als er wieder auf die Straße trat, war er dürr und blaß. Falls er vorher noch kein Killer gewesen war, hatten ihn die Shapiros nun zu einem gemacht. Er zog los, um seinen alten Freund Big Harry Strauss aufzusuchen.

Harry wohnte in einem Backsteinhaus mit schmaler Holzveranda. »Komm rein«, sagte er zu Abe.
Abe erzählte die Geschichte, von seinen Problemen mit den Shapiros und davon, wie gern er es ihnen heimzahlen würde. »Wir übernehmen Brownsville, und du kannst mitmachen«, sagte er.
Normalerweise hielt sich Pep aus solchen Sachen raus, doch was Meyer Shapiro sich mit diesem Mädchen geleistet hatte – die Kleine hatte ihm doch nichts getan, oder? –, das verletzte sein Gerechtigkeitsgefühl. »Klar, ich helf dir«, erwiderte Pep. »Brauchst mir bloß zu sagen, was wir vorhaben.«
Dann fuhren Reles und Buggsy in den Ostteil New Yorks, wo sich der Himmel öffnete und die Luft nach Knoblauch roch. Sobald sie den Wagen in der Pacific Street gleich am Eastern Parkway abgestellt hatten, gingen sie in eine *pasticceria,* einen winzigen Laden, in dem Männer starken, schwarzen Kaffee tranken und Rennresultate in italienischsprachigen Zeitungen studierten. Hinter dem Tresen trat ein Mann hervor, fünfundvierzig, vielleicht fünfzig Jahre alt, grauhaarig, untersetzt, in blauem Hemd mit knochenweißen Knöpfen. Er schüttelte Kids Hand.
Louis Capone hatte sich Jahre zuvor die Nase gebrochen, daher schien sie in eine andere Richtung zu schauen, wenn er einem ins Gesicht sah. Er hatte wässerige, blaue Augen. Sehr sympathisch. Und wie er da stand – auf den Hacken ruhend, den Bauch herausgestreckt – glich er einem alten, ratgebenden Chef. Capones Laden war im Laufe der Jahre zu einem Stammlokal für die Schläger der Umgebung geworden. Als sie das erste Mal kamen, waren sie noch Kids. Louis gab ihnen zu essen, und sie kamen wieder. Und wenn Capone heute einen Gefallen getan haben wollte, holte er sich einen seiner gezähmten Schläger. Sah er aber einen besonders vielversprechenden Jungen, gab er einem der etablierten Gangster in seiner Runde einen Tip – Albert Anastasia etwa oder Louis Lepke.
Nachdem er Reles und Goldstein abgefüttert hatte – Essen spendet immer ein wenig Trost –, schickte Capone sie zu *Sally's Bar and Grill.* »Frank Abbandando und Happy Maione treiben sich da unten rum«, sagte er. »Das sind gute Jungs. Die haben nichts für die Shapiros übrig. Redet mit ihnen.«

Natürlich wußte Kid über Maione und Abbandando Bescheid – sie führten die Ocean Hill Hooligans an, die härteste Gang im Osten New Yorks. Doch selbst hier, auf ihren eigenen Straßen, waren sie nach den Shapiros bloß die Nummer zwei. Kid hatte Abbandando sogar schon einmal getroffen, oben in Elmira, wo Frank wegen Raubüberfalls einsaß. Kid hatte zugesehen, wie Frank im Gefängnis Baseball spielte – als Shortstop. Man sagte, Frank sei ein ziemlich guter Spieler und daß er es mit ein wenig Ehrgeiz bis zu den Yankees oder Giants schaffen könnte. Manche behaupteten sogar, er hätte sich seinen Spitznamen – der Dasher, der Flitzer also – auf dem Baseballplatz in Elmira verdient. Andere dagegen meinten, der Name rühre von einem frühen Morgen in Brooklyn her, an dem er versucht hatte, einen Feind zu erschießen. Doch Franks Waffe hatte Ladehemmung, und so wurde er von seinem Opfer gejagt. Er entwischte ihm, rannte um den Wohnblock herum, kam von hinten an den Mann heran und schoß ihm in den Hinterkopf. Deshalb: der Dasher. Diese Männer waren anders als die Brownsville Boys. Sie waren das Original. Echte Gangster. Killer. Aber hatte Kid eine Wahl?

Sally's war eine jukeboxgroße Bar in der Euclid Avenue. Sobald Kid durch die Tür kam, entdeckte er Dasher am hinteren Ende. Er hatte kleine Augen, eine hohe Stirn, dunkle Haare mit einem Scheitel scharf wie ein Buchrücken. Sein Hals war wulstig. Wenn er den Kopf hob, sammelte sich im Nacken eine Fettrolle über dem Kragen. Selbst auf Schnappschüssen hält er den Kopf hoch. Und immer dieses selbstgefällige, Komm-verpiß-dich-Lächeln. Sein breitestes Lächeln aber bewahrte er sich für die schlimmsten Gelegenheiten auf. Wenn es wirklich hart auf hart kam, wenn die Cops auftauchten, um Fragen zu stellen, dann erschien er mit einem Koffer auf der Straße, schüttelte Hände, blickte zu Fenstern auf und war verschwunden, eine Woche, zwei Wochen, einen Monat; und wenn sich die Lage wieder beruhigt hatte, war er wieder da – »Der Dasher ist zurück!« Am Abend ließ er sich dann im *Sally's* blicken, spendierte Drinks, warf mit Geld um sich. »He, Frank«, würde irgendwann jemand rufen. »Wo bist du gewesen?«

»Auf Abenteuersuche«, antwortete er dann vielleicht und hob das Glas.

»He, Frank«, mochte ein anderer rufen. »Wo hast du soviel Geld her?«
»Aus anderen Abenteuern«, erwiderte er und schaute Happy an. Frank schaute immer zu Happy hinüber, wenn er wissen wollte, ob er reden sollte oder nicht. Happy konnte den nötigen Wink mit den Augen geben. Er war ein kleiner Kerl – einszweiundsechzig –, hatte aber eine unglaubliche Ausstrahlung. Er trug Schuhgröße fünf, die Größe chinesischer Füße, *nachdem* sie gewickelt worden waren. Er war gut angezogen, trug selbst zu den trivialsten Anlässen handgefertigte Anzüge. Das Haar war zurückgekämmt – ein dramatischer Rahmen für ein dunkles, melancholisches Gesicht. Noch ehe er einunddreißig wurde, war er neununddreißigmal verhaftet worden. Er kannte jeden im Viertel und half allen, denen er nicht weh tun mußte. Er mischte sich gern unter die Leute, gab Geld aus, redete, prahlte, lachte. Sie kamen mit ihren Geschichten zu ihm. Er war der beste Zuhörer in Ocean Hill.
Happy lauschte aufmerksam, als Kid ihm von den Shapiros erzählte, davon, was sie seinem Mädchen angetan, wie sie auf ihn und Buggsy geschossen hatten und was er für Pläne hatte: Wucherei, Spielautomaten. »Wenn wir uns zusammentun, können wir die Shapiros vertreiben«, sagte er. Einige Drinks später taumelten Buggsy und Kid davon und nahmen Happys und Dashers Zusage für ein Treffen am nächsten Abend in einem Diner in Brownsville mit.
Als Kid Twist und Buggsy sich am frühen Morgen auf den Heimweg machten, durften sie mit ihrem Fortschritt zufrieden sein; vom Rande der Niederlage waren sie zurückgekehrt und hatten so etwas wie eine Armee zusammengetrommelt. Als sie einander gute Nacht sagten, stellt man sich unwillkürlich vor, wie Buggsy Abe am Ärmel zupft und sagt: »He, Kid, morgen abend, neun Uhr im Diner. Wer zuletzt kommt, zahlt. Einverstanden?«

■ ■ ■

Eines der Diner, in dem sich die Reles-Gang häufig aufhielt, lag zwischen Livonia und Pitkin Avenue. Das Restaurant nahm das Erdgeschoß eines vierstöckigen Backsteingebäudes ein. Es gab da einen langen Lunch-Tresen mit Barhockern. Der Tresen war poliert, bis er glänzte. Hinter dem Tresen stand ein Grill, den der Koch mit einem Spatel sauberschabte. Vor dem Tresen standen Tische in Sitzecken. Der Laden sah stets aus, als hätte er gerade einen Ansturm überstanden, oder als sollte jeden Augenblick etwas geschehen, dabei war er nie mehr als halbvoll. Jahrelang hatte das Diner einer Familie irischer Einwanderer gehört. 1927 beschloß die Familie dann fortzuziehen und bot es zum Verkauf an. Der Großvater meiner Mutter kratzte etwas Bargeld zusammen und kaufte das Restaurant. Warum er das tat, weiß ich nicht. Besitzer eines Diners zu sein, scheint mir nicht gerade der naheliegendste Weg, dem amerikanischen Traum nachzujagen. Dennoch, das Geschäft ging nicht schlecht, und das Diner nimmt immer noch einen sagenumwobenen Platz in unserer Geschichte ein, erinnert an eine schwungvollere, experimentierfreudigere Phase in unserer Familie. Irgendwann mußte das Restaurant mal einen Namen gehabt haben, aber alle, selbst mein Urgroßvater, nannten es nur ›das Diner‹.

Bald nachdem die Großeltern meiner Mutter den Laden gekauft hatten, stellten sie fest, daß er ein Stammlokal für jüdische Gangster war. Später sollten diese Gangster unter dem Namen *Murder Incorporated* bekannt werden, und das Diner wurde zu einer Art Schrein für ihr mörderisches Draufgängertum. Die Gangster hatten ihre Ecke im hinteren Teil des Restaurants. Oft gehörten viele Leute zu ihrer Gruppe, so daß sie noch einen zweiten Tisch brauchten. Louis Lepke saß höchstpersönlich mal in dieser Sitzecke mit dem Rücken zur Wand.

Als Abraham, der Onkel meiner Mutter, alt genug war, begann er im Diner zu arbeiten. Eines Abends trat Pittsburgh Phil kurz vor Lokalschluß hinter meinen Großonkel, der gerade Geschirr stapelte. »So ein großer, stämmiger Kerl wie du?« sagte Strauss. »Warum verplemperst du deine Zeit mit Weiberarbeit? Erledige für mich und die Jungs ein paar Botengänge, und du kannst dir ein hübsches Sümmchen dazuverdienen.«

Mein Onkel gab keine Antwort und fuhr einfach fort, das Geschirr einzuräumen. Darüber regte sich meine Großmutter auf, die fürchtete, daß Strauss dies als Respektlosigkeit deuten könnte. »Ein falscher Blick, und dieser Mann brachte einen

um«, erzählte sie mir. »Ich war mir sicher, daß Abraham mit einer Kugel im Bauch enden würde.«
Sie sollte recht behalten. Einige Jahre später wurde Abraham bei einem Gefecht im Zweiten Weltkrieg getötet; dasselbe Resultat, jedoch im Dienste einer größeren Sache. Die Männer von *Murder Incorporated* waren ebenfalls bereit, für ihre Sache zu sterben. Sie waren sogar egoistisch genug, ihre Sache zu kennen – sich selbst. Und sie waren nicht so dumm, für etwas derart Vages und Abstraktes wie Freiheit oder Unabhängigkeit zu sterben. Erst als nach dem Sieg in Europa Einzelheiten über Hitlers Krieg bekannt wurden, änderten sich solche Ansichten.
Etwa um diese Zeit heiratete die Mutter meiner Mutter Benjamin Eisenstadt, meinen Großvater. Er hatte zwar das Juraexamen bestanden, doch gab es während der Weltwirtschaftskrise nicht viel Arbeit für Anwälte, erst recht nicht für jüdische. Und nachdem er so ziemlich alle Jobs durchprobiert hatte, versuchte er es als Tresenkellner im Diner. Wer zum Haus in Flatbush geht, in dem meine Großmutter noch heute wohnt, der wird an der Wand einen Zeitungsausschnitt aus jener Zeit entdecken: Unter dem Foto, das Ben mit Schürze und Kaffeekanne zeigt, steht zu lesen: ›Wollen Sie einen Mokka *und* eine Rechtsberatung, kommen Sie zu Benjamin Eisenstadt.‹ Nach einigen Jahren im Diner war mein Großvater die ewig verkrusteten Zuckerdöschen leid (er hielt sie für unhygienisch), weshalb er die Zuckertütchen erfand, die ihn schließlich von den Mühen eines Dienstleistungsbetriebes befreien sollten. Später dann erfand er auch noch Assugrin, doch sollte dies noch weit in der Zukunft liegen und mein Großvater längst ein ganz anderer Mann geworden sein.
Meine Mutter hat nur undeutliche Erinnerungen an das Diner, aber meine Großmutter träumt noch immer davon. Als ich ihr von meiner Absicht erzählte, über das Restaurant, den hinteren Tisch und über die Gangster zu schreiben, verdüsterte sich ihre Miene. »Die bringen dich um«, sagte sie. »Diese Männer, die sind nicht so wie du. Einen Jungen wie dich, den bringen die einfach um.«
Als ich sie darauf aufmerksam machte, daß diese Männer – Reles, Strauss, Goldstein, Maione, Abbandando – schon lange tot

waren, schüttelte sie den Kopf und sagte: »Die bringen dich trotzdem um.« Da begriff ich, daß für meine Großmutter wie für viele andere Leute jene jüdischen Gangster, die in den zwanziger und dreißiger Jahren zur Macht aufgestiegen waren, eigentlich keine Menschen, sondern so etwas wie Naturgewalten waren, wild, unvorhersehbar und durch eine Bagatelle wie den Tod bestimmt nicht aufzuhalten. »Bitte, stell mir keine Fragen über diese Männer«, fuhr sie fort. »Die können alles hören und würden dich mit Vergnügen abmurksen.«

■ ■ ■

Im Jahre 1931 saßen eines Abends um neun Uhr alle Männer, die Abe zusammengerufen hatte, am hinteren Tisch im Diner, alle, außer George Defeo und der Dasher. Pittsburgh Phil war da, der bald als der zuverlässigste Killer von Brooklyn bekannt sein sollte; Happy Maione, der schon lange vor Elvis spöttisch grinsen konnte; Buggsy Goldstein, dessen Mutter ihn Mot'l nannte; Walter Sage, der sagte, er klaue nur, um sich sein Talmudstudium leisten zu können, und Gangy Cohen, ein Panzerschrank von einem Mann, der schnell und deutlich redete, als wären seine Worte mit Bindestrichen verknüpft. Wenn ich heute an diese Männer und ihre sorgfältig ausgesuchten und feierlich verliehenen Spitznamen denke, sehe ich immer schillernde, Pistolen schwingende Actionhelden vor mir.

»Kann-mir-mal-vielleicht-jemand-sagen-wo-dieser-Kerl-steckt-den-sie-den-Dasher-nennen?« fragte Gangy Cohen. »Wo-zum-Teufel-ist-dieser-Mann?«

Nahe beim Tisch stand ein Fenster offen, durch das der Lärm der Straße drang: Autos, Kinder auf Haustreppen, Mütter, die ihre Söhne nach Hause riefen. »Hört zu, ich habe drüber nachgedacht und beschlossen, daß wir alle um die Ecke bringen müssen, die mit den Shapiros unter einer Decke stecken«, sagte Kid. »Wenn wir sie nicht umbringen, werden sie uns umbringen. Und hört zu: Meyer und Joey Silver. Die beiden sind Sonderfälle. Um die will ich mich kümmern.«

Pep, der neben Kid saß, nickte. Strauss war groß und gut gebaut, hatte weit auseinanderliegende Augen, dunkles Haar, hohe

Wangenknochen, eine lange Nase, schmale Lippen und kleine Zähne. Als die Kellnerin kam, bestellte er als erster. Er bestellte immer als erster und bestellte stets eine Portion Stör, das teuerste Gericht auf der Karte. »Ich will 'ne Portion Stör«, sagte er dann stolz. Obwohl Strauss damals noch nicht reich war, durfte es für ihn nichts anderes als Stör sein, etwas, das sich seine Eltern niemals leisten konnten. Der Fisch war weiß und weich und zerfiel auf seiner Gabel. Ein Bissen Stör ersetzte Strauss alle Moralität seines Vaters. Die übrigen Männer bestellten Kaffee, Hamburger, Sandwiches mit Hühnerfleisch und Doughnuts.

»He, Jungs«, sagte Dasher, als er zur Tür hereinkam. »Habt ihr schon das Neueste gehört?« Als die Männer aufblickten, konnte Dasher ihnen ansehen, daß sie noch nichts wußten, und gewiß fühlte er den Schauder, der so oft mit dem Überbringen schlechter Nachrichten einhergeht. »Ich hab's gerade erfahren«, sagte er und zog sich den Mantel aus. »George Defeo hat's erwischt.«

Und das war alles. Abe und Marty hatten in den letzten Monaten viel Zeit mit George verbracht, dennoch muß es letztlich für sie so gewesen sein, als ginge es um einen Fremden. Ihnen blieb nur die nüchterne Tatsache: George ist tot. Doch sie hatten ihn nicht fallen sehen, hatten ihn nicht an der Wand in der Atlantic Avenue lehnen sehen, nicht das Muster gesehen, das die Austrittswunden auf die Backsteine malten. Die Cops würden die Sache gründlich untersuchen, also konnten sie nicht mal zu seiner Beerdigung. »Wir brauchen jemanden, der seinen Platz einnimmt«, sagte Kid.

Wahrscheinlich gingen Reles und Goldstein erst sehr viel später zum Friedhof Mount Zion, um sich den Grabstein anzusehen: George Defeo, geboren 1910, gestorben 1931. Das war's. Nichts davon vermittelte auch nur eine Ahnung vom wahren George, davon, wie gut er Billard gespielt und wie er seinen Hut getragen hatte.

Die Männer hockten bis zur Sperrstunde an ihrem Tisch und unterhielten sich mit leisen Stimmen. Manchmal herrschte langes Schweigen, dann ein Gemurmel, gefolgt von dröhnendem Gelächter. In solchen Augenblicken schienen der hinteren Ecke im Diner Zähne zu wachsen. Solche Augenblicke machten meine

Großmutter nervös, doch die Männer an diesem Tisch gaben gutes Trinkgeld, und sie sorgten dafür, daß ihr allein der Gedanke, das Diner könnte überfallen werden, wie ein Witz vorkam.

Nach dem Essen verteilte Kid die Aufgaben, schickte seine Männer wie Soldaten ins Viertel aus. Er traf Vorbereitungen für einen Krieg; und er wollte die Shapiros auf der Straße niederstrecken, damit alle Welt die Leichen sehen konnte. George Defeo war das erste Opfer in diesem Krieg, doch die wahre Schlacht würde nicht vor dem Sommer stattfinden, und für Kid Twist und seine Gang würde sie die erste Bewährungsprobe sein.

Die Modernen

Als Abe Reles und seine Gang den Shapiros den Krieg erklärten, war dies eine Art Reifeprüfung – die Italiener wollten Reibach machen, für die Juden dagegen ging es um eine Art Bar-Mizwa der Unterwelt, ums Erwachsenwerden. Zudem war dies ein weiteres Kapitel in der langen Geschichte der New Yorker Bandenkriege, die bis ins achtzehnte Jahrhundert und in jene Zeit zurückreichte, als ein fröhlicher Abend in der Stadt damit enden konnte, daß man K.o.-Tropfen trank, ausgenommen und schanghait wurde, um Stunden später auf einem Seelenverkäufer mit Kurs auf China aufzuwachen und zu hören, wie einem der Kapitän sagte: »Arbeite oder schwimm.«

Jeder, der seinen Weg in der New Yorker Unterwelt macht, wächst in diese Tradition hinein, aus welchen Verhältnissen er

auch stammt, so wie jeder Baseballspieler, und käme er aus der hinterletzten Provinz, in die Fußstapfen von Gehrig und Ruth tritt. Aus diesem Grund hat sich Reles nach Kid Twist Zweibach benannt, einem Gangster, der an einem Abend des Jahres 1908 von Louis the Lump in Coney Island erschossen wurde; und deshalb hat sich Arthur Flegenheimer, ein jüdischer Junge aus der Bronx, in den zwanziger Jahren nach einem holländischen Ganoven des letzten Jahrhunderts Dutch Schultz genannt.
Für die lebenden Gangster sind die Geschichten über die toten Gangster, über ihre Heldentaten, ihre Mißerfolge und die Umstände ihres Todes die einzige Geschichte, die ihnen etwas bedeutet. Es ist eine Geschichte, in die sich die ehrgeizigsten Gangster einreihen wollen, eine Geschichte, die vor über zweihundert Jahren in Five Points und der Bowery begann, den härtesten, geschichtenreichsten Slums in New York, eine Geschichte, die dem Weg der großen Gangs folgt, die dort ihre Spuren hinterlassen haben: den Bowery Boys, die unmittelbar nördlich der Grand Street auf Bunker Hill kämpften; den Dead Rabbits, denen sich manchmal Hell-Cat Maggie anschloß, eine grimmige Gangsterbraut, die ihre Zähne spitz feilte, den True Blue Americans mit ihren Zylindern und knöchellangen Gehröcken, den Daybreak Boys, die an den Docks arbeiteten, Stadtstreicher und Nachtwächter umbrachten sowie Schiffe und Lagerhäuser ausraubten; den Plug Uglies, die übergroße Angströhren trugen, die sie vor jedem Kampf mit Wolle und Leder ausstopften und so zu Vorläufern der Sporthelme umfunktionierten, den Buckoos, den Hookers, den Swamp Angels, den American Guards, den Slaughter Housers, den Short Tails, den Shirt Tails, den Patsy Conroys, der Border Gang, den O'Connel Guards, den Atlantic Guards, den Forty Thieves und den Roach Guards.
Später dann: die White Hands, eine Brooklyner Bande, die sich jeden Abend über die Brooklyn Bridge stahl und Downtown Manhattan terrorisierte, die Whyos, die Hudson Dusters, die Gophers, die Potashes, die Chichesters und die Stable Gang, die ständig in einer Scheune in der Washington Street in Greenwich Village herumlungerte, nur wenige Häuserblocks von dort entfernt, wo ich heute wohne.
Blättert man in Polizeiakten oder alten Büchern, kann man die

Bilder vieler Gangster aus den ersten Jahren dieses Jahrhunderts finden. Sie heißen Red Rocks Farrell, Slops Connolly, Big Josh Hines oder Googy Corcoran, und ihre Gesichter sind düster und verschlossen, die Mienen wie eine geballte Faust. Wahrscheinlich fehlte ihnen, was wir eine ausgewogene Ernährung nennen. Außerdem waren sie überraschend klein: Vor hundert Jahren maß der gewöhnliche New Yorker Gangster kaum einssechzig und wog nur selten mehr als siebzig Kilo.

Geht man noch weiter zurück, etwa bis zur Zeit von Präsident Ulysses S. Grant und dem Tweed-Ring, weichen die Fotos alten Polizeizeichnungen. Betrachtet man die hastig angefertigten Skizzen – eine Linie hier, eine Schattierung dort –, fällt es schwer, sich ein reales, alltägliches Leben solcher Männer vorzustellen. Sie sehen wie Gestalten in einem Märchen aus.

Wer noch weiter zurückgeht, etwa bis zu den Jahrzehnten, die dem Bürgerkrieg vorausgingen, der stößt nur auf einige Legenden – die Schöpfungsmythen der New Yorker Unterwelt, Geschichten, die ebenso mysteriös und ahnungsvoll wie die der Genesis sind. An ihnen und ihren Helden messen sich auf ihren Ruf bedachte Kriminelle wie Reles und Goldstein, ein Hintergrund, vor dem sich ihre tollkühnsten Verbrechen abspielen.

Über einen dieser frühen Gangster schreibt Herbert Asbury 1927 in seinem Buch *The Gangs of New York*, dem Alten Testament der New Yorker Unterwelt:

> Der bekannteste Ganove der Bowery Boys und die imposanteste Gestalt in der gesamten Geschichte des New Yorker Bandenwesens war ein Anführer, der seine größten Erfolge in den vierziger Jahren feierte und seine Gang auf einer ihrer bedeutendsten Strafexpeditionen und Raubzüge nach Five Points befehligte. Seine Identität bleibt unbekannt, und es gibt gute Gründe für die Annahme, daß es sich bei ihm nur um einen Mythos handelt, doch wurden unglaubliche Geschichten seiner Kühnheit und Tapferkeit in den Kämpfen gegen die Dead Rabbits und die Plug Uglies überliefert, die im Laufe der Jahre noch an Episoden wie an Dynamik gewonnen haben. Unter dem schlichten Spitznamen Mose wurde er zu einer legendären Gestalt von wahrhaft heldischen Ausmaßen, zugleich der

Samson, der Achill und der Paul Bunyon der Bowery. Und den Sagen der Straße zufolge marschiert an seiner Seite die kleinere Gestalt seines treuen Freundes und Beraters, Syksey mit Namen, dem nachgesagt wird, die Redewendung ›Halt den Stummel‹ geprägt zu haben, ein eindrucksvolles Plädoyer für die Überreste einer erloschenen Zigarre.

Als Mitte des letzten Jahrhunderts Juden in größerer Zahl in New York eintrafen, sahen sie sich sogleich mit Gangsterbanden konfrontiert. In heruntergekommenen Mietskasernen, auf schmalen Straßen, in Backsteingassen und überfüllten Unterkünften gerieten sie in der Lower East Side mit irischen Rowdys auf Tuchfühlung. Spät am Abend, wenn nur der Mond oder eine flackernde Gaslaterne noch etwas Licht warfen, strömten die harten Jungs auf die Straßen und mischten sich unter die Neuankömmlinge. Manch einer lauerte den Einwanderern auf, den Italienern und Juden, die sich das wenige, was sie besaßen, oft genug abtricksen ließen; wer aber auf keinen Trick hereinfiel, der konnte mit Gewalt erleichtert werden, und wer sich weder von Tricks noch von Gewalt beeindrucken ließ, der wurde umgebracht. In jenen Tagen, ehe die Handfeuerwaffen Verbreitung fanden, sah man oft einen alten Einwanderer mit eingeschlagenem Schädel in irgendeiner dunklen Gasse liegen, die Taschen umgestülpt als zeitsparender Hinweis für die Aasgeier: Hier ist nichts mehr zu holen.

Für so manchen Juden, dem es noch schwerfiel, sich auf den Straßen zurechtzufinden, bedeutete dies nur eine Fortdauer des Vergangenen, erneute Schikanen, wie er sie aus Europa kannte. Unzweideutiger Antisemitismus machte sich breit, ein Haß, der sich manches Mal in bürgerlichen Stolz kleidete. Frank Moss, der für den Prediger William Pankhurst arbeitete, behauptete, die Stadt säubern zu wollen, als er über seinen Besuch in den jüdischen Elendsvierteln schrieb:

> Ignoranz, Voreingenommenheit, die beharrliche Weigerung, amerikanische Denkweisen zu übernehmen, religiöse Gebräuche und Zwänge, Sippschaften sowie Haß und Mißtrauen gegen Christen, all dies zusammen verhindert jeden

Ansatz zur Besserung der Lebensbedingungen der Armen in den großen jüdischen Bezirken... In keinem Winkel der Erde finden sich menschliche Parasiten in größerer Zahl... Die verbrecherischen Instinkte, die sich naturgegeben so oft in russischen und polnischen Juden finden, kommen auf eine Weise zum Vorschein, die unsere Ansicht rechtfertigt, daß diese Leute das schlimmste Element in der Zusammensetzung von ganz New York City sind.

Für die durchsetzungsfähigsten Einwanderer waren diese Worte eine Herausforderung. Juden wurden auch in Amerika schikaniert, aber in Amerika konnten sie sich wehren. Sie waren, zumindest nicht durch Gesetz, an kein bestimmtes Viertel und an keine bestimmten Berufe gebunden – es stand ihnen also auch frei, Verbrecher zu werden. Und sie besaßen einen Vorteil, den irische Gangster, die zumeist in den Vereinigten Staaten geboren worden waren, nicht recht aufzuwiegen wußten: Sie hatten nur wenig zu verlieren. Nahezu zwei Millionen Juden hatten in den letzten zwei Jahrzehnten des neunzehnten Jahrhunderts Osteuropa verlassen, waren wie Treibholz angeschwemmt worden und brachten nichts als einige Namen, einige Rätsel mit. Wie zum Teufel kommen wir aus der Lower East Side raus?

Die Pogrome in Europa hatten sie außerdem etwas gelehrt. Manche hatten sie das Sterben gelehrt, andere, wie man überlebt. Als alter Mann sprach Meyer Lansky, der 1911 in die Lower East Side gekommen war, mit Uri Dan, einem israelischen Journalisten, über die Pogrome in seiner russischen Heimatstadt Grodno*. Lansky erzählte von jenen Juden, die ihre Hände hoben, die ihre Lage für hoffnungslos hielten, für eine Strafe Gottes, doch er sprach auch von anderen, von einer neuen Generation, die sich entschieden wehren wollte.

»Ein Mann – ich weiß seinen Namen leider nicht mehr – hielt im Haus meines Großvaters eine Versammlung ab«, sagte Lansky. »›Juden‹, schrie er. ›Warum steht ihr wie blöde Schafe herum, laßt sie kommen und euch abschlachten, euer Geld stehlen, eure

* Grodno ging nach der 2. Polnischen Teilung 1795 an Rußland, war von 1919–1939 wieder polnisch und zählt seither zu Weißrußland. (A. d. Ü.)

Söhne töten und eure Töchter vergewaltigen? Schämt ihr euch denn nicht? Ihr müßt euch erheben und kämpfen. Ihr seid ebenso stark wie andere Männer. Ein Jude kann kämpfen. Wir haben keine Waffen, aber das macht nichts. Nehmen wir Stöcke und Steine. Wehrt euch! Habt keine Angst. Schlagt zu, und sie werden vor euch davonlaufen. Und wenn ihr sterben müßt, dann sterbt wenigstens im Kampf.‹«

»Diese Rede hat sich meinem Gedächtnis eingebrannt«, fuhr Lansky fort. »Ich nahm die Worte mit, als ich schließlich mit meiner Mutter nach Amerika und in die Lower East Side kam. Sie leuchteten wie lodernde Pfeile in meinem Kopf.«

Viele jüdische Einwanderer waren, als sie schließlich New York erreichten, ebenfalls zum Kampf bereit. Manche, weil sie kämpfen mußten – für ihre Frauen und Kinder. Andere, weil sie kämpfen mußten, doch auch, weil sie kämpfen wollten. Und wieder andere, die aus bürgerlichen Familien stammten und es eigentlich nicht nötig hatten, weil sie lieber kämpfen als zur Schule oder zur Arbeit gehen wollten. Sie kämpften aus Vergnügen. Die Fähigsten unter ihnen wurden Gangster, sie lernten die Kunst des Stehlens und Tötens, eine Kunst, die Juden eigentlich nicht erlernen sollten.

Im Gegensatz zu den Gangstern, die später kamen – den Gangstern, die wahrhaft dem zwanzigsten Jahrhundert angehörten, Männern wie Crazy Joe Gallo und John Gotti –, übernahmen diese frühen Ganoven, die oft direkt vom Schiff in die Unterwelt gingen, kein Familiengeschäft und folgten keinem vorgezeichneten Weg. Ihre Väter waren Hausierer oder Schneider, Schlachter oder Kaufleute, und plötzlich schlugen ihre Söhne, gute jüdische Jungen, eine Verbrecherlaufbahn ein, was ihren Vätern so seltsam und exotisch erschienen sein muß wie den heutigen Gallos oder Gottis eine Laufbahn als Investmentbanker oder Werbefachmann. Wie so viele Amerikaner der ersten Generation hatten sich diese Gangster die schwere Aufgabe gesetzt, sich selbst neu zu erfinden, sich für ein neues Land eine neue Identität zu schaffen.

»Sie waren so hart, weil sie so hart sein mußten«, sagt John Cusack, ehemals Mitarbeiter des Federal Bureau of Narcotics, der Bundesbehörde zur Bekämpfung des Drogenhandels, und heute Leiter des Rauschgiftdezernats auf den Bahamas. In den fünfziger Jahren sagte Cusack vor dem McClellan-Anti-Mafia-Komitee gegen das organisierte Verbrechen aus. »Wenn diese Männer an einem anderen Ort zu einer anderen Zeit aufgewachsen wären, wer weiß? Aber sie mußten das Blatt spielen, das ihnen ausgeteilt worden war. Sie wollten auf jenen Straßen überleben, in die der Wind sie geweht hatte.«

■ ■ ■

Zwar hat es in den Jahren vor 1900 schon viele echte jüdische Gangster gegeben, doch war Monk Eastman der erste wirklich berühmte Ganove. Sein wahrer Name lautete Edward Osterman, geboren 1873 in Williamsburg, Brooklyn. Sein Vater war Restaurantbesitzer und gehörte zum soliden Bürgertum. Monk war noch keine zwanzig, als ihm der alte Herr ein eigenes Geschäft überließ, eine Tierhandlung in der Broome Street in Manhattan. Monk verkaufte den Laden und arbeitete als Türsteher in der New Irving Hall, einem Nachtklub in der Elften Straße Ost, wo er bald für seine lässige Art, mit Betrunkenen fertig zu werden, bekannt und gefürchtet war, besiegte er mit einigen gezielten, harten Schlägen doch Männer, die beinahe doppelt so groß wie er selbst waren. Wie der Held aus einem Calypso-Song verprügelte er alle Männer und liebte alle Frauen.

Monk war auf eine Weise häßlich, wie man es heute nicht mehr kennt – altmodisch häßlich. Sein Gesicht, pockennarbiges Schlachtfeld vieler Kneipenschlägereien, sah wie ein Landstrich in Carolina nach einem Hurrikan aus, Schiffe mitten in der Stadt, auf dem Dach liegende Autos und Kühe an Fahnenmasten. Wissen Sie, wie sein Gesicht aussah? Wie die Skulptur eines Achtjährigen aus dem Kunstunterricht: Ohren wie Blumenkohlstrünke, die Nase bloß angedeutet, der Mund ein klaffender Schlitz. Sein Haar trug er sauber gescheitelt – ein seltsam geckenhafter Zug, ähnlich einem Hut auf einem Pferdeschädel. Er war etwa einszweiundsechzig groß und wog fünfundsiebzig Kilo. Kam er einem in der Stadt auf dunkler Straße entgegen, muß er wie der Sensenmann persönlich ausgesehen haben.

Mit Anfang Zwanzig hatte Monk beinahe alle jüdischen Schläger der East Side um sich versammelt. Die Eastmans, wie er seine Bande nannte, waren in einem Klubhaus an der Chrystie Street nahe der Bowery zu finden. Monk konnte mehr als tausend Soldaten zusammentrommeln. Meist kämpften diese Männer gegen eine italienische Gang, die von Paolo Vaccarelli geführt wurde, einem ehemaligen Preisboxer, der sich selbst Paul Kelly nannte. Eines Abends kämpften die beiden Anführer Mann gegen Mann um die Vormacht. Zwei Stunden lang prügelten Eastman und Kelly im Scheinwerferlicht aufeinander ein, bis beide Männer schließlich blau und böse zugerichtet von ihren Mannen davongetragen werden mußten.

Die Eastmans waren nicht sonderlich straff organisiert. Es gab keinen Terminplan für künftige Veranstaltungen, kein Informationsblatt. Entweder kämpften sie, oder sie kämpften nicht. Wurden Soldaten für eine Schlacht gebraucht, rief man es in den Straßen aus, flüsterte es in den Spelunken weiter – in Gluckows Odessa-Teeladen auf der Broome Street, in Sam Boeskes Kneipe auf der Stanton Street, in Dora Golds Süßwarenladen auf der First Street. Die Eastmans fochten in heute unvorstellbaren Straßenschlachten: ganztägige Schießereien mit rivalisierenden Banden, einzelne Passanten, die zu Opfern wurden, offene Kämpfe mit Polizeieinheiten. Barrikaden wurden errichtet, Steine geworfen. Selbst wenn der eine oder andere ein Gewehr hatte, wurden diese Schlachten doch meist mit Keulen, Totschlägern oder Stangen ausgetragen. So fuhr die Polizei nach einer Durchsuchung von Eastmans Klubhaus mit zwei Wagenladungen Steinschleudern fort.

Wenn sie sich nicht gerade prügelten, verdienten sich die Gangster ihren Lebensunterhalt – sie raubten, klauten, machten Beute. Meist waren sie wie Kanalratten angezogen, trugen zerlumpte Hemden und mottenzerfressene Jacken, fingerfreie Handschuhe und Hüte mit zerfetzter Krempe. Nachts tranken sie blauen Ruin, den billigsten Fusel, stellten den Mädchen nach und brachen Streitigkeiten vom Zaun. Die Verlierer fand man dann am nächsten Morgen im East River. Dies war der Wilde Westen von New York zu einer Zeit, als die bedeutendsten Gangster noch bloße Straßenschläger waren. Die Unterwelt hatte den Übergang zum zwanzigsten Jahrhundert noch nicht geschafft.

Im Vergleich zu manchen Vierteln von Manhattan wirkte Tombstone in Arizona wie ein verschlafenes Grenzstädtchen.
1904 vermurkste Monk einen bewaffneten Raubüberfall und erschoß einen Detektiv der Pinkertons. Man schickte ihn nach Sing Sing. Während seiner Abwesenheit kamen und gingen einige jüdische Bandenführer, huschten vorbei wie Bilder in einem rasch aufgeblätterten Kartenspiel: Kid Twist Zweibach, der in einer Schießerei um ein Mädchen starb; Big Jack Zelig, ein breitschultriger, arroganter junger Mann, den seine Feinde Big Yid nannten (›Wo ist dieser Big Yid?‹ fragte ein italienischer Killer eines Abends. ›Ich mach ihn fertig, diesen Big Yid‹); Dopey Benny Fein, ein bahnbrechender Gangster mit Schlafzimmerblick, der den Weg in die Gewerkschaftskriminalität öffnete; Kid Dropper, der trotz Polizeischutz vor dem Gericht in der Essex Street von einer geheimnisvollen Gestalt erschossen wurde, die sich Louis Cohen nannte; Little Augie Orgen, der 1927 an der Ecke Norfolk und Delancey Street von Louis Lepke und Gurrah Shapiro erschossen wurde, während sein Leibwächter, Legs Diamond, zuschaute.
1916 entließ man Monk Eastman aus dem Gefängnis. In Windeseile verbreitete sich die Neuigkeit: Monk ist zurück! Doch viel hatte sich verändert. Die alten Gangster waren gestorben oder anständig geworden; und die jungen Gangster waren anders. Sie kämpften nicht mehr aus purem Vergnügen am Kämpfen. Monk konnte keine Armee mehr auf die Beine stellen. Er war kaum dreißig und schon ein alter Mann, Relikt einer anderen Zeit. Er arbeitete als Langfinger, als Taschendieb, als kleiner Dealer. Nach einigen weiteren Verhaftungen wegen kleinerer Vergehen und einigen kürzeren Aufenthalten im Gefängnis beschloß er, dahin zu gehen, wo er endlich wieder kämpfen konnte.
Im Frühjahr 1917 meldete sich Monk Eastman zur Armee der Vereinigten Staaten. Als er sich bei der Musterung ausgezogen hatte und untersucht wurde, fragten die Ärzte, als sie das gute Dutzend Stichwunden bemerkten: »In welchen Kriegen haben Sie vorher gedient?«
»Nur in ein paar kleinen Kriegen in New York und Umgebung«, sagte Monk.
Man schickte ihn nach Frankreich. Ich stelle mir gern vor, wie er

nur wenige Jahre nach der Affäre Dreyfus in Paris eintraf – dieser breite, häßliche, stressige Jude mit der gebrochenen Nase. Wie konnten die Franzosen mit ihren Vorstellungen über Juden – wie sie aussahen, was sie taten – einen Mann wie Monk Eastman verkraften?

Auf den Schlachtfeldern Frankreichs war Monk ein Held. Er führte Stoßtrupps, gab Befehle. Und er vollbrachte Taten, mutige Taten unter feindlichem Feuer. Wahrscheinlich fühlte er sich an die alten Tage auf der Chrystie Street erinnert. Ein Jahr später bekam er in New York für das gleiche Verhalten, das ihn einst nach Sing Sing gebracht hatte, eine öffentliche Belobigung. Und am 3. Mai 1919 unterzeichnete Gouverneur Al Smith eine vom Präsidenten erlassene Durchführungsverordnung, die Monk die volle Staatsbürgerschaft zurückgab.

Die Polizei half ihm, eine Stelle zu finden, doch wie hätte sie ihm helfen können, sich wieder einzuleben? Die meisten Menschen denken, wenn sie eine herrliche Schaufensterauslage sehen: Bald kommt mein Monatslohn! Wenn Monk herrliche Schaufensterauslagen sah, dachte er vermutlich: Wo ist ein Stein? Abends machte er lange Spaziergänge am Fluß – der aus dem Krieg heimgekehrte Held, der merkt, daß er noch lange nicht daheim ist. Monk verkehrte bald wieder mit Verbrechern. Am 26. Dezember 1920 fand man ihn dann vor dem Bluebird Cafe in der Vierzehnten Straße. Man hatte fünfmal auf ihn geschossen. Er wurde mit militärischen Ehren begraben.

■ ■ ■

Der Tod von Monk Eastman bedeutete das Ende der Gangster vom alten Schlag, deren Welt eine der brutalen Gewalt und der groben Mittel gewesen war und die ihr Geld kleckerweise verdient hatten. Schon in den ersten Jahren dieses Jahrhunderts gab es Andeutungen jener Zukunft, in der das Gangstertum etwas typisch Amerikanisches werden sollte, in der es für einen Gangster ebensosehr darum ging, sich selbst neu zu erschaffen, wie darum, das große Geld zu machen. Monk ist dieser Zukunft übrigens selbst Jahre zuvor in einer verkommenen Spielhölle in Downtown begegnet. Da war ein schmächtiger Junge (schmale

Hände, schmale Gelenke), der sich über den Tisch beugte und würfelte. »Wer zum Teufel ist das?« fragte Monk.

»Das ist Rothstein«, lautete die Antwort.

Obwohl Arnold Rothstein damals nur ein Junge war – fünfzehn, sechzehn Jahre alt –, ging schon etwas Bedeutendes von ihm aus, etwas, das sich gerade erst erkennen ließ. Monk spürte es sofort. Rothstein verkörperte nicht nur die Zukunft des jüdischen Verbrechens in New York, er war die Zukunft des Verbrechens schlechthin. In den kommenden Jahrzehnten würde dieser Junge, der an jenem Abend beim Würfelspiel vermutlich verlor, jene vollkommene Mischung aus Eleganz und Gewalt, Bluff und Bravour, Raffinesse und Brutalität erfinden, die den modernen amerikanischen Gangster ausmachen sollte. »Halte dich an die Nummer eins«, hat Rothstein Jahre später einem Reporter erzählt. »Wenn du's nicht machst, macht es keiner. Wenn ein Mann blöd ist, wird ihn jemand reinlegen, warum also machst du es nicht selbst? Tust du's nicht, bist du ebenso blöd wie er.«

Arnold Rothstein war der Sohn eines reichen Mannes. Er wuchs in einer Villa an der Upper East Side auf. Abraham Rothstein, sein Vater, hatte eines dieser dunklen, gehetzt wirkenden, jüdischen Gesichter, die mit dem letzten Jahrhundert verschwunden zu sein scheinen oder nur gerade noch lange genug überdauerten, um dann in Treblinka oder Auschwitz unterzugehen. Er hatte einen Bart, eine Nase, Augen. Von einigen Freunden wurde er Abe, der Gerechte, genannt. Zu einem Dinner zu seinen Ehren kamen 1919 Gouverneur Al Smith und Richter Louis Brandeis. Sooft ein protestantischer Politiker Ärger mit den armen Juden in Downtown hatte, holte er Rat bei Abe, dem Gerechten. Schon sehr früh mußte Arnold gewußt haben, daß er seinen Vater enttäuschen würde, daß er für das Gerechtigkeitsgefühl seines Vaters nicht viel übrig hatte.

Mit fünfzehn begann Arnold, sich aus dem Haus seines Vaters fortzustehlen und nach Downtown zu fahren. Mit der Bahn waren es nur einige Minuten, doch war es wie eine Reise in ein anderes Land. Er ging durch quirlige Straßen, wurde von Betrunkenen angerempelt, von rätselhaften Frauen gestreift, war von fremden Akzenten umgeben, von lautem Geschrei, dem Klang der Bojen, dem Kreischen der Möwen. All diese Laute zusammen steigerten sich zu einem mächtigen Getöse – dem Lied der Slums. Arnold suchte das Ghettoleben, wie weiße Teenager einmal die schwarze Musik suchen sollten – den Jazz, den Rock, den Rap. Hier gab es eine Welt jenseits der humorlosen Konventionen der bürgerlichen Gesellschaft. Arnold zog in die Lower East Side, wie Teddy Roosevelt nach Afrika zog – auf der Suche nach Großwild.

Am meisten gefiel ihm, daß an jeder Straßenecke mit Karten und Würfeln gespielt wurde. Als Rothstein zum erstenmal die Würfel warf, muß etwas Magisches geschehen sein, ein Blitz, der die nächsten zwanzig Jahre aufscheinen ließ: verrauchte Zimmer, späte Nachtstunden, Gelächter, Betrügereien, Gaunereien, Verrat, Gewehre, Schmuggler, Kasinos, Pferde, Showgirls, Saratoga, Miami, gewonnene Wetten, verlorene Wetten und noch mehr verlorene Wetten. Auch wenn Rothstein mit der Zeit die Lust an fast allem verlieren sollte – an Freunden, Städten, Stilen, Mädchen –, verlor er doch nie sein Interesse fürs Spiel. Es machte ihn zu Anfang groß und zerstörte ihn am Ende. Seit jenem Tag, da er zum erstenmal über die Vierzehnte Straße hinausging, glich sein Leben einer endlosen Abfolge von Wetten.

Das Spiel trieb einen Keil zwischen Arnold und seinen Vater. Wenn ein Kartenspiel dich reich und zufrieden machen, wenn ein glatter Bluff dir Respekt und Geld einbringen konnte, was sprach da noch für die alte Moral? War harte Arbeit wirklich der Weg zum guten Leben, oder war sie nur der Trampelpfad für Trottel? Doch trotz der ersten Begeisterung wollte Arnold wieder nach Hause zurück. Er wollte nicht mehr in die Slums fahren, wollte ins Familiengeschäft einsteigen, zur *schul* gehen. Er hatte stets der gute Sohn sein wollen. Was also war passiert? Das, was immer passiert. Arnold Rothstein lernte ein Mädchen kennen.

Als Arnold sein Mädchen mit nach Hause brachte, um es seinem Vater vorzustellen, als Abe, der Gerechte, die Treppe herunterschlurfte, an seinem Bart zupfte, seine Kippa zurechtrückte, als er seinen Jungen zu Ende angehört, seine Heiratspläne vernommen hatte, als das Mädchen dem alten Mann sagte, nein, sie sei keine Jüdin, und nein, sie wolle nicht zum jüdischen Glauben übertreten, da schüttelte der Alte den Kopf und sagte: »Nun, ich hoffe, ihr werdet glücklich.« Und als der alte Mann nach der Hochzeit seinen Jungen für tot erklärte, als er die Spiegel verhängte und das Kaddisch las, da war dies für das amerikanische Verbrechen ein großer Augenblick. Er machte Arnold frei.

Für Rothstein war dies der entscheidende Bruch, sein Vorwand, sich von den alten Gesetzen abzuwenden, um sich den Regeln der Straße zu unterwerfen – eine Kluft zwischen Vater und Sohn, wie sie sich im ganzen jüdischen Amerika auftat. »Wir sahen es überall«, schrieb Reporter Lincoln Steffens. »Als wir zum Beispiel der Meldung von einem Selbstmord nachgingen, kamen wir an einer Synagoge vorbei, vor der ein Dutzend oder mehr Jungen ohne Hut in ihren alten Kleidern draußen auf der Treppe saßen und Zigaretten rauchten, während ihre Väter mit ihren hohen Hüten, schwarz gekleidet, mit ungeschnittenen Bärten und Tempellocken in die Synagoge gingen, sich das Haar rauften und die Kleider zerrissen ... Ihre Söhne rebellierten gegen die Gesetze Moses; sie waren verlorene Seelen, verloren für Gott, die Familie und für das alte Israel.«

Rothstein war ein auf düstere Weise attraktiver Mann, hatte eine hohe Stirn, eine gebogene Nase, den Blick gesenkt, schmale Lippen und einen Leberfleck auf der linken Wange. Jede Furche in seinem Gesicht, jede Falte schien so sorgsam gezeichnet wie die Kriegsbemalung im Gesicht eines Sioux-Indianers, jedes Mal verkündete seine erklärte Absicht: jede Wette zu gewinnen, jeden Feind zu schlagen, jede Herausforderung anzunehmen und es mit jedem Tölpel aufzunehmen. In Räumen, in denen andere Männer Stoffjacken oder abgewetzte Anzüge trugen, zeigte er sich in Smoking und Zylinder. »Ich hatte keine Ahnung, daß er ein Spieler war«, sagte das Showgirl Carolyn Greene, seine Freundin. »Er sah wie ein erfolgreicher, junger Geschäftsmann, wie ein Anwalt aus.«

In den ersten Jahren dieses Jahrhunderts machte Rothstein in den kleinen Spielhöllen und Billardsälen auf der Bowery seinen Weg. Er veränderte diese Welt, während er sie durchquerte, und zeigte den jungen Ganoven, wie sich ein Gentleman benimmt. So wie jede stilistische Revolution ein Zusammenspiel von hoch und niedrig, eine kulturelle Kreuzung zu sein scheint, so brachte Rothstein seinen Villenschick zu den Juden aus dem Slum. Er hatte größeren Einfluß auf das Aussehen der amerikanischen Verbrecher als Jackie O. auf das der amerikanischen Hausfrauen. Jackie brachte Hüte, Handschuhe und große Sonnenbrillen mit, Arnold elegante Schuhe, seidene Anzüge, teure Hüte. Er trug sein Geld, eine Rolle Scheine, in der Brusttasche. Wenn ein Freund ein Darlehen brauchte, zückte er die ganze Rolle, die dank seiner glücklichen Hand und der tollkühnen Wetten immer fetter wurde. »Kein Problem«, sagte er dann und zählte ein paar Scheine ab. »Wieviel brauchst du?«

Wie so viele große Männer läßt sich Rothstein ebenso nach seinen Feinden wie nach seinen Freunden beurteilen. Einige dieser Feinde – verbitterte alte Spieler – nahmen sich 1911 vor, ihm eine Lektion zu erteilen. Arnold glaubt, er könne gut Billard spielen? Na schön, dann holen wir doch mal einen echten Könner und beweisen ihm das Gegenteil. Also ließen sie Jack Conway aus Philadelphia herbringen, ein wahres Genie im Poolbillard. Sie brachten Conway zu Jack's, eine bei den Leuten vom Broadway beliebte Bar, wo er mit Rothstein ein Gespräch anfing. »Es heißt, Sie können Billard spielen«, sagte Conway. »Vielleicht glauben Sie ja, daß Sie mich schlagen können. Was meinen Sie? Wollen wir eine Runde Pool spielen?«

Noch ehe Rothstein auffiel, wie die Spieler im Dunkeln feixten, hatte er die Herausforderung angenommen. Und schon war es zu spät. Ein Zurück gab es nicht mehr. Also gut, sagte Rothstein. Wer als erster hundert Punkte hat, gewinnt.

Da Conway der Herausforderer war, durfte sich Arnold den Saal aussuchen. Keine Frage: John McGraws Billardsalon neben dem Herald Building. McGraw, damals Manager der New Yorker Giants, war einer der größten Baseballspieler aller Zeiten und einer ihrer anständigsten Kerle. Er sah sich sämtliche Rennen und alle Kämpfe an. An seinen freien Tagen fand man ihn stets an der Bahn, die Arme aufs Geländer gestützt. Er verkehrte mit allen großen Spielern New Yorks auf freundlichem Fuß. McGraws Saal, das bedeutete Heimvorteil für Rothstein.

Am frühen Donnerstagabend, der Himmel schon eher schwarz als blau, machte Arnold den Anstoß. Das einzige Licht im Saal kam von den Lampen, die über den Tischen hingen. In ihrem Licht waren nur der Filz der Spieltische und die Anordnung der

Kugeln zu sehen. Erst als sich Rothstein zum Stoß vorbeugte, konnte man sein Gesicht und die geäderten Hände erkennen. Die übrigen Männer, die um den Tisch standen oder von den Bänken entlang der Wand zuschauten, waren bloße Schemen, nur aufglühende Zigaretten.

Als die Kugeln krachend gegeneinanderschlugen, regten sich die Schatten, murmelten Stimmen. Der Raum war voller Stimmen. Sämtliche namhaften Spieler New Yorks, alle Gangster waren an diesem Abend dort. Die Männer, die Conway aus Philly hergebracht hatten, wetteten mit jedem, der dumm genug war, an Arnold zu glauben – der übrigens auf sich selbst gesetzt hatte, wie er es bis an sein Ende stets tun würde.

Conway machte als erster hundert Punkte. »Schönes Spiel«, sagte Arnold. »Was meinen Sie, spielen wir noch eine Runde?«

»Natürlich«, sagte Conway. »Spielen wir.«

Arnold gewann das zweite und das dritte Spiel. In den nächsten Stunden zermürbte er Conway. Bei Sonnenaufgang betrug Rothsteins Vorsprung dreitausend Dollar. »Prima Billard«, sagte Conway. »Spielen wir noch ein bißchen.«

Und so machten sie weiter; wie in einem alten Film drehte der große Zeiger an der Uhr eine Runde nach der anderen. Die Sonne ging auf und unter. Die Schatten wurden länger und kürzer. Die Geräusche draußen auf der Straße änderten sich. Tagesgeräusche: Kinder, Hunde, Menschenmengen. Nachtgeräusche: Züge, Gelächter, Schritte. Für die Jungs, die die Kugeln ordneten und den Spielstand notierten, ging ein Hut herum. Auf silbernen Tabletts wurde schwarzer Kaffee gereicht. Als es am Samstagmorgen dämmerte, standen die Spieler, die auf Conway gesetzt hatten, mit zehn Riesen im Verzug. Conway, der noch keine drei Sätze hintereinander gewonnen hatte, reichte Arnold die Hand. »Gute Technik«, sagte er. »Was meinen Sie, spielen wir noch eine Runde?«

Doch ehe Arnold antworten konnte, griff John McGraw ein. »Jetzt reicht's«, sagte er. »Wenn ich euch weitermachen lasse, brecht ihr mir noch tot überm Tisch zusammen.«

Rothstein legte seine Hand auf Conways Arm. Er bedankte sich. Sie mußten jenen Grad an Erschöpfung erreicht haben, der jedes Wort zu einem Witz und jeden Witz unnötig machte. Als die Zu-

schauer – manche froh, andere nicht – in den Morgen hinausgingen, lud Rothstein Conway ins türkische Dampfbad ein.
Bis zum Abend hatte die Neuigkeit die Runde gemacht: Von Arnold Rothstein war eine große Tat in einer Zeit großer Taten vollbracht worden – in einer epischen Begegnung, einem Spektakel der Unterwelt hatte er die Oberhand behalten. Ein Triumph des Willens. Selbst in der vierzigsten Stunde, als alle Augen im Raum juckten und nach Schlaf verlangten, als die rollenden Kugeln einen Farbschweif hinter sich herzuziehen schienen, als die Außenwelt zu einem verschwommenen Fleck hinter den Fenstern gerann, blieb Rothstein gelassen. Er tobte nicht und gab nicht auf.
Jetzt stand Rothstein die Unterwelt offen. Jeden Abend zog er bis ins nördliche Harlem, südlich hinab bis zur Delancey Street. Wer in jenen Jahren in Manhattan aus einem Nachtklub kam, einem dunklen Ort am Fuße einer Steintreppe oder einem Kasino, versteckt hinter einem hohen Bürogebäude, der mochte Hüte tragende Gangster in papageienfarbenen Hemden sehen, ihre Rücken, ihre Schultern, ihre Gesichter. Doch wer in einer Ecke in einem dieser Säle einen jungen, gut angezogenen Mann mit verächtlich geschürzten Lippen und gesenktem Blick sah, umgeben von anderen Männern, die um seine Aufmerksamkeit buhlten, dann war dies Arnold Rothstein, der seine Runde drehte. Athleten, Starlets, Tycoons – sie alle suchten ihn auf. Sie wollten seine Hand schütteln, wollten damit angeben können, ihn gesehen zu haben.
Etwa um diese Zeit befreundete sich Rothstein mit dem Iren Big Tim Sullivan, dem großen politischen Boß der Lower East Side. »Das hier ist einer von meinen cleveren Judenjungs«, sagte Sullivan gern, wenn er seinen Arm um Arnolds Schultern legte.
Da er sich wunderte, wer Sullivans neuer Schützling war, fragte ihn ein Bezirksleiter: »Woher willst du wissen, was ein Jude denkt? Die sind anders als wir.«
»Rothstein ist ein guter Junge«, antwortete Sullivan. »Halt zu ihm, und du wirst eine Menge Geld machen.«
Mit Sullivans Schutz – vor Gangstern, vor den Cops – unternahm Rothstein den nächsten Schritt und eröffnete ein prunkvolles Kasino in Midtown. Außer Geld brachte ihm das Kasino,

mit dem er in einer Woche etwa zehn Riesen verdiente, auch beträchtliches Ansehen ein. Er gehörte jetzt dazu, war das Establishment, war Gastgeber und Hausherr, der Schuldscheine akzeptieren konnte oder nicht, der die wahre Natur der Menschen kennenlernte, sah er sie in den frühen Morgenstunden, wenn der Spieltisch bloß noch ein Meer voller Jetons war. Zu seinen Stammkunden gehörte Charles Gates, der Sohn von John W. »Setze-eine-Million« Gates; Julius Fleischmann, der Hefekönig, dessen Familie später die Zeitschrift *The New Yorker* gründen sollte; Joseph Seagram, der kanadische Whiskeybaron, dessen Erben heute MCA* leiten, oder Harry Sinclair, der Ölmagnat. Für viele wohlhabende New Yorker öffnete Arnold Rothstein die Tür zu jener Art Vergnügen, das sie sich auf legalem Wege nicht verschaffen konnten.

In einer Nacht verlor Percival H. Hill, der Präsident der American Tobacco Company, eine Viertelmillion Dollar in Rothsteins Kasino. Hill gab Arnold einen Schuldschein und sagte, er könne ihn am nächsten Tag bei einem gewissen Mr. Sylvester in der American Tobacco Company einlösen.

Als Rothstein mit dem Schuldschein auftauchte, schüttelte Mr. Sylvester den Kopf und sagte bloß: »Eine Spielschuld, stimmt's?«

Rothstein wurde nicht nur reich – er besaß inzwischen mehr Geld als sein Vater –, er stieg in der Unterwelt auch die Leiter vom vorwitzigen jungen Spieler zum älteren Staatsmann auf. Wenn er aus seinem eigenen Kasino kam, war er nicht mehr der clevere Judenjunge, sondern das Hirn, das Geldbündel – Namen, auf die er am Broadway hörte. Selbst für jene, die ihn nie kennengelernt hatten, war er A. R., so wie James Pierpont Morgan** für sie J. P. war. Sein Biograph Gene Fowler verglich ihn mit »einer Maus, die in der Tür steht und auf ihren Käse wartet«.

Als Arnold genug Geld beisammen hatte, ging er noch einen Schritt weiter, wurde zum Finanzier der Unterwelt und förderte jedes zwielichtige Projekt, das sein Interesse weckte. Er mischte

* Plattenfirma. (A. d. Ü.)

** 1837–1913, Bankier, Leiter der nach dem Bürgerkrieg einflußreichsten Privatbank Nordamerikas. (A. d. Ü.)

im Drogenhandel mit, züchtete Pferde und manipulierte Boxkämpfe. Für die Juden in Downtown war er der Jude mit Geld, »unser Mann in Uptown«. Sie nannten ihn P. h. G.: Papa hat Geld. Man konnte ihn jeden Abend im Lindy's antreffen, einem Diner Ecke Broadway und Vierundvierzigste Straße, wo er sich Pläne anhörte, wie man schnell reich werden konnte. Hier wurde ihm auch die Idee vorgetragen, die World Series des Jahres 1919 zu schmieren. Rothstein lehnte dieses Angebot der Chicago White Sox zwar ab – »Die lynchen euch, wenn das rauskommt«, sagte er ihnen –, doch die Phantasie der breiten Öffentlichkeit hat seiner Legende auch diesen Fall von Korruption angehängt.
In seinem Buch *Der große Gatsby* schreibt F. Scott Fitzgerald 1925 über seine auf Rothstein basierende Figur Meyer Wolfsheim:
»›Er ist eine bekannte Type in New York; seine Heimat ist der Broadway.‹
›Was ist er denn, Schauspieler?‹
›Nein.‹
›Zahnarzt?‹
›Meyer Wolfsheim? Nein, er ist ein Spieler.‹ Gatsby zögerte und setzte dann kühl hinzu: ›Er ist der Mann, der 1919 den Ausgang der World Series bestimmt hat.‹«
Fitzgerald hatte Wolfsheim zuvor bereits mit folgenden Worten beschrieben: »Ein kleiner stumpfnasiger Jude hob seinen großen Kopf und sah mich an. Zuerst fielen mir zwei feine Haarbüschel auf, die ihm ganz überflüssigerweise aus den Nasenlöchern wuchsen, dann erst entdeckte ich in dem Halbdunkel seine winzigen Augen.«
In Wirklichkeit war Arnold Rothstein natürlich ebenso gewitzt und ebenso ansehnlich wie F. Scott Fitzgerald. (Falls es in den zwanziger Jahren eine Nasenhaarschere gab, besaß Rothstein jedenfalls bestimmt eine davon.) Und genau darum ging es schließlich. Es gab kein sicheres Merkmal (Reptilienaugen, jüdische Nase), an dem man Rothstein von anderen erfolgreichen Geschäftsleuten in Manhattan unterscheiden konnte. Er war ebenso Geschäftsmann wie die vielen Väter, die jeden Tag aus der City heimkehrten und in ihren sauberen Vorstadthäusern verschwanden – und deren Frauen letztlich keine Ahnung davon

hatten, was ihre Männer eigentlich trieben. Er durchbrach die traditionellen Schranken der Unterwelt und fand sich in einer Position wieder, in der die Grenze zwischen dem Verbrecherischen und dem Tugendhaften unbestimmt und unwirklich wird. Er verhielt sich in der Unterwelt wie ein bedeutender Aristokrat in der Oberwelt: Elegant bewegte er sich durch alle Räume und überwand die Schwellen mit Charme.

■ ■ ■

Im Herbst 1920 wurde Arnold Rothstein von Irving Wexler angesprochen, einem Gelegenheitsdealer und Taschendieb, den alle Welt nur Waxey Gordon nannte. Waxey und Big Maxie Greenberg, sein gerade aus Detroit eingetroffener Partner, hatten sich eine Möglichkeit ausgedacht, das Volstead-Gesetz zu umgehen, mit dem das Achtzehnte Amendment in Kraft getreten war, das den Verkauf und Transport von alkoholischen Getränken unter Strafe stellte. Waxey und Maxie wollten mit einem Schnellboot kistenweise Whiskey über den Lake Michigan aus Kanada nach Detroit bringen. Der Whiskey sollte dann übers Land geschmuggelt und verkauft werden. Ein einfacher Plan. Bloß: Waxey und Maxie brauchten 175 000 Dollar Startkapital. A. R. war weit und breit der einzige Gangster mit soviel Geld. Nachdem Rothstein sich am nächsten Tag auch noch mit Maxie auf einer Bank im Central Park besprochen hatte, sagte er, daß er ihr Angebot überdenken wolle.

Die besten Gangster handeln wie gute Geschäftsleute: Es zählt nicht zu ihren Aufgaben, die große Entdeckung zu machen, einen Geistesblitz zu haben. Zu ihren Aufgaben gehört nur, rechtzeitig die große Idee der anderen zu erkennen, sie zu begreifen, sie zu fördern. Als Rothstein über Waxeys Plan nachdachte, muß er irgendwann in den folgenden Tagen begriffen haben, daß hier der Schlüssel zur Zukunft lag: Daß die Regierung der Vereinigten Staaten mit dem Alkoholverbot ein legitimes, Multimillionen Dollar schweres Geschäft an die Verbrecher abtrat, die gleichsam nur noch in die verlassene Fabrik zu spazieren brauchten, in der alles sauber blitzte und darauf wartete, wieder in Betrieb genommen zu werden; daß junge Ganoven, die ansonsten vielleicht anständig geworden wären, nun dem Verbrechen treu bleiben würden, hatten sie doch endlich ein illegales Geschäft, in das sie hineinwachsen konnten; daß dieses neue Geschäft einen neuen Typ von Kriminellen verlangte, Männer, die smart genug waren, sich in der Welt der oberen Zehntausend zu bewegen, und brutal genug, sich in der Unterwelt zu behaupten, die töten, aber auch Angst verbreiten und korrumpieren konnten; daß, wenn alles gutging, das organisierte Verbrechen sich bald aus einer städtischen Plage in eine große, amerikanische, Geld produzierende Industrie wie die Stahl- oder Ölindustrie verwandeln würde und daß er, Rothstein, vermutlich der einzige Gangster in New York mit den nötigen Verbindungen, dem nötigen Geld, Niveau und Verstand war, um die Schläger der East Side in eine Armee von Geschäftsganoven zu verwandeln.

Was es Rothstein ermöglichte, über die für das organisierte Verbrechen bislang traditionellen Geschäftszweige (Straßenkämpfe, Glücksspiel) hinaus eine glitzernde Welt der Gangsterpolitiker erahnen zu können, unterscheidet A. R. von Veteranen wie Monk Eastman. Rothstein war für die Gassen und Hinterhöfe, was der Geldbaron für die Vorstandsetage ist: Er verschob die Grenzen, beugte die Gesetze. Er begriff das Wesen des frühen Kapitalismus (Heuchelei, Ausgrenzung, Habgier) und lernte, ihn zu beherrschen. Als ein Freund in Schwierigkeiten steckte, bot ihm Rothstein seinen Anwalt an. Der Anwalt riet A. R.'s Kumpanen, Antworten auf die Fragen mit dem Hinweis zu verweigern, daß er sich durch sie belasten könne – er sollte sich also auf das Fünfte Amendment der amerikanischen Verfassung berufen. Das war nie zuvor versucht worden, und der Anwalt ging damit bis zum Obersten Gerichtshof, so daß das Recht auf Schweigen schließlich Gesetz wurde. In gewisser Weise hat A. R. also auch dies geschafft – sich aufs Fünfte Amendment zu berufen wurde eine Taktik, die für den amerikanischen Gangster typisch werden sollte. Wäre die Welt des organisierten Verbrechens eine Universität, hätte dies allein schon Arnold Rothstein einen Lehrstuhl eingebracht.

Als A. R. sich erneut mit Waxey und Maxie traf, sicherte er ihnen seine Unterstützung zu – nur verlangte er dafür einige Änderungen in ihrem Plan. Statt Gordon und Greeneberg zu finanzieren, würde A. R. sie anstellen. Er würde zum ersten Schmuggler großen Stils in Amerika werden, und sie würden für ihn arbeiten. Noch eines: Statt den Alkohol kistenweise auf Booten aus Kanada zu beschaffen, eine Vorstellung, die A. R. ein wenig bescheiden fand, würden sie eine Schiffsladung voll Whiskey aus England holen. Nach der Überfahrt über den Atlantik – eine anstrengende, gefährliche Überfahrt – würde das Schiff unmittelbar außerhalb amerikanischer Gewässer, nämlich drei Meilen vor der Küste von Montauk, Long Island, ankern, wo Boote, die schnell genug waren, den Kuttern der Küstenwache zu entkommen, die Ware abholen sollten. Rothstein kaufte sechs Schnellboote, von denen jedes tausendsiebenhundert Kisten Whiskey an Land bringen konnte. Der Alkohol sollte dann mit Lastern zu einem Lagerhaus in Manhattan gebracht werden, von wo aus man ihn verkaufen und an die Flüsterkneipen und Klubs in der ganzen Stadt verteilen würde.

1920 war Montauk nur eine sandige, ungeschützte, windumtoste Halbinsel. Ein Leuchtturm. Einige Schuppen. Felsen. Ich stelle mir A. R.'s Jungs vor, wie sie dort draußen am Strand auf das Boot warteten, Stadtbewohner in schwarzen Stadtanzügen, die in schwarzen Stadtschuhen schwere Whiskeykisten über dunklen Sand schleppten, den Motor anließen, im Laster ostwärts über die menschenleere Küstenstraße fuhren und eine Wolke aus Sand und Staub hinter sich aufwirbelten, die Straße ein schwarzes Band unter schwarzem Himmel. Sie fuhren durch eine Dunkelheit voller Farmen und Felder, Städte und Häuser, Kirchtürme und Bahnhöfe. Das Stadtverbrechen hatte seine ersten, tastenden Kontaktversuche mit der Welt jenseits der letzten Straßenlaternen gemacht, mit der Pampa, wo jedermann zu den Bauerntrampeln gezählt wurde.

Rothstein hatte sämtliche Cops an der Strecke bestochen. Wenn der Laster über die verlassenen Straßenkreuzungen donnerte, schaute die Streife in die andere Richtung. Hielt ein Polizist den Laster an, schwatzte er ein wenig mit den Jungs und bat dann um eine Flasche. »Um mich bei Laune zu halten«, sagte der Polizist dann vielleicht. Nein, weder die Polizisten noch die Einheimischen waren das Problem. Wie aus dem Nichts aber strömten die Wegelagerer in dunklen Limousinen und Coupés herbei, Halstücher bis unter die dunklen Augen hochgezogen, Gewehre schußbereit, so stoppten sie die Laster, bedrohten die Fahrer und verschwanden mit einigen Dutzend Kisten. Doch wie konnte A. R. seine Ware schützen? Wenn ein Schmuggler beklaut wird, kann er da zur Polizei gehen? Nein, natürlich nicht. Rothstein brauchte also seine eigene Polizei, Männer, die gnadenloser und cleverer als jene waren, die ihn beraubten. Von da an waren seine Laster mit zwei Soldaten auf der Ladefläche unterwegs, die Flinte in der Hand wie die Helden aus dem Wilden Westen, die ihre Postkutsche vor den Banditen oder Apachen zu bewachen hatten.

Seine Rekruten kamen aus der Lower East Side und waren Juden und Italiener – zumeist aber Juden. Wenn A. R. sie nicht fand, fanden sie A. R. (Meyer Lansky traf Rothstein bei einer Bar-Mizwa.) Diese Generation hatte sich meilenweit von Gangs wie den Eastmans entfernt. Die meisten Männer waren als kleine Jungen aus Italien, Polen oder Rußland hergekommen, aber längst zu Amerikanern geworden. Und sie legten schon die pragmatische Haltung der Neuen Welt an den Tag – sie waren Juden und Italiener, die begriffen, daß ihre Ähnlichkeiten größer als ihre Unterschiede waren, daß das neue Geld mehr als die alten Rivalitäten bedeutete. Wenn irische Gangs in ihr Viertel eindrangen, um Einwanderer zu verprügeln, schlugen junge Italiener und Juden sie gemeinsam zurück. Dies war der Beginn einer Allianz, die für viele Juden zu einer wichtigen Episode in ihrem Leben in Amerika werden sollte. »Als Lucky Luciano aus Amerika deportiert wurde und in Italien lebte, wissen Sie, was er da vermißt hat?« fragte mich John Cusack. »Jüdisches Corned beef, Pastrami und Roggenbrot. Er sagte, allein bei dem Gedanken daran liefe ihm das Wasser im Mund zusammen.«

Und diese Männer, die auf denselben Straßen aufwuchsen, lernten dieselben Lektionen: Daß es in Amerika nicht reicht, stark zu sein, man muß auch smart sein; daß es in Amerika nicht reicht, stark und smart zu sein, man muß auch eine Rolle spielen, muß andere glauben lassen, daß man so ist wie sie, nur eben jünger oder älter oder aus einer anderen Gegend; daß einem die Leute in Amerika nur helfen, wenn sie glauben, sich eigentlich selbst zu helfen, sei es, weil sie dieselben Interessen haben oder weil sie

sich mit dir identifizieren, weil sie meinen, indem sie dir helfen, sich eigentlich selbst zu helfen.
Rothstein suchte sich aus diesen jungen Ganoven die besten aus, solche, die er nach seinen Vorstellungen formen konnte, die seine Ansichten teilten, die es einfach drauf hatten. In den ersten Jahren der Prohibition auf A. R.'s Lastern als Bewacher mitzufahren, das war wie für die Mudschaheddin kämpfen – man lernte, wurde abgehärtet, war fürs Leben gezeichnet. Zu den Männern, die Rothstein anheuerte, gehörten Lansky, Siegel, Luciano, Frank Costello, Legs Diamond, Waxey Gordon, Dutch Schultz, Louis Lepke, Gurrah Shapiro – Männer, die A. R.'s Lektion schließlich in eine nationale Manie verwandeln und selbst zu den berüchtigtsten Verbrechern des zwanzigsten Jahrhunderts werden sollten. »Meyer Lansky stieg in den Kasinos zum König des verbotenen Glücksspiels auf«, erzählte mir ein pensionierter Detective der New Yorker Polizei namens Ralph Salerno. »Das grüne Tuch eines Spieltisches aber hat er meines Wissens zum erstenmal in Rothsteins Laden gesehen. Und was Lansky an Stil besaß, das hatte er von Arnold. Er war vermutlich auch derjenige, der als erster das Würfelspiel von der Straße ins Haus und auf einen Tisch verlegt hat.«
In meinen Augen ist Arnold Rothstein der Moses der Unterwelt: Er führte die kommende Generation ins Gelobte Land, das er selbst nicht mehr betreten konnte. Am 4. November 1928 bekam er eine Kugel in den Bauch. An einem Sonntagabend. Kurz zuvor hatte er bei Lindy's einen Anruf erhalten. Man bat ihn, wegen einer Spielschuld ins Park Central Hotel an der Sechsundfünfzigsten Straße zu kommen. Da er einige Wochen zuvor bei einem Kartenspiel verloren hatte (fünfzig Riesen in einem einzigen Spiel), schuldete er einem kalifornischen Spieler einige hunderttausend Dollar. Ein Taschengeld. Doch A. R. wollte nicht zahlen. Es sei falsch gespielt worden, behauptete er. Und einer Kellnerin sagte Arnold: »Einem Falschspieler zahle ich keinen Penny.« Was Rothstein die Kraft verlieh, ohne Unterbrechung fünfundvierzig Stunden Billard zu spielen, das hinderte ihn nun daran, den lächerlichen Betrag dieses Schuldscheins zu begleichen. Bevor er das Lindy's verließ, gab er einem Freund seinen Revolver. Waffen waren bei solchen Treffen nicht erlaubt. Eine Stunde

später fand man Rothstein, wie er über ein Geländer in der Lobby des Hotels hing. »Ruf mir ein Taxi«, rief er dem Türsteher zu. »Man hat auf mich geschossen.« Als die Polizei ihn später im Polyclinic Hospital fragte, wer auf ihn geschossen habe, winkte Arnold ab und sagte: »Ich kümmere mich drum.«

Obwohl Rothstein das Ende von einem Dutzend Unterweltgrößen gesehen hatte – unter ihnen Louis the Lump, Monk Eastman, Kid Twist Zweibach, Dopey Benny, Little Augie –, konnte er an seinen eigenen Tod nicht glauben. Als er in den nächsten Tagen ins Delirium versank, versprach er allen, sich bald wieder zu erholen. Wie er aber dahinsiechte und sein Krankenhausfenster nichts als Fluß und Himmel zeigte, wird er sich kaum als Genie der Unterwelt, sondern vermutlich als verlorener Sohn gefühlt haben, als Junge, der seinen Vater enttäuscht hatte.

Einige Jahre zuvor hatte Arnold gehört, daß sein Vater in Schwierigkeiten steckte. Der Markt für Baumwolle war zusammengebrochen und Abraham Rothsteins Fabrik für Baumwollverarbeitung wertlos. Gläubiger hefteten sich an seine Fersen, niemand wollte ihm einen Kredit geben. Arnold erfuhr all dies von Jack, seinem jüngeren Bruder. »Er braucht eine Menge Geld«, sagte Jack. »Mehr als zweihunderttausend.«

»Warum kommt er nicht zu mir?« fragte Arnold.

»Du weißt, daß er das nicht tun würde.«

»In Ordnung«, sagte Arnold. »Sag ihm, er soll morgen zum Hauptbüro der *Bank of the United States* gehen und einen Kredit beantragen.«

»Da war er schon«, sagte Jack. »Die haben abgelehnt.«

»Ich sorge dafür, daß sich ihre Haltung ändert«, sagte Arnold, der daraufhin zur Bank ging und ihrem Präsidenten Liberty-Anleihen im Wert von dreihunderttausend Dollar gab – genug, um den Kredit abzusichern. »Wenn mein Vater kommt, geben Sie ihm seinen Kredit«, sagte Rothstein. »Aber er soll nicht wissen, daß ich hier gewesen bin.«

Rothstein war kein gläubiger Jude mehr, aber er tat etwas typisch Jüdisches – er spendete anonym. Außer Arnold und Gott würde niemand je von dieser Gabe erfahren. Ich nehme an, daß ihm diese Tat, wie schlimm sein Tun ansonsten auch immer gewesen sein mag, bei Gott einige Pluspunkte eingebracht hat.

Rothstein kümmerte sich selbst dann noch um seinen Vater, als der schon lange aufgehört hatte, sich um ihn zu kümmern.
Eines Nachmittags kam Rothsteins Frau, von der er getrennt lebte, ins Krankenhaus, um ihn zu besuchen. »Ich will nach Hause«, sagte er. »Hier schlafe ich doch bloß. Und schlafen kann ich auch zu Hause.« Er starb einige Stunden später. Unzählige Schlitzohren und Spieler kamen zur Beerdigung, abergläubische Männer, die darauf hofften, daß ein wenig von A. R.'s Magie auf sie übergehe. Vor der Menge stand Abraham Rothstein, ein alter Mann im Gebetsschal, und sagte zum zweitenmal das Kaddisch für seinen Sohn auf.
Rothsteins Vermächtnis sollte von jenen jungen Kriminellen erfüllt werden, die er beeinflußt hatte. »Er hat mir beigebracht, wie man sich anzieht«, erinnerte sich Lucky Luciano Jahre später. »Er hat mir beigebracht, keine grellen Farben zu tragen, hat mich guten Geschmack gelehrt. Und wenn Arnold länger gelebt hätte, dann hätte er aus mir noch einen richtig eleganten Kerl gemacht; er war der beste Lehrer für Etikette und gutes Benehmen, den man sich denken konnte – ein Mann mit wahrhaft geschliffenen Manieren.«
A. R. hinterließ ein folgenschweres Vermächtnis, das sich sogar für jene bemerkbar machte, die sich erst viel später einen Namen verdienen sollten. Zwischen Rothstein und den jüdischen Ganoven späterer Generationen wie Abe Reles und Buggsy Goldstein bestand zwar nur ein loser, aber doch realer Zusammenhang – wie etwa zwischen einem Foto und dem Abzug von einem Abzug, der von diesem Foto gemacht wurde. Obwohl Jahre vergingen und das Bild bereits verschwommen war, konnte man noch einige Züge des Originals erkennen – eine Andeutung von Stil, ein Spritzer Farbe. Auf eine Weise, von der er selbst vermutlich nichts ahnt, imitiert jeder Gangster in Amerika bis auf den heutigen Tag Arnold Rothstein.

■ ■ ■

Rothsteins Tod war für das organisierte Verbrechen in Amerika eine Übergangszeit. Rothstein hatte Schüler hinterlassen, einen Kader junger Krimineller, die entschlossen waren, seine Losung zu verbreiten: Geld ist Geld, alles andere ist Blödsinn. Doch die Straßen befanden sich noch fest im Griff der letzten Generation, jener traditionellen italienischen Gangster, die A. R.'s Jungs verächtlich die ›Schnauzbart-Pedros‹ nannten. Sie waren die Verbrecher der Alten Welt mit ihren buschigen Schnauzbärten, den dunklen Augen, zusammengezogenen Brauen, breiten Händen, starken Loyalitäten, uralten Feindschaften und tief sitzendem Mißtrauen. Die Herkunft der Pedros reichte bis zur Schwarzen Hand in Sizilien zurück, zu geheimen Gesellschaften, Vendettas, stilvollen, symbolischen Morden: Die Augen ausschießen, um den letzten Blick zu rauben, der selbst den Toten gewährt wird; die Zunge herausschneiden, um der Welt mitzuteilen: ›Hier liegt einer, der gesungen hat.‹

Diese Männer fanden beunruhigend, was sie für die Korruption der Neuen Welt hielten, in der sich vielversprechende, junge Draufgänger wie Charles Luciano mit Juden wie Meyer Lansky zusammentaten. Als Vito Genovese von Frank Costello den Juden Bugsy Siegel und Meyer Lansky vorgestellt wurde, fragte Genovese: »Was hast du vor? Willst du uns eine Bande Hebräer auf den Hals hetzen?«

»Immer mit der Ruhe, Don Vitone«, erwiderte Costello. »Sie sind doch auch bloß ein beschissener Ausländer.«

Die Schnauzbart-Pedros waren engstirnige Provinzler, die eigentlich der Vergangenheit angehörten. Und bald sollte die Vergangenheit sie heimsuchen. Die darauffolgende Auseinandersetzung – der Castellammarese-Krieg – war vermutlich die wichtigste Schlacht in der Geschichte der Unterwelt. Sie bedeutete für das organisierte Verbrechen, was der Bürgerkrieg für die Vereinigten Staaten bedeutete: Eine Schlacht der Ideen, der Wirtschaftssysteme, der Visionen: Gehen wir voran, oder gehen wir zurück? Es war ein Krieg, in dem jüdische Gangster eine entscheidende Rolle spielen sollten.

■ ■ ■

Um 1930 schien alles entschieden; die Unterwelt, zumindest ihr italienischer Teil, wurde von jenen Männern – Costello, Luciano, Anastasia, Gambino – geführt, die Joe Masseria treu ergeben waren.
Masseria war 1903 aus Sizilien – wo er wegen Mordes gesucht wurde – in die Lower East Side gekommen. Er war ein kleiner, kugelrunder Kerl, kaum größer als einsfünfzig, doch war da etwas in seinen Augen, eine Unverwandtheit, die die Leute erstarren ließ. Als junger Mann wurde ihm eine Sportlichkeit, eine Wendigkeit nachgesagt, die seine körperliche Erscheinung Lügen strafte. Einmal, als ihn ein Feind auf der Second Avenue verfolgte, lief er den Kugeln buchstäblich davon. Nachdem der Attentäter Masserias Leibwächter erschossen hatte, feuerte er mehrere Schüsse auf Masseria selbst ab, doch schlug der solche Haken und sprang derart hin und her, daß die Kugeln nur hinter ihm in die Wand schlugen.
In den folgenden Jahren stieg Masseria zur Macht auf. Dieser Aufstieg ließ wie der Aufstieg aller mächtigen Männer eine Reihe enttäuschter Freunde und besiegter Rivalen zurück: Lupo the Wolf, Peter Morello, Ciro Terranova. Ende der zwanziger Jahre, nachdem Masseria seine Feinde erledigt und seine Freunde reingelegt hatte, ernannte er sich selbst zum *capo di tutti capi*, zum Boß aller Bosse. Wer für ihn arbeitete, für den war er bloß Joe, der Boß.
Masseria war kein beliebter Anführer. Selbst seine eigenen Leutnants mochten ihn nicht, vor allem jene nicht, die zuvor für Rothstein gearbeitet hatten. Costello und Luciano mißtrauten dem Boß, seiner Vorliebe fürs Ritual, seinen Vorurteilen. »Als ich anfing, mich mit jüdischen Jungs wie Meyer, Bugsy und Dutch abzugeben, fing Masseria an, deswegen herumzumeckern«, schrieb Luciano später. »Er sagte, daß die Juden mich eines Tages noch in die Synagoge schleppen würden.«
Doch was hätte Luciano tun sollen? Masseria gab auf den Straßen den Ton an. Was ihm an Weitsicht fehlte, machte er durch Feuerkraft wett. Eine gut bewaffnete Vergangenheit kann – eine Weile zumindest – selbst die aussichtsreichste Zukunft aufhalten. Joe, der Boß, würde so lange der Boß bleiben, bis ihm jemand diesen Titel abnahm. Und dieser Jemand würde weder

Luciano noch Costello, weder Lansky noch Siegel sein. Vorläufig jedenfalls nicht. Und in der Zwischenzeit blieb Luciano nichts anderes übrig, als zu warten und die Rolle des zweiten Mannes an der Seite des Bosses zu spielen.

Alles auf der Welt ist miteinander verbunden. Legt man hier einen Schalter um, geht dort das Licht an; bricht man hüben ein Versprechen, macht man sich drüben einen Feind. Als Benito Mussolini 1926 begann, rücksichtslos gegen die Mafia auf Sizilien durchzugreifen, ahnte er vermutlich nicht, daß er dadurch das Leben in New York verändern würde, aber genau das geschah. Kaum hatte der Diktator die Verbrecherbosse aus Sizilien vertrieben, tauchten sie in Manhattan auf. Meist kamen sie aus der Gegend um Castellammare, einer rauhen Gegend mit niedrigen, weißen Häusern auf buschbewachsenen Hügeln am Meer. Manche dieser Männer – Joseph Bonanno, Joseph Profaci – sollten später mächtige Gangster werden. Doch als sie zur East Side kamen, waren sie nur hungrige Exilanten. Und sie waren eine Bedrohung für Joe, den Boß. Die Neuankömmlinge respektierten nämlich die existierende Ordnung nicht. Warum auch? Sie hatten in Sizilien den Ton angegeben. Warum sollten sie das nicht auch in Amerika tun?

Diese Männer wurden von Salvatore Maranzano angeführt, der sich 1927 mitsamt seinem altmodischen Gebaren in Amerika niederließ. Ein Ganove, der Maranzano kennenlernte, schrieb später: »Als wir ankamen, war es schon ziemlich dunkel. Man brachte uns zu Maranzano, der mit seinen zwei Pistolen im Gürtel und seinen neunzig, bis an die Zähne bewaffneten Jungs einen ziemlich majestätischen Eindruck machte. Mir war, als stünde ich vor Pancho Villa.«

Maranzano schlug sein Hauptquartier in einem Büroturm an der Grand Central Station auf, umgab sich mit Leutnants und begann, gegen Joe, den Boß, Krieg zu führen. Überall in Manhattan, in verrauchten Hinterzimmern und verbotenen Klubs, in Billardsälen und in rund um die Uhr geöffneten Diners schlugen sich Gangster auf die eine oder andere Seite. Sie feuerten aus vorbeifahrenden Autos, von Dächern und aus Hauseingängen. Pistolenschüsse durchlöcherten die Nacht. Und am Morgen sammelte die Polizei die Leichen ein. Zwischen 1927 und 1930 fielen mindestens fünfzig Mann. Luciano sprach mit jungen Soldaten auf beiden Seiten, sagte ihnen, daß der Krieg eine Verschwendung sei, daß er ihnen nichts einbringe, daß er alle Geld koste und wieder mal ein Beispiel dafür sei, wie alte Generäle junges Leben für sich kämpfen ließen.

Charlie Luciano war 1906 aus Sizilien nach New York gekommen. Er hatte ein dunkles, volles Gesicht, lockiges Haar und ein erstklassiges Lächeln. In einer Herbstnacht des Jahres 1929 wurde er an den Docks der West Side, wo er das Ausladen einer Lieferung Heroin überwachte, von vier Schlägern in einen Wagen gezerrt. Während die Limousine durch Brooklyn schlich, wurde Charlie zusammengeschlagen, mit einem Totschläger bearbeitet, mit einem Pistolenknauf und einer Eishacke traktiert, mit einem Messer in Hals und Gesicht gestochen, bis man ihn schließlich für tot hielt und am Huguenot Beach in Staten Island liegenließ. Im Morgengrauen fand ihn ein Polizist, der ihn sofort ins Krankenhaus brachte. Als er später gefragt wurde, wer ihn überfallen habe, schüttelte er den Kopf und sagte: »Ich habe nur Freunde, hinter mir ist keiner her. Ich bin überall beliebt.«

Wie alle Welt erleiden auch Gangster Rückschläge, nur sind ihnen die Niederlagen deutlicher anzumerken. Lucianos Schlappe war an den Narben in seinem Gesicht zu erkennen. Die Wangenmuskeln waren durchtrennt worden, so daß sein linkes Augenlid herabhing, was ihm ein verschlagenes Aussehen verlieh. Die Frauen seiner Welt fanden das attraktiv. »Ich habe hübsche Männer noch nie gemocht«, erzählte mir eine alte Gangsterbraut in Miami. »Ich mag Männer, die gezeichnet sind.« Auf der Straße wurde Luciano nun Charlie Lucky genannt – der einzige Mann, der so glücklich gewesen war, einen ›Ausflug‹ zu unternehmen und zu überleben. Allein der Ausdruck ›einen Ausflug unternehmen‹ ist nur ein Kode, eine Umschreibung für den Tod, so wie amerikanische Soldaten später auch vom Tod redeten, wenn sie davon sprachen, ›sich ein Stück Land zu kaufen‹. Charlie war religiös. Er muß geglaubt haben, daß Gott ihn aus gutem Grund gerettet hatte, daß es für ihn noch etwas zu erledigen gab.

■ ■ ■

Sooft er sich freimachen konnte, ging Luciano zur Delancey Street in ein überfülltes, kleines Delikatessen – klirrendes Silberbesteck, Stimmengewirr –, um mit Meyer Lansky zu frühstükken. Luciano hatte Lansky Jahre zuvor an einem Nachmittag im Januar zu Beginn dieses Jahrhunderts kennengelernt. Meyer, ein dürres Einwandererkind mit großem Kopf, ging allein durch die verschneite Hester Street. Als er aufblickte, sah er sich von jungen Italienern umringt. »Wenn du am Leben bleiben willst, Judenbengel, mußt du uns von jetzt an jede Woche fünf Cents Schutzgeld zahlen«, sagte Charlie Luciano, ihr Anführer.
Meyer schaute ihn an. Zwei scharfe Augen blickten in zwei scharfe Augen. Sie entdeckten etwas in ihrem Gegenüber, erkannten etwas Vertrautes. »Verpißt euch«, sagte Lansky.
Es war einer jener Momente – Mick Jagger, der Keith Richards trifft; Otto von Bismarck, der Kaiser Wilhelm begegnet –, die Konsequenzen haben. »Er stand einfach nur da, dieser kleine Schnösel«, erinnerte sich Luciano. »Ich war fast fünf Jahre älter als er und hätte ihn mit einer Hand zerquetschen können. Aber er stand da, starrte mir ins Gesicht und sagte, ich könne mir mein Schutzgeld in den Arsch schieben. Und er wäre auf mich losgegangen, die Fäuste hatte er schon geballt.«
Luciano respektierte den Mumm des Kleinen. Er schleuderte ihm irgendeine Beleidigung an den Kopf, die ihm half, das Gesicht zu wahren, und ging. Später kam er dann allein zurück und suchte einen Verbündeten – jemanden, der mit allem, was ihm zur Verfügung stand, kämpfen wollte. In den kommenden Jahren kümmerten sich die Jungen umeinander, beschützten sich gegenseitig. Wer einem von ihnen einen Strich durch die Rechnung machte, bekam es mit beiden zu tun. Gangsterarithmetik. Sie schlossen eine der großen Freundschaften in der Geschichte des Verbrechens. »Wir haben uns spontan verstanden«, erzählte Luciano später. »Und das blieb auch so. Wir brauchten uns nicht viel zu erklären. Es klingt vielleicht verrückt, doch wenn jemand den Ausdruck ›Blutsbrüder‹ verwenden möchte, dann trifft er auf Meyer und mich zu, auch wenn wir aus völlig verschiedenen Verhältnissen stammten.«
Diese beiden Gangster waren ihrer Zeit beispielhaft weit voraus. Zu einer Zeit, in der man sich überall der Herkunft und reli-

giösen Zugehörigkeit nur allzu bewußt war, ließen Lansky und Luciano derlei hinter sich. Sie waren der Ansicht, daß einem in Amerika der Bruder von jedem beliebigen Elternpaar in jedem beliebigen Haus geboren werden konnte. »Gangster, die es nicht mal bis zur High School geschafft hatten, durchbrachen diese gesellschaftlichen Schranken lange, bevor jemand anders auch nur in deren Nähe gekommen war«, erzählte mir Ralph Salerno. »Gangster sind meist pragmatischer und realistischer als Leute in anderen gesellschaftlichen Bereichen. Warum gab es denn die Affinität zwischen Italienern und Juden? Weil sie eine Vernunftehe verband. Sie lebten zur selben Zeit in denselben Elendsvierteln; sie unterliefen die Prohibition zur selben Zeit. Es war eine Ehe der drei M's: Mumm, Moneten, Muskelkraft. Die Juden brachten den Mumm in die Beziehung ein, die Italiener die Muskelkraft, und zusammen teilten sie sich das Geld.«

Als Luciano begann, von einem Krieg mit den Schnauzbart-Pedros zu reden, ermahnte ihn Lansky zur Vorsicht. *Warte noch. Laß die Bosse sich selbst umbringen.* Doch 1931 waren beide Männer das Warten leid. Zu viele Leute hatten sterben müssen, zuviel Geld war verlorengegangen. Etwas mußte geschehen.

In jenem Frühjahr besuchte Luciano Maranzano in seinem Hauptquartier, einem Maklerbüro im Eagle Building, Park Avenue 230. Lucky verbrachte eine Stunde in Maranzanos Büro, nickte beim Verlassen den Leibwächtern im Vorzimmer zu, fuhr mit dem Fahrstuhl nach unten und verschwand in Richtung Midtown. In diesem Augenblick wußte außer Lucky nur ein einziger Mensch, was als nächstes geschehen würde – Meyer Lansky. Und egal, was geschehen würde, einige von Meyers Jungs würden ihre Hand dabei im Spiel haben. Schließlich war die Zukunft, die Lucky und Meyer planten, ebenso italienisch wie jüdisch – mithin sollten Juden und Italiener sie auch gemeinsam einläuten.

Am 15. April 1931 wurde Masseria von Luciano zum Mittagessen eingeladen. »Gehen wir zu Scarpato«, schlug Lucky dem Boß vor. »Scarpatos Saucen schmecken wie Saucen aus der Heimat – mit Venusmuscheln, gutem Olivenöl und allem, was dazugehört.«

Sie nahmen Masserias gepanzerte, kugelsichere Limousine. Von der East Side war es nur eine kurze Fahrt durchs träge, rotziegelige Brooklyn, Gassen und Häusertreppen wirbelten am Fenster vorbei. Hier und da sah ein Kind den Wagen, verdunkelte Fenster, geheimnisvoll.

Sie fuhren am Hafen vorbei, Schoner und Schaluppen drängten sich bis zum Horizont, Masten wie Striche vorm Himmel. Das Restaurant lag in Coney Island am westlichen Ende der Fünfzehnten Straße – eine der heruntergekommenen italienischen Spelunken an der Uferpromenade. Man kann heute noch hingehen. Das Restaurant ist verschwunden, aber das Gebäude ist noch da. Es gehört der General Iron Corporation, sieht aber fast genauso aus wie früher: schmale Fassade, schlanke Säulen, Bogenfenster. Gesäumt von gestutzten Großstadtbäumen führt die Straße ans Meer. Steht man vor dem Haus, wenn die Wolken rasch über den Himmel ziehen, denkt man: So muß es 1931 gewesen sein, nur nicht so sorglos, nicht ganz so pittoresk, so düster, hat es doch heute bloß noch die Romantik einer Ruine, eines Ortes, an dem vor langer Zeit etwas Bedeutsames geschehen ist.

An jenem Nachmittag setzten sich Luciano und Masseria an einen der hinteren Tische. Sie gönnten sich eines jener langen, geruhsamen Essen, wie sie nur die sehr Reichen oder sehr Armen kennen. Vermutlich redete Masseria über den Krieg, über die Lage der Dinge und darüber, daß er immer noch zu gewinnen hoffte. Vielleicht redete er auch über die Juden und ermahnte Charlie erneut, nur den eigenen Leuten zu vertrauen. Sie tranken Chianti. Die Teller wurden abgeräumt. Ein Kellner brachte eine Packung Karten. Sie spielten Poker. Gegen drei Uhr entschuldigte sich Luciano, sagte, er müsse zur Toilette.

Einen Augenblick später flog die Tür zum Restaurant auf. Eine wüste Ansammlung von Killern stürmte herein: Ben Siegel, Albert Anastasia, Joe Adonis und Red Levine. Sie liefen ins Hinterzimmer und begannen zu feuern. Zwanzig Schuß. Als die Killer wieder in ihren Wagen stiegen, setzte sich Adonis ans Steuer. Er zitterte so sehr, daß er den Schlüssel nicht ins Schloß bekam. Siegel schob ihn zur Seite, ließ den Motor an und fuhr davon.

Als Luciano von der Toilette zurückkam, sah er verschreckte Kellner, den überm Tisch zusammengebrochenen Masseria, Löcher in der Wand, Löcher im Boß und das Ende (von einigen) seiner Probleme. Auf den Zeitungsfotos ist nur Masserias blutige Hand zu sehen, Handfläche nach oben, das Karo-As zwischen den Fingern. Für Gangster ist diese Karte seither verflucht. Wer ein Karo-As von einem Boten empfing, dem wurde der eigene Tod angekündigt.

Als die Polizei Luciano später fragte, wo er während der Schießerei gewesen sei, sagte er: »Auf dem Pott, pinkeln.« Er dachte einen Augenblick nach und fügte dann hinzu: »Ich muß immer ziemlich lange pinkeln.«

Als Maranzano an jenem Abend von dem Mord erfuhr, erklärte er sich zum Sieger im Castellammarese-Krieg. Er schickte Luciano eine Nachricht: Danke. Lucky wurde danach zu Maranzanos erstem Leutnant ernannt, zum vermutlich zweitwichtigsten Mann der Unterwelt.

Einige Wochen später berief Maranzano eine Versammlung ein. Nahezu alle italienischen Gangster New Yorks kamen ins riesige Lagerhaus in der Bronx, einige Häuserblocks vom Harlem River entfernt. Vor den Türen patrouillierten bewaffnete Posten, auf dem Dach hockten Scharfschützen. Wie beim Wiener Kongreß, der auf den Sturz Napoleons folgte, oder bei der Konferenz von Jalta nach dem Sieg über Hitler, trafen sich die Überlebenden, um die Grenzen neu zu ziehen. Maranzano stand mit seinen Killern und Leibwächtern vor der ausgelassenen Menge und unterbreitete ihnen die Blaupause für die nächste Generation. Die italienische Unterwelt sollte künftig unter fünf Verbrecherfamilien aufgeteilt werden. Jede Familie – die eigentlich nur ein Verbund gleichgesinnter Ganoven war – würde wie ein Gewerkschaftsverband geführt. Die unteren Mitglieder einer Familie, die Soldaten, hatten dem Boß einen Prozentsatz von ihrem Verdienst zu zahlen, einen Tribut gewissermaßen. Im Gegenzug dafür wurden die Soldaten beschützt – vor anderen Kriminellen, vor der Polizei. Wenn einem Soldaten einer Familie von Soldaten einer anderen Familie ein Unrecht zugefügt wurde, hatte er nun jemanden, an den er sich wenden konnte – an seinen Capo, den Anführer des Viertels, der mit dieser Angelegenheit zu einem Leutnant gehen konnte, welcher sich damit wiederum an seinen Boß wenden mochte, damit dieser sie notfalls dem Boß der rivalisierenden

Familie vortrug, auf daß der sich stillschweigend um ein Problem kümmerte, das bislang oft zu einem blutigen Bandenkrieg geführt hatte. Und wenn ein Soldat in der Ausübung von Familiengeschäften verhaftet wurde, entrichtete die Familie die Kaution, bestellte einen Anwalt und schmierte den Richter. Falls sich der Richter nicht schmieren ließ, kümmerte man sich um Frau und Kinder, solange der Soldat seine Zeit absaß. Es war ein gutes System.

Maranzano ernannte die Bosse, die einer Familie vorstehen sollten. Die Auswahl blieb nicht dem Zufall überlassen. Maranzano verließ sich nicht auf Ungewißheiten. Diese Männer waren bereits mächtige Anführer der Unterwelt. Und jeder Mann gab seiner Familie seinen Namen: die Familie Lucky Luciano, die Familie Albert Anastasia, die Familie Tommy Luchese, die Familie Joseph Profaci und die Familie Joseph Bonanno. Zumeist existieren diese Familien noch heute, und sie operieren nach denselben Grundprinzipien, die Maranzano im Lagerhaus in der Bronx dargelegt hat, führen Restaurants, Läden, Bäckereien, Transportgesellschaften, Hotels, Urlaubsorte und handeln mit Waffen und Drogen, einfach mit allem. Sie sind am erfolgreichsten, wenn ihre Operationen reibungslos verlaufen und so unsichtbar wie der Wind sind.

Wurden im Laufe der Jahre Bosse getötet, verhaftet oder ausgewiesen, stiegen neue Bosse auf, nahmen ihren Platz ein und gaben den Familien ihren Namen. Als man Albert Anastasia in Midtown erschoß, wurde seine Familie zur Familie Carlo Gambino, und sie hieß immer noch so, als sie bereits von John Gotti geführt wurde. Als man Lucky Luciano nach Sizilien auswies, wurde seine Familie zur Familie Frank Costello, danach zur Familie Vito Genovese und dann, als Genovese wegen Mordes gesucht wurde und sich auf Sizilien versteckte, wieder zur Familie Frank Costello. Kaum war Genovese nach New York zurückgekehrt und hatte begriffen, daß Frank Costello seine Macht freiwillig nicht wieder hergeben wollte, organisierte er ein Attentat. Costello durchquerte die Lobby seines Wohnhauses an der Upper West Side, als ein grobschlächtiger Junge aus dem Schatten trat und ihn niederschoß. Costello überlebte, trat aber seine Macht wieder ab. Nach Genoveses Tod ging die Führung der

Familie an jenen Jungen über, der angeblich auf Costello geschossen hatte – an Vincent »The Chin« Gigante, dem nachgesagt wird, daß er der Familie noch heute vorsteht, obwohl er 1997 für seine Mitgliedschaft im organisierten Verbrechen und seiner Teilnahme an einer Verschwörung zur Ermordung von John Gotti verhaftet wurde. Seit Maranzano die Familien gründete, hat die Politik der Unterwelt mehr Intrigen, Abwechslung und Dramatik geliefert als jeder noch so hinterwäldlerische Staat auf dem Balkan.

In den Augen der jüngeren Generation hatte Maranzano nur einen einzigen Fehler gemacht. Er hatte sich selbst den Familienbossen vor die Nase gesetzt, sich zum Boß aller Bosse ernannt. Nach all den Schießereien und Messerstechereien gab es also wieder einen Möchtegern-Diktator, einen neuen *capo di tutti capi.* Maranzano muß gewußt haben, daß seine Entscheidung nicht gerade begeistert aufgenommen wurde, daß sich in den Klubzimmern in Downtown junge Männer versammelten, die sich keiner absoluten Herrschaft beugen würden, die entschlossen waren, die Unterwelt zu einer Republik zu machen, waren sie doch in allen entscheidenden Fragen eher Amerikaner als Sizilianer. Maranzano konnte sich nennen, wie er wollte – Boß aller Bosse, Boß des Universums –, doch hatte sein Name überhaupt nichts zu bedeuten, solange er nicht mit jenen jungen Männern ins reine kam, die von Luciano und seinen Freunden angeführt wurden. Deshalb hatte Maranzano Charlie zu seinem obersten Leutnant gemacht – hielt er Lucky in seiner Nähe, konnte er ihn besser kontrollieren. Und wenn es Zeit wurde, ihn umzubringen, brauchte er nicht lange nach ihm zu suchen.

Luciano kannte die Wahrheit – er wußte, daß er ein Hindernis war, jemand, der im Weg stand. Und falls er es nicht wußte, brauchte er nur die jüdischen Gangster zu fragen, die sich weit genug von der sizilianischen Unterwelt entfernt hatten, um das typische Schema erkennen zu können. Luciano wurde gewarnt, nicht nur von Lansky, sondern auch von Louis Lepke, dem ersten Gangster, der nach dem Krieg in ernste Schwierigkeiten mit Maranzano geraten sollte.

■ ■ ■

Während einer Streikserie im Sommer 1931 zerfiel die wichtigste Textilgewerkschaft, die Amalgamated Clothing Workers, in zwei Fraktionen. Die eine Fraktion, angeführt von Phillip Orlofsky, hatte sich mit Lepke zusammengetan, der für ihren Schutz verantwortlich war. Die andere Fraktion wurde von Sidney Hillman, dem Präsidenten der Gewerkschaft, geführt, der später auch zu Franklin Roosevelts Küchenkabinett gehören sollte. Als es zwischen den beiden Fraktionen zu unerträglichen Spannungen kam, ging Hillman zu Luciano, bot ihm Geld an und bat um Hilfe. Lucky sagte, er wolle ihm gern beistehen (Geld ist Geld), aber er könne nicht, schließlich sei Lepke sein Freund. Und gegen den eigenen Freund könne er nicht vorgehen. Also wandte sich Hillman an Maranzano, der den Job übernahm. Maranzano sagte Luciano, er solle sich keine Sorgen machen, schließlich sei ihm bekannt, daß er mit Lepke befreundet sei. Er würde es zu keinem Kampf kommen lassen, letztlich drehe es sich doch bloß um Geld. Aber einige Wochen später eröffneten Maranzanos Männer das Feuer und töteten einige von Lepkes Soldaten. »Kapierst du nicht?« sagte Lepke zu Luciano. »Er erschießt nicht nur meine Männer. Wenn er sich mit mir anlegt, zielt er eigentlich auf dich.«

10. September 1931: Irgendwann am Morgen klingelte das Telefon in Lucianos Klubhaus. Es war Maranzano. Er wolle Geschäftliches besprechen. Ob Lucky in sein Büro kommen könne? Und würde er bitte seine Freunde Frank Costello und Vito Genovese mitbringen?

Maranzanos Anruf ließ bei Luciano die Alarmglocken schrillen, denn im Klartext hieß, was ihm gesagt worden war: ›Du sollst umgebracht werden.‹ Nur wenige Wochen zuvor hatte Luciano von diesem Plan erfahren, vermutlich durch Tommy Luchese, einem Vertrauten von Maranzano, der insgeheim für Luciano arbeitete. Maranzano hatte eine Liste mit den Namen jener Männer aufgestellt, die getötet werden sollten: Luciano, Costello, Genovese, Willie Morretti, Joe Adonis, Dutch Schultz (der einzige Jude, der es auf diese Liste schaffte) und Al Capone in Chicago. Am heutigen Nachmittag wollte Maranzano mit der Ermordung von Luciano, Costello und Genovese beginnen. Sie sollten von Vincent ›Mad Dog‹ Coll erschossen werden, einem

irischen Gangster, den Maranzano eigens für diesen Job angeheuert hatte.
Coll war ein schlaksiger Junge, zweiundzwanzig Jahre alt, mit breitem Grinsen, das seine Zahnlücken zeigte, blauen Augen und Sommersprossen. Er sah nicht wie ein Killer aus, eher wie einer von den Jungs, die sich beim Fest im Country Club an den Saalwänden herumdrücken und inbrünstig hoffen, daß keiner sie zum Tanz auffordert. In den zwanziger Jahren hatte er für Dutch Schultz gearbeitet. Später gerieten sich die beiden dann auf ziemlich üble Weise in die Haare. Als Coll schließlich versuchte, Dutch Schultz zu töten, erschoß er versehentlich einen fünfjährigen Jungen. Coll wurde zwar nie dafür verurteilt, doch strafte man ihn seither mit Verachtung. Mit ihm hatte Maranzano den verhaßtesten Killer der ganzen Stadt angeheuert.
Sobald Luciano sein Telefongespräch mit Maranzano beendet hatte, rief er Lansky an. Es wurde Zeit, jenen Plan umzusetzen, den sie bereits vor Wochen ausgearbeitet hatten. Die Attentäter durften keine Italiener sein – Maranzano würde sie kennen. Und sie durften keine allzu bekannten jüdischen Gangster sein. Auch die würde er kennen. Nein, die Attentäter mußten für Maranzano Unbekannte sein, Männer, die an seinen Revolverhelden und Leibwachen so ungehindert vorbeikamen wie ein Jet, der den Radarschirm unterfliegt. Also machte sich Lansky ans Werk und suchte ein Team jüdischer Killer aus dem ganzen Land zusammen. Red Levine aus Toledo in Ohio gehörte dazu, ein orthodoxer Jude, der nicht am Sabbat töten wollte, sowie Bo Weinberg, einer der wichtigsten Leutnants von Dutch Schultz.
In meinen Augen waren diese Killer ebenso geschickt wie die israelischen Kommandos, die sich nach Uganda stahlen und jene Juden befreiten, die auf dem Flughafen von Entebbe als Geiseln festgehalten wurden. Diese Männer hatte Lansky höchstpersönlich wegen ihrer stählernen Nerven ausgesucht. Sie gaben sich als Fahndungsbeamte auf der Suche nach illegalem Alkohol aus, drangen in Maranzanos Hauptquartier ein, riefen etwas von einer Razzia, zückten ihre Marken und reihten die Bodyguards mit dem Gesicht zur Wand auf. Zwei Mann hielten die Wachen in Schach, die anderen gingen mit Maranzano ins Büro. Als er

aufbegehrte und rief, »Es gibt hier keinen Alkohol!«, erstach ihn Red Levine. Er stach sechsmal zu. Als sich Maranzano sterbend und mit aufgerissenen Augen auf seine Killer stürzte, feuerten sie vier Kugeln auf ihn ab. Dann rannten sie aus dem Büro auf den Flur. Ich stelle sie mir vor, höre das Geräusch ihrer Schritte im Flur, wie sie mit dem Wagen um Ecken schleudern, quietschende Reifen.

Jahre später erzählte Dixie Davis, Bo Weinbergs Anwalt, von dessen Rolle bei Maranzanos Ermordung, an der teilgenommen zu haben er, Weinberg, ihm gestanden habe. Davis erzählte von Weinbergs Flucht, wie die Killer die falsche Tür erwischten und plötzlich in der Damentoilette standen; wie sie Mad Dog Coll entdeckten, der wartend vor dem Fahrstuhl in der Lobby stand. »Zisch ab«, hatte einer der Killer gerufen. »Die Bullen kommen.« Wie sie auf die Straße gestürmt waren, mit roten Köpfen und rasendem Herzklopfen, diese Menschenmenge, der Verkehr, hupende Autos, Farben, Sirenen; wie sie sich getrennt hatten und einige in Nebenstraßen, andere in Fluchtautos verschwunden waren; wie Weinberg, der sich plötzlich während der Rush-hour in der Grand Central Station wiederfand, seine Pistole unbemerkt einem ahnungslosen Pendler in die Tasche geschoben hatte.

Manche Historiker reden von einer Säuberungswelle im Anschluß an die Ermordung: Das Gemetzel der sizilianischen Vesper, bei dem vierzig Schnauzbart-Pedros aus dem ganzen Land exekutiert worden seien. Andere Gelehrte behaupten, dieses Gemetzel habe nie stattgefunden, es sei bloß ein Mythos der Unterwelt. Doch selbst wenn es nicht stattgefunden hat, bleibt die Tatsache von Interesse, daß die Gangster diese Geschichte erzählen – Joseph Valachi, einer von Maranzanos Bodyguards, erzählte sie den Anklägern, als er zum Zeugen der Anklage wurde. Das Gemetzel der sizilianischen Vesper ist eine Art Bibelgeschichte der Unterwelt, vergleichbar mit der Geschichte von Noah und der Sintflut, erzählt sie doch von der Zerstörung der einen und der Geburt einer neuen Welt. Die Welt der Pedros war verschwunden, und überlebt hatte jene Generation, die mit Rothstein, der Prohibition, den Zwanzigern und den Elendsvierteln aufgewachsen war. Für sie war Gewalt nicht das Ende, sondern nur ein Weg dorthin; sie füllte die Leere zwischen Wollen und Haben. Diese Gangster waren Amerikaner.

In den nächsten Monaten erließen die Anführer neue Regeln. Die fünf Familien sollten weiterhin bestehenbleiben, doch würden sie nun wie die Familie Luciano eng mit jüdischen Gangstern zusammenarbeiten. »Italienischen Banden, die jüdische Freunde hatten, ging es besser als anderen Banden«, erzählte Ralph Salerno. »Die Familie Genovese und die Familie Gambino hatten jüdische Freunde, und sie gediehen prächtig. Was kümmerte sie die Religion eines Mannes? Magst du ihn? Vertraust du ihm? Kannst du mit ihm Geld machen? Allein darauf kam es an.«

Und es würde keinen Boß aller Bosse geben. Statt dessen würden die Geschäfte von einer Korporation unter Leitung mehrerer Direktoren geführt werden, die ihr Vorgehen gegenseitig abstimmten. Zu den Mitgliedern dieses Vorstandes zählten Lansky, Luciano, Lepke, Anastasia, Siegel und Costello. Diese Männer und die Truppen, die sie befehligten, wurden allgemein der Mob, das Syndikat oder die Kombination genannt; sie verkörperten die Geburt des modernen Verbrechens; sie waren die Schüler Rothsteins, die seine Lehren in die Tat umsetzten. Bevor irgendwo irgend jemand umgebracht werden konnte, mußte das Syndikat seine Zustimmung erteilen. Überall im Land hielten diese Männer in Hotelzimmern Gericht, befragten Zeugen, verkündeten das Urteil. Mußte ein Familienmitglied sterben, heuerte der Vorstand die Killer an. Da es aber zu einem Bandenkrieg kommen konnte, wenn die Killer einer Familie die schwarzen Schafe einer anderen umbrachten, beschlossen Lansky und Luciano, eine Spezialeinheit aufzubauen, ein Killerkommando, das ausschließlich fürs Syndikat tötete. Nach Mitgliedern für diese Truppe suchten sie vor allem in Brooklyn. Seit dem Bau der Williamsburg Bridge im Jahre 1903 und der Manhattan Bridge im Jahre 1909 waren die Slums mit der Endstation der Subway vorgerückt. Die alte Lower East Side verschwand. Neuerdings war Brooklyn der Ort für junge, verbrecherische Talente.

Irgend jemand (Anastasia? Lepke?) erinnerte sich dann an die Typen in Brownsville, diese jungen Ganoven, von denen Louis Capone ständig redete. Vielleicht wurden auch ihre Namen erwähnt: Abe Reles, Buggsy Goldstein, Happy Maione, Frank

Abbandando, Harry Strauss. Offenbar hatte Lanksy auch schon an sie gedacht. Vielleicht drehte er sich zu Ben Siegel um und sagte: »Haben wir denen nicht mal Spielautomaten geliefert?« Und vermutlich erwähnte auch jemand die Fehde zwischen Reles und den Brüdern Shapiro. Was ging da draußen vor? Es hatte bereits erste Schießereien gegeben. Wer würde das Feld behaupten? Wenn jemand die Reles-Gang auf die Probe stellen konnte, dann Meyer Shapiro. Wurden die Brownsville Boys mit den Shapiros fertig, waren sie vermutlich genau die Spezialeinheit, nach der das Syndikat suchte.

Als die neue Ära begann, waren daher alle Augen auf einige wenige heruntergekommene Straßen in Brownsville gerichtet, wo sich Kid Twist, Buggsy, Pittsburgh Phil, Happy und Dasher auf den Kampf ihres Lebens vorbereiteten.

Krieg in Brownsville

Im Frühjahr des Jahres 1931 kam der Krieg nach Brownsville. Es geschah an einem der ersten Frühlingstage der Weltwirtschaftskrise, als überall an den Straßenecken junge, arbeitslose Männer standen, Verkäufer ihre Karren dicht an den Rinnstein schoben und sich die Hände über der roten Glut eines Kohlefeuers wärmten. Die Metzgerläden hingen voller Fleisch, das sich niemand leisten konnte, und der Wind trug den süßen Geruch der Backöfen in die Höhe, wo alte Frauen an Fenstern hockten und Säume für die breite Mittelklasse nähten. Nachts war Brownsville wie ein Negativ von Manhattan: leere Gassen, verfallene Fassaden, dunkle Fenster. Kein Glamour. Und dann das faszinierende, viel zu nahe Geräusch von Schüssen, wenn die Killer ihre Arbeit taten.

Abraham Reles und Buggsy Goldstein kümmerten sich jede Nacht um die Shapiros und jagten die Brüder wie Freiwild. Kid Twist mochte keine fairen Kämpfe; er gab sich alle Mühe, ihnen aus dem Weg zu gehen. Es war ihm lieber, wenn er den Feind überrumpeln konnte. Und wenn er ihn nicht überrumpeln konnte, bezwang er ihn mit schierer Überzahl. Halfen weder Überrumpelung noch Überzahl, versuchte er es mit irgendeinem hinterhältigen Trick. Reles hielt sich für einen ziemlich cleveren Burschen, und stets versuchte er, jedes Problem mit den Augen seines Gegners zu sehen. Wenn er zu wissen glaubte, was der andere plante, kam er ihm zuvor, wie verkommen oder schäbig sein Vorhaben auch immer sein mochte. Doch obwohl er den Shapiros in jenem Frühjahr manches Schnippchen schlug, war ihm das Glück nicht hold, und sein Ziel, Meyer zu töten, muß ihm manchmal so unwirklich erschienen sein wie den armen Arbeitslosen an den Straßenecken ihre amerikanischen Träume.
Reles und Goldstein schossen in diesem Frühjahr bestimmt zehnmal auf Meyer – auf Straßen und in Gassen, Fluren und Garagen –, doch nicht eine einzige Kugel fand ihr Ziel. Statt dessen schlugen die Kugeln in Wände ein, prallten von Betonböden ab oder schwirrten harmlos davon in die Dunkelheit. Und dann das Quietschen der Reifen, wenn Meyer entkam. Wahrscheinlich machte sich das Viertel längst darüber lustig: Reles trifft nicht mal ein Scheunentor; Meyer hat Zauberkräfte. Wer weiß? Vielleicht kannten die Shapiros einen alten Schlachtruf der Sioux, der Kugeln mitten in der Luft in Wasser verwandelte.
Im April zahlte Reles einem Schläger aus dem Viertel ein paar Scheine, damit er die Brüder aus dem Klubhaus in eine Falle lockte. Als der Schläger ins Haus ging und sagte, was er zu sagen hatte, hockte Reles wartend in einer Gasse um die Ecke. Kaum bog der Schläger schließlich mit Meyer Shapiro im Gefolge in die Gasse, warf er Reles einen Blick zu, nickte und rannte davon. Wahrscheinlich versuchte Meyer noch zu begreifen, was hier eigentlich vor sich ging, als Reles vortrat und feuerte. Meyer spürte einen Schlag gegen seinen Arm – fühlte warmes Blut. Er war also doch noch getroffen worden, auch wenn es sich nur um eine Fleischwunde handelte. Meyer floh zurück ins Klubhaus.

Reles und Buggsy rannten zum Süßwarenladen Ecke Saratoga und Livonia, wo sie ihr Hauptquartier hatten. Sie riefen die Italiener in Ocean Hill an; irgend jemand aus der italienischen Gang fand sich immer in Sally's Bar. Reles saß im Hinterzimmer und erklärte die Lage, sagte, daß Meyer verwundet und deshalb vermutlich noch gefährlicher als zuvor sei. Der Krieg glitt in eine Phase dunkler Bilder, die über einen kleinen Bildschirm flackerten. Autos, die vor düsteren Garagen hielten, über blaue Straßen rauschten, abgefeuerte Waffen, die in trüben Flüssen landeten. Manchmal waren Meyer zwei oder drei Killertrupps gleichzeitig auf den Fersen. Doch was die Shapiros damals genau trieben, läßt sich nicht mehr mit Bestimmtheit feststellen. Ein typisches Beispiel dafür, daß die Geschichte von den Siegern geschrieben wird. Meyer würde in den folgenden Jahren eben keine Gelegenheit haben, Polizisten, Journalisten oder Freunden sein Leben zu erzählen. Mit den Shapiros ging es zu Ende, Bedeutung gewinnen sie daher nur in den Momenten der Konfrontation mit Reles und seiner Bande. Nur wenn die Shapiros in Kids Welt auftauchen, rücken sie ins Blickfeld. Ansonsten kann man sie auf dem Schirm nicht sehen, sind sie irgendwo in der Seitenkulisse und gehen ihren Geschäften in jener Gegend der Vergangenheit nach, die nichts zur Gegenwart beiträgt.
Meyer erschien erst an jenem Nachmittag im Mai wieder auf dem Schirm, an dem sich Reles mit einigen Freunden in Buggsy Goldsteins Billardsaal herumtrieb. Es war einer dieser Mitten-am-Tag-mitten-in-der-Woche-nichts-läuft-Nachmittage, die in kleinen Städten und an den Randgebieten großer Städte selbst den bedeutendsten Menschen widerfahren. Doch dann war er vorbei. Vielleicht hatte jemand den Wagen gehört, vielleicht war das erste, was sie hörten, zersplitterndes Glas und ein Kugelhagel, der über die Wände spritzte. Vielleicht traf ein Querschläger die schwarze Kugel und ließ sie über den Tisch in eine der Ecktaschen rollen. Vielleicht auch nicht. Kid kroch ans Fenster. Er konnte Meyer sehen, der vom Notsitz einer dunklen Limousine auf ihn zielte. Seine Brüder feuerten vom Rücksitz. Der Mann am Steuer war ein Fremder: ein attraktiver, reicher Bengel mit traurigem Gesicht, der starr geradeaus schaute, als wäre er ein Mietgaul, den nicht interessierte, was seine Fahrgäste hinter sei-

nem Rücken trieben. Die Ballerei hörte auf, und der Wagen fuhr davon.
Niemand war verletzt. Nicht mal ein Kratzer. Und der Überfall war vorbei. Er hatte kommen müssen, und jetzt war er vorbei. Das war gut so. Mit dem Überfall hatte Meyer eingestanden, daß er sich in die Enge getrieben fühlte. Und Reles muß gewußt haben, daß Meyer durch seine persönliche Teilnahme am Überfall seine eigene Verwundbarkeit zu erkennen gab. Er war jetzt nur noch einer von vielen Soldaten, und Soldaten sterben immerzu.
Im Juni stellten Reles und seine Jungs die Shapiros auf der Sheffield Avenue vor dem City Democratic Club. Die Brüder sahen sich überrumpelt, gaben Fersengeld und rannten in verschiedene Richtungen davon. Pep, Happy und Dasher jagten ihnen nach, sprangen über Zäune und hasteten über Hinterhöfe, lieferten sich ein jugendliches, vorstädtisches Wettrennen mit der Gefahr. Reles und Buggsy aber fuhren zu einer der Wohnungen, die sich die Shapiros hielten. Wie wahrhaft große Sportler rannten sie dem Ball nicht hinterher, sondern warteten dort, wo er aufschlagen würde. Sie gingen in den fünften Stock, wo den Shapiros ein 3-Zimmer-Appartement gehörte. Nachdem Reles sich ein Taschentuch um die Hand gewickelt hatte, schraubte er die Glühbirne im Flur heraus. Dann lauerte er mit Goldstein im Dunkeln. Sie warteten zehn Minuten, zwanzig Minuten, eine Stunde. Dann hörten sie jemanden die Treppe hinaufkommen. Als der Mann an die Tür trat, griff Reles von hinten zu. Es war Irving Shapiro. Reles zerrte Irving nach draußen, stieß ihn gegen eine Wand und feuerte achtzehnmal, zweimal traf er ihn im Gesicht.
Es war wie beim Domino. Kaum war der erste Bruder gefallen, kippten auch die anderen um. Reles erwischte Meyer einige Tage später auf einer verlassenen Straße. Pep und Dasher waren auch dabei, aber sie überließen ihn Kid. Reles feuerte nur eine Kugel auf Meyer ab. Vielleicht wollte er dem Viertel beweisen, daß Meyer kein Rasputin war, daß man sein Leben ebenso auslöschen konnte wie das Leben jeglicher Kreatur. Er schoß Meyer ins Ohr. Als man Meyer fand, schien er völlig unversehrt, sah man einmal vom Blut ab, das ihm aus dem Ohr lief.
Einige Tage später wurde Joey Silver von Reles und Happy ge-

stellt. Joey war der Typ, der Reles und Goldstein verraten und sie in den Hinterhalt gelockt hatte. Reles drängte Silver gegen einen Baum und pustete ihm den Schädel von den Schultern.

Nach jedem Mord tauchte ein Streifenwagen auf und glitt durch Brownsvilles verlassene Straßen (Pitkin, Van Sicklen, Livonia), ein am Armaturenbrett befestigter Suchscheinwerfer wanderte über das Pflaster, suchte nach Beweisen und beleuchtete einen Ausschnitt vom Boden: Beton, Katzenköpfe, Glassplitterpfützen. Nach einem Mord ließen die Gangster oft ihre Waffen am Tatort, nachdem sie zuvor die Seriennummern abgefeilt und die Fingerabdrücke abgewischt hatten. Eine Waffe konnte nur dann mit einem Verbrecher in Zusammenhang gebracht werden, wenn sie bei ihm gefunden wurde. Also ließ man sie lieber gleich am Tatort liegen. Außerdem gab man der Polizei so zu verstehen, daß sie lieber aufgeben sollte, da sie es mit Profis zu tun hatte.

Sol Bernstein arbeitete für die Shapiros. Ihm trug man nichts nach. Niemand wollte seinen Tod. Er war bloß ein Befehlsempfänger, ein Rädchen, das in jede Maschine paßte. Doch kam es auf Bernstein an. Fand er sich mit dem Tod seines Arbeitgebers ab? Wollte er Rache? Etwa eine Woche nach Meyers Ermordung kam Bernstein zum Süßwarenladen an der Ecke und fragte nach seinem Boß. »Meinst du Meyer Shapiro?« fragte Pep und kratzte sich am Schädel. Pep hatte eines dieser Gesichter, wie man sie ständig in der Subway sieht. Ein Stadtgesicht – verschlagen, verschlossen, auf etwas wartend, von dem er selbst weiß, daß es nie kommen wird. »Ich weiß nicht, was mit Meyer Shapiro passiert ist«, sagte er. »Aber wenn ich jetzt so drüber nachdenke, fällt mir auf, daß ich ihn schon eine Weile nicht mehr gesehen habe.«

Bernstein ging dann zur Bar in der Rockaway Avenue 161, wo sich die Shapiros oft aufhielten. Dort war Meyer auch nicht. Als Bernstein wieder herauskam, wurde er von etwa fünfzehn Männern umringt; Happy und Dasher gehörten dazu. »Was wollt ihr?« fragte Bernstein.

»Wir wollen einen mit dir trinken«, sagte jemand.

Sie blieben den ganzen Nachmittag bis tief in die Nacht hinein in der Bar und ließen Bernstein Whiskey trinken, bis er kaum noch stehen konnte. Dann brachte Dasher ihn zum Süßwarenladen, wo er ihn zu Reles, Goldstein und Pittsburgh Phil an einen Tisch setzte. Während sich draußen vorm Laden die Kids aus dem Viertel sammelten, redete Reles im Hinterzimmer auf Bernstein ein und erzählte ihm in allen Einzelheiten, wie er Irving, Meyer und Joey Silver umgebracht hatte und daß er noch mehr Leute umbringen würde.

Indem er ihm die Geschichte auf diese Weise erzählte – Bernstein war so besoffen, daß sich das Zimmer vor seinen Augen drehte –, sorgte Reles dafür, daß Bernstein sich nicht beherrschen, daß er seine Gefühle kaum verbergen konnte. Alkohol als Wahrheitsserum, ein Stoff, der die ehrlichsten Gefühle ans Licht bringt. Es Bernstein auf diese Weise zu erzählen mochte außerdem den Schlag mildern, mochte es alles verschwommen und unwirklich aussehen lassen – als hätte sich Kid in Bernsteins Träume gedrängt und brächte ihm dort die Neuigkeiten bei. Die Gesichter am Tisch drehten sich zu Bernstein um, wollten sehen, wie er die Nachricht aufnahm. »Hör mal«, sagte Pep. »Wir kennen dich, und wir haben uns gerade um deinen Freund gekümmert. Jetzt geh nach Hause und mach dir keine Sorgen.«

Dasher folgte Bernstein bis nach Hause.

Am nächsten Tag sprach einer der Jungs Bernstein auf der Straße an. »Pep will dich sehen«, sagte er.

»Wer ist Pep?« fragte Bernstein.

»Harry Strauss.«

Bernstein ging zum Süßwarenladen, wo Pep auf ihn wartete. »Was gibt's Neues?« fragte Pep. »Irgendwas Wichtiges passiert in letzter Zeit?«

»Nichts«, erwiderte Bernstein. »Absolut nichts.«

Und das war's. Bernstein war Zivilist.

■ ■ ■

Willie Shapiro trug Handschuhe aus Seide und Kaschmirschals. Er wird sich allein gefühlt haben, als sein Bruder starb. Vermutlich hatte er sich in seinem ganzen Leben noch nie so allein gefühlt. Das Feuer in ihm, das, was ihn für Kid zu einer Bedrohung gemacht hatte, war ausgegangen – ein Licht, das mit der Glühbirne erloschen war, die Reles vor dem Mord an Irving herausgeschraubt hatte. Daher bestand keine Eile, Willie umzubringen, doch mußte es getan werden. Ein einmal gefälltes Urteil mußte auch ausgeführt werden.

Willie wurde einige Jahre später in einer Bar im Osten New Yorks getötet. Reles erwürgte ihn mit einer Schlinge, schnürte ihm die Luft ab, bis seine Zeit abgelaufen war. Doch für den Fall, daß irgendein Teil von Willie noch leben sollte, schnürte Pep ihn zusammen, stopfte ihn in einen Wäschesack, warf ihn in den Wagen und vergrub ihn in Canarsie. Als er einige Jahre später wieder ausgegraben und eine Autopsie an ihm vorgenommen wurde, fand man Erde, wo Willies Lungen einmal gewesen waren. Er war lebendig begraben worden.

Etwas an Reles ist rätselhaft, wie Quecksilber entzieht es sich meinem Zugriff. Bevor er gegen die Shapiros kämpfte, verriet er mit keiner Andeutung, wie tief die Gewalt in ihm wurzelte. Vermutlich war er nicht einmal besonders gewalttätig, bis er sich mit Meyer anlegte. Vielleicht hätte er auch ein ganz normales Leben führen können – hätte eine Arbeit, eine Familie gehabt und *kein* Dutzend Männer getötet. Doch wie er von den Shapiros behandelt wurde – beschimpft, beleidigt, bedroht, angeschossen, das Mädchen vergewaltigt –, das hat ihn zum Killer gemacht. Ich behaupte nicht, daß er wie alle anderen Menschen war. Der Hang zur Gewalt steckte gewiß in ihm. Irgend etwas in seiner Veranlagung, seiner Herkunft machte das Töten zu etwas, mit dem er umgehen, zu einer Richtung, die er einschlagen konnte. Doch die Shapiros im Einklang mit seinem Viertel und dem Charakter seiner Zeit – den Zwanzigern, der Weltwirtschaftskrise – brachten in Reles an den Tag, was sonst vielleicht verborgen geblieben wäre.

Im Laufe des Krieges wurden Reles und Harry Strauss zu Partnern. Vereint wirkten ihre Charaktere bittersüß und konnten zugleich abstoßen und faszinieren. Während Reles spontanen Eingebungen folgte, lebte Strauss in einer zutiefst moralischen Welt. Seine Ansichten – über Bestrafungen, Verantwortung, Bündnistreue – waren vielfach jüdische Ansichten. Für Strauss war Gott in jeder Bewegung, jeder Geste, jeder Tat präsent. Wer mit ihm zu tun hatte, würde früher oder später eine Grenze übertreten, seinen Kodex verletzen. Und sobald man das tat, war er da, geräuschlos, doch nicht zu übersehen. Manchmal begriff er

einfach nicht, wo seine Autorität endete und die der Welt begann. Er glich dem Gott des Alten Testamentes, er sah, urteilte und strafte. Bestrafen machte mehr Spaß als vergeben. Vergeben hieß: sich hinsetzen, Kaffee trinken, Hände schütteln. Bestrafen aber hieß: ein Seil, eine Eishacke, ein Feuer. Seine Welt glich der Welt der ersten Puritaner, in der schon Zweifel Schuld bedeuteten, in der es reichte, wenn man beim Verlassen des falschen Gebäudes – Shapiros Klubhaus zum Beispiel – gesehen wurde, um Verräter genannt und gejagt, gehetzt, gelyncht zu werden. Es war eine Welt, in der das Töten unter Umständen eine läßliche Sünde, das Reden über einen Freund hinter dessen Rücken aber eine Todsünde war, in der Mord besser als Feigheit war, in der die Regeln der Loyalität stets in Bewegung und ziemlich kompliziert waren, in der das Wort ›Ratte‹ als Bezeichnung für einen Verräter unauslöschlich und verdammend war. Man wußte einfach nie, wie Strauss die Dinge sah und was er für eine Sünde hielt.
Der Krieg hatte auch die übrige Truppe verändert, hatte aus Söldnern Nationalisten gemacht. Die Mitglieder der Gang waren in erster Linie nicht mehr um ihrer selbst willen, sondern um der Ehre, des Ruhms, um des anderen willen dabei. Man sieht es den damals gemachten Aufnahmen an. Die Schnappschüsse zeigen die Gangster so verschieden, wie man dies von den Menschen verschiedener Eltern erwarten darf. Sie sind groß oder klein, dick oder dünn, dunkel oder hell, haben spitze oder breite Nasen, blondes, braunes, schwarzes oder rotes, gelocktes, glattes oder gar kein Haar. Was ihnen gemein ist, das sind ihre Augen. Nicht die Farbe ihrer Augen, braun, schwarz, grau, grün oder blau, sondern eine Nuance, die nichts mit der Farbe zu tun hat, eine Art eisiger Ruhe, wie etwas, das man am Grunde eines Flusses sehen kann. Nachdem meine Großmutter Harry Strauss im Diner ihrer Familie kennengelernt hatte, sprach sie vor allem über seine Augen, die, wie sie sagte, beunruhigend schön gewesen seien. Jeder dieser Männer war auf seine eigene Weise gefährlich, zusammen waren sie etwas Neues in Brownsville – eine Killergang, die zugleich berechenbar und rätselhaft war: *Sterben wirst du, nur wo? Wann?*
Und langsam breitete sich die Kunde von dieser Gang – von ihrem Erfolg, von ihrer Art, mit den Shapiros fertig zu werden – bis

nach Manhattan aus, bis hinein in die Ballsäle und Hotelsuiten, wo Charles Luciano und Meyer Lansky die Zukunft des Verbrechens planten. *Die Brownsville-Gang hat den Test bestanden!* Es würde schwer sein, irgendwo in der Unterwelt eine effektivere, raffiniertere, entschlossenere Bande von Killern zu finden. »Wir waren auch vorher schon gut«, erzählte Reles später. »Aber als Pep dazukam, war das, als hätten wir eine zusätzliche Truppe angeheuert.«

■ ■ ■

Winter und Frühling verstrichen wie in Trance, späte Abende in heruntergekommenen Bars, schäbigen Nachtklubs und Tanzsälen verschwammen ineinander, und dann war da noch das verrauchte Hinterzimmer im Süßwarenladen, Karten spielen, Pläne schmieden und sich fragen, wer als nächstes durch die Tür kommt. Mit der Ermordung von Meyer Shapiro wurde der Süßwarenladen zum Nabel des Verbrechens. So wie London nach dem Untergang der Spanischen Armada entwickelte sich der Laden zum neuen Sitz der Macht, den verträumte Bewohner des Viertels mit ihren besten Ideen aufsuchten. Wenn ein Gangster eine Waffe, Kugeln, eine Eishacke oder ein Seil für einen anderen Gangster zurücklassen wollte, verstaute er es manchmal auf der Toilette hinten im Laden. Ein paar Stunden später sagte der andere Killer dann: »Mensch, muß ich 'ne Stange Wasser abstellen«, ging nach hinten und holte sich sein Paket. Jüngere Ganoven trieben sich den ganzen Tag draußen an der Ecke vorm Laden wie Schauerleute am Hafen herum und hofften, daß man sie hereinrief und ihnen Arbeit anbot.

Der Laden wurde von Rose Gold geführt, einer zänkischen, schnodderigen, etwa sechzigjährigen Einwanderin, die Englisch weder lesen noch schreiben konnte. Die Gang nannte sie nur Midnight Rose, zum einen, weil ihr Laden die ganze Nacht geöffnet hatte, zum anderen, weil sie zu wahrer Form erst nach Mitternacht auflief, wenn ihr Licht das einzige Lebenszeichen in Brownsville war. Mit der Zeit wurde Rose zur Patin der Truppe. Wenn einer der Jungs verhaftet wurde, stellte sie die Kaution. Ende der dreißiger Jahre wanderten von ihrem Konto Hunderttausende Dollar an den Staat und wieder zurück. Als sie dann später verhaftet wurde, zog sie es vor, ins Gefängnis zu gehen, statt über ihre Jungs auszusagen. Schließlich kam es zum Prozeß, und ein Anwalt fragte sie: »Warum haben Sie so viele Verbrecher in Ihren Laden spazieren lassen?«, worauf sie antwortete: »Warum hat die Polizei sie nicht daran gehindert?«

Der Laden lag an der Saratoga Avenue, direkt unter der Hochbahn der Linie zwei. An sommerlichen Nachmittagen fielen Sonnenstrahlen durch die Schienen und malten Schatten auf die Ziegelfassade. An Winterabenden war das gelbe Licht des Ladens mehrere Häuserblocks weit zu sehen. Manchmal schien das gesamte Viertel bei Rose Gold zu sein; auf verzogenen Holzdielen das Schlurfen von Galoschen: Alte Männer in Hemdsärmeln mit Zigarren und Geschichten, junge Automechaniker und Hafenarbeiter, die umsonst *World Telegram, Brooklyn Eagle* oder *Forward* lesen durften; Textilarbeiter mit langen Schürzen schauten auf ein Soda vorbei oder warteten auf eine Verabredung; Kinder standen mit großen Augen vor glitzernden Gläsern mit Lakritz, Lollies, Sauerdrops und Zitronenbonbons. In jeder Stunde schickte Rose mehrmals, sooft das Telefon läutete, eines der Kinder aus, um denjenigen holen zu lassen, der am Apparat verlangt wurde. Damals konnten sich nur wenige Menschen ein Telefon leisten, also ließen sie sich im örtlichen Süßwarenladen anrufen. Nach dem Anruf gab man Rose ein wenig Geld – einen Nickel meist –, das von dem Kind dann in Süßigkeiten eingetauscht werden durfte. Mit einem Nickel konnte man eine Menge Lollies kaufen. Und aus dem Hinterzimmer stets das leise, rätselhafte Gemurmel der Gangster. Für viele Kinder war der erste Eindruck vom Erwachsenenleben – von den Eltern einmal abgesehen, die sowieso nicht zählten – das heimliche Lachen im Hinterzimmer des Süßwarenladens.

Als der Sommer anbrach, müssen Reles und seine Jungs von Ferne die Armeen in weiträumigere Gefilde vordringen gehört haben, als Lansky und Luciano die Unterwelt umkrempelten. Vielleicht konnten sie sogar das Echo anderer Kriege aus anderen Städte hören – aus Detroit, wo Moe Dalitz und die Cleveland Four ihre Herrschaft festigten; aus Chicago, wo Al Capone gegen die letzten Kumpane von Bugs Moran kämpfte. Doch meist waren Reles und seine Jungs zu sehr damit beschäftigt, die Bosse von Brownsville zu sein, um auf anderes achten zu können. Wie die Politik ist das Verbrechen letztlich lokal organisiert. Die Truppe kümmerte sich ums Würfelspiel, verlieh Spielautomaten, setzte Geschäftsleute unter Druck, brachte Rivalen zur Strecke und verlieh Geld zu Wucherzinsen.

Warum sie so lebten? Nun, soweit es Reles betraf, war dies die einzige Art zu leben. Größere Schwierigkeiten hatte er mit diesen anderen Typen, die zur Arbeit gingen, nach Hause kamen, zur Arbeit gingen und wieder nach Hause kamen. Wer von neun bis fünf arbeitete, mußte ein Trottel sein. Die Männer im Hinterzimmer des Süßwarenladens aber waren *wiseguys,* harte Jungs. Um diese Zeit tauchte der Ausdruck *wiseguy* zum erstenmal auf, und damit war jeder Ganove gemeint, der zum organisierten Verbrechen gehörte. Ein *wiseguy* sollte realistisch und weltgewandt sein, kein Jammerlappen, sollte keine sentimentalen Gefühle für Frauen, Familie oder Autos hegen, nicht hitzköpfig, naiv oder romantisch sein. »Was wir getan haben, war doch nichts Besonderes«, erzählte Reles später. »Wir haben eben einfach alles getan, was uns einen Dollar einbrachte.«

Einige Monate später, als sich Schneewehen durch Brownsville zogen, änderte sich die Lage. Beim ersten Anruf klingelte es vermutlich im Süßwarenladen, und Rose dürfte einen Jungen ins Hinterzimmer geschickt haben. »Mr. Reles«, hatte der Junge gewiß gesagt, »da ist ein Mann für Sie am Telefon.«

»Komme schon«, hatte Reles geknurrt und die Karten hingelegt. Es war Louis Capone. Er hatte einen Auftrag für die Jungs. Einige Wochen darauf noch ein Anruf und noch ein Auftrag. Nach getaner Arbeit ließ Capone den Jungs ausrichten: *Gut gemacht! Verdammt gut gemacht!* Vielleicht ließ er sogar einige Namen fallen: Luciano, Lansky, Lepke. Reles dürfte gewußt haben, wie bedeutsam diese Namen waren, schließlich war er nicht dumm. Doch um diese Zeit wurden auch an andere harte Jungs in anderen Vierteln ähnliche Aufträge vergeben. Es war wie bei einer Vorsprechprobe – das Syndikat auf der Suche nach der richtigen Besetzung für die Rolle der Killer. Und erst Jahre später, als sich die Brownsville-Boys eindeutig als beste Anwärter für diesen Job erwiesen hatten, sollte sich Reles auf den Weg nach Manhattan machen, um Louis Lepke persönlich kennenzulernen.

■ ■ ■

Louis Buchalter wurde 1897 in Williamsburg, Brooklyn, als eines von vierzehn Kindern geboren. Die Eltern waren russischstämmige Juden. Seine Mutter nannte ihn Lepkeleh, die jiddische Form von Little Louis, was von Freunden zu Lepke verkürzt wurde. Burton, sein Vater, besaß einen Eisenwarenladen in der Lower East Side, einen jener trostlosen kleinen Läden mit einer Glocke über der Tür. Burton nahm seinen Sohn manchmal zur Arbeit mit. Dann gingen sie über die Williamsburg Bridge und schauten über den East River und die Dächer von Chinatown. Sooft sich ihm die Gelegenheit bot, entwischte Louis seinem Vater und verschwand in den schmalen Immigrantenstraßen.

Louis war einer dieser frechen Jungen, wie sie in großen Mittelklassefamilien vorkommen, der jüngste Bruder, außer Reichweite, kam er doch für die Eltern als letztes Produkt monotonen Treibens am Ende einer langen Reihe, ein wilder Junge, von dem alle behaupten, daß es mit ihm ein gutes oder böses Ende nehmen wird, doch ist es meist ein böses, ein Ritalin*-Kind, das man gern haben möchte, aber nicht gern haben kann, oder das man hassen möchte, aber nicht hassen kann, ein Kind, das manche Lehrer wieder an Gott glauben läßt: *Wenn jemand derart böse ist, muß es irgendwo auch jemanden geben, der mindestens ebenso gut ist.*

Lepke wurde im Stich gelassen, als er dreizehn war: Zuerst von seinem Vater, der an Herzversagen starb; dann von seiner Mutter, die nach dem Tod ihres Mannes nach Colorado zog und ihren Sohn in der Obhut einer älteren Schwester zurückließ. Der Vater tot, die Mutter fort – in nur einem einzigen Augenblick war das Gesetz aus seinem Leben verschwunden. Und er muß ziemlich wütend gewesen sein: Auf seine Schwester, die sich nun für seine Mutter hielt; auf seine Mutter, die fort zu den Buttera-

* Medikament, das bei Kindern mit hyperkinetischem Syndrom eingesetzt wird. (A. d. Ü.)

nern* und Indianern zog und ihn sich selbst überließ. Er schwänzte die Schule, lief über die Brücke und trieb sich auf den Straßen herum, lief von der Bowery zu den Villen entlang der Fifth Avenue, saugte alles in sich auf, ein nachdenklicher, schmalschultriger Junge. Er hatte ein Grübchen am Kinn, das ihn aber nicht niedlich aussehen ließ; es betonte nur sein hartes Gesicht wie ein blauer Himmel über einer mit Graffiti besprühten Mauer.

Er schloß sich einer Gruppe älterer Jungs an, Gangstern, die für Big Jack Zelig und Dopey Benny Fein gearbeitet hatten und ihm die alten Tricks zeigten: Wie man Brieftaschen stiehlt, einen Betrunkenen ausnimmt, mit einer Schleuder umgeht, einen Schnüffler erkennt. Es war eine primitive Welt der Deals in dunklen Kellern, eine Welt, weit entfernt von jener, die Arnold Rothstein absteckte. Und auch wenn Lepke zum Inbegriff des modernen Gangsters heranwachsen sollte, trug er diese Welt doch immer in sich. Sooft er in der Klemme steckte, riet ihm sein Instinkt zur Umkehr, dazu, sich der Probleme auf die alte Weise anzunehmen, wie dies seine ersten Helden getan hatten: mit Knarre und Schaufel.

Auf der Straße lernte Lepke andere junge Juden kennen – Lansky und Siegel, aber auch Joseph ›Doc‹ Stacher, der riesige Zigarren rauchte, hinter denen sein Gesicht wie ein untergehender Planet verschwand; Louis ›Shadows‹ Kravits; Hyman ›Curly‹ Holtz oder Phil ›Little Farvel‹ Kovolick. Diese jungen Männer formten eine jugendliche Elitetruppe: Juden, die keine Angst vor Eltern oder Polizisten kannten, die weitermachten, bis sie zu Boden gingen. Für solche Kids war das Leben der unendliche Versuch, sich öfter aufzurappeln als sie auf die Bretter geschickt wurden.

Im Winter 1915 ging Lepke zum erstenmal zu Boden. Nachdem man ihn beim Ladendiebstahl erwischt hatte, wurde er zu einem Onkel nach Bridgeport in Connecticut geschickt, wo er wieder zu Boden ging, diesmal, weil er einem Vertreter den Musterkoffer geklaut hatte. Daraufhin kam er nach Cheshire in eine Besserungsanstalt, in der er sich erneut verlassen gefühlt haben muß, verloren in einer Welt, die ihn an ihren Rand drängte. Er war

* Nach Butte, einer Stadt in Montana. (A. d. Ü.)

noch keine sechzehn Jahre alt. Als sich in künftigen Jahren die Traumata der Kindheit zu den Neurosen eines Mannes mittleren Alters verhärteten, sollte Lepkes Angst vor dem Verlassenwerden tödliche Folgen für jene haben, die ihn in seinen Augen verraten hatten. Doch war dies viel später, als vom Kind in der Besserungsanstalt nur das Grübchen am Kinn und die Angst geblieben waren.

Nach seiner Rückkehr in die Lower East Side schlug sich Lepke mit kleineren Diebstählen durch. Eines Tages ließ er etwas von einem Karren mitgehen, der im selben Augenblick von einem anderen Jungen beklaut wurde. Während die beiden Diebe in dieselbe Richtung flohen, kamen sie ins Gespräch, und Lepke begriff bald, wer dieser andere Langfinger war: Jacob Shapiro, schon damals eine berüchtigte Gestalt in Downtown.

Shapiro war allgemein unter dem Namen Gurrah bekannt. Er lief ständig mit hochgezogenen Schultern herum und schnauzte: »*Get outta here!* – Verschwindet!« Doch seine barsche Stimme und der breite Akzent ließen, was er sagte, fast wie ein einziges Wort klingen – Gurrah. »He, was tut ihr hier? Hab ich euch nicht gesagt, daß ihr verduften sollt? Zum letzten Mal, Gurrah!« Immer wieder habe ich ›Get outta here!‹ zu sagen versucht, habe es mit jedem nur möglichen Akzent probiert, aber nie klang es wie ›Gurrah‹. Ich schätze, die richtige Betonung gehört zu jenen Dingen, die in der Übersetzung der Jahre verlorengingen, ebenso wie ich, selbst wenn ich mich noch so sehr anstrenge, jiddische Wörter nicht so angebracht oder elegant klingen lassen kann, wie dies meiner Großmutter gelingt.

Shapiro und Lepke gaben großartige Partner ab. Wo Lepke zurückhaltend war, nahm Shapiro kein Blatt vor den Mund, Gefühle zogen wie Wetterfronten über sein Gesicht. Shapiro, zwei Jahre älter als Lepke, verzog beim Reden derart den Mund, daß die Leute gleich ›Gangster!‹ dachten. Auf der Straße konnte man ihn schon von weitem erkennen, wenn er wie ein Dampfer seinen Weg durch die Menge pflügte. Mit breiten, schlenkernden Armen und dem Oberkörper eines mächtigen Rummelherkules war er wie das Ausrufezeichen am Ende von Lepkes Sätzen. Als kleiner Junge war er aus dem russischen Odessa nach New York gekommen, kam also aus der Heimat jener brutalen, grotesken jüdischen Gangster, die Isaac Babel in seinen *Geschichten aus Odessa* verewigt hat, deren Beschreibungen ebensogut für die jüdischen Ganoven von New York wie für jene aus Rußland gelten konnten. »Tartakowski hat eine Mörderseele, aber er ist einer von uns«, schreibt Babel in »Wie es in Odessa gemacht wurde«. »Er stammt von uns ab. Er ist unser Fleisch und Blut, als habe uns die gleiche Mutter geboren. Halb Odessa ist in seinen Geschäften angestellt.«

Lepke und Gurrah ließen sich schon bald von Verkäufern auf der ganzen East Side einen Tribut entrichten. Allerdings waren sie noch ziemlich kleine Fische und gingen für unbedeutende Gewinne große Risiken ein. 1918 schnappte man Louis, als er in Downtown ein Loft ausraubte. Er wurde ins Tombs geschickt, ein Gefängnis, das seine alten Gangsterfreunde nur das City College nannten. Von dort aus kam er dann zum Promotionsabschluß auf die Universität von Sing Sing.

Irgendwo auf dem Weg von der East Side nach Sing Sing ließ er jenen Menschen hinter sich, der er einmal gewesen war, seine rücksichtslose Energie, seine Kleine-Fische-Freunde, die seine ersten Verbrechen begleitet hatten. Als er 1923 in die Stadt zurückkehrte, besaß er bereits jenes Gesicht, das er bis ins Leichenschauhaus behalten sollte: Dackelblick und trauriger Mund. Er war für seine Zurückhaltung berühmt, ein Mann, der nie aus der Haut fuhr, doch verriet sein äußerer Anblick die innere Verzweiflung. In Sekundenschnelle konnte sich sein Blick trüben. Und wie ein bedeckter Himmel umgab ihn die stete Androhung von Gewalt. Er war fünfundzwanzig Jahre alt.

Sobald er nach seiner Zeit im Gefängnis zu etwas Geld gekommen war, kleidete er sich neu ein, eine äußere Verwandlung, die die inneren Veränderungen spiegelte. Er trug nun dunkle Anzüge, unauffällige Krawatten, Halbschuhe, Manschetten, Hemden mit Kragenknöpfen und Filzhüte. Er gab sich Mühe, wie ein Geschäftsmann auszusehen, wie einer der vielen Händler auf dem Weg zur Arbeit, schaffte es aber nie so recht. Stand er unter lauter Angestellten, sprang einem irgendwas an ihm, ein gewisser Stolz oder Trotz, sofort ins Auge.

Kaum waren Lepke und Gurrah wieder zusammen, steigerten sie sich von Karrenklau zu Ladendiebstahl, von Raub zu Erpressung. Man nannte sie die Gorilla-Boys. Außenstehenden erzählten sie, daß sie im Bäckereigeschäft seien. Andere lieferten Mehl, Töpfe, Pfannen, sie aber lieferten Protektion. »Holen Sie bitte den Chef«, bat Lepke, wenn er eine Bäckerei betrat. »Sagen Sie ihm, Mr. Buchalter und Mr. Shapiro haben geschäftlich mit ihm zu reden.«

Während Shapiro in der Backstube umherging, hier roch, dort etwas anfaßte, leierte Lepke seine Rede herunter, hielt einen Vortrag über die Stadt, den bedauernswerten Zustand der Dinge im allgemeinen und über die Lage der Einwanderer im besonderen, die ihre schlechten Angewohnheiten mitgebracht hatten, mangelte es ihnen doch an Respekt und an Achtung vor dem Besitz anderer Leute; vermutlich redete er auch vom Geschäft und davon, daß sich gar nicht so sorgsam bauen ließe, daß nicht jemand vorbeikommen und alles wieder zerstören könne; und er redete über den Menschen, über jenes von dunklen Mächten getriebene Wesen voller Eitelkeit, Habsucht und Ehrgeiz, voller Makel also, die ihn dazu verleiten mochten, überaus brutale Dinge zu tun. Vielleicht ließ er dann seinen Blick durch den Raum wandern und sagte: »Wer weiß schon, warum das so ist?«

Wenn ein Bäcker fragte, worauf er denn hinauswolle, schüttelte Lepke womöglich den Kopf und sagte etwa: »Nein, ich will auf nichts hinaus. Die wichtigsten Dinge im Leben kennen kein Ziel. Sie gleichen Wegkreuzungen, an denen man den einen oder den anderen Weg nimmt. Ich bin hier, um Sie davor zu bewahren, jenen falschen Weg einzuschlagen, der zu Problemen führen könnte. Mit meiner Hilfe wird das nicht geschehen, und es wird auch kein verrückter Einwanderer kommen und Ihren Laden niederbrennen.«

Eine solche Protektion wurde gegen eine monatliche Rate geliefert, einen Betrag, den Lepke nach den Anforderungen für den jeweiligen Job errechnete. Wenn der Chef einverstanden war und erklärte, daß er die Protektion gebrauchen könne, wurden die Details an Ort und Stelle festgelegt. War er nicht einverstanden, brannten tatsächlich kurz darauf einige verrückte Einwanderer seinen Laden ab.

Obwohl Lepke und Gurrah sich viele Märkte eröffnen, das ganze Land bereisen und Millionen scheffeln sollten, behielten

Bäckereien für sie doch stets einen besonderen Stellenwert. Im Laufe der Jahre erpreßten sie die größten Bäckereien New Yorks: Gottfried's und Levy's ebenso wie Fink's, California Pies, Rockwell's und Dugans. Mitte der dreißiger Jahre kassierten Lepke und Gurrah von der Industrie jährlich etwa eine Million Dollar Tribut.

■ ■ ■

Arnold Rothstein war unablässig auf der Suche nach cleveren jüdischen Jungs. Und wer glich so sehr einem cleveren, jungen und jüdischen Burschen wie Lepke? Irgendwann Mitte der zwanziger Jahre rief A. R. dann Lepke zu sich, und zu Rothstein gerufen zu werden, das war, als würde einem das Reifezeugnis ausgehändigt. Lepke fing als Bewacher auf den Spritlastern an und erledigte kleinere Jobs, half auch, den Whiskey zu taufen – ihn mit Wasser zu strecken. Als später dann in der Textilindustrie die Hölle ausbrach, mischten Lepke und Gurrah auch im Gewerkschaftskrieg mit.

Jüdische Gangster trieb es anfangs aus demselben Grund in die Textilindustrie, aus dem es wohlhabende Juden Jahre später nach Miami treiben sollte – weil es dort schon Juden gab. Die Textilfabriken und Heimarbeitbetriebe gehörten überwiegend deutschen Juden aus Uptown, ihre Arbeiter waren meist osteuropäische Juden aus Downtown. Zu diesen Männern gehörten auch die künftigen Führer der amerikanischen Arbeiterbewegung, Ideologen, die ebenso hart und unnachgiebig wie jene Ganoven waren, die in der Bowery ihre Gangs befehligten. Eine der ersten Gewerkschaften in New York war die Vereinte Hebräische Handelsgewerkschaft.

Als 1897 die Textilarbeiter zum erstenmal streikten, wandten sich die Bosse mit ihren Problemen an die jüdischen Bandenchefs. Juden baten Juden um Hilfe. Einer der Fabrikherren heuerte Monk Eastman an, der die Streikenden wieder zur Arbeit treiben sollte. Monk und seine Jungs fielen auf der Allen Street über die Streikführer her. Wenn Gangster gegen Streikende vorgingen, schlugen sie oft mit einem länglichen, in Zeitungspapier eingewickelten Metallrohr auf die Arbeiter ein. Sie nannten das

›Schlamming‹. Und als die Nation in den folgenden Jahren von Streiks gebeutelt wurde, konnte selbst der glückloseste Ganove Arbeit als Schlammer finden, so wie später selbst ein Schauspieler, der auf die schwarze Liste gesetzt worden war, Arbeit in einem der Urlaubsorte in den Catskills fand.
Wenn sich in kommenden Jahren Fabrikbesitzer über Gewerkschaften beklagten, darüber, daß am Rande eines jeden Streiks Ganoven lauerten, durfte man Folgendes nicht vergessen: Die Bosse waren es, die zuerst die Gangster ins Spiel gebracht hatten. Und die Gewerkschaftsführer folgten ihren Arbeitgebern in die Klubhäuser, denn wie hätten sie sich sonst schützen können? Arnold Rothstein erklärte sich schließlich bereit, den Gewerkschaften zu helfen, und stellte (gegen Geld) eine Streikbrecherbrigade auf, Schlammer, um Schlammer zu schlammen. Seine Männer erhielten siebeneinhalb Dollar am Tag; ihre Anführer schlugen den Gewerkschaften mit knapp fünfzig Dollar pro Woche zu Buche. Einer dieser Anführer war Little Augie Orgen, einer der ersten Schlammer New Yorks und ein erfahrener Gangster, der schon für Dopey Benny Fein gearbeitet hatte.
Die Ganoven begannen, für die Gewerkschaften zu arbeiten, beschützten die Streikenden und machten den Bossen das Leben schwer: Steckten in Brand, warfen Steine und zündeten Bomben. Gangster hatten ihre Lektion kapiert, lang ehe die Gewerkschaftsführer die Lehre zogen: Daß eine schlimme Tat, die ungesühnt bleibt, schlimme Taten nach sich zieht; daß noble Gefühle ohne entsprechende Druckmittel etwa so hilfreich wie Genesungswünsche sind und daß ein Feind nur dann bereit ist, Frieden zu schließen, wenn er zuvor den Stachel der Schlacht gespürt hat. Es war nur allzu verständlich, daß sich einige Gangster mit den Arbeitern identifizierten – sie wohnten in denselben Straßen, denselben Vierteln. Sie stammten genau wie sie von den Juden Osteuropas ab, lehnten sich genau wie sie gegen ihre Bosse auf, diese deutschen Juden, die scheel auf Osteuropäer herabblickten, als gehörten sie einer minderwertigen Rasse an, als ginge es um mehr als um ein bloßes Würfelspiel, um etwas, das nun mal geschieht, wenn ein ferner Verwandter auf dem langen Weg von Zion einmal rechts statt links abbiegt. Da sie schon länger in Amerika lebten, da sie mehr Geld hatten, besser erzogen und

besser angepaßt waren, hatten die Deutschen eben jene Andersartigkeit verloren, die den Juden zum Juden machte. So brutal die Gangster auch waren, so weit sie sich auch außerhalb des Gesetzes bewegten, glaubten sie doch, in mancherlei Hinsicht mit dem jüdischen Leben enger verbunden zu sein als Juden wie die Schiffs in Uptown. Die Gangster waren dort, wo die Juden schon immer gewesen waren; sie nutzten ihren Verstand, um sich durch eine Welt zu schlagen, in der eine einzige falsche Entscheidung den Unterschied zwischen Leben und Tod bedeuten konnte. Die Gangster wunderten sich höchstens darüber, daß die Arbeiter ihnen nicht *noch* ähnlicher waren. Warum erlitten sie das alles? Warum ließen sie es sich gefallen?

»Sie behaupten, die Gewerkschaften heuern Schläger und Bombenleger an«, berichtete ein Mitglied des organisierten Verbrechens einem Reporter. »Nun, ich mag zwar ein elender, krimineller Perverser sein, aber ich finde das nicht weiter schlimm. Wie behandeln denn die Kapitalisten ihre Arbeiter? Was ist schlimmer, ein Gebäude in die Luft zu sprengen oder viele tausend Männer, deren Familien von der Hand in den Mund leben, mitten im Winter arbeitslos zu machen? Warum bloß werden nicht mehr Gebäude in die Luft gesprengt? Wenn das geschehen würde, könnte ich vielleicht etwas mehr Respekt für die arbeitende Klasse aufbringen. Aber zum Teufel mit den Malochern. Mir wird einfach schlecht, wenn ich an diese gottverdammten Pfeifen denke, die sich so ergeben alles gefallen lassen.«

Die wahren Probleme begannen, als die Streiks aufhörten, als die Gewerkschaftsführer zu den Gangstern gingen und sagten: »Vielen herzlichen Dank. Jetzt brauchen wir eure Dienste nicht mehr.« Den Gangstern paßte es nicht, daß der Krieg vorbei war. Sicher, ihnen gefiel das regelmäßige Gehalt, aber es ging ihnen um mehr. Die Arbeit in der Arbeiterbewegung hatte den Ganoven ein Ziel gegeben. Außerdem war sie etwas gewesen, womit sie auf Partys angeben konnten: »Ich? Ich arbeite im Textilgeschäft. Ich handle mit Pelzen!« Und während Little Augie noch überlegte, was als nächstes zu tun sei, rückten seine Fragen das Problem plötzlich ins rechte Licht: Warum sollte er nicht selbst die Gewerkschaften führen? Die Beiträge einsammeln? Die Streiks ausrufen? Der Boß sein?

Diese Fragen stellten sich Augie in ebenjenem Augenblick, in dem alle korrupten Generäle merken, daß sie keine Befehle entgegenzunehmen brauchen, daß sie selbst die Paraden anführen, Kriege erklären, Präsident sein könnten. Als Augie den Gewerkschaftsführern seine Pläne vortrug, konnten sie nur wenig dagegen machen. Die Gewerkschafter hatten ihre Erfahrungen, Philosophien und Träume, auf Augies Seite aber standen einige hundert bewaffnete Gangster. In den nächsten Jahren fand man jene wenigen Gewerkschaftsführer, die sich dem organisierten Verbrechen widersetzten, tot auf Parkplätzen, sie wurden unter Lastenfahrstühlen begraben, bei merkwürdigen Unfällen auf den Docks erschlagen, oder sie verschwanden einfach, um Wochen später an irgendeinem von Unkraut überwucherten Strand in Staten Island angespült zu werden.

Für manche Gangster bedeutete die organisierte Übernahme der Gewerkschaften eine Möglichkeit, die zwanziger Jahre hinter sich zu lassen, aus den Flüsterkneipen in die Fabriken zu wechseln: ein stetes Einkommen, ein Titel, ein Büro. Mit der Übernahme der Gewerkschaften begann zugleich die lange Suche nach euphemistischen Titeln: Mafiosi, die sich selbst Organisatoren, Aufseher oder Manager nannten. Als treibende Kraft hinter einer Gewerkschaft hatte der Gangster nicht nur Zugriff auf die Mitgliederbeiträge – das verstand sich von selbst –, er konnte sich von den Arbeitern auch Schmiergelder zahlen lassen, Bares für eine Stelle, für eine Beförderung. Doch die eigentlichen Summen kamen von den Fabrikbesitzern. Es war wie bei einem Überfall: Gib uns, was wir haben wollen, oder die Arbeiter gehen auf die Straße. Außerdem hatten sie einen prima Job mitsamt Büro und Sekretärin. Sie brauchten bloß ein Telefon und das Drohen mit der Gewalt, die hinter ihren Worten aufblitzte, so abstrakt und doch so real wie das Sonnenlicht auf dem Wasser.

Einige Jahre später überwachten Bundesbeamte die Telefone im Büro eines Mafioso und zeichneten dabei auf, wie er seiner Arbeit nachging:

(Telefon klingelt)

Moe: Hallo, Moe am Apparat.

Mafioso: Ich muß Ihnen was sagen, das Ihnen nicht gefallen wird. Ich schicke Ihnen einen zusätzlichen Mann.

Moe: Kommt nicht in Frage. Ich habe schon genug Leute. Ich weiß, daß Sam der beste Mann im Mehlgeschäft ist, aber ich kann ihn nicht gebrauchen.

Mafioso: Hören Sie zu, Moe. Markieren Sie am Telefon nicht den harten Mann und kommen dann her, sanft wie ein Kätzchen. Hören Sie auf Ihren Gewerkschafter. Seien Sie vernünftig.

Moe: Nein, jetzt hören Sie mir mal zu. Ich führe hier den Laden.

Mafioso: Falsch, Moe. Ich führe den Laden für Sie. Und wenn dieser Mann keine Arbeit kriegt, wird das jemandem bald verdammt leid tun.

Die Bosse und Gewerkschaftsführer hatten die Gangster eingeladen und konnten sie nicht wieder loswerden. Die Regierung sollte für diese Aufgabe Jahre brauchen. Unterdessen gaben die Fabrikbesitzer ihre zusätzlichen Kosten an den Verbraucher weiter. Zur Zeit der Weltwirtschaftskrise mußten für je zweihundert Dollar dreiundsiebzig Dollar an den organisierten Mob gezahlt werden; das war die Gangstersteuer.

Schon nach wenigen Jahren spielte die Auseinandersetzung zwischen Gewerkschaft und Betriebsführung kaum noch eine Rolle. In den meisten Fällen waren die Grenzen dieser Beziehungen bereits gezogen. Nun ging es um Kämpfe innerhalb der Gewerkschaften, wenn sich Mafiosi mit ehrlichen Arbeiterführern oder anderen Mafiosi um die Vorherrschaft stritten. Bald nachdem sie sich auf dieses Spiel eingelassen hatten, wurden Lepke und Gurrah zu ihrem neuen Boß gerufen. Little Augie, der kaum zehn Jahre älter als Lepke war, hatte große Rehaugen und einen weichen Mund.

Augie wollte, daß sich die Gorilla-Boys um Dopey Benny Fein kümmerten, der sich zurück ins Gewerkschaftsgeschäft drängte. Lepke und Gurrah stellten Dopey Benny in einer Bar in der Bowery, doch der alte Ganove konnte mehrere Schuß abfeuern, ehe er im Dunkeln untertauchte. Lepke sah sich um. Gurrah lag am Boden, ein Blutfleck breitete sich unter ihm aus. Shapiro war in den Rücken getroffen worden und mußte für ein paar Wochen ins Krankenhaus. Einige Monate später fanden die Kugeln, die Lepke an jenem Abend abgefeuert hatte, endlich ihr Ziel. Dopey

Benny wurde vor dem Gerichtsgebäude in der Essex Street von Louis Cohen getötet, einer rätselhaften Gestalt, die aus der Menge hervorbrach und den Gangster erschoß, wo er gerade saß, nämlich auf dem Rücksitz eines Streifenwagens zwischen zwei Polizeibeamten.

Die Unterwelt kennt keinen friedlichen Weg, die nächste Generation an die Macht zu bringen, keinen anderen Weg als den Mord, um die Zukunft einzuläuten. Als Lepke und Gurrah sich daher 1927 wegen irgendeiner Kleinigkeit mit ihrem Boß anlegten, wußte alle Welt, daß es eigentlich um die Frage der Nachfolge ging. Und wer hätte dies nicht besser gewußt als Little Augie selbst, der so lange Zeit die nächste Generation verkörpert hatte, den Jungen, der von den Alten gefürchtet wurde? Erst ein Jahr zuvor hatte er Dopey Benny umbringen lassen. Und jetzt war er bereits der alte Mann. (In der Unterwelt verläuft das Leben so schnell, daß man es in Hundejahren messen sollte.) Doch auch wenn Augie zurücktreten wollte, wenn er sagen würde: »Ach, scheiß drauf, ich setz mich zur Ruhe«, würde ihn Lepke nicht in Ruhe lassen können. Lepke mußte Augie aus demselben Grund töten, aus dem Lenin die Romanows töten ließ: Weil selbst ein Augie im Ruhestand eine Herausforderung bedeutete. Außerdem war Augies Tod für Lepke der einzig hieb- und stichfeste Weg, sich die eigene Macht zu sichern. Wie durch eine Ader strömt die Macht von einem toten Gangster zu seinem Killer über. Augie blieb daher nichts anderes übrig, als die für den Amtsinhaber typische Rolle zu spielen: nämlich zu warten und darauf zu achten, aus welcher Ecke der Angriff kam.

Er stellte einen neuen Bodyguard ein: Jack ›Legs‹ Diamond, ein bezahlter Scharfschütze, der noch den verwegensten Männern der Stadt Angst einflößen konnte. Legs hatte früher mal auf Arnold Rothstein aufgepaßt. Er war erst Anfang Zwanzig, gehörte aber schon zu jenen glamourösen Nachtgestalten, deren Name allein Bilder von Hotelzimmern mit Eiskübeln und Champagnerflaschen heraufbeschwor, von Limousinen, Starlets, Showgirls, durchgehend geöffneten Kabaretts, deren Sänger in ihren Darbietungen von Schüssen und dem Splittern von Glas unterbrochen wurden, oder Bilder von einem kleinen Hotel im Staate New York, die Frau in einem, die Geliebte in einem anderen Zimmer am Ende des Flurs. Legs war ein großartiger Tänzer. Er hatte schmale Schultern und eine schlanke, sich verjüngende Stierkämpfertaille. Er war hübsch, doch war sein Kopf merkwürdig klein, die Wangen eingesunken, ausgezehrt, ein Schädel, wie man ihn als Knauf auf einem Kannibalenstock erwarten würde. Es dürfte Augie beruhigt haben, Legs Diamond auf seiner Seite zu wissen, doch war es eine verzweifelte Tat, ihn zu rufen, so als stapelte man Sandsäcke vor die steigende Flut; ein defensives, schon im Ansatz vergebliches Manöver, ein Hindernis, das jeder entschlossene Feind mühelos umgehen konnte.

Am 15. Oktober 1927 stand Little Augie vor seinem Klubhaus an der Norfolk, Ecke Delancey Street – eine schmale Straße zwischen hölzernen Fassaden, die Türen schief und niedrig, wie für eine kleinere Rasse Mensch gebaut. Von oben schien das Viertel nur aus Dächern und Schornsteinen zu bestehen. Augie unterhielt sich auf dem Bürgersteig mit Legs. Entlang der Straße behielten sicherlich alle (arbeitende Männer, spielende Kinder) die Gangster im Auge, so daß sie auch gesehen haben dürften, was als nächstes geschah.

Eine Limousine bog in hohem Tempo um die Ecke. Noch ehe sie hielt, sprangen zwei Männer heraus: Lepke und Gurrah. »Weg da«, schrie Gurrah Legs an. Er schrie, wie Eltern Kinder anschreien, die zu dicht an den Bahngleisen stehen. Dann ging Lepke auf seinen alten Boß zu, trat so nah an ihn heran, daß er auf dessen Armbanduhr sehen konnte, wie spät es war, drückte viermal ab, stieg mit Gurrah wieder in den Wagen und brauste davon. Legs feuerte hinter dem Wagen her, wollte damit aber wohl nur den Schein wahren. Gurrah erwiderte das Feuer und verpaßte Legs einen Streifschuß. Wenn man sich später über die Legende Legs Diamond unterhielt und von seiner erstaunlichen Überlebensfähigkeit sprach, erwähnte man meist auch, wie glimpflich er doch bei dieser Sache auf der Norfolk Street davongekommen war.

Am nächsten Morgen gingen Lepke und Gurrah aufs Polizeirevier und stellten sich. Sie wußten, daß man nach ihnen suchte. Sie wußten aber auch, daß man ihnen nichts anhaben konnte. Einen Verdacht gab es, gewiß, aber keine Beweise. Sie präsentierten sich wie zwei ausgeliehene, längst überfällige Bücher: Buchalter

und Shapiro zum Verhör. Als die Polizei einige Stunden später mit ihren Verhören fertig war, zögerte sie. Man wollte die Männer nicht einfach wieder laufenlassen, fürchtete man doch, daß einer von Little Augies schießwütigen Anhängern sie abknallte, sobald sie die Tür aufmachten. Und das letzte, was die Polizei wollte, war eine Wiederholung dieser Dopey-Benny-Geschichte – ein Killer, der beim Verlassen des Polizeireviers gekillt wurde.
Die Polizei beschloß, dafür zu sorgen, daß Lepke und Gurrah ungeschoren blieben, und ließ sie unter Begleitschutz nach Hause bringen. Hinter einer Armee von Polizisten kamen die Gorilla-Boys aus dem Revier. Sie zogen durch die Straßen. Es war wie eine Parade. Zwei Juden von der East Side hinter einer blauen Front irischer Cops. Kaufleute schauten aus offenen Türen zu, Kinder von den Häuserstufen. Ein Mann hastete zwischen parkenden Autos nach vorn und schoß ein Bild. Als das Foto am nächsten Tag in der Zeitung erschien, sah es aus, als würde die Polizei für Lepke und Gurrah arbeiten. Ohne es zu merken, hatte die Polizei den Gorilla-Boys die Krone aufgesetzt.
Dabei wollte sowieso niemand Augie rächen. Gangster sind Realisten. Augie war tot. Daran würde noch so viel Empörung nichts ändern. Er war Geschichte. Jetzt galt es herauszufinden, wer der nächste Machthaber sein würde, und diese Frage hatte das Bild in der Zeitung beantwortet. Lepke war der neue König im Gewerkschaftsgeschäft – Gurrah sein Leutnant.
Was Augie sich aufgebaut hatte, war für Louis nur der Ausgangspunkt. Er stellte eine Armee zusammen: 250 Mann. Bald verleibte er sich eine Fabrik nach der anderen ein, sammelte Gewerkschaften wie Grundstücke auf einem Monopolybrett. Er war auf ganze Industriezweige aus. Stets knöpfte er sich die tonangebende Gewerkschaft vor, griff sich den Schlüssel, mit dem sich alle anderen Türen öffnen ließen. In der Textilindustrie konzentrierte er sich deshalb auf die Zuschneider, eine kleine, leicht zu kontrollierende Gewerkschaft. Die Zuschneider schnitten die Stoffe für sämtliche Kleidungsstücke in New York zu. Wenn die Zuschneider streikten, konnten sie die gesamte Textilindustrie in die Knie zwingen. Nach bewährtem Rezept präsentierte sich Lepke der Gewerkschaft als Retter, als jemand, der stark genug war, es mit den Bossen aufnehmen zu können. Einem von hals-

abschneiderischem Wettbewerb und unregelmäßigem Lohn geprägten Geschäft verhalf er rasch zu einer allseits geschätzten Stabilität. Man wurde pünktlich bezahlt, befördert wie versprochen und erhielt eine Entschädigung, wenn man verletzt wurde; kein Streikbrecher durchbrach die Streikpostenkette, und die Bosse hielten ihre Versprechen, weil sie nun Grund hatten, sich zu fürchten. Selbst seine Feinde gestanden Lepke zu, daß ihm dort Erfolg beschieden war, wo die Schlichter der Regierung versagt hatten.

Und während er die Löhne anhob und Profite einstrich, übernahm er weitere Betriebe. Er machte sich allerdings selbst nie zum Präsidenten einer Gewerkschaft – schließlich war er trotz allem ein berüchtigter Verbrecher –, verhalf aber ihm treu ergebenen Männern zu führenden Positionen. So machte er, als er sich die Zuschneider einverleibte, Philip Orlofsky zum Boß. Und es war dieser Orlofsky, der später mit Sidney Hillman um die Vormacht in der Gewerkschaft stritt, ein Streit, der zu einer Schießerei mit Salvatore Maranzano und schließlich zu Maranzanos Tod führen sollte.

Lepke und Gurrah hatten sich im Winter des Jahres 1925 Little Augie angeschlossen. In den ersten Jahren waren sie nur kleine Ganoven, die dort draußen mit den Arbeitern auf Streikposten ausharrten, die Nächte so kalt, daß ihnen die Finger zu erfrieren drohten. Als Lepke dann Anfang der dreißiger Jahre Abe Reles zu sich rief, kontrollierte er bereits mehrere tausend Arbeiter durch die Gewerkschaften der Lastwagenfahrer, Filmvorführer und Maler. Mit Gurrah brachte er über die Transportgewerkschaft jährlich 1,5 Millionen Dollar zusätzlich zum Bäckereigeschäft ein. Außerdem beteiligte er sich an legalen Geschäften, so etwa an Raleigh Manufacturing, der Pioneer Coat Factory und Greenberg & Shapiro. Jede dieser Firmen erwirtschaftete zusätzlich etwa eine Million Dollar im Jahr. Jetzt nannte sie niemand mehr die Gorilla-Boys; sie waren die Goldstaubzwillinge.

Im Jahre 1933 schlug das amerikanische Unterkomitee zur Bekämpfung des organisierten Verbrechens vor, daß die Beamten in ihrem Kampf gegen die Mafia die ›Einführung des Kriegsrechtes oder die Wiedereinführung der Strafe des öffentlichen Auspeitschens‹ in Erwägung ziehen sollten.

■ ■ ■

Jeder Gangster kaufte sich von seinem Geld etwas anderes. Manche kauften sich Wohnungen, Autos oder Mädchen. Viele kauften sich aus ihrem alten Viertel frei und zogen in die besten Zimmer der besten Hotels. In den zwanziger Jahren lebte Lucky Luciano im Waldorf-Astoria, ebenso Ben Siegel und Frank Costello. Es war eine Art Wohnheim für Gangster, ein Zwischenstop auf dem Weg von der East Side nach Vegas, Kuba oder in die Vorstädte. Während Gurrah in Brooklyn blieb und nach Flatbush zog, kaufte sich Lepke eine Wohnung in einem Gebäude an der Upper West Side mit Lobby, Türsteher und Parkblick. Er wohnte dort mit Betty Wasserman, Tochter eines Londoner Friseurs und seine neue Frau. Lepke zählte nicht zu den glamourösen Gangstern. Er ging in keine Bars, trieb es nicht mit den Showgirls und tanzte nicht in den Clubs. Für Mädchen hatte er nicht viel übrig, dafür um so mehr für Geld und Macht. Er dachte allerdings auch langfristig, und er wußte, daß die Presse, vor allem aber eine gute Presse, für jeden Gangster katastrophal ist. Der Name eines Gangsters in der Zeitung ist für Polizisten und Staatsanwälte wie eine Anzeige, die da sagt: »Mit dem hier könnt ihr euch einen Namen verdienen!«

Für die übrigen Bewohner des Gebäudes war Lepke nur ein Geschäftsmann unter vielen. Ich sehe ihn vor mir, wie er mit dem Fahrstuhl zu seiner Wohnung hinauffährt, den anderen Leuten zunickt und beim Anblick seines Namens in der *Herald Tribune* eines Unbekannten zusammenzuckt. Wenn das Telefon bei ihm daheim klingelte, meldete er sich nur unter dem Namen Murphy. Ein Code. Eine Möglichkeit, Feinden aus dem Weg zu gehen. Und das Telefon klingelte immerzu. Lepke war jetzt ein gefragter Mann in der Unterwelt, sein Rat geschätzt. Für Kollegen war er Judge Louis, der Richter. Wenn man sich von Deals in Hinterzimmern erzählte, von Männern, die von mächtigen Männern gefürchtet wurden, dann war von Lepke die Rede. J. Edgar Hoover sagte über ihn, er sei ›der gefährlichste Verbrecher Amerikas‹.

Anfang der dreißiger Jahre führte Lepke dann tatsächlich das Leben eines Geschäftsmannes. Jeden Morgen brachte ihn nach dem Frühstück und einem Kopfnicken für den Türsteher ein Privatwagen zu seinem Büro in der Fifth Avenue. Es folgten Telefongespräche, Verhandlungen, Gespräche mit Rechnungsprüfern. Vor dem Mittagessen waren mehrere Konferenzen angesetzt, hinterher gab es auch noch einige. Also war das Treffen an jenem Vormittag im Jahre 1933 für ihn vermutlich nur Teil seines Tagesprogramms. Wie hätte Lepke auch ahnen können, daß dieser Termin zu einer der wichtigsten Begegnungen seiner Laufbahn führen sollte, daß jemand in sein Leben trat, der ihm helfen würde, seine schlimmsten Ängste zu verwirklichen.

Killer unterwegs

Abe Reles traf Louis Lepke zum erstenmal am 3. März 1933. Damals deuteten Reles' Züge bereits jene höhnische Verachtung an, die sein Gesicht als Mann mittleren Alters prägen sollte, ein Gesicht, das man schon auf den ersten Blick hassen konnte. »Wenn ein völlig Fremder zu Kid Twist ginge und ihm ohne ein Wort die Nase einschlüge, könnte ich das verstehen«, schrieb später der stellvertretende Distriktstaatsanwalt Burton Turkus. »Ein einziger Blick auf diesen Mann löste jedenfalls eine solche Reaktion aus.«

Reles dürfte ziemlich nervös gewesen sein. Gab es in der Unterwelt einen wichtigeren Mann als Lepke? Gewiß, da waren noch Lansky und Luciano, aber die beiden lebten in einer anderen Welt, einer Stratosphäre, in der man sich an Gewalt und Straßenkämpfe höchstens noch voller Nostalgie erinnerte. Reles, Goldstein, Strauss, Maione, Abbandando – das waren Ganoven der Arbeiterklasse. Wie sollten sie sich mit der Eleganz eines Luciano identifizieren können, dem Temperament eines Lansky? Mit Lepke war das etwas anderes. In Lepke sah Reles ein Spiegelbild seiner eigenen Geschichte, die eigene Brutalität, aufgestiegen zur höchsten Macht.

Als sie sich trafen, stand ein Tisch zwischen Reles und Lepke, aber sie waren auch durch Alter, Reputation und Motivation voneinander getrennt. Reles versuchte, einen älteren Mann zu beeindrucken, den nächsten Schritt zu machen, die Leiter emporzuklimmen; Lepke dagegen wollte einen von Lansky und Luciano geäußerten Wunsch erfüllen und für das Syndikat ein Killerkommando zusammenstellen. Soweit Lepke dies beurteilen konnte, eignete sich dafür niemand so gut wie die Reles-Gang. Da sie mit keiner der übrigen Verbrecherfamilien liiert war, hatte sie auch mit den alten Rivalitäten nichts zu tun, und angesichts der ethnisch gemischten Zusammensetzung der Gruppe konnten sich die Opfer nicht beschweren, daß Juden Italiener umbrachten oder Italiener Juden töteten. Daß sie Meyer Shapiros Bande so gründlich aus dem Weg geräumt hatten und so problemlos mit den von Lepke bereits übertragenen Aufgaben fertig geworden war, bewies, daß die Gang aus erstklassigen Killern bestand. Als Reles daher mit Judge Louis zusammentraf, hatte er den Job schon so gut wie in der Tasche.

Lepke ging ein Risiko ein, als er sich mit Reles traf. Für einen Mann wie Lepke bedeutete jedes Treffen ein Risiko. Sich mit jemandem persönlich zu unterhalten war etwas anderes, als ihm durch einen Mittelsmann wie Louis Capone eine Nachricht überbringen zu lassen. Der Unterschied glich dem Unterschied zwischen einem Mann, der vor Gericht sagt »ich habe gehört ...« und jenem, der dort sagt »ich habe gesehen ...« Also verhielt sich Lepke damals vermutlich sehr vorsichtig und scheute alle eindeutigen Aussagen. Wahrscheinlich wollte er nur einen Blick auf Reles werfen, einen Eindruck gewinnen. Konnte er mit diesem Mann zusammenarbeiten? Konnte er ihm vertrauen? Was er sah, war ein gieriger, junger Ganove, einer, der verzweifelt nach oben strebte. Und mit Verzweiflung wußte Lepke umzugehen.

Während Reles und seine Jungs in den nächsten Monaten ihren Geschäften nachgingen, wurden die Details für die künftige Abteilung Mord im Syndikat ausgearbeitet. Von jetzt an würde die Truppe ausschließlich für die *Combination* töten, zum Ausgleich dafür wurde ihr in Brownsville und East New York freie Hand gelassen. Das war ihr Territorium, keine Frage. Sie durften dort sämtliche Mittel einsetzen, die nötig waren, um ihr Territorium zu schützen. Außerdem erhielten sie die Konzession fürs Würfelspiel in ganz Brooklyn. Und natürlich wurden sie bezahlt. Dafür, daß sie dem Syndikat als Killer zur Verfügung standen, erhielten sie wöchentlich 250 Dollar oder zwölf Riesen im Jahr. Für einen besonders spektakulären Mord gab es möglicherweise noch einen Bonus oder ein Geschenk, ein kleines Zeichen der Anerkennung.

Darüber hinaus standen ihnen nun eine Art Unterweltberater zur Seite, ältere, mächtige Männer, die sich ihrer Interessen annahmen. Während Lepke sich um die jüdischen Mitglieder der Bande kümmerte, hielten sich die Italiener an Albert Anastasia, einen bedeutenden Brooklyner Ganoven. Obwohl Reles, Strauss und andere jüdische Gangster viel Zeit mit Albert A. verbrachten, herrschte stets die stillschweigende Übereinkunft, daß Juden zu Juden und Italiener zu Italienern halten sollten. Auch wenn Juden und Italiener zusammenarbeiteten, waren sie doch nicht untereinander austauschbar. Jüdische wie italienische Gangster schienen irgendwie zu spüren, daß ihre Geschichten verschiedenen Handlungssträngen folgten. Und als dann später die Handlungsstränge auseinanderliefen, sollten sich die Gangster und ihre Nachfahren wohlwollend aneinander erinnern, so wie man sich an jemanden erinnert, mit dem man als Kind einen Sommer verbracht hat.

Während der Arbeit hielt sich die Truppe an eine Befehlskette, die so obskur und vertrackt wie das russische Strafgesetzbuch war. Die ganze Geschichte fing gewöhnlich mit irgendeinem Ärger an. Ein Gangster regte sich über einen anderen auf, über eine Beleidigung, einen Betrug oder einen Bruch der Etikette. Man verlor die Beherrschung, Drohungen wurden ausgestoßen. Jemand beschloß, sich in dieser Sache an seinen Boß zu wenden, und bald wurde ein Gerichtstermin festgesetzt. Einige Tage spä-

ter trafen sich dann hochrangige Banditen in einem Hotelzimmer oder Klubhaus. Zu den Richtern in diesem Prozeß konnten je nach Schwere des Vergehens Meyer Lansky, Ben Siegel, Frank Costello, Joey Adonis, Louis Lepke oder Vito Genovese zählen. Jeder Gangster wurde von einem Berater vertreten, zumeist von einem anderen Gangster, der sich für besonders beredt hielt.
Die Richter hörten sich alles an, nickten und legten die Stirn in Falten. Bis auf die Mitglieder des Gerichts mußten dann alle den Raum verlassen, die Tür wurde verschlossen, und von draußen waren nur noch leise murmelnde Stimmen zu hören. Manchmal vernahm man auch lautes Flehen und Geschrei. Die Berater der Gangster wurden wieder ins Zimmer geholt, und man verkündete ihnen das Urteil. Manchmal verlief die Geschichte einfach im Sande. Ein andermal wieder entschuldigte sich ein Gangster, oder er willigte ein, der geschädigten Partei Schmerzensgeld zu zahlen.
Dann wiederum, wenn jemand aufs Kreuz gelegt oder im Stich gelassen wurde, verkündeten die Richter die Todesstrafe. Ein paar Tage darauf redete Lepke in solchen Fällen mit Albert A., der gleich danach mit Louis Capone sprach, und dann klingelte das Telefon im Süßwarenladen. Die Gang verbrachte ganze Tage dort im Laden, spielte Karten, hatte ihre Mäntel über die Stühle geworfen. Sie trugen pinkfarbene Ringe, die Manschetten zurückgeschlagen über dunklem Haar, das sich um die Armbänder ihrer goldenen Uhren kräuselte. Sie setzten nicht nur das Gesetz des Syndikats durch, sondern auch ihr eigenes Gesetz, Regeln, die sie für Brownsville erlassen hatten. Hörten sie von einem jungen Gauner, der sich nicht an die Regeln hielt, schüchterten sie ihn ein, zerrten ihn in einen Wagen, fuhren mit ihm hinaus zu einem von Unkraut überwucherten Strand am Ende der Welt, irgendwo am südlichen Ufer von Canarsie oder Plumb Beach, und gingen mit ihm bis an den Rand des weiß schäumenden Wassers im Hafen. Auf der anderen Seite konnte man hinter den Docks und Lagerhallen von Neponsit die Hügel sehen. »Gefällt dir die Landschaft?« fragte dann vielleicht einer aus der Truppe. Und ehe der Junge wußte, was er erwidern sollte, sagten sie: »Du kannst hierbleiben – für immer. Aber wenn du in Brownsville Geld machen willst, machst du es auf unsere Weise. Kapiert?«

Wurden solche Warnungen ignoriert, stürmte irgendwann ein Mitglied der Gang aus dem Süßwarenladen auf die Straße, suchte die Rotznase, drängte sie an die Wand und erschoß den Jungen. Oder er nahm ihn mit auf einen »Ausflug«, um in Ruhe ein Wörtchen mit ihm zu reden, und man hörte nie wieder von ihm.
Doch wenn es um einen Mordauftrag des Syndikats ging, wurde alles haarklein geplant. Nichts wurde dem Zufall überlassen. Die Killer wurden so sorgsam ausgesucht wie eine Mannschaft für die Weltmeisterschaft. Sie schwärmten in der ganzen Stadt aus, um die Stelle zu suchen, die sich am besten für den Anschlag eignete. Dann wählten sie die Mordwaffen aus. Man holte ein paar Kids aus dem Viertel von der Straßenecke und schickte sie los, einen Wagen zu klauen: einen *kill car*, den Mordwagen, der das Opfer und später die Leiche transportieren sollte. Dann überlegte man eine Fluchtroute – jede Kurve, jeder Halt, den der Wagen einlegen mußte, wurde genau geplant. Ein zweiter Wagen, ein *crash car*, fuhr hinter dem Mordwagen her. Wenn Cops oder rivalisierende Banden auftauchten, blockierte er die Straße oder bot Feuerschutz.
Manchmal mußten die Mitglieder der Gang improvisieren, so etwa bei der Sache mit Puggy Feinstein. Albert A. hatte die Parole ausgegeben, daß Puggy beseitigt werden mußte. Vielleicht hatte er etwas getan, was er nicht hätte tun sollen. Vielleicht war er den falschen Jungs an den Karren gefahren, oder er schuldete irgendwem irgendwas, das er niemals zurückzahlen konnte. Wer weiß? Jedenfalls mußte er beseitigt werden, und das allein zählte. Doch niemand, nicht mal Albert A., wußte, wie Puggy aussah. Buggsy Goldstein hatte Puggy ein paar Jahre zuvor getroffen, konnte sich aber nicht mehr genau an ihn erinnern. Und die anderen – Reles, Pittsburgh Phil, Dukey Maffeatore (ein Typ, der kleinere Aufträge für die Gang erledigte) – hatten nicht mal eine vage Erinnerung, an die sie sich halten konnten. Sie kannten nur seinen Namen. Da waren sie also und suchten nach dem Zeigefingermann, nach jemandem also, der ihnen ihr Opfer zeigte, als plötzlich Puggy Feinstein höchstpersönlich in ihr nächtliches Kartenspiel platzte.
Puggy hatte sich einige Jahre zuvor einen Namen als Gelegen-

heitsboxer gemacht, gehörte aber zu jenen Boxern, die aus dem Ring nichts als einen Spitznamen mit nach Hause bringen. Einer seiner Gegner hatte ihm die Nase breit geschlagen, weshalb man ihn danach nur noch Puggy nannte. Als er mit dem Boxen aufhörte, mietete er sich eine Wohnung in Borough Park und verdiente sich jeden Monat seine Miete mit Pferdewetten und Kartenspiel. Er wettete und verlor, wettete und verlor. Einmal wollte er wegen einer Frau anständig werden, und dann wieder wollte er wegen einer Frau nie mehr anständig sein. Und als er mal schlecht bei Kasse war, lieh er sich in Brownsville von einem kleinen Wucherer namens Tiny Benson fünfundfünfzig Dollar.
Ein paar Monate später trommelte er einige Freunde aus Borough Park zusammen und fuhr nach Brownsville. Puggy wollte Tiny auszahlen. Gegen zehn Uhr abends marschierte er mit seinen Freunden ins Hinterzimmer des Süßwarenladens. Goldstein, Reles, Strauss und Dukey Maffeatore spielten Karten. Es war wie in einem dieser Western: Ein Fremder kommt herein, und keiner blickt von den Karten auf. »He, Buggsy«, sagte Feinstein. »Kannst du dich nicht mehr an mich erinnern? Wir haben uns vor einer Ewigkeit mal kennengelernt. Ich heiße Puggy Feinstein.«
»Puggy, soso«, sagte Goldstein und blickte dann doch noch auf. »Natürlich kann ich mich an dich erinnern. He, Leute, das da ist Puggy Feinstein. Wißt ihr, ich habe euch mal von ihm erzählt. Was ist los, Puggy? Was bringt dich nach Brownsville?«
»Ich bin auf der Suche nach Tiny Benson. Ich schulde ihm Geld und dachte, er ist vielleicht bei euch.«
»Nein, Puggy, hier ist er nicht«, sagte Buggsy.
Strauss stieß Reles an. »Guck dir die Visage an«, flüsterte er. »Das ist Puggy.«
»Tiny ist nicht hier«, sagte Strauss. »Aber wir können dich zu ihm bringen. He, Buggsy, kannst du Puggy eben zu Tiny Benson fahren. Du weißt doch, wo Tiny steckt, nicht?«
»Klar«, sagte Buggsy. »Fahren wir.«
Steig niemals zu fremden Männern ins Auto, vor allem dann nicht, wenn diese fremden Männer Kid Twist, Buggsy, Dukey oder Pittsburgh Phil heißen, also nicht gerade Namen tragen, bei denen man sich sagt: »Das sind Leute, denen ich vertrauen

kann.« Doch genau das tat Puggy; er folgte Buggsy Goldstein und Dukey Maffeatore aus dem Laden und stieg in einen kastanienbraunen Pontiac. Vorher drehte er sich noch einmal um und sagte seinen Freunden, daß sie auf ihn warten sollten, er sei bald zurück.

Während Puggy sich noch mit seinen Freunden unterhielt, fragte Reles: »Jetzt haben wir ihn, aber was machen wir nun mit ihm?«

»Bringen wir ihn in dein Haus«, sagte Pep. »Du willst doch sowieso umziehen.«

»Bist du verrückt?« sagte Reles. »In mein Haus?«

»Warum nicht?« sagte Pep. »Ich mach schon keinen Lärm. Und habe ich ihm erst mal einen übergezogen, bleibt er auch ruhig.«

Buggsy mischte sich ein: »Meine Frau hat mir gesagt, daß sie Rose (Reles' Frau) abholen und mit ihr ins Kino gehen will.«

Pep sagte Buggsy und Dukey, daß sie mindestens eine Stunde mit ihm durch die Gegend fahren mußten, bevor sie ihn zu Reles bringen konnten. Dann vergewisserten sich Pep und Reles in Albert A.'s Klubhaus in Ocean Hill, daß es wirklich in Ordnung war, wenn sie Puggy um die Ecke brachten. »Was hast du vor?« fragte Reles irgendwann. »Willst du, daß unser Viertel stinksauer auf uns wird?«

»Scheiß drauf«, sagte Albert A. »Macht ihn fertig, egal wie. Macht ihn einfach nur fertig, okay?«

Also fuhren sie zu Kids Haus. Buggsys Frau und Rose Reles sollten im Kino sein, waren sie aber nicht. »Ich dachte, ihr wolltet ins Kino«, sagte Kid und warf seinen Mantel über einen Stuhl. Pep ging in die Küche, um sich ein Glas Milch einzuschenken.

»Wir waren zu spät dran«, sagte Rose. »Außerdem läuft sowieso nichts Vernünftiges.«

Kid gab den Frauen je einen Fünfziger. »Es wäre besser, wenn ihr jetzt einen Film findet, den ihr euch ansehen wollt.«

Kids Schwiegermutter schlief in ihrem Schlafzimmer im hinteren Teil des Hauses, aber das war in Ordnung. Es war ein großes Haus, zwischen der alten Dame und dem Wohnzimmer lagen drei weitere Räume, sechs Türen also.

»In Ordnung«, sagte Pep und stellte sein Glas Milch ab. »Fangen wir an.«

Pep sagte Reles, er solle ein Seil und eine Eishacke besorgen. Reles wühlte in der Küche, der Garage und im Schlafzimmer herum, konnte aber keine Eishacke finden. Schließlich öffnete er die sechs Türen und weckte die alte Dame. »He, Ma.« Er kniete vor ihrem Bett. »Was ist mit der Eishacke? Wo ist die verdammte Eishacke?«

»In der Speisekammer«, sagte sie. »Die Eishacke ist in der Speisekammer.«

Als Pep das Seil und die Eishacke hinter einem Sessel im Wohnzimmer verstaute, ging die Tür auf, und die alte Dame kam herein. »Ich dachte mir, ich mache euch eine Kleinigkeit, weil ihr doch noch so schwer am Schuften seid«, sagte sie.

»Nein, danke, ist nicht nötig«, sagte Pep. »Warum legen Sie sich nicht wieder hin?« Er sagte dies in einem Ton, den sie nicht mißverstehen konnte. Und als sie in den hinteren Teil des Hauses verschwand, stellte Reles das Radio an und suchte leise, sanfte Musik, genau das Richtige für einen Winterabend.

■ ■ ■

Buggsy Goldstein fuhr Puggy spazieren und tat, als suchte er Tiny Benson. »Nein, hier ist er nicht. Verdammt, dabei hätte ich schwören können, daß er hier ist.« Die Brownsville-Boys waren auch gute Schauspieler, Schwindler, die genau wußten, mit welchen Worten sie ihre Opfer beruhigen konnten. »He, ich weiß, wo Tiny sich rumtreibt«, sagte Buggsy. »Bestimmt ist er bei Kid. Fahren wir hin und bringen wir's hinter uns.«

Als Feinstein von Buggsy und Dukey ins Wohnzimmer geführt wurde, löste sich Pep aus dem Schatten und sprang Puggy an. Vermutlich hat Puggy gedacht: Was soll denn der Blödsinn? Oder: Mann, das ist vielleicht 'ne Story! Oder eher noch: Scheiße, ich bin erledigt! Wahrscheinlich hat er nicht kapiert, daß er schon halb tot war. Während Pep Puggy festhielt, bearbeitete Kid ihn mit der Eishacke. Buggsy und Dukey prügelten auf ihn ein und traten ihn mit Füßen. Doch Puggy wehrte sich, versuchte, seinen Hals aus Peps Zugriff zu befreien. Er schlug seine Zähne in Peps linke Hand. Pep schrie auf. Reles drehte das Radio lauter. Pep riß Puggy zu Boden und setzte sich rittlings auf ihn.

Dann schlang er das Seil um Puggys Hals, um seine Beine und Hände. Im Laufe der Jahre war dies zu Peps Spezialität geworden. Je mehr sich Puggy wehrte, um so enger zog sich das Seil zusammen. Mit den Händen auf den Knien schauten Kid, Pep, Buggsy und Dukey schließlich keuchend und schnaufend zu, wie Puggy sich zu Tode würgte.
»Seht euch das an«, sagte Pep und hielt seine Hand hoch. »Das Arschloch hat mich gebissen.«
Während Buggsy und Reles die Leiche zum Wagen trugen, suchte Pep im Bad nach Jod. Dann griffen sich die Männer einen Kanister Benzin und fuhren mit zwei Wagen davon: *kill car* und *crash car*. Sie beschlossen, die Leiche auf den städtischen Schuttabladeplatz zu bringen. Irgendwo auf den Müllbergen brannte immer ein Feuer, wem würde da schon ein weiteres Feuer auffallen? Doch Buggsy verwechselte die Richtungen, und so landeten sie schließlich unweit einer Wohnsiedlung in den Niederungen bei Canarsie, einer Stadt in den Binsen. Sie schleppten die Leiche auf ein Feld, begossen sie mit Benzin, warfen ein brennendes Streichholz drauf und fuhren davon.
Eine Frau in der Siedlung entdeckte das Feuer und rannte mit einem Eimer Wasser nach draußen. Sie löschte die Flammen und dachte, Kinder aus dem Viertel hätten mal wieder mit Streichhölzern gespielt, als sie plötzlich in ein verkohltes Gesicht starrte. Alptraum. Als die Polizei kam, fand sie nur noch eine Uhr und einige Zähne, doch reichte das aus, um Puggy zu identifizieren.
Währenddessen warteten Puggys Kumpel im Süßwarenladen. Um Mitternacht dachten sie sich, daß Puggy bestimmt von seinen neuen Freunden nach Hause gefahren worden war. Doch als sie in Borough Park ankamen, fehlte von Puggy jede Spur. Also fuhren sie zurück nach Brownsville, wo Buggsy, Pep, Reles und Dukey bereits wieder im Hinterzimmer des Süßwarenladens saßen und Karten spielten. Nach erledigten Mordaufträgen kehrten die Killer meist in den Laden zurück. Aus schmalen Augenschlitzen betrachteten sie jeden, der zur Tür hereinkam. »He, habt ihr vielleicht unseren Freund Puggy gesehen?« fragte einer der Jungs.
»Nein«, sagte Buggsy. »Er ist fort. Wißt ihr was, Jungs? Es ist schon spät. Ihr solltet lieber zurück nach Borough Park fahren.«

Die Nachricht von Feinsteins Tod erschien am nächsten Tag in der Zeitung. Noch eine Leiche auf einem Feld. Noch ein Mob-Mord. Verbrecher, die Verbrecher töten. Einige Tage später brachte der *New York Daily Mirror* einen Leserbrief von Sydney Levy, einem Anwalt, der mit Puggy aufgewachsen war:

> Sehr geehrter Herren,
> ich möchte Ihnen gern einige Sätze zu Puggy Feinstein schreiben.
> Puggy und ich spielten als Kinder in unserem Viertel Korbball. Er war ein kleiner Kerl und wollte hoch hinaus, also trennten sich unsere Wege. Doch waren beide Wege eng verknüpft, so daß wir jene verstehen sollten, die einen Abzweig nahmen, den wir verfehlten. Auch er stammte aus gutem Hause.
> Letztes Jahr hat Puggy mir begeistert verkündet, daß er anständig werden wolle... Der Grund für seine Rückkehr in redliche Gefilde war seine Liebe zu einer ehrbaren Frau aus Flatbush.
> Doch nachdem er die Möbel gekauft und die Hochzeit geplant hatte, lief ein Junge aus dem Viertel zur Familie der Frau und berichtete ihr von Puggys Vergangenheit. Daran zerbrachen die Beziehung und sein Herz.
> Er fiel in seine alten Gewohnheiten zurück. Und jetzt mußte ich lesen, daß er Opfer eines Brandmordes wurde.
> Er konnte irre gut Korbball spielen.

Die meisten Morde wurden außerhalb der Stadt verübt, an irgendeinem weit entfernten Ort. Gewöhnlich meldete sich ein Gangster aus einer Stadt wie Chicago oder Detroit bei Lepke, Lucky oder Lansky mit einem Problem, ein Rivale etwa, der sich nicht an die Spielregeln halten wollte. Wenn die großen Jungs bereit waren, sich um das Problem zu kümmern, klingelte das Telefon im Hinterzimmer des Süßwarenladens. Nur eine Hand ist zu sehen, die den Hörer hält, ein Gesicht im Profil, gespitzte Lippen. Ein paar Tage darauf sind ein oder zwei Killer mit dem Zug unterwegs nach Westen, Räder rattern über Schienen, Bahnsteige huschen vorüber. Die Killer werden von einem Mitglied der örtlichen Mafia abgeholt. Vermutlich hielt niemand ein

Schild hoch, auf dem zu lesen stand: »Abraham ›Kid Twist‹ Reles, Syndikat-Killer.« Wer brauchte auch so ein Schild? Jeder Ganove würde einen Mann wie Abe Reles sofort erkennen. In die kleinen, einfachen, von der Wirtschaftskrise gebeutelten Farmerstädtchen Mittelamerikas kamen die Gangster in dunklen Kaschmirmänteln mit Hüten, Lederhandschuhen und seidenen Schals.

Der ortsansässige Ganove sollte den Killer begrüßen, ihm aber auch helfen. Schließlich hatte der Gangster einen Mann umzubringen, dem er noch nie begegnet war, also mußte ihm der heimische Ganove das Opfer zeigen. Meistens wies er ihm das Ziel aus einiger Entfernung, deutete über eine überfüllte Straße hinweg auf einen Mann, der aus einem Laden oder einem Restaurant kam (»Da ist er! Der da!«) – der arme, ahnungslose Scheißer. In den folgenden Tagen studierte der Killer dann die Gewohnheiten seines Opfers – *Wo geht er hin? Mit wem trifft er sich?«* – und arbeitete einen Mordplan aus. Die Nächte verbrachte er in Hotels oder in Pensionen in Bahnhofsnähe, jene Art Etablissements, die Durchreisende bevorzugen. Wenn der entscheidende Augenblick kam, packte der Killer seine Sachen, zahlte und zog los.

Sie nannten die Männer, die sie umbringen sollten, ›Ratten‹ oder ›Ärsche › oder ›dreckige Rattenärsche‹. Sie redeten sich ein, daß alle Opfer schuldig waren und es verdient hatten, daß sie keinen wahllosen Tod brachten, sondern für Gerechtigkeit sorgten. So nahmen sie ihren Verbrechen den Stachel, verwandelten das Opfer aus einem Menschen in eine Sache. Das letzte, was das Opfer sah, war das Gesicht eines Fremden, seine letzten Augenblicke blieben ihm ein Rätsel. Männer wurden auf Feldern, in Fluren und Gassen getötet. Harry Strauss brachte eines seiner Opfer in einem Kino in Jacksonville in Florida bei laufendem Film um. Die ortsansässigen Ganoven sorgten dafür, daß sie sich zum Zeitpunkt des Mordes irgendwo in der Öffentlichkeit aufhielten, von Zeugen umgeben, ein wasserdichtes Alibi. Und noch ehe die Polizei das Opfer gefunden hatte, war der Killer schon wieder im Zug und auf dem Weg nach Osten; das Land vor den Fenstern färbte sich rot.

In den folgenden Jahren tötete Harry Strauss über dreißig Menschen in mehr als einem Dutzend verschiedener Städte, darunter auch in Boston, Chicago, Philadelphia, Miami und Detroit. Er reiste mit einem kleinen Lederkoffer, in dem er stets eine Hose, seidene Unterwäsche, ein weißes Hemd, einen Revolver und ein Seil mitbrachte. So reihte er sich in die Tradition der jüdischen Hausierer ein, jener ehrgeizigen Einwanderer, die mit dem Land nach Westen zogen, ein Mann wie Levi Strauss, der über unbefestigte Straßen fuhr und hoffte, Zeltleinwand zu verkaufen, sie statt dessen aber zuschnitt und zur ersten Jeans vernähte. Pittsburgh Phil war ihm ähnlich, nur war bei ihm alles genau andersherum. Er war der Aggressor, nicht das Opfer: ein Killer in einem fremden Land. »Mit mir ist es wie mit einem Fußballspieler«, erklärte er später. »Ich schätze, ich sammle meine Erfahrungen mit diesen Jobs. Sobald mich einer aus den großen Banden entdeckt, geht's los, dann spiel ich in der ersten Liga mit.«

Das Syndikat hatte den Mord auf Bestellung erfunden. Ein Fremder kommt an, tötet und ist verschwunden. Der Polizei vor Ort bleibt nichts, woran sie sich halten kann – kein Motiv, kein Verdächtiger – einfach nichts. Wie der Trapper oder Holzfäller wurde der Mörder auf Bestellung Mitte der dreißiger Jahre zur landesweit bekannten Gestalt, ein Mann, der eine Seite der amerikanischen Persönlichkeit verkörperte. Für manche war er eine Art existentieller Cowboy, der auf der Grenzlinie zwischen Sein und Nichtsein galoppierte, Mark Twains geheimnisvoller Fremder, der den Tod in der Tasche trug. Für andere war er eine Mißgeburt der Großstadt, ein katholischer oder jüdischer Einwanderer, der aus seinem Slum ausgebrochen war, um einen protestantischen Landstrich zu schänden.

Ernest Hemingway ahnte 1927 das Auftauchen dieses Menschenschlags in seiner Geschichte »Die Killer« voraus, in der er von Großstadtganoven erzählt, die ein Eßlokal in einer kleinen Stadt im Mittleren Westen betreten und auf ihr Opfer namens Ole Andreson warten. Die Killer vertreiben sich die Zeit mit George, dem der Imbiß gehört, mit Nick Adams und Sam, dem schwarzen Koch. Die Killer sind Juden, sie könnten zur Gang von Reles gehören.

Ihre Gesichter waren verschieden, aber sie waren wie Zwillinge angezogen. Beide trugen Mäntel, die ihnen zu eng waren. Sie saßen vornübergelehnt da, mit den Ellbogen auf der Theke.

Nach einer Weile fragte George die beiden Männer:

»Warum wollt ihr Andreson killen? Was hat er euch denn getan?«
»Hat nie Gelegenheit gehabt, uns was zu tun. Noch nicht mal gesehen hat er uns.«
»Und er wird uns nur einmal sehen«, sagte Al aus der Küche.
»Warum wollt ihr ihn denn killen?« fragte George.
»Wir killen ihn für einen Freund. Nur um einem Freund einen Gefallen zu tun, heller Junge.«
»Halt den Mund«, sagte Al aus der Küche. »Du redest zuviel, verflucht noch mal.«
»Na, ich muß doch den hellen Jungen bei Laune halten. Muß ich doch, was, heller Junge?«
»Du redest zuviel, verflucht noch mal«, sagte Al. »Der Nigger und mein heller Junge halten sich allein bei Laune. Ich hab sie wie zwei Freundinnen in der Klosterschule aneinandergebunden.«
»Nehme an, du warst in 'nem Kloster?«
»Kannste nie wissen.«
»Du warst in einem koscheren Kloster. Natürlich! Da warst du.«

Einige Seiten später wird beschrieben, wie fremd die Fremden in dieser Stadt wirken:

Die beiden gingen zur Tür hinaus. George beobachtete durch das Fenster, wie sie unter der Bogenlampe gingen und dann die Straße überquerten. Mit ihren engen Überziehern und Melonen sahen sie wie ein Varietégespann aus.

Damon Runyon, der denselben Stoff bearbeitete, schrieb eine völlig andersgeartete Geschichte. Von New York City aus gesehen, wo Runyon wohnte, boten diese Männer nicht so sehr Anlaß zum Haß, als vielmehr zum Vergnügen, gar zu einem gewissen Stolz. So mancher Amerikaner hat schon immer so etwas wie Stolz für seine Gangster empfunden – für Männer, die nicht klein zu kriegen waren. In seiner Kurzgeschichte »Delegates at Large« von 1932, die zuerst in der Zeitschrift *Cosmopolitan* erschien, beschrieb Runyan Brooklyner Jungs, deren Anführer, ein Mann namens Harry the Horse, nach Westen reist, um einen Auftrag zu erledigen: »Man kann durchaus behaupten, daß Harry the Horse ein ziemlich wilder Bursche und mächtiger Ganove ist«, schreibt Runyon. »Ständig stiftet er Spanish John und Little Isadore zu irgendwelchem Unsinn an, die daraufhin ihre Mitbewohner in Brooklyn berauben und manchmal gar auf sie schießen. Hin und wieder gibt Harry the Horse sogar persönlich den einen oder anderen Schuß ab.«

Little Isadore, der die Geschichte erzählt, liefert eine ziemlich gute Beschreibung eines Mordes auf Bestellung:

> Auf besondere Einladung von ein paar mächtig hohen Tieren fahren wir nach Chicago. Ich will hier keine Namen nennen, aber diese Leute sind wirklich ziemlich bedeutende Persönlichkeiten, vor allem im Biergeschäft, und sie laden uns ein, damit wir uns um einen Kerl namens Donkey O'Neil kümmern, da dieser Donkey O'Neil den ziemlich bekannten Leuten, von denen ich gerade sprach, im Biergeschäft in die Quere gekommen ist.
>
> Natürlich finden sich diese Leute nicht einfach damit ab, daß man ihnen in die Quere kommt, also bleibt ihnen nichts anderes übrig, als dafür zu sorgen, daß man sich um diesen Donkey O'Neil kümmert. Nun wollen sie aber nicht, daß sich jemand aus ihrer Gegend um ihn kümmert, schließlich wäre das ja auch eine ziemlich altmodische Art, so ein Geschäft zu erledigen, um das man sich heutzutage in allen Städten gewöhnlich dergestalt kümmert, daß man einen Außenseiter zu sich einlädt, der keine vertrauten Spuren hinterläßt, wie dies bestimmt passieren würde, wenn er aus der Gegend käme.

Als die Reporter Wind von der Sache bekamen, als sie zu ahnen begannen, worauf sich die Truppe aus Brownsville spezialisiert hatte, da hängten sie den Jungs einen Spitznamen an: Murder Incorporated. Und genau das waren sie auch, eine Handelsgesellschaft in Sachen Tod, die den Mord nach modernen Geschäftsprinzipien organisierte. In den dreißiger Jahren tötete diese Gang Dutzende von Menschen im ganzen Land. Leichen tauchten auf Feldern, in Seen und auf Schutthalden auf. Die Details der einzelnen Morde mußten sich in der Vorstellung der Killer zu einem einzigen, perfekten Mord vermischen, den sie vor dem Einschlafen noch einmal in ihrem Kopf ablaufen lassen konnten. Straße, Himmel, Revolver, Annäherung, Flucht, ein Auto, das an leeren Plätzen und dunklen Häusern vorbeirollt, hinaus aus der Stadt zu irgendeiner verlassenen Bahnstation und dann der lange Heimweg.

Ich will nicht verherrlichen, was diese Männer getan haben. Sie waren Mörder. Sie haben Menschen umgebracht, als hätten sie keinen Preis dafür zu zahlen, und folglich zahlten ihn viele auch nicht. Kleine Jobs zwischen langen Freizeiten. Ihre Entwicklung war aus den Schienen gesprungen. Doch wenn ich daran denke, wie die Juden anderenorts behandelt wurden, wie man sie beschimpfte und auch weiterhin beschimpfen sollte, kann ich nicht umhin, ihre Geschichte ein bißchen zu bewundern. Sie waren Männer, die nicht mal ahnten, daß Juden schwach zu sein hatten, also waren sie auch nicht schwach. Die dreißiger Jahre gingen zu Ende, dies waren die letzten Jahre des europäischen Kapitels der jüdischen Geschichte, eine Ära, die erlebte, wie Juden ihre Ghettos verließen, ihre Bärte abrasierten, ihren Gott aufgaben, ihre Einzigartigkeit verleugneten. Und vielleicht verkörperten die Gangster die dunkle Seite dieser Geschichte, das instinktive Zucken von etwas, das im Sterben lag.

»Letztlich waren sie nichts anderes als professionelle Attentäter«, schrieb Albert Fried in *The Rise and Fall of the Jewish Gangster in America.* »Sie waren zu grobschlächtig, um auch nur in die Nähe jenes Gipfels der Verbrecherwelt gelangen zu können, der von Lepke und den übrigen Syndikatsführern eingenommen wurde, von Managern riesiger Geschäftskonzerne. Und in dieser Hinsicht bedeuteten sie einen ungeheuren Rück-

schritt hin zu den alten East Side Gangstern à la Monk Eastman und Little Augie.«
Der stellvertretende Distriktstaatsanwalt Burton Turkus, der gegen viele dieser Männer die Anklage vertrat, fragte einige Jahre später Reles, wieso er mit solcher Leichtigkeit einen Menschen umbringen konnte: »Hat Ihnen das je zu schaffen gemacht?« fragte Turkus. »Haben Sie irgend etwas dabei empfunden?«
»Wie haben Sie sich bei Ihrem ersten Fall gefühlt?« fragte Reles.
»Ich war ziemlich nervös«, erwiderte Turkus.
»Und bei Ihrem zweiten Fall?«
»Der war schon nicht mehr ganz so schlimm, aber ein bißchen nervös war ich immer noch.«
»Und später dann?«
»Ach, später war es okay. Ich hatte mich dran gewöhnt.«
»Sie haben sich Ihre Frage selbst beantwortet«, sagte Reles. »Mit Mord ist es dasselbe. Ich habe mich dran gewöhnt.«

■ ■ ■

Einige Monate, nachdem Reles dem Syndikat beigetreten war, betrat Louis Capone den Süßwarenladen. Er bat Rose, Kid vor die Tür zu schicken. Die beiden Männer unterhielten sich an der Straßenecke. Es war Anfang Herbst, um sie herum fielen die Blätter. »Hör zu«, sagte Capone. »Morgen kommst du zu Albert A. nach Ocean Hill.«
»Warum?« fragte Reles.
»Das wird Albert dir schon selbst sagen«, erwiderte Capone.
Am nächsten Morgen fuhr Kid über die Pitkin und Van Siclen Avenue nach Ocean Hill, koschere Schlachtereien wichen italienischen Bäckereien. Joe Coppola und Jack Parisi, zwei von Alberts Revolvermännern, warteten im Wagen vor dem Klubhaus. Sie sagten Reles, er solle einsteigen. Sie glitten am Wasser entlang. »Wo fahren wir hin?« fragte Reles.
Die Männer auf den Vordersitzen schauten sich an. Vielleicht lächelte einer von beiden. »Schießübungen«, sagte der dunkle und kleine Parisi.
»Schießübungen?« fragte Reles.

Arnold Rothstein,
der Moses der Unterwelt.

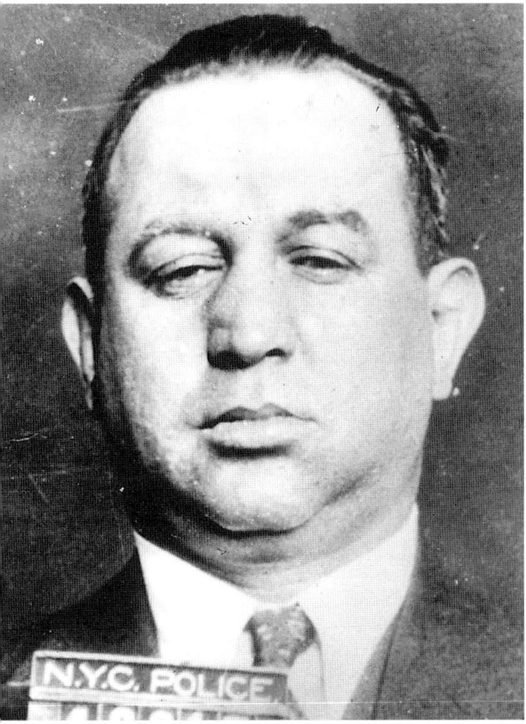

Jacob »Gurrah« Shapiro,
einer der Gorilla-Boys.

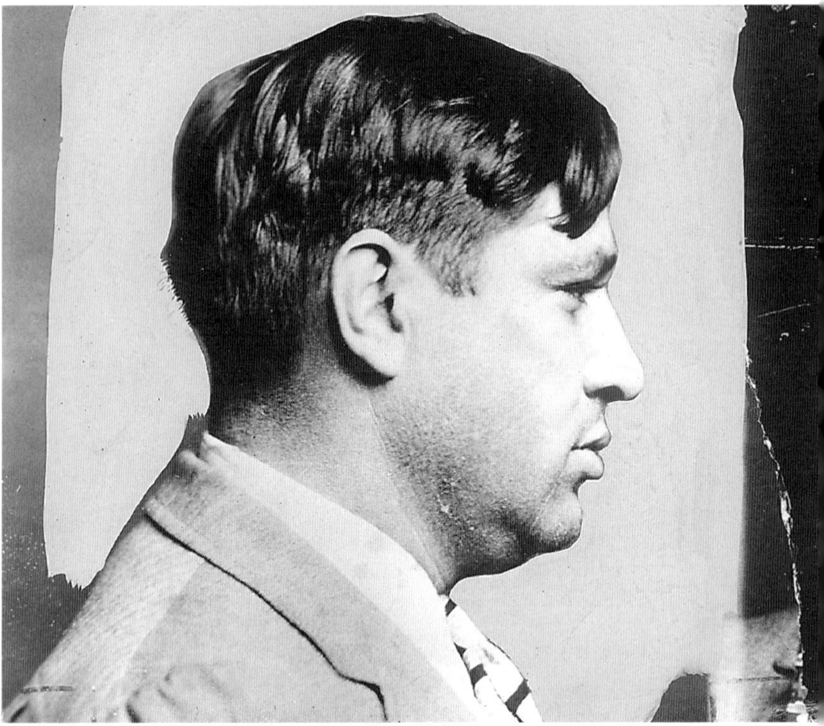

Emmanuel »Mendy« Weiss, der immerzu stahl, prügelte und Zigarren rauchte.

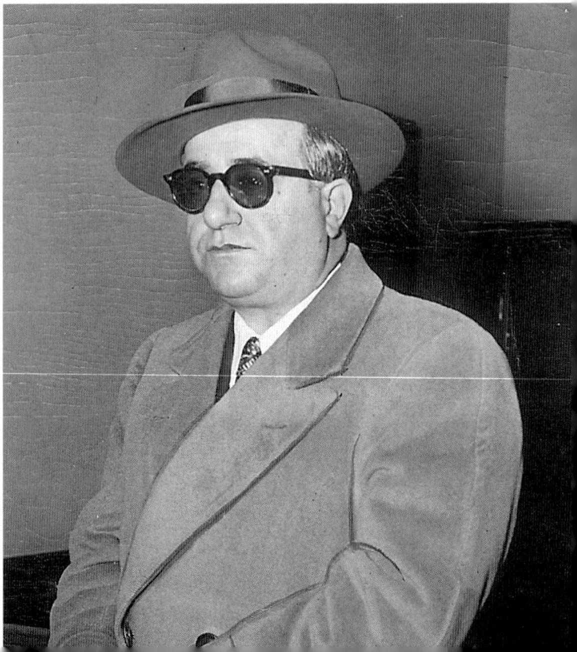

Albert Anastasia, der die täglichen Geschäfte von *Murder Incorporated* führte.

Benjamin »Bugsy« Siegel, 1940, der bestaussehende Ganove der Unterwelt.

Ich, 1972, angezogen wie Bugsy Siegel.

Abraham »Kid Twist« Reles, der jeden Satz auf eine Beleidigung überprüfte.

Dutch Schultz, nachdem er in Malone, New York, für »nicht schuldig« befunden wurde. Die Menge seiner Bewunderer folgte ihm bis ins Hotel.

Bürgermeister Fiorello La Guardia zertrümmert 1934 Spielautomaten aus der Unterwelt.

Thomas Dewey, der geradlinige, jungenhafte Staatsanwalt, der es in den dreißiger Jahren mit dem Mob aufnahm.

Burton Turkus (mit Zeugin), der Brooklyner Staatsanwalt, der die Jungs einen nach dem anderen in die Todeszelle schickte. Man nannte ihn Mr. Arsen.

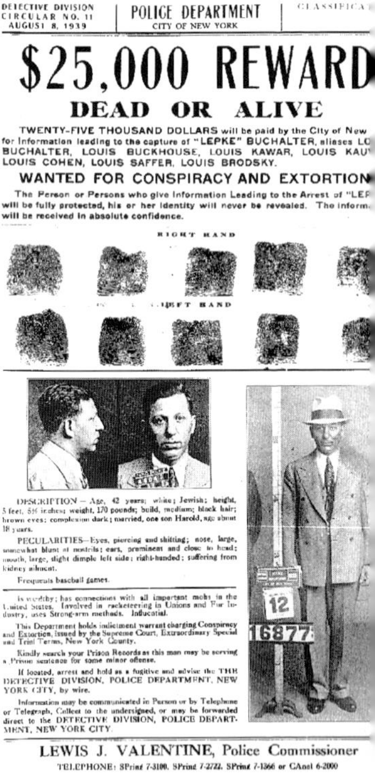

DETECTIVE DIVISION
CIRCULAR NO. 11
AUGUST 8, 1939

POLICE DEPARTMENT
CITY OF NEW YORK

CLASSIFICA

$25,000 REWARD
DEAD OR ALIVE

TWENTY-FIVE THOUSAND DOLLARS will be paid by the City of New for Information leading to the capture of "LEPKE" BUCHALTER, aliases LO BUCHALTER, LOUIS BUCKHOUSE, LOUIS KAWAR, LOUIS KAU LOUIS COHEN, LOUIS SAFFER, LOUIS BRODSKY.

WANTED FOR CONSPIRACY AND EXTORTION

The Person or Persons who give Information Leading to the Arrest of "LEP will be fully protected, his or her identity will never be revealed. The inform will be received in absolute confidence.

RIGHT HAND

LEFT HAND

DESCRIPTION – Age, 42 years; white; Jewish; height, 5 feet, 5½ inches; weight, 170 pounds; build, medium; black hair; brown eyes; complexion dark; married, one son Harold, age about 18 years.

PECULARITIES—Eyes, piercing and shifting; nose, large, somewhat blunt at nostrils; ears, prominent and close to head; mouth, large, slight dimple left side; right-handed; suffering from kidney ailment.

Frequents baseball games.

Is wealthy; has connections with all important mobs in the United States. Involved in racketeering in Unions and Fur Industry, uses Strong-arm methods. Influential.

This Department holds indictment warrant charging Conspiracy and Extortion, issued by the Supreme Court, Extraordinary Special and Trial Terms, New York County.

Kindly search your Prison Records as this man may be serving a Prison sentence for some minor offense.

If located, arrest and hold as a fugitive and advise the THE DETECTIVE DIVISION, POLICE DEPARTMENT, NEW YORK CITY, by wire.

Information may be communicated in Person or by Telephone or Telegraph, Collect to the undersigned, or may be forwarded direct to the DETECTIVE DIVISION, POLICE DEPARTMENT, NEW YORK CITY.

LEWIS J. VALENTINE, Police Commissioner
TELEPHONE: SPring 7-3100, SPring 7-2722, SPring 7-1366 or CAnal 6-2000

Lepke gesucht – tot oder lebendig: Als man diese Fahndungsplakate an Laternenpfosten und den Schwarzen Brettern der Postämter aufhängte, mußte sich Lepke in den Untergrund zurückziehen.

Abe »Kid Twist« Reles (in der Mitte) und Allie »Tick-Tack« Tannenbaum (links), Ratten, bereit, alte Freunde zu verraten.

Charlie »the Bug« Workman, 1941, angeklagt wegen Mordes an Dutch Schultz.

Abe Reles (rechts) und Allie Tannenbaum, 1941, auf dem Weg zum Gericht, angezogen wie ein Varietégespann mit gleichen Hüten und Mänteln.

Harry »Pittsburgh Phil« Strauss, 1941, angeklagt wegen Mordes. Der Bart sollte die Jury glauben lassen, Strauss sei verrückt geworden. Zu seiner Rechten sitzt Martin »Buggsy« Goldstein.

»Klar doch«, sagte Parisi. »Der Boß will wissen, ob du schießen kannst. Wenn nicht, müssen wir's dir beibringen.«
»Ach so«, sagte Reles, ließ sich in die Polster sinken und seufzte. Schießübungen. Tja, jetzt gehörte er eben zum Syndikat, war ein Filialboß. Ein angeheuerter Killer. Also würde er das Training des Syndikats absolvieren müssen, wie ein Abteilungsleiter für Haushaltswaren eine entsprechende Ausbildung absolvieren muß.
Sie hatten die Stadt bereits einige Stunden hinter sich gelassen, als die Straße einen bewaldeten Hügelzug hinaufklomm. Von oben konnte man Felder, Häuser, Silos und Scheunen sehen: Newburgh, New York. Einwanderer hatte es hierher ins Tal gezogen. In den Läden und auf den Feldern waren italienische Stimmen zu hören – eine sizilianische Stadt, die sich im Staat New York verbarg. Auf der anderen Talseite konnten sie die Straße hinter den Hügeln verschwinden sehen.
Einige Meilen später bogen sie vom Highway auf einen Weg; zwischen den Reifenspuren wuchs hohes Gras. Der Weg endete vor einem Haus. Ein alter Mann saß auf der Veranda. Er züchtete Fasanen und war ein merkwürdiger alter Mann. In der Stadt erzählte man sich, er habe mal jemanden in New York City ermordet. Doch versteckte er sich hier schon, solange man sich erinnern konnte. Albert Anastasia war der einzige Mensch, den er noch aus den alten Tagen kannte. Manchmal besuchte ihn Albert hier auf seinem Hof, und das Licht in der Küche brannte dann bis spät in die Nacht. Bei anderen Gelegenheiten versteckte der Farmer Alberts und Lepkes Männer auf der Flucht.
Der alte Mann führte die Gangster zu einem verfallenen Gebäude am Rande eines Ackers. Er schloß das Vorhängeschloß an der Tür auf. Das Gebäude war bis oben hin mit Waffen vollgestopft: Gewehre, Schrotflinten, Revolver. »Genug Munition für einen Krieg«, erzählte Reles später.
Der alte Mann griff sich mehrere Waffen und führte die Gangster hinters Haus, wo er einen primitiven Schießstand aufgebaut hatte. Der Alte nahm sich ein Gewehr und sagte etwas in der Art wie: »Wenn ihr auf diese Entfernung einen Mann aus einem Fenster von der gegenüberliegenden Straßenseite erschießen wollt, ist dies die richtige Waffe.« Dann zeigte er den Männern, wie sie

zielen und abdrücken mußten. Die Gangster wechselten sich ab. Sie schossen bis Sonnenuntergang.
Die Nacht verbrachten sie in einem italienischen Hotel in der Stadt. Am nächsten Morgen fuhren sie zur Farm zurück und feuerten, bis ihnen die Munition ausging. Nachdem sie die letzte Kugel verschossen hatten, schaute Parisi Reles an und sagte: »Tja, wie's aussieht, bist du ein ziemlich guter Schütze.«

■ ■ ■

Schritt für Schritt wurden die Brownsville-Boys ans Syndikat herangeführt. Es gab Telefonanrufe, Treffen, kleine Jobs. Jede Begegnung war, ob sie es wußten oder nicht, ein Test. Ihre Geschicklichkeit, ihre Intelligenz, ihre Loyalität wurden überprüft. Mit jedem bestandenen Test schloß das Syndikat sie enger in seine Arme. Geheimnisse wurden offenbart. Mitte der dreißiger Jahre teilte sich Lepke sogar seine Revolvermänner mit den Brownsville-Boys. Manchmal fiel es schwer, die Gangs auseinanderzuhalten, sah man Reles, Goldstein, Strauss, Maione und Abbandando doch überall mit Lepkes besten Killern, mit den Legenden der Unterwelt, den brutalsten Juden Amerikas: Albert Tannenbaum, Charlie Workman und Mendy Weiss.
Die Killer arbeiteten nicht nur gut zusammen, sie wurden sogar Freunde. Miteinander hatten sie mehr gemein als mit den großen Machern wie Lepke oder Albert A. Sie waren das Fußvolk und erledigten die Drecksarbeit. Manche hielten die Jobs für ein Mittel zum Zweck, andere hatten Spaß daran. Sie wollten nicht in irgendeinem Büro hocken und Geschäftsmann spielen. Sie wollten hinaus auf die Straße, Schatten nachjagen. Lepkes Jungs wurden bald zu Ehrenmitgliedern in der Reles-Truppe. Manche machten gemeinsam mit den Brownsville-Boys Urlaub. Andere zogen sogar nach Brooklyn und trieben sich im Süßwarenladen herum. Reles war nicht nur dem Syndikat beigetreten, das Syndikat war auch der Reles-Gang beigetreten.
Unter allen neuen Mitgliedern der Gang, vielleicht sogar unter allen Gangstern überhaupt, gefällt mir Albert Tannenbaum am besten. Ich mag Albert, weil seine Geschichte für mich den größten Sinn ergibt. Die übrigen Gangster (Kid Twist, Pep) haben

meist ein Leben geführt, das mir heute so rätselhaft und archaisch wie das Leben zu biblischen Zeiten erscheint. Wenn ich mir ihre Welt vorstelle, sehe ich sie nur in Schwarzweiß. Sie wurden aus Zwang oder Langeweile zu Verbrechern, vielleicht auch, weil es in ihrer Natur lag. Sie waren üble Burschen, doch Tannenbaum war anders. Wie er auf die Verbrecherlaufbahn geriet, das hätte mir selbst auch passieren können. Er trieb sich – anfangs jedenfalls – in der Nähe von Ganoven herum, weil er jung war und weil sie die tollsten Typen waren, die er kannte. Aber es ist gefährlich, wenn man allzu jung allzu tollen Typen ausgesetzt ist. Der allzu tolle Typ kann wie ein starkes magnetisches Feld wirken, das einem die Orientierung durcheinanderbringt, den eigenen Kompaß versaut. Sobald er mit diesen Gangstern zusammen war, redete Tannenbaum – damals noch keine zwanzig – vor lauter Aufregung ohne Unterlaß. Er redete und redete, so daß sie ihn Tick-Tack nannten, weil sein Mundwerk wie ein Uhrwerk sei, sagten sie. Das ist meines Wissens der einzige Spitzname eines Gangsters, der rein gar nichts mit Gewalt zu tun hat. Albert hatte ein dunkles, schmales Gesicht, eine lächerlich lange Nase, traurige Augen und eine stark zerfurchte Stirn. Mit den Jahren schienen sich seine Entscheidungen in sein Gesicht einzugraben. Blättert man alte Fahndungsfotos durch, könnte man an die Fotos einer Stadt im Zeitraffer denken, die allmählich verfällt, wo Unkraut sprießt auf dem Bürgersteig. Er war einsfünfundsiebzig und wog um die siebzig Kilo, wurde am 17. Januar 1906 in Nanticoke, Pennsylvania, geboren und hatte drei Geschwister: Irving, der später nach Georgia zog und Lampenschirme verkaufte; Solomon, der sich einen Namen als Lieferant von Lichtspieltheaterzubehör machen sollte, und Jean, die im Enduro bediente, einem Restaurant an der Neununddreißigsten Straße West. 1908 zog Sam Tannenbaum, Alberts Vater, der in Pennsylvania eine Gemischtwarenhandlung führte, in die Orchard Street in der Lower East Side um.

Vor dem Ersten Weltkrieg hatte Sam Tannenbaum dann irgendwann genug Geld gespart, um sich ein Haus auf dem Land im Staat New York kaufen zu können. Davon träumten viele Einwanderer – sich ein Stück Land außerhalb der Stadt kaufen zu können. In weiten Teilen der Alten Welt war es Juden verboten

gewesen, Land oder Immobilien zu besitzen, also wurde es für viele Juden zu einer Art Heiligem Gral, einem Traum, zu etwas, für das sich jede Mühe lohnte. Schließlich stammten sie aus Ländern wie Rußland oder Polen, wo Regierungen kamen und gingen, Währungen stiegen und fielen, und einzig das Land einen dauerhaften Wert besaß. Mein Vater zitiert gern die Anzeige einer Wohnungsbaugesellschaft, die die Ansicht vieler seiner Vorfahren zusammenfaßte: »Banken können bankrott gehen, Frauen können fortgehen, doch auf gutes Land kann man immer bauen.« In den ersten Jahren dieses Jahrhunderts verloren viele Juden ihren Glauben an Gott und investierten dafür in ein Stück Land. Sam Tannenbaum legte sein Erspartes zuerst in einem Campingplatz in Rock Hill, New York, an, verkaufte dann später und erstand dafür den Loch Sheldrake Country Club.
Rund um Loch Sheldrake gibt es nichts als Berge, Täler, Schluchten und Wälder voller Rotwild, Biber und Jäger auf Pfaden, geraden oder verschlungenen, die zu mondbeschienenen oder sonnenhellen Seen führen. Mit dem Wagen fährt man aus der Stadt etwa drei Stunden nach Norden. Ich bin mir nicht sicher, wie das Gelände des Country Clubs früher ausgesehen hat, doch habe ich eine ziemlich klare Vorstellung davon, ein Bild, das von alten Geschichten und geisterhaften Schnappschüssen geprägt wurde, die meine Großeltern in ähnlichen Häusern in den Catskills und Pocono Mountains gemacht haben. Ich stelle mir den Klub auf einer Lichtung im Wald vor, erleuchtete Fenster auf grünem Hügel; ein Kasino, groß wie eine Höhle, das von fremden Akzenten widerhallt; ein Bademeister am felsigen Ufer; schummerige Umkleideräume, in denen es nach Fisch riecht. Mit einem Stück Seife in der Hand zu den Umkleidekabinen zu gehen war ein Ritual, eine schöne Erinnerung, die jene späteren Erwähnungen von Juden in Europa, die in Umkleideräumen vergast wurden, um so grausamer machte.
Der Loch Sheldrake Country Club sowie ähnliche Häuser im Staat New York lockten zahlreiche Juden an. Nach dem Memorial Day fuhren sie in hochbeladenen Wagen hinaus. Und kaum hatten sie die Willis-Avenue-Brücke hinter sich, spürten sie, wie sich das Land vor ihnen ausbreitete, der Himmel sich entfaltete. Bald rollten sie dann über einen schmalen Kiesweg zum Pfört-

nerhaus, wo sie von Freunden aus vorjährigen Sommertagen begrüßt wurden. Abends saßen sie rauchend auf den Veranden und schauten in den Wald. Väter, die während der Woche in der Stadt arbeiteten, kamen am Freitagabend hier heraus, ein Ritual, das sorgsamer eingehalten wurde und ihnen wichtiger war als das Anzünden der Sabbatlichter. An diesen Orten wimmelte es von Kommunisten, Zionisten, Anarchisten, Sozialisten und Demokraten, selbst einige Republikaner fanden sich hier. Abends, wenn die Kinder im Bett lagen, wurden die Gespräche lebhafter. Manchmal hätte man glauben können, man sei nicht im Staat New York, sondern in einem Badeort am Schwarzen Meer, wenn man die frommen alten Männer und die prä-aerobic-fülligen *balabustas* in riesigen, einteiligen, alles verhüllenden Badeanzügen betrachtete, die ihre Töchter in die Wangen kniffen, sie Badenixen und ihre Söhne kleine Romeos nannten. »Was ist mein Sohn doch für ein kleiner Romeo, seht doch, wie er die Badenixen becirct.« Es gab Dutzende solcher besseren Landhäuser, darunter das Concord, das Nevele, das Royal und das Grossinger's. Andere Familien wohnten in den *kochalayns*, Hütten mit einer Gemeinschaftsküche. Und die Ärmsten, die in der Stadt festsaßen, konnten nur von einem Wochenende in den Jüdischen Alpen träumen.

Zu meiner Kindheit waren von dieser Welt nur die Sommerlager für jüdische Kinder geblieben, die rund um die Seen des nördlichen Mittelwestens abgehalten wurden. Man gab diesen Lagern indianische Namen: das Ojibwah-, Kawaga- oder Apachee-Camp. Ich selbst fuhr zum Camp Menominee in Managua, Wisconsin. Wir hatten einen Schlachtruf: »Immer keck, Itzig, Sam und Jack, wir halten nix von Schweinespeck. Matze, Matze, heißt unser Gebot; Matze, Matze, bis zum bitteren Tod. Yippie, Menominee!« Wenn er die Namen dieser Camps las, deren Anzeigen jeden Sonntag in der *Chicago Tribune* standen, schüttelte mein Vater den Kopf und sagte: »Glaubst du, die Indianer würden ihre Kinder in ein Camp Goldberg schicken?«

Als er alt genug war, begann Allie, seine Sommer im Country Club zu verbringen. Wahrscheinlich bediente er bei Tisch im Speisesaal oder stellte am See die Liegestühle auf. Bestimmt hat es ihm Spaß gemacht, der Sohn des Besitzers zu sein und sich überall herumtreiben zu können. Und Sam Tannenbaum dürfte erfreut gesehen haben, welche Leute sein Sohn kennenlernte. Der Club beherbergte eine noble Kundschaft, er war nicht gerade billig. Wer hier am Strand lag, der hatte Erfolg. Doch Allie hatte keinen Blick für sie übrig, sah er doch nur jene anderen erfolgreichen Männer, die sich in jedem Zimmer am lautesten benahmen, die auf den besten Plätzen saßen, sich von keinem Menschen beeindrucken ließen und in Gelächterwolken umherspazierten. Selbst in den Wäldern, in denen das Leben der Stadt nur einem fernen Geräusch glich, waren die schillerndsten Gestalten die Verbrecher.

Jedes Jahr stiegen die Gangster zu Beginn des Sommers in ihre Limousinen und fuhren nach Norden. Reles besaß ein Sommerhaus in White Lake, New York. Eine einsam gelegene Hütte, ein Licht im Wald, ein Pfad zu einem See, eine Wäscheleine mit bunten Wäschestücken. Im Winter wurden mit derselben Wäscheleine Männer erdrosselt. Die Gangster verbrachten ihre Nachmittage damit, Zeitschriften oder Comichefte zu lesen, oder sie trieben sich im Wald herum und versuchten, mit Revolvern Tiere zu erlegen. Beim Essen stellten sie sich anderen Gästen als Gewerkschafter vor oder sagten, sie seien in der Textilindustrie, im Speditionsgeschäft oder im Importhandel tätig. Außerhalb des Speisesaals flüsterten sich die biederen Gäste bestimmt zu: »Raten Sie mal, was der in der Stadt treibt.« Zu den jüdischen Erfolgsleuten, die ihre Sommer am Loch Sheldrake verbrachten, gehörten Greenie Greenberg, Louis Lepke und Gurrah Shapiro. Die meisten Kinder freuten sich im Sommerurlaub auf Strand, Sandburgen und Picknicks. Albert Tannenbaum aber freute sich im Sommerurlaub vor allem auf die Gangster.

Allie lernte Gurrah im Sommer 1925 im Country Club kennen. Mit seiner barschen Stimme und harten Augen fiel Gurrah unter den sonstigen Gästen sofort auf. Allie fühlte sich zu ihm hingezogen, wie sich so viele junge Männer von der Macht angezogen fühlen. Er war beeindruckt. Gurrah stellte ihn Lepke und Greenberg vor, die in dem Jungen jemanden sahen, den sie unterrichten konnten, jemanden, der ihre Größe spiegeln konnte. Allie hatte im Austausch etwas Konkretes anzubieten: Wissen. Im Laufe der Jahre hatte er die Gegend um das Camp, die Pfade

und Wege, Höhlen, Schluchten und Abkürzungen wie seine Westentasche kennengelernt.
Es muß einen Augenblick gegeben haben, in dem Sam Tannenbaum begriff, daß sein Sohn in ihm kein Vorbild mehr sah. Doch was konnte er dagegen tun? Lepke und Gurrah brachten Albert etwas Neues bei: Ein harter Junge zu sein. Wenn Allie sich in einer verzwickten Lage befand, wenn er sich körperlich bedroht sah, muß er seine Angst runtergeschluckt und sich gesagt haben: »Was würde Gurrah jetzt tun?« Viele junge Männer trugen den Gedanken an den Juden als harten Burschen wie etwas mit sich herum, das ihnen half, die Ruhe zu bewahren, ein Heiligenbild gleichsam. Natürlich wußte Allie nicht, daß die Gangster ihn nur auf halbem Wege mit sich nehmen konnten: Sie konnten ihn von zu Hause fortbringen, aber konnten sie ihn auch zurückbringen?
Ende der zwanziger Jahre spazierte Allie eines Nachmittags durch die Stadt, bummelte über den Broadway, schlug die Zeit tot. Er ging auf die Bushwick High School in Brooklyn, kam bald in die Oberstufe und jobbte im College-Shop, einem Herrenausstatter an der Hundertdreizehnten Straße in Manhattan. Als er die Zweiunddreißigste Straße überquerte, rief jemand seinen Namen. Es war Greenie Greenberg, der für Lepke arbeitete. Greenie fragte Allie, ob er sich etwas Geld verdienen wolle. *Klar. Wer nicht?* Greenie schickte Allie zu einer Kleiderfabrik in Downtown, die von den Arbeitern bestreikt wurde. Lepke hatte Greenie den Auftrag gegeben, die Streikführung zu schwächen. Allie sollte in die Fabrik gehen, behaupten, daß er ein Arbeiter sei, und sich in den Nähraum setzen. Wenn sich jemand von der Streikführung blicken ließ, hatte er ihnen zu sagen, daß sie verschwinden sollten. Falls sie sich weigerten, sollte er Gewalt anwenden und sagen, daß er für Lepke und Greenberg arbeite.
Allie gefiel der Job. Das machte ihm mehr Spaß, als Hüte zu verkaufen, außerdem war er gut in seinem neuen Job. Er ging von der Schule ab, doch machten ihn seine drei Jahre auf der Bushwick High zu einem der gebildetsten Mitglieder der Mafia. Er wußte mit Worten umzugehen und schrieb jenen ausgezeichneten Stil, der in den staatlichen Schulen vor dem Zweiten Weltkrieg gelehrt wurde. Er schrieb klare, präzise Sätze. Intelligenz

war für die Gang von Vorteil, und Allie sollte rasch aufsteigen. Schon bald wurde er von der Straße zur Perfect Coat Company geholt, einer Fabrik in Downtown, in der Lepke sein Büro hatte. Man setzte ihn mit wöchentlich 125 Dollar auf die Gehaltsliste. Allie glich den vielen, jungen, ehrgeizigen Assistenten jener Zeit, nur ging er nicht aus seinem Zimmer, um eine Tasse Kaffee oder einen Salat zu kaufen oder ein Diktat aufzunehmen; er ging auf die Straße, um Stinkbomben zu werfen, Streiks zu brechen oder Streikende zu verprügeln. Und bald gehörte er wie Mendy Weiss und Charlie Workman zu Lepkes Revolvermännern. Im Laufe der Jahre war er an mindestens sechs Morden beteiligt. Wie aus einem Helfer im Country Club des Vaters ein Killer in der East Side wurde, ist ein Rätsel. Doch irgendwo in diesem Rätsel verbirgt sich das Geheimnis um die Faszination des Verbrechens.

Albert Tannenbaum tat sich auch auf eigene Faust ein wenig um und vermietete seine Dienste an alle, die ihn dafür bezahlten. 1931 half er in Brownsville zwei Brüdern, die einen Krieg mit ein paar Emporkömmlingen angezettelt hatten. Als Meyer Shapiro Buggsy Goldsteins Billardsaal zusammenschoß, fuhr Albert den Wagen. Er war es, den Reles am Steuer gesehen hatte. Später stellte Louis Capone die Männer einander vor und sorgte dafür, daß sie sich wie zwei Schulkinder nach einem Streit im Pausenhof die Hände schüttelten.

Als sich Reles und Lepke zusammentaten, waren bereits alle miteinander befreundet. Auf der Gästeliste zur Hochzeit von Alberts Schwester, die in den dreißiger Jahren heiratete, stand Reles' Name ebenso wie der von Charlie Workman, Buggsy Goldstein, Harry Strauss oder Mendy Weiss. In den folgenden Jahren sollten auf solchen Partys zwischen den Gangstern, zwischen Juden und Juden sowie Juden und Italienern, kräftige Bande geknüpft werden. Diese Feste waren die Gipfeltreffen der Unterwelt. Schon die Liste der Gäste verriet, wie die Dinge standen, welche Allianzen und Fehden es gab.

Glanzlicht einer solchen Party war 1935 vermutlich die Feier zur Beschneidung von Charlie Workmans Sohn Solomon. Die Workmans wohnten Avenue A, Ecke Vierte Straße, eine Gegend, die heute zum East Village gehört, damals aber noch zur Lower East Side zählte. Es war ein Mehrfamilienhaus: wenige Zimmer, Fenster, ein Luftschacht. Am Nachmittag trafen die Gäste ein. Das Fest fand mitten im Winter statt, also trugen die Damen vermutlich Pelz, ihre Mäntel stapelten sich auf einem Bett. Das Wohnzimmer war voller Schultern, Gelächter, Frisuren. Einige der bedeutendsten Verbrecher Amerikas drängten sich in die Wohnung: Lepke, Gurrah, Moey ›Dimples‹ Wolensky, Longy Zwillman, Reles, Strauss, Goldstein, Dasher und Maione. Kein guter Gangster redet vor den Frauen vom Geschäft, wenn es also etwas Wichtiges zu besprechen gab, führte ein Gangster den anderen vermutlich ins Schlafzimmer und unterhielt sich vor den Mäntelbergen mit ihm. Vielleicht haben sie in die Haufen hineingestochert, sich vergewissert, daß sich niemand drin versteckte.

Im Zimmer nebenan wurde getrunken, das Glas abgestellt oder nachgeschenkt. Man erzählte sich Geschichten und Witze. Der Junge wurde gedrückt, gekniffen, geküßt. Und im Mittelpunkt dieses Treibens stand Charlie Workman und nahm Präsente und Mäntel entgegen. Auf Bildern aus der ersten Hälfte dieses Jahrhunderts sehen Gangster meist wie uralte, geisterhafte Gestalten aus, wie mythologische Wesen. Charlie war anders, Charlie war modern, wie jemand, den man auf einer Party zum Superbowl sieht, ein bei den Damen gefragter Mann. Seine Augen waren schwarz und tief wie Teiche, Augen, die man zu ergründen suchte. Frauen aus seinem Viertel nannten ihn den hübschen Charlie; die Jungs aus dem Viertel nannten ihn Bug. Im Schmuggelkrieg in den Zwanzigern wurde er in die Schulter getroffen. Die Kugel durchschlug einen Nerv in seinem Arm, eine Verletzung, die ihn bis an sein Ende behindern sollte. Wenn er mit der rechten Hand etwas (ein Bier, einen Revolver) länger als einige Augenblicke festhielt, begann die Hand zu beben und zu zittern. Es war eine jener äußeren Verletzungen, die eine innere Verkrüppelung aufzeigen.

Die Geschichte von Charlie Workman ist wohl die traurigste Geschichte des ganzen organisierten Verbrechens. Er sollte erleben, wie er von seinen besten Freunden verraten wurde, wie Freunde und Feinde starben, wie seine Art zu leben mit Verachtung gestraft wurde. Er wuchs in der Lower East Side auf, hatte eine Schwester und zwei Brüder und ging nach der neunten Klasse von der Schule ab. Eine Zeitlang arbeitete er zwar in der Bäckerei seines Vaters, konnte aber seiner Natur nicht lange widerstehen. Er war der geborene Gangster. Auf Feuerleitern und Teerdächern machte er sich mit der simplen Logik des Verbrechens vertraut. Erledige, sonst wirst du erledigt. Mit achtzehn wurde er verhaftet, weil er ein Bündel Baumwolle im Wert von zwölf Dollar von einem Laster gestohlen hatte. Ein Jahr später warf man ihm vor, noch während der Bewährungszeit einen Mann im Streit um zehn Dollar in den Hinterkopf geschossen zu haben. Einige Jahre später, bei den Streiks von 1926, wurde Lepke auf ihn aufmerksam. Workman war ein begabter Schlammer. Lepke setzte ihn für 125 Dollar die Woche auf die Gehaltsliste.

Workman wurde oft losgeschickt, um konkurrierende Schmuggler zu erledigen, Auftragsarbeiten, die er besonders gern erfüllte. Ein erfolgreicher Alkoholschmuggler mochte bis zu zehntausend Dollar Bargeld bei sich tragen, und Charlie blieb stets so gelassen, in den von Sirenengeheul erfüllten Augenblicken nach einem Attentat noch die Taschen der Leiche zu durchsuchen. Wurde er von der Polizei geschnappt, nannte er sich Jack Harris oder Jack Cohen oder gab irgendeinen Namen an, der ihm gerade einfiel. Dann erzählte er, daß er Bestattungsunternehmer in Brooklyn oder Autoverkäufer sei.

Workman wurde selbst von den größten Bossen bewundert. Als er mit seiner Frau nach Long Island zog, trafen Einweihungsgeschenke fürs neue Haus aus dem ganzen Land ein. Der Kamin war ein Präsent von Ben Siegel. In einem Polizeibericht steht über ihn: »Charlie stand bei Lepke als Killer in Sold. Man hielt ihn für einen der besten. Er könnte, wenn er wollte, dem Staatsanwalt mehr verraten als alle anderen Ratten zusammen. Charlies Frau führt ein extravagantes Leben, so daß es ihm ständig am nötigen Geld fehlt.«

Workman verbrachte viele Jahre im Syndikat. Eigentlich hätte er die Stufenleiter aus der Gosse in die Chefetage rasch erklimmen können, doch gefiel es ihm auf der Straße, also blieb er dort. Als Lepke sich mit den Brownsville-Boys verbündete, begann Workman, die Morde gemeinsam mit der Truppe auszuführen. Mit Reles, Buggsy und Strauss hatte er sich bald angefreundet. Er trug geschniegelte City-Anzüge, schicke Hemden und Hüte und war allgemein als Dandy bekannt. Er gehörte zu den Typen, über die man sich (hinter seinem Rücken) lustig machen konnte, um ihm gleich darauf das Herz auszuschütten. Die Rolle des Anführers lag ihm nicht, trotzdem folgte man ihm aufs Wort. Für die Truppe war er so etwas wie ein älterer Staatsmann, der allein durch sein Beispiel zum Vorbild wurde. Einige Jahre später wurde Reles von einem Vertreter der Anklage gefragt, wie oft er sich mit Workman getroffen habe. »Sooft es notwendig war«, sagte Kid. »Wenn wir zusammen Geschäfte machten.«

»Was waren das für Geschäfte?« fragte der Anwalt.

»Mord«, sagte Kid, »Erpressung. Alle möglichen Geschäfte eben.«

Wo Workman war, war Albert Tannenbaum nicht weit. Wer den einen suchte, fand den anderen. Sie waren die besten Freunde. Kennengelernt hatten sie sich in Lepkes Büro, als beide noch ihr Gehalt als Nachwuchsganoven bezogen. Die Freundschaft vertiefte sich in jenem Monat, den sie beide im Park Beach Hotel in Miami verbrachten. Sie waren aus unterschiedlichen Gründen dort, verbrachten ihre Tage aber zusammen auf der Rennbahn oder in den illegalen Kasinos in Broward County. In Manhattan würfelten sie jede Woche im Lincoln Republican Club Allen, Ecke Forsythe Street. Mit ihren Frauen zogen sie an den Ocean Parkway in Brooklyn und lebten nur wenige Türen voneinander getrennt in dieser Unterweltversion von *I Love Lucy.* Beknackte Nachbarn, Überraschungsbesuche, gemeinsame Urlaube.

Die beiden Paare fuhren in jedem Sommer nach Norden ins Ambassador Hotel in Fallsburgh, New York, oder ins Edgemore in Rockaway, Long Island, wo sie angrenzende Bungalows mieteten. Im Winter machten sie dann in Florida Urlaub, und dort waren sie auch, als Charlie und seine schwangere Frau beschlossen, nach Haus zu fahren, da das Baby bald kommen sollte. Die Tannenbaums brachten die Workmans zum Bahnhof, der Zug rollte über die Schienen davon, Signalmasten warfen Farbkleckse an den Himmel.

Die Tannenbaums waren rechtzeitig zur *Milah* daheim. Allie steckte seinem besten Freund vermutlich einen Umschlag in die Tasche – eine Kleinigkeit für Solomon. Die Welt schien für Charlie in Ordnung. Hier waren seine Freunde: Reles, Strauss und Goldstein spazierten durchs Zimmer und erzählten sich Witze.

Drüben spazierten seine Bosse, Lepke und Gurrah, durchs Zimmer und bekamen Witze erzählt. Hier war seine Frau, die er ganz offensichtlich liebte. Als er im Ocean Parkway Nummer 441 wohnte, schlug er einmal den Hausverwalter zusammen, weil der einen Blick zuviel auf seine Frau riskiert hatte. Und hier lag Solomon Workman, der nun durch jene Wunde gekennzeichnet werden sollte, die der Anfang des Bundes eines jeden jüdischen Jungen mit Gott ist.
Später dann führte der *Mohel* die *Milah* durch, sprach die Gebete. Gebete klingen auf hebräisch stets so traurig wie die Lieder eines verlorenen Volkes. Dann das Messer. Das Baby schrie. Drinks wurden gereicht. Musik erklang. Und nach und nach, Glas um Glas, überließen sich die Männer dem Augenblick, krempelten die Ärmel auf, umarmten sich, lächelten. Der Augenblick erstarrte in der Erinnerung, ein Nachmittag, an den man noch lange denken sollte. Draußen färbte sich der Himmel schwarz. Autos glitten über die Avenue nach Lower Manhattan, wo in Gerichtssälen und Büros Entscheidungen gefällt wurden, Entscheidungen, die jeden hier in diesem Zimmer berührten. Auf die eine oder andere Weise waren all diese Männer von der Gewalt gezeichnet. Sie hatte sie zu dem gemacht, was sie waren. Doch obwohl die Jungs eine offene Konfrontation mit dem Gesetz vermieden, kamen sie, so schnell sie auch davonzurennen suchten, jenem Ende immer näher, das sie mit allen Mitteln vermeiden wollten – einem Nachruf, der auf den Titelseiten der Zeitungen prangte.

Straßenecken

Für die Mitglieder der Bronwsville-Gang waren die Straßenecken wie für viele Jungen im damaligen Brooklyn der Mittelpunkt ihres Lebens. In den Dreißigern und Vierzigern hatte man seine Lieblingsecken, wie man heute seine Lieblingsstadt hat. Und Ärger war etwas, auf das die meisten Jungs zum erstenmal an der Straßenecke stießen. Berühmte Gangster waren von Straßenecken rekrutiert worden, und an Straßenecken begann für junge Männer der Weg, der zu Falschspiel, Erpressung und Mord führte. Wer zur Straßenecke ging, brauchte nirgendwo anders hin, da die ganze Welt früher oder später zu ihm kam. Jede Gruppe hatte eine eigene Ecke. Ging man zu einer fremden Ecke, ging man ein Risiko ein. Manche Ecken waren einem freundlich gesinnt, andere nicht. In Brooklyn trug jeder Junge, der etwas auf sich hielt, eine Karte der freundlichen Ecken in seinem Kopf, die für ihn stets von hier bis nach Hause reichte. An Sommerabenden konnte eine Clique dann quer durchs Viertel ziehen, von freundlicher Ecke zu freundlicher Ecke, bis sie ihre eigene Ecke wieder erreicht hatte, wo ihr niemand etwas anhaben konnte.

Spät abends glitt manchmal eine dunkle Limousine um die Ecke. Ein Fenster wurde heruntergekurbelt. Die Jungs konnten die Gestalt kaum erkennen, dafür erkannten sie die Stimme. Jemand, der sich einst selbst an dieser Ecke herumgedrückt hatte, der von dieser Ecke zu einer Größe in der Unterwelt aufgestiegen war, eine Berühmtheit in ihrem Viertel. Mit dem Finger wies der Gangster auf eines der Kids und rief: »He, du da! Komm her!«

Der Junge rannte zum Wagen, die Nerven zum Zerreißen gespannt. Jetzt sahen seine Freunde im Licht der Straßenlampe, wie er sich zum Fenster herabbeugte. Der Gangster flüsterte etwas. Der Junge stieg ein. Der Wagen fuhr davon. Die, die er zurückließ, waren aufgeregt und traurig. Ihr Freund war in die Welt der Erwachsenen davongefahren und hatte sie zurückgelassen. Ein Vorhang war gefallen. Was lag auf der anderen Seite? Noch ehe sie antworten konnten, verloren sie sich wieder in den Trivialitäten eines Sommerabends.

1941 befragte ein Ankläger einen jüdischen Gangster nach dieser Seite des Verbrecherlebens. »Sie sagten, Sie hätten sich an Straßenecken herumgetrieben?« fragte er.

»Ja, Sir«, erwiderte der Gangster.

»An welchen Ecken haben Sie sich 1937 vor allem aufgehalten?«

»New Jersey, Ecke Pitkin; Linwood, Ecke Pitkin und Saratoga, Ecke Livonia«, sagte der Gangster.

»Und wenn Sie von der Ecke Saratoga und Livonia sprachen, wie haben Sie die dann genannt?«

»Nun«, antwortete der Gangster, »wir haben sie ›die Ecke‹ genannt.«

Saratoga Avenue und Livonia Avenue kreuzten sich vor dem Süßwarenladen. Als die Brownsville-Boys in den Dreißigern an die Macht kamen, war es eine der wichtigsten Ecken in Brooklyn, zu der die Mitglieder von Murder Inc. kamen, um zu rauchen, zu reden, sich zu entspannen. Nachts glich sie einer

Ansammlung von dunklen Schatten, Hüten, Zigaretten und Schultern. Hier herrschte eine gespenstische Atmosphäre wie im Auge eines Wirbelsturms. Was mit der Gang in diesen Jahren geschah, Gutes wie Schlechtes, das ist eigentlich die Geschichte dessen, was an der Ecke Saratoga und Livonia geschah, die Geschichte einer New Yorker Straßenecke.

Wie eine Pflanze brauchte eine Ecke gewisse Voraussetzungen, um gedeihen zu können. Eine Ecke sollte so abgelegen sein, daß sie eine relative Ungestörtheit erlaubte, doch sollte der Verkehr für die nötige Action ausreichen. Schließlich brauchte man einige leichte Opfer, um an ihnen üben zu können. Licht sollte in der Nähe sein: ein Schaufenster, eine Straßenlampe. Eine Ecke mußte durch Mietwohnungen oder Wohnhäuser gut genährt werden, durch Häuser eben, vor denen Kids herumlümmelten. Und es mußte eine Backsteinwand geben, eine Bank oder ein Straßenschild, etwas, an das man sich anlehnen, auf dem man sitzen oder liegen und cool aussehen konnte. Die Ecke Livonia und Saratoga war zwar oft ruhig, lag aber unter der Hochbahn, die regelmäßig einen Strom von Geschäftsleuten aus der City ausspie, wurde vom Schaufenster des Süßwarenladens erhellt und wies eine Backsteinmauer, eine Bank und ein Straßenschild auf. Es war eine jener Ecken, bei der sich ein Ganove auf den ersten Blick sagte: »Hier gibt's bestimmt ein paar Nachwuchstalente.«

Als in den Dreißigern die Geschäfte gut liefen, entschied Pep, daß es an der Zeit war, sich zu vergrößern und eine neue Generation von Juden anzulernen. Er brauchte dazu nicht weiter als bis zur nächsten Straßenecke zu gehen. Pep suchte die Straßenecken ständig nach grünen Jungs ab, die sich zu echten Kerlen mausern konnten, zu Könnern in ihrem Fach, deren Gesichter sich bei einer polizeilichen Gegenüberstellung von den üblichen schmierigen Visagen unterscheiden würden. Pep konnte solche Talente erkennen, wie ein Scout der Brooklyn Dodgers später Sandy Koufax entdeckte, als der Baseball im Prospect Park spielte. Er suchte Jungs, die noch jung genug waren, um auf den großen Witz hereinzufallen, den ein Verbrecherleben eigentlich bedeutete, auf das vordergründige Versprechen, das so groß war, daß es das Ende verdeckte: Gefängnis, Exekution. Er suchte nach

Kids, die durchhingen, die den Lebensweg ihrer Eltern für sich abgelehnt, aber noch keinen eigenen Weg gefunden hatten, die er dazu verführen konnte, eines anderen Vision der Welt anzunehmen. Peps Vision.

Mit fünfzehn ließ Pretty Levine die Schule sausen und trieb sich auf der Straße herum. Er hatte aschblondes Haar, graue Augen, eine Hakennase und ein breites Lächeln. Als Pep ihn kennenlernte, schlug er sich mit diversen Jobs durch, arbeitete als Drukker, reparierte Radios und half im Lebensmittelgeschäft seines Vaters. Dann war es mit der Herumtreiberei vorbei. »He, du da«, rief Pep, als er ihn an der Straßenecke entdeckte. »Komm her.« Bald wurde Pretty von Pep mit Botengängen und kleineren Aufträgen in ganz Brooklyn herumgeschickt. Außerdem besorgte Pep ihm einen Partner: Dukey Maffeatore, noch eine seiner Entdeckungen.

Dukey war ein Versager. Ein Schulpädagoge würde ihn heute vielleicht einen temperamentvollen Jungen nennen und hätte damit womöglich sogar recht. Trotzdem war er ein Versager. Und da es damals noch keine besondere Betreuung für schwierige Kinder gab, fiel Dukey tiefer und immer tiefer, bis er eine Ebene erreichte, auf der er für Verbrecher greifbar wurde. Bei einem Würfelspiel näherte sich ihm 1934 ein gut angezogener, älterer Herr. »He, Kid, gefällt dir das?« fragte der Mann und zückte ein Bündel Banknoten.

»Klar«, sagte Dukey.

»Tja, bleib in meiner Nähe, dann kannst du das große Geld machen«, sagte der Mann. »Du brauchst dafür nur einen Wagen zu fahren.«

Einige Tage später fuhr Dukey den Mann und seine Freunde durch Manhattan. Der Mann befahl ihm, vor einem Bürogebäude anzuhalten. Als seine Fahrgäste ausstiegen, sagte man Dukey, daß er mit laufendem Motor warten solle. Kaum waren die Männer im Gebäude verschwunden, hörte Dukey die Alarmsirenen. Dann fiel ihm auf, daß er vor einer Bank hielt. Er dachte angestrengt nach. Wie hieß der Mann? Welchen Namen hatte er genannt? Sutton? Scheiße. Das war Willie Sutton, Amerikas meistgesuchter Mann, der gesagt hatte, er raube Banken aus, »weil dort das Geld liege«. Dukey sprang aus dem Auto und

rannte davon. Er beschloß, sich von nun an nur noch an die Ganoven in seinem Viertel zu halten.
Kurz darauf stand er an der Straßenecke, als er hörte, wie jemand nach ihm rief. »He du!« sagte Pep. »Komm her.«
Es gab noch andere Rekruten, die für die Gang arbeiteten: Blue Jaw Magoon und Sholem Bernstein. Für Strauss waren diese Jungs mehr als nur Befehlsempfänger: Sie verkörperten die Zukunft, die nächste Generation, sie waren die Gangster, die eines Tages zu ihm aufsehen würden, wie er zu Lepke aufsah. In Amerika dreht sich alles ums Nach-oben-Kommen, und eine Möglichkeit, nach oben zu kommen, besteht darin, unter sich etwas aufzubauen. Und genau das tat Pep. Er führte die Jungs ins Geschäft ein. »Mit zwanzig bin ich zum Mob«, erklärte Dukey, »als Geldverleiher. Pittsburgh Phil hat mir sein Territorium überlassen und dafür gesorgt, daß ich mir mein Anfangskapital bei seinem Bruder Alex leihen konnte.«
Pretty und Dukey wurden Experten im Autodiebstahl und verschafften der Gang einen steten Vorrat an Wagen, *kill cars* wie *crash cars*. Alle paar Wochen rief Pep Levine zu sich. »He, Pretty«, sagte er dann, »besorg mir einen schwarzen Wagen.«
Levine nahm Dukey mit, und gemeinsam zogen sie los und suchten die Straßen ab. Pep ließ die Jungs meist eine Limousine knakken. Blau. Braun. Schwarz. Nichts Auffälliges. Ein Wagen, der im Hintergrund bleibt, ein Mann unter vielen, der zur Arbeit fährt. Aber mit vier Türen. Das Auto mußte vier Türen haben. Wollte man in ein zweitüriges Fluchtauto steigen, gab es ein Gedränge, man wurde nervös und konfus und vielleicht sogar geschnappt.
Die Wagen ließen die Jungs meist von einem Parkplatz am anderen Ende von Brooklyn mitgehen. Früh morgens schlichen sie sich in ein Parkhaus, wenn der übermüdete Nachtwächter in seinem Büro döste. Und sobald sie sich für einen Wagen entschieden hatten, suchten sie über der Sonnenblende nach dem Schlüssel, am Armaturenbrett, unter den Fußmatten (*hab ihn*!), lösten die Handbremse und rollten auf die Straße. Der Himmel graute bereits, wenn sie sich eine Anhöhe hinabgleiten ließen, langsam den Gang einlegten, den Schlüssel umdrehten und das Motorengeräusch plötzlich die Stille durchbrach. Pretty, der angeschoben

hatte, rannte jetzt zum anderen Wagen, zu dem, in dem sie gekommen waren, zu Dukeys verbeultem, mit Dreck bespritztem, kastanienbraunem Pontiac und scherte hinter dem geklauten Wagen ein. Und so fuhren sie los und geisterten durch Greenpoint, Flatbush, Crown Heights zurück nach Brownsville.

Sooft Dukey an einem Stoppschild oder einer Ampel halten mußte, hielt sich Pretty direkt hinter ihm und verdeckte das Nummernschild, damit kein mißtrauischer, übereifriger Pfadfinder die Nummer aufschrieb und die Polizei anrief. Wenn schließlich die Sonne zu den Kirchturmspitzen hinaufgeklettert war, stellten sie den Wagen in einer Garage hinter Peps Haus ab. Dann schauten sie im Süßwarenladen vorbei – es war noch früh am Vormittag, nur die letzten Nachteulen und ein paar Irre hielten sich jetzt hier auf – und klebten die Schlüssel ans Toilettenbecken im hinteren Teil des Ladens.

Am nächsten Morgen ging Pretty dann wieder in den Süßwarenladen, sagte, daß er fürchterlich dringend pissen müsse, ging nach hinten, langte hinter die Toilette und holte sich die gestohlenen Nummernschilder, die ein anderer Dieb dort bereitgelegt hatte. Dann eilte er weiter zur Garage, schraubte die alten Nummernschilder ab, machte sie mit dem Radeisen unkenntlich und befestigte die neuen Nummern. Anschließend brachte er den Wagen an einen vereinbarten Platz, eine Seitenstraße oder eine Gasse, Revolver im Handschuhfach, und übte sich in Geduld. Jeden Tag schaute er in die Zeitung und rechnete damit, daß in dem Wagen, den er gestohlen hatte, eine Leiche aufgetaucht war. Und in irgendeinem anderen Viertel von Brooklyn erhielt irgendein armer Kerl einen Anruf von der Polizei. *Ihr gestohlener Wagen wurde gefunden. Er ist völlig blutverschmiert, und ein toter Gangster liegt drin.*

So jedenfalls erging es einigen von Pretty Levines Bekannten, Jungs aus Brownsville, die er von der Straßenecke kannte. Den einen Tag lungerten sie da herum, redeten über Gott und die Welt, am nächsten Tag tauchten sie tot in einem von Prettys gestohlenen Autos auf. Hat Pretty das zu schaffen gemacht? Wahrscheinlich nicht. Es gehörte einfach zum Job. Dukey und Pretty waren kleine Rädchen im Getriebe. Sie kannten die Zusammenhänge nicht. Sie dachten nicht darüber nach – nicht mal ein klein wenig. Als Dasher einige Jahre später vor Gericht stand, wurde Pretty von einem Anwalt nach dem Wagen gefragt, den er für ein Verbrechen gestohlen hatte. »Als Sie von Strauss aufgefordert wurden, eine schwarze Limousine zu besorgen, was glaubten Sie da, wofür er den Wagen brauchte?«

»Ich wollte nicht mal drüber nachdenken«, sagte Pretty. »Ich habe keine Fragen gestellt. Ich hätte niemals Fragen gestellt. Ich wäre verrückt gewesen, wenn ich Fragen gestellt hätte. Er hat mir gesagt, was er haben wollte, und ich habe es ihm besorgt.«

Später wurde Reles von einem Anwalt gefragt, warum sich Levine nie danach erkundigte, wofür die gestohlenen Wagen gebraucht wurden. »Danach brauchte er nicht zu fragen«, erklärte Reles. »Er konnte Zeitung lesen und selbst nachsehen, was passiert und wer in seinem Wagen gefunden worden war.«

Unwissende Rekruten wie Pretty und Dukey waren ein entscheidender Bestandteil jener Gleichung, die für die Polizei auf einen Mord hinauslief, der in einem Viertel (Brownsville) begangen wurde, eine Leiche, die in einem anderen gefunden wurde (Canarsie) und in einem Wagen lag, den man in einem dritten (Greenpoint) gestohlen, und ein Nummernschild, das man in einem vierten Stadtteil (Red Hook) geklaut hatte. Fast schien es, als wollten sich die Killer über die Polizei lustig machen, und die Behörden brachte dieses System zur Verzweiflung. Die Cops wußten, daß sie keines dieser Verbrechen je aufklären würden, wenn von den Gangstern nicht jemand zu singen begann. Und die Polizei haßte eine verräterische Ratte fast ebensosehr, wie dies die Gangster taten.

Sobald sie den gestohlenen Wagen abgeliefert hatten, gingen Pretty und Dukey frühstücken. Oft aßen sie in jenem Diner in Brownsville, das meinen Großeltern gehörte. Da saßen sie dann an einem Ecktisch und unterhielten sich mit gedämpften Stimmen wie Athleten nach einem Sieg. Dukey hatte schimmernde, grüne Augen und bestellte sich seinen Kaffee, ohne ein Wort zu sagen. Wenn die Geschäftsleute kamen, ihre Mäntel auszogen und die Zeitungen aufschlugen, verlangten sie die Rechnung. Sie gaben immer weit mehr, als sie zu zahlen hatten. Sie waren geschätzte Kunden. »Weißt du was«, sagte Pretty dann zu Dukey. »Fahren wir ins Bad. Ich könnte eine Dampfsauna gebrauchen.«

Zu anderen Gelegenheiten fuhr Pretty auf den Highway und raste wie ein Verrückter, bis der Motor vibrierte und ratterte, Dampf aus der Motorhaube zischte und die Reifen qualmten. Hatte er den Wagen geschafft, zog er gleich los und besorgte sich einen neuen. Der amerikanische Traum.

■ ■ ■

Dies waren die glorreichen Tage der Murder Inc. Wäre die Gang eine Rockband gewesen, hätte sie in dieser Zeit ihre größten Hits aufgenommen. Wären sie die Beatles gewesen, wären dies für sie die Jahre von 1967 bis 1970. Wären sie Bruce Springsteen und die E Street Band, wären dies ihre achtziger Jahre. Wären sie die Wings, na ja, mit den Wings lassen sie sich wohl kaum vergleichen. Aber wären sie die Rolling Stones, hätten sie nun *Beggar's Banquet, Exile on Main Street* und *Sticky Fingers* herausgebracht. Überall im Land tauchten Leichen auf, doch was konnten die Cops dagegen tun? Nichts. Die Jungs hatten eine Mordmethode entwickelt, die ebenso bahnbrechend, effektiv und folgenschwer wie Henry Fords Erfindung des Fließbandes war. Und so wurden sie zu einer der wichtigsten Abteilungen in Lepkes Organisation, weshalb sie wiederum zu den wichtigsten Verbrechern in Amerika zählten.

Obwohl sich die Gang seit dem Krieg gegen die Shapiros zielstrebig entwickelt hatte, sollte es ein anderer Mord sein, der sie endgültig nach oben katapultierte: der Mord an den Ambergs, einer Verbrecherfamilie aus Williamsburg in Brooklyn. Die Ambergs waren ein paar schwere Jungs, die sich in ihrem Viertel schon zu Beginn des Jahrhunderts mit Raub, Erpressung und Totschlag erfolgreich hatten durchsetzen können. Vermutlich hatten sie etwas gegen Reles: gegen seine einflußreiche Stellung, seine Beziehung zu Lepke. Außerdem waren sie die einzigen Gangster in Brooklyn, die es sich leisten konnten, Kid Twist Paroli zu bieten. Manchmal erpreßten sie sogar Schutzgelder von Geschäftsleuten auf dem Territorium der Reles-Gang. Jedesmal, wenn es dazu kam, wollte Pep losstürmen und sich der Sache annehmen. Aber um solche Dinge kümmerten sich jetzt die Gerichte, die Lansky und Luciano eingesetzt hatten, um eben solche Bandenkriege zu vermeiden. Die Ambergs besaßen mächtige Freunde (Joe Adonis, Red Levine), von denen Zwischenfälle dieser Art immer wieder ausgebügelt wurden. Aber die Ambergs schlugen stets aufs neue zu. Und als die Boys schließlich zurückschlugen, kam es zu einem jener blutigen Bürgerkriege, die damit endeten, daß ein rauhes Viertel (Brooklyn) endlich unter die Führerschaft einer einzigen Macht kam.

Die Williamsburg-Gang wurde von Joey Amberg geführt, einem zweiunddreißig Jahre alten, russischen Emigranten. Joey hatte braune Augen und trug sein lockiges, braunes Haar straff nach hinten gekämmt. Er war einssechzig groß, wog knappe siebzig Kilo und trug Schuhgröße sieben. Sein Vorstrafenregister reicht bis ins Jahr 1908 zurück, damals wurde er wegen einfachen Diebstahls angeklagt. Im Laufe der Jahre sollte er noch gut ein weiteres dutzendmal wegen aller nur denkbaren Delikte von Drogenhandel bis schwerem Raub verhaftet werden. Seine Auseinandersetzungen hatten auf seinem Körper ihre Spuren hinterlassen. Eine acht Zentimeter lange Messerwunde schlängelte sich über seinen Bauch. Unter einer Beule in seinem Rücken stak eine Kugel, Kaliber 38. Er war ein knallharter Jude, aber gegen die Juden von Brownsville hatte er vermutlich keine Chance. Man muß schon ein bißchen verrückt sein, wenn man sich mit professionellen Mördern anlegt.

1935 hatten Mitglieder der Amberg-Gang eine Meinungsverschiedenheit mit Hy Kazner, einem kleinen Ganoven, der für Murder Inc. arbeitete. Einem Polizeibericht zufolge schuldete ihm einer von Joey Ambergs Killern – Jack Elliott oder Frankie Tietlebaum – 1100 oder 1600 Dollar. Doch sooft Kazner versuchte, seine Schulden einzutreiben, wurde er vertröstet. Im Sommer jenes Jahres schließlich erzählte Kazner seiner Gang, daß man ihm endlich die Schulden bezahlen wolle. Jemand riet ihm, nicht allein zu den Ambergs zu gehen. Er lächelte und meinte, mit den ›Pennern‹ würde er schon fertig. Das war das letzte, was man je von Hy Kazner gehört hat.

Weil er herausfinden wollte, was passiert war, fuhr Pep Strauss ein paar Tage darauf nach Williamsburg. Strauss traf sich mit Amberg in dessen Klubhaus. Amberg erklärte ihm, er habe Kazner schon seit Wochen nicht mehr gesehen. Also fuhr Pep zu

Louis Capone nach Ocean Hill. Capone machte sich ebenfalls Sorgen um Kazner. Allerdings hatte er nur einen Verdacht, und Joey Ambergs Verbindungen waren einfach zu gut, um ihn bloß auf einen Verdacht hin umbringen zu können. Solange nichts weiter geschah, würde Kazners Verschwinden wohl eines von vielen Brooklyner Rätseln bleiben.

Und so wäre es gewiß auch gekommen, wäre da nicht Gangy Cohen gewesen. Gangy war ein attraktiver, breitschultriger, in Brooklyn geborener und überall beliebter Ganove. Sein bester Freund hieß Walter Sage. Gangy arbeitete manchmal für die Ambergs, trieb sich in deren Klubhaus herum, riß Schoten, heckte Pläne aus und hörte zu. Erfuhr er eine besonders interessante Neuigkeit, ging er damit gelegentlich auch zu Pep. Das tat er jedenfalls, als er etwas über das Schicksal von Hy Kazner erfuhr.

Als Kazner einige Wochen zuvor ins Williamsburger Klubhaus gekommen war, hatte man ihn gefragt, was er hier zu suchen habe. Auf seine Antwort, daß er gekommen sei, um sich sein Geld zu holen, schleppten ihn Ambergs Männer in einen Keller, schlugen ihn zusammen, fesselten ihn, zerlegten ihn in Einzelteile, stopften die Teile in einen Sack und warfen den Sack in einen Abwasserkanal. Der Kanal mündete in die Jamaica Bay, und die Flut trieb Kazner hinaus ins Meer.

Als die Gang von diesem Mord erfuhr, wandte sie sich an Albert A. und Lepke. Sie wußte, wie sie am liebsten verfahren wäre, aber dazu brauchte sie die Erlaubnis des Syndikats. Lepke erhielt von den übrigen Bossen grünes Licht. In Saratoga, New York, trafen Albert A. und Louis Capone einige Tage später zufällig auf Charlie Luciano. Sie erzählten ihm die ganze Geschichte, und Lucky gab ebenfalls seine Zustimmung: Kümmert euch um Amberg. Red Levine oder Joe Adonis konnten nichts mehr dagegen tun. Amberg und seine Killer hatten Reles' Partner umgebracht, und Reles war Lepkes Partner. Durch eine Art Besitzüberschreibung, wie sie für alle Geschäfte des organisierten Mobs gilt, hatten Amberg und seine Männer somit Lepkes Partner umgebracht.

Den Brownsville-Boys dürfte es gefallen haben, wie sich die Dinge entwickelten. Hy Kazner für Joey Amberg, der Tausch war nicht schlecht. Eine Menge Leute hatten was gegen die Ambergs. Wenn ein Typ wie Joey Amberg als toter Mann auftauchte, hieß es nur: »Das Schicksal schlägt doch sonst nicht so gerecht zu!« Jahrelang war Joey anderen Ganoven in Brooklyn in den Rücken gefallen, diesmal hatte es ihn selbst erwischt. Vielleicht dachte sich Reles: Was hoch steigt, muß tief fallen! Vielleicht aber auch nicht. Denn ein solcher Gedanke würde nahelegen, daß einem nur ein begrenztes Maß an Scheiße widerfahren kann. Er würde ebenso nahelegen, daß dabei ein gewisses Verhältnis von Ursache und Wirkung gewahrt bleibt, und jeder Gangster weiß, daß die Scheiße, die man austeilt, und die Scheiße, die man einsteckt, nur selten etwas miteinander zu tun haben. Eben dies ist ja auch eine der Ursachen für die Macht eines Gangsters: eine Freiheit, zu der das mißtrauische, gottesfürchtige Amerika niemals finden kann. Gangster wissen, daß man ihnen, selbst wenn sie aufhören, jene üblen Dinge zu tun, die sie so gern tun, auch weiterhin übel mitspielen wird. Warum sollten sie also nicht noch einigen Leuten das Leben zur Hölle machen, ehe sie selbst zur Hölle fuhren?

Joey Amberg starb in einer Autowerkstatt in der Blake Avenue 385 in Brooklyn. Sie erwischten ihn am 30. September 1935, als er gerade in seine 33er Limousine LaSalle einsteigen wollte. An jenem Vormittag hockten ein paar Gangster in einer Wohnung mit Blick auf die Werkstatt und warteten auf Ambergs Ankunft. Die Wohnung, ein 5-Zimmer-Apartment im obersten Stock in der Achtundneunzigsten Straße West, Nummer 474, gehörte Mikey Sycoff, einem Ganoven, der sich mit der Gang gut stellen wollte. Sein großes, rundes, teigiges Gesicht sah aus wie der Mond im Fernglas – grau und weiß, die Augen kleine blaue Flecken.

Am Tag vor dem Mord lief Sycoff an der Ecke Sackman und Livonia Pep Strauss über den Weg. Strauss fragte, ob er sich mit einigen Freunden in Sycoffs Wohnung treffen könne. »Als Sycoff nach dem Zweck dieser Versammlung fragte, erwiderte Strauss, daß man etwas bereden, eine Sache ausbügeln wolle«, heißt es in einem Polizeibericht von 1941. »Und nachdem man Sycoff versichert hatte, daß in seinem Apartment keine wilden Geschichten abgezogen würden, gab er seine Zustimmung.«

Am nächsten Vormittag wurde gegen zehn Uhr an Sycoffs Tür geklopft. Sie kamen zu zweit. Die Männer, so der Polizeibericht, waren »offensichtlich italienischer Herkunft«.

»Bist du Mickey?« fragte einer der beiden Männer.

»Ja«, sagte Sycoff. »Wer schickt euch?«

»Harry«, erwiderte der Mann.

Die beiden Gangster setzten sich ins Wohnzimmer. Dann kamen sie, einer nach dem anderen: Louis Capone. Strauss. Dasher. Happy Maione schaute vorbei, sagte ein paar Worte und ging wieder. Die meiste Zeit unterhielt man sich auf italienisch, was Sycoff nicht verstand. Die Männer behielten ihre Mäntel an, strichen sich über die Hüte. Hin und wieder ging einer von ihnen ans Fenster, schob den Vorhang beiseite und starrte hinaus. Auf der anderen Straßenseite lehnte ein Mann an einem Auto. Das war Walter Sage. Wenn ein Gangster zu ihm hinabsah, blickte Sage auf, schüttelte den Kopf und schaute dann wieder die Straße hinunter. Gegen elf Uhr dreißig ging Sycoff ans Fenster. Sage fuchtelte mit den Armen. Als einer der Gangster dies sah, sagte er: »Er kommt.«

»Die ganze Truppe verließ daraufhin sofort die Wohnung«, heißt es weiter im Polizeibericht. »Als Sycoff etwa eine Stunde später das Haus verließ, hörte er, wie man sich auf der Straße erzählte, daß Joey Amberg getötet worden war.«

Sage hatte durch sein Signal zu verstehen gegeben, daß Joey Amberg die Werkstatt betreten hatte. Er kam nicht allein. Morris Koessler, sein dreißigjähriger Chauffeur, war bei ihm. Koessler war nicht eingeplant, aber er war nun mal da, jemand, um den man sich kümmern mußte. Die Männer betraten die Werkstatt. Gleich hinter der Tür stand ein aufgebockter Rennwagen. Zwei Männer arbeiteten am Motor und reichten sich das Werkzeug. Koessler und Amberg gingen zur Limousine, Koessler auf die Fahrerseite, Amberg zur Beifahrertür. Als Amberg nach der Klinke griff, trat ein Mann in Mechanikerkluft aus dem Dunkeln. Er trug einen ölverschmierten Overall, in der Hand hielt er eine Kanone. »Dreh dich um«, sagte er zu Amberg. »Hände hoch.«

Amberg schien den Killer zu kennen. Es war Happy Maione. Amberg wollte etwas sagen »Es...«, doch ehe er den Satz beenden konnte, drückte Happy ab. Der andere Killer, der nie identifiziert wurde, erschoß Koessler. Die Schüsse müssen in der Werkstatt unglaublich laut geklungen haben. Falls an der Wand ein konvexer Spiegel hing, dürften in ihm gedrungene kleine Männer zu sehen gewesen sein mit gedrungenen kleinen Revolvern, blaue Flammen, die aus Mündungen schossen, und Blut, das über den abschüssigen Betonboden in einen Abfluß lief.

Amberg wurde dreimal in die Brust getroffen, einmal in den Kopf. Er trug einen braunen Tweedanzug mit roten Punkten, ein braunes Hemd, grüne Hosenträger, ein weißes, geripptes T-Shirt, blaue Boxershorts mit dunkelblauen, senkrechten Streifen, braune Wollsocken, die von ledernen Strumpfbändern gehalten wurden, was schlichtweg Luxus genannt werden muß, sowie über dem Spann geschnürte Schuhe von Lord & Taylor. Er hatte zwei Taschentücher bei sich, eines mit der Initiale *J*. Und in den Hosentaschen fanden sich zehn Dollar und ein Kamm.

Auf der anderen Seite des LaSalle, doch bereits eine Ewigkeit weit fort, lag Morris Koessler im Sterben. Er war in den Rücken geschossen worden, wahrscheinlich hatte er gerade nach den Autoschlüsseln gesucht. Er trug eine grüne Jacke, deren rechter Ärmel Blut- und Ölflecken aufwies, eine Weste, ein Hemd mit Kragenknöpfen und braune Halbschuhe. Sein weicher, grauer Filzhut war voller Blut und Hirngewebe. Die Polizei fand ihn auf dem Rücken liegend, eine Kugel im Arm, eine zweite im Kopf. Eine Woche später wurde er auf dem Friedhof Mount Hebron beerdigt.

Einige Häuserblocks von der Werkstatt entfernt wurden die Schüsse von einem Polizisten gehört, der an der Ecke Sackman Street und Black Avenue Schüler über die Straße lotste. Als er am Tatort eintraf, packte ihn jemand am Ärmel, zeigte auf zwei Männer, die wie Mechaniker gekleidet waren, und sagte: »Da laufen sie!« Einer dieser Männer, der über die Christopher Street floh, lief dem Polizisten davon, der andere verschwand in ein Gebäude. Als der Polizist das Gebäude betrat, sah er, daß die Tür zum Dach offenstand. Oben auf dem Dach fand er einen braunen Overall, einen blauen Pullover und eine grauweiß karierte Mütze.

Einige Tage danach verhaftete die Polizei Louis Capone, mußte ihn aber, da sie keine Beweise gegen ihn vorbringen konnte, bald wieder laufenlassen. Die Männer, die am Rennwagen gearbeitet hatten, sagten der Polizei, es täte ihnen leid, aber sie hätten nichts gesehen, hätten sie doch beide während der Schießerei unterm Wagen gelegen.

Eine Woche später rechnete die Gang mit Frankie Tietlebaum ab. Man zerrte ihn von der Straße ins Auto, erschoß ihn, stopfte ihn in einen Schrankkoffer und stellte den Koffer unter der Manhattan Bridge ab, wo er dann von einem Penner gefunden wurde. Und das hätte das Ende dieser ganzen Angelegenheit sein sollen. Amberg hatte einen Gangster getötet, die Gang drei, die Gang hatte also gewonnen. Es hätte das Ende sein sollen, war es aber nicht, denn es gab da noch ein offenes Problem: Pretty Amberg. Pretty war fünf Jahre jünger und vermutlich noch um einiges verhaßter als sein Bruder Joey. Früher hatte er mal für Dutch Schultz gearbeitet. Er besaß ein cholerisches Temperament. Man traf ihn gewöhnlich in der Sauna in der Second Avenue, wo er bis auf die glühende Zigarrenspitze nahezu unsichtbar im Dampf hockte. Die Abende verbrachte er in Yiddel Lorber's, einer Stammkneipe jüdischer Gangster nahe der Auffahrt zur Williamsburg Bridge. Er war in Brooklyn aufgewachsen, verbrachte sein kurzes, gewalttätiges Leben dort und sollte seine Knochen in einen staubigen Flecken Erde betten, von dem der Wind die Asche davontrug.

Als Pretty vom Tod seines Bruders erfuhr, stürmte er in Midnight Roses Süßwarenladen. Er fuhr nach Brownsville, wie Hy Kazner nach Williamsburg gefahren war, und schwor sich, die Sache selbst in die Hand zu nehmen. An der Straßenecke stieß er auf einige Mitglieder der Gang. Er verlangte Antworten. Er sagte, er wolle den Tod seines Bruders rächen. Er tobte vor Wut und hielt mit seiner Meinung nicht hinterm Berg. Ein paar Tage später posaunte er dann lauthals aus, daß er Louis Capone und Pep Strauss umbringen wolle. Er hielt nicht mal lang genug inne, um sich zu fragen: »Begehe ich nicht vielleicht gerade Selbstmord?« Selbst diejenigen, die normalerweise zu ihm hielten, rückten nun von ihm ab. Seine Wut machte ihn verletzlich. Er bewegte sich in Gefilden, in denen ihm niemand mehr helfen konnte. Es war eine Wut, die Aufmerksamkeit weckte – eine Gefahr für alle. Selbst die gesetzesfürchtigen Bürger Brooklyns konnten es spüren, eine allgemeine Anspannung breitete sich aus. 1935 war einer dieser Bürger derart besorgt, daß er sogar an die Polizei schrieb:

Sehr geehrte Herren,
bitte nehmen Sie zur Kenntnis, daß Sie einen neuen Bandenkrieg verhindern können, wenn Sie (Dopey) Red Levine und seinen Partner Pretty Amberg verhaften.
Wenn Sie Red Levine die Daumenschrauben anlegen, wird er Ihnen schon sagen, wer die letzten Morde in Brooklyn verübt hat. Sie können ihn jeden Abend in Raetners Restaurant in der Delancey Street antreffen.
Mit freundlichen Grüßen
Dan Seveozza

Falls die Gang Pretty nicht erwischte, würde Pretty die Gang erwischen, oder die Polizei schnappte ihn, und dann kriegte Pretty die Gang auch an den Wickel. Doch wie sollten sie Pretty zu fassen bekommen? Der Kerl war wachsam. Er glaubte, ganz Brooklyn sei hinter ihm her, und hatte damit nicht unrecht. Er würde es ihnen nicht leicht machen. Wenn die Gang ihn mit einer Übermacht stellte, nahm er bestimmt einige Jungs mit auf seinen Weg. Als die Gang eines Tages mal wieder über dieses Problem nachdachte, meldete sich Mendy Weiss zu Wort. Mendy war Lepkes verläßlichster Killer und zufällig auch ein alter Freund von Amberg. »Außer mit mir würde Pretty mit keinem Menschen mitgehen«, sagte er. »Er mag mich. Ich lock ihn aus seinem Bau. Das kriegt der nie spitz.«
Mendy lud Pretty zu einem Essen bei Yiddel Lorber's ein. Bevor sie sich hinsetzten, bat Yiddel die beiden Männer in die Küche, um ihnen dort, wie er sagte, einen Drink zu spendieren. Zwei Killer warteten in der Küche auf Pretty. Für viele Gangster ist der letzte Augenblick vor dem Tod der Augenblick des Verrats. Der Verrat ist das Zweitletzte, was ihnen in ihrem Leben widerfährt. Schaut man sich Bilder toter Gangster an, könnte man sagen: »Betrogen, dann ermordet; betrogen, dann ermordet; betrogen, dann ermordet.« Es kommt immer wieder zum Verrat; und Verrat ist einer der Gründe, die das Leben eines Gangsters so schwie-

rig und ihn so einsam machen. Er verleiht seinem Leben eine gewisse Würze und weckt manchmal in ihm eine Paranoia, die ihn zu wahren Mordreigen hinreißen kann. Außerdem macht der Verrat das Leben eines Gangsters zu einer beeindruckenden Metapher für das Leben im allgemeinen.

Die Killer fesselten Pretty Amberg. Dann zerlegten sie ihn mit kleinen Küchenmessern. Die Jungs hatten beschlossen, Pretty einen besonders schmerzhaften Tod zu bereiten. Er war der letzte der Ambergs. Mit diesem Mord vernichtete die Gang nicht bloß einen Rivalen, sie löschte eine ganze Familie aus. Sie nahm Pretty einfach alles: die Traditionen, Geschichten und Träume, die seine Großeltern aus Rußland mitgebracht hatten, die Kinder und Kindeskinder, an die er diese Traditionen weiterreichen sollte.

Mendy lud Prettys Überreste in einen Wagen und fuhr zum Brooklyn Navy Yard. Er parkte am North Elliot Place, gegenüber von einem Stück Brachland namens City Park. Die Jungs trafen sich dort mit ihm, warfen einen Blick auf Pretty und unterhielten sich. Sie redeten über ihre Freundinnen und Ehefrauen. Die Frauen der Unterwelt sind Puppen, Schmuckstücke. Natürlich konnten sie den Schrecken spüren, der ihre Männer umgab, die Bedrohung, die die Jungs wie Licht verströmten. Vielleicht war es aber eben dieses Licht, das sie von Anfang an zu ihnen hingezogen hatte. Doch hatten sie keinen Schimmer, wie die Jungs zu dieser Aura kamen. Ehefrauen und Freundinnen wurden durch diverse Schichten Unwissenheit geschützt. Ein Mann, der seiner Frau alles erzählte, war ein Romantiker, ein Narr. Unwissenheit schützte die Jungs vor den Frauen und die Frauen vor der Polizei. Wer nichts wußte, konnte auch nichts verraten. Und trotzdem fragten die Frauen: Wo gehst du heute abend hin? Was tust du? Mit wem triffst du dich?

Sie möchten wissen, was wir tun? Na, dann wollen wir es ihnen mal zeigen. An diesem Abend zogen die Jungs also durchs Viertel, halfen den Damen in die Limousinen und plauderten nett mit ihnen auf dem Weg zum City Park, wo sich alle Pretty anschauten, einen Piranha hinter Glas. Blutige Gliedmaßen. Irgend jemand schüttete Benzin übers Auto. Die Frauen zogen Halme; Peps Mädchen, Evelyn, das Superweib der Clique, zog den kürzesten Halm. Sie stolzierte über den Platz und ließ ein brennendes Streichholz auf den Wagen fallen. Die Gesichter der Mädchen und ihrer Gangster flackerten im Licht der Flammen. Wenn sich die Jungs später an diesen Augenblick erinnerten, dann sagten sie: »Yeah, an dem Abend war Damenwahl.«

■ ■ ■

Seit sie ihren mächtigsten Rivalen erledigt hatte, machte die Gang weiter wie nie zuvor. Die meisten Mitglieder hatten einen Job, eine Möglichkeit, sich ihren Lebensunterhalt zu verdienen, etwas, das sie bei der Polizei angeben konnten. Tannenbaum war Zuschneider, Pretty Levine fuhr einen Müllwagen, in dem er manchmal auch eine Leiche beseitigte. Doch das eigentliche Geld verdienten sie sich damit, Geschäftsleute zu erpressen, Bosse unter Druck zu setzen und Betrügereien abzuziehen. Reles leitete eine Spielhölle in der State, Ecke Court Street in Brooklyn. Hatte ein Spieler sein Geld verspielt, lieh ihm Reles einen Betrag – oft zu 25 Prozent Zinsen. Um Reles bezahlen zu können, mußte sich der Spieler meist schon bald an Strauss, Pretty Levine oder Dukey Maffeatore wenden. Ehe er wußte, wie ihm geschah, schuldete der Spieler sein gesamtes Vermögen der Gang. Einiges von diesem Geld investierten die Jungs in Unternehmen vor Ort. Happy Maione kaufte sich einen Blumenladen in Ocean Hill. Sholem Bernstein eröffnete eine Bar mit Grill in Bensonhurst. Abe Reles machte einen Autoverleih in Brownsville auf. Der Rest wurde für Klamotten, Reisen, Autos oder Mädchen ausgegeben. Sie waren, was meine Großmutter ›big spenders‹ nannte – groß im Geldausgeben.

■ ■ ■

Und das alles – die Urlaube, Autos, Läden – wurde mit Mord bezahlt. Die Morde für das Syndikat gaben den Jungs das Recht, im östlichen Brooklyn den Ton anzugeben. Und Aufträge gab es genug. Wollte man diesen Morden Titel verleihen, klängen sie wie die Titel von Edward-Hopper-Gemälden: *New Yorker Pflaster, Zwei im Mittelgang, Treffen bei Nacht.* Der Mord an Frankie Tietlebaum hieße *Die Manhattan Bridge-Überraschung*, der Mord an Pretty Amberg die *Girlie Show* und der Mord an Walter Sage *Straße mit Bäumen*. Letzteres Bild wäre in blauen und schwarzen Farben gemalt, die Gestalten im Vordergrund hätten die gleichen vagen Umrisse wie die fernen Hügel. Es wäre ein düsteres, aber auch ein lustiges Bild.

Einige Jahre zuvor war Sage die Kontrolle über das Geschäft mit den Spielautomaten in Long Island anvertraut worden. Nach einer Weile gab es ein Problem. Sages Bücher stimmten nicht. Er bestahl die Gang. Und in der Mafia löschte eine schlechte Tat das gute Werk eines ganzen Lebens aus. Diebstahl ist ein Schwerverbrechen. Sage mußte getötet werden. Und wer sollte ihn um die Ecke bringen? Gangy Cohen. Er konnte Sage überall hinlocken, ohne sein Mißtrauen zu wecken. Sie waren die besten Freunde. Vor ein paar Jahren hatten die beiden mit Pep in einer Wohnung in Brooklyn gehaust, die Junggesellenbude dreier Killer. Diese Beziehung sollte nun ihren angemessenen Unterweltabschluß finden.

Die Männer zusammenzubringen war nicht weiter schwierig. Es war mitten im Sommer, und alle Welt hielt sich in den Jüdischen Alpen auf. Eines Nachmittags telefonierte Gangy mit Sage und schlug ihm eine abendliche Fahrt durch die Wälder vor. Eine wunderbare Art, sich zu entspannen. Danach galt es nur noch, die Jungs zusammenzutrommeln. Also fuhr Strauss am Nachmittag von Urlaubsort zu Urlaubsort und sammelte die Crew ein.

Pretty Levine wohnte mit seiner Frau im Evans Hotel am Loch Sheldrake. Sie genossen gerade die Aussicht – die Berghänge vorm Fenster –, als es klopfte. Es war Pep. Er lehnte im Türrahmen und sagte: »Hab gehört, daß du in der Stadt bist.«

»Willst du reinkommen?« fragte Pretty.

»Nein, ich wollte bloß mal vorbeischauen.« Pep schwieg einen Augenblick und fragte dann: »Sag mal, Pretty, hast du eigentlich deinen Wagen dabei?«

»Klar, der steht vorm Haus. Warum?«

»Weißt du, treffen wir uns doch einfach heute abend um sieben an deinem Wagen. Und komm nicht zu spät, okay? Schön, dich wiederzusehen. Bis dann.«

Pretty traf Strauss an jenem Abend vor dem Hotel. Allie Tannenbaum war auch schon da. Die drei Männer stiegen in Prettys Wagen, fuhren einige Meilen die Straße entlang und hielten dann auf dem Seitenstreifen. Und sie warteten. Stunden vergingen. Sie standen an einer jener einsamen, von Bäumen gesäumten Landstraße. Als Pretty fragte, auf was sie denn warteten, sagte Pep: »Wirst schon sehen.«

Um Mitternacht hörten sie ein Auto kommen. Das Fernlicht blitzte auf. »Das sind sie«, sagte Pep. »Fahr dem Wagen nach. Halt Abstand, aber bleib dran.«

Pretty fuhr den *crash car*. Der Wagen vor ihm wurde von jemandem gefahren, den er nicht kannte. Außer dem Fahrer saßen noch Gangy Cohen und Walter Sage im Auto. Aufmerksam musterte Pep den *kill car,* während Pretty sich aufs Fahren konzentrierte.

Diese Geschichte ist durch Zeugenaussagen überliefert, die später von Levine und Tannenbaum abgegeben wurden, weshalb wir das Geschehen aus dem *crash car* betrachten und der Action wie mit einer auf einen Wagen montierten Kamera folgen. Wir sehen ein Armaturenbrett, die Motorhaube, ein Stückchen Straße und dann den Wagen vor uns, in dem sich einige Gestalten bewegen. Wir erkennen das eine oder andere, hören Geräusche. Sage sitzt auf der Beifahrerseite, Gangy direkt hinter ihm, der spezielle Platz für den vertrauenswürdigen Freund des Opfers. Ein Gangster auf dem Beifahrersitz sieht sich stets nach dem Mann in seinem Rücken um und fragt sich: Wird er mich töten? Während sich die Männer im *kill car* unterhalten, beugt Gangy sich vor und stößt seinem Freund eine Eishacke in die Brust. Dann hält er Sage mit dem linken Arm umklammert und sticht weitere einunddreißigmal zu.

Pretty konnte das Gerangel im vorderen Wagen sehen, sah fuchtelnde Arme. In einem Cartoon hätte jetzt gezacktes Gestöhn in der Luft gehangen. Dann hörte er einen Schrei. Er sah, wie der Wagen ins Schleudern geriet, nach links, nach rechts, nach links zog und von der Straße abkam. Und als sich der Kühler in einen Graben bohrte, kamen die Hinterreifen vom Boden ab. Levine sah, wie eine hintere Tür aufflog und eine Gestalt in den Wald rannte.

Als der *crash car* hielt, drehten sich die Hinterräder des *kill cars* noch. Pretty sah, wie der Fahrer das Blut von der Eishacke abwischte. Hin und wieder kehrte er sich zum Wald um und rief: »Komm zurück, Gangy! Komm schon!«

Keiner wußte, warum Gangy in den Wald gerannt war. Sollte das ein Witz sein? Die Jungs warteten eine Weile und fuhren dann fort. Niemand sah Gangy wieder. Er war einfach verschwunden. Es war ein großes Rätsel.

Die Jungs luden Sages Leiche in Prettys Auto und fuhren zum Loch Sheldrake. Als Pretty später von einem Anwalt gefragt wurde: »Waren Sie mit Sage im selben Auto?«, dachte Levine einen Augenblick nach und fragte dann: »Als er noch lebte?« Sie trugen Sage in ein Boot, fesselten ihn an einen Spielautomaten, ruderten hinaus und versenkten ihn. Als der Leichnam einige Monate später mitsamt Automaten an die Oberfläche trieb, war die Botschaft für alle, die sie vernehmen konnten, unmißverständlich: Seht her, was mit denen passiert, die uns bestehlen.

Einige Jahre später schauten sich Pretty Levine und Dukey Maffeatore im Loew's Pitkin in Brownsville den Film *Golden Boy* an, einen klassischen, von Clifford Odets geschriebenen Boxfilm mit William Holden und Barbara Stanwyck in den Hauptrollen. In einer Szene schwenkt die Kamera während eines Boxkampfes im alten Madison Square Garden über die Menge und bringt einen Zuschauer ins Bild. »He!« rief Pretty. »Das ist doch Gangy Cohen!«

»Wo?« fragte Dukey.

»Da oben – im Film. Der Typ, der da winkt.«

»Stimmt, das ist er«, sagte Dukey.

»Mann«, sagte Pretty. »Wenn das die Jungs hören.«

Nach dem Film gingen sie zur Straßenecke. Als sie den Jungs von Gangy erzählten, wollte ihnen kaum einer glauben. Es kam zu einem Streit. Wetten wurden abgeschlossen. Dann gingen sie alle ins Kino, um sich *Golden Boy* anzuschauen. Dort saßen sie nebeneinander – Reles, Pep, Capone, Blue Jaw Magoon, Pretty und Dukey –, als Gangy ins Bild kam. »Verflucht, ich faß es nicht«, sagte Pep.

Die Gang fand später heraus, was geschehen war. Nachdem er Walter Sage getötet hatte, erlebte Gangy eine Epiphanie, wie sie nur wenigen Gangstern rechtzeitig zuteil wird: *Wenn die mich*

Walter töten lassen, wird man mich früher oder später auch umbringen. Noch ehe der *kill car* hielt, hatte er sich entschieden. Er würde abhauen. Meilenweit war er durch den Wald gelaufen. Die Nacht brach herein. Die Sterne kamen hervor. Auf einer Lichtung fand er einen Bahnhof. Er kaufte sich ein Ticket und fuhr so weit nach Westen, wie ihn der Zug nur bringen wollte. Als er schließlich in Kalifornien ankam, suchte er sich einen Job. Er begann als Komparse beim Film und arbeitete sich nach oben. Er nahm einen neuen Namen an und hieß jetzt Jack Gordon. Als einige Jahre darauf ein Polizist nach dem vermißten Gangy Cohen suchte, entdeckte er ihn auf der Leinwand in einem Film, in dem er einen Polizisten spielte. In Handschellen wurde Gangy aus Kalifornien geholt. Es kam zum Prozeß, doch er wurde freigesprochen. Für die Jungs war er ein Held. Falls es für sie mal allzu dick kam, konnten sie immer noch nach Hollywood fahren und Schauspieler werden.

■ ■ ■

Etwas an dieser Sache mit Gangy konnten die Jungs nicht kapieren: Warum tauschte er einen phantastischen Job gegen diese Schinderei bei den Spinnern von Hollywood ein? Mitte der Dreißiger zählten die Jungs zu den bestbezahlten Männern in Brooklyn. Jeder von ihnen verdiente um die Hunderttausend im Jahr. Zum einen stammte dieses Geld aus dem Vorschuß, den Lepke zahlte, damit sie für ihn Morde auf Bestellung ausführten, zum anderen aus Gelegenheitsjobs in Brooklyn. Die Summen waren mit denen von Lepke oder Lansky natürlich nicht zu vergleichen. Sie waren keine Millionäre. Sie waren keine Kapitalisten. Sie verdienten sich ihr Geld mit eigener Hände Arbeit. Trotzdem brachten sie mehr Geld nach Hause, als sie es wohl jemals für möglich gehalten hätten. Kaum einer von ihnen hatte es in der Schule weiter als bis zur neunten Klasse gebracht. Von Lehrern, Polizisten und Eltern war ihnen immer wieder gesagt worden, daß sie Versager seien. Und jetzt, mitten in der Weltwirtschaftskrise, waren sie die einzigen Männer in ihrem Viertel, die sich einen Urlaub leisten konnten, die morgens lange schliefen und ständig neue Autos fuhren.

Der Erfolg schuf natürlich neue Sorgen. So machte ihnen der Ehrgeiz mächtig zu schaffen. Kaum hatten sie von der Macht gekostet, verlangten sie mehr und immer mehr. Einige Mitglieder der Gang wollten aufsteigen, also buhlten sie um die Gunst von Lepke und seinen Revolvermännern. Bald hielten sie die eigenen Kumpane und nicht die anderen Gangs oder die Polizei für ihre stärksten Gegner. Alte Freunde wandten sich gegen alte Freunde, jede Begegnung wurde zum Testfall, zu einem Ringen um die Vormachtstellung. Sie wurden von jener Politik zerfleischt, die Arbeiter gegen Arbeiter aufbringt. Über Reles sagte Blue Jaw Magoon einmal: »Er war gemein und ordinär. Steckte er mit seinen Bossen zusammen, bediente er sie von vorn bis hinten und machte eine Show aus seiner Freigebigkeit. Aber mit Seinesgleichen und Untergebenen stritt er sich, wenn es ans Bezahlen ging. Nur nicht mit Mendy Weiss, Charlie the Bug oder anderen, höhergestellten Gangstern.«
Eines Abends ging Blue Jaw mit Reles und Strauss essen. Es gab Hummer. Nach dem Essen stritten sich Pep und Kid darüber, wer bezahlen sollte. Und so saßen sie da, die alten Freunde, und starrten sich wutentbrannt an. Drei Stunden vergingen, ehe sie sich darauf einigten, die Rechnung zu teilen. Es wäre gewiß keine Unterstellung, behauptete man, daß es in diesem Streit um mehr als nur um Geld ging.
Vermutlich war es nur logisch, daß die Truppe sich gegen sich selbst wandte, sobald sie ihre Feinde (die Shapiros und Ambergs) beseitigt hatte. Es waren eben streitsüchtige Männer, die einfach einen Gegner brauchten. Außerdem vermute ich, daß ihr Untergang in dem Augenblick unvermeidlich wurde, als sie gegeneinander vorgingen. Das von ihnen entwickelte Mordsystem war derart ausgeklügelt, daß sie außer jener Rivalität, die der Erfolg mit sich brachte, wohl nichts zu Fall gebracht hätte, ein Erfolg übrigens, der nicht nur die Dynamik der Gruppe, sondern auch den Charakter ihrer Mitglieder ändern sollte.
Selbst seine Freunde behaupteten, daß Reles sich verändert hatte. Er war wie all die anderen kleinen Tyrannen geworden, stolzierte in Brownsville herum, trat Türen ein und schlug irgendwelche Halbstarken zusammen. Als sein Bruder vor Gericht gegen ihn aussagte, erstach er ihn kurzerhand. Er war ein hervor-

ragender kleiner Gauner und glich darin einem Fußballspieler, der sämtliche Rekorde in der Zweiten Liga bricht, es aber doch nicht in die erste schafft.
Er war fünfundzwanzig. Fünfundzwanzig, das ist das Alter des Pläneschmiedens, der Vorausschau, jenes nächsten Augenblicks, in dem der übernächste Augenblick gerade erst sichtbar wird. Dachte er über die Zukunft nach, sah er wohl nur sich selbst: Wie er jeder Situation gewachsen sein, jeden Gegner besiegen würde. Ihn trieb eine Art hochprozentiges Selbstbewußtsein voran, der Glaube, sich aus jeder Zwickmühle befreien zu können. Nichts schien ihm schicksalhaft zu sein. Und so stand es um ihn, als er Jake the Bum traf. Jeder andere hätte da sein Gebet aufgesagt und den Tod erwartet. Doch vielleicht war Reles auch bloß zu störrisch, um einfach so aufzugeben.
Jake the Bum war ein abgehalfterter Ganove, der sich auf das Territorium der Gang vorgewagt hatte. Eines späten Abends stritt er sich mit Reles in einem überfüllten Klub im Osten New Yorks. Reles schrie ihn an: »Wenn du mir das nächste Mal über den Weg läufst, bringe ich dich um.«
»Nicht, wenn ich dich zuerst sehe«, sagte Jake. »Nicht, wenn ich schneller bin.«
»Glaubst du?« fragte Reles. »Ich mach dich selbst dann kalt, wenn du schneller ziehst und wenn alle Vorteile auf deiner Seite sind. Das verspreche ich dir. Darauf kannst du dich verlassen.«
»Du kleines, großmäuliges Arschloch«, sagte Jake. »Wollen doch mal sehen, was du für eine Klappe hast, wenn du tot bist.«
In Red Hook traf Reles dann einige Monate später auf Jack. »He, Kid«, rief Jake. »Zeit zum Sterben, wie?«
Reles hatte keine Waffe dabei. Die Polizei durchsuchte ihn wegen jeder Kleinigkeit, also blieb er unbewaffnet. Und da stand er jetzt, weit fort von zu Hause und starrte in die Mündung von Jake the Bums kurzläufiger 38er. »Okay«, sagte Reles. »Du hast gewonnen. Bin ich eben ein Großmaul. Ist klar. Und jetzt bin ich so gut wie tot. Alles klar. Aber hör mal, Jake. Was hast du davon? Die *Combination* wird dich irgendwann doch erwischen. Das muß sie einfach. Du kannst nicht einen von uns töten, ohne selbst getötet zu werden. Das weißt du. Und was hast du davon,

wenn wir beide draufgehen? Aber zusammen, weißt du, zusammen könnten wir groß ins Geschäft kommen.«
Jake runzelte die Stirn. Das klang nicht dumm. Die Männer gingen in eine Bar, tranken und redeten stundenlang. Reles malte ihm eine Zukunft aus, in der Jake und Kid Twist Partner waren, gemeinsam etwas aufzogen, reich wurden. Als sie dann Arm in Arm die Bar verließen, erzählte Reles von den Problemen, die er mit der Polizei hatte. »Weißt du, als mein Partner solltest du nicht mehr so oft mit einer Kanone herumlaufen«, sagte er. »Die Bullen tasten mich jedesmal von oben bis unten ab, wenn sie mich sehen. Das werden sie mit dir genauso machen. Außerdem brauchst du sowieso keine Waffe mehr, wenn du erst an meiner Seite stehst. Mit der *Combination* zu drohen reicht völlig aus. Ach, verdammt, jetzt gib mir deine Kanone, und ich schaff sie dir vom Hals.«
Als Jake ihm die 38er aushändigte, sagte Reles: »Du blöder Idiot. Ich hab dir doch gesagt, daß ich dich fertigmache.«
Einige Tage später fand man Jakes Leiche im Unkraut. Man hatte ihm zweimal mit der eigenen Waffe in den Kopf geschossen.
Reles dachte, er könnte sich aus jeder Zwickmühle befreien, und meist gelang es ihm auch. Das war seine Stärke. Oft reichte allein sein Selbstvertrauen aus, um das Feld zu behaupten. Doch seine Stärke war auch seine Schwäche – eine tödliche Schwäche. Der Erfolg hatte ihm die falschen Lektionen erteilt: daß es für ihn keine Grenzen gab, daß er seinem Temperament vertrauen und sich immer auf sich selbst verlassen konnte, daß er wichtig war. Vermutlich konnte er sich keine Welt vorstellen, die groß genug war ihn abzuschütteln. Als ich las, was Reles später Schlimmes widerfuhr, dachte ich unwillkürlich, daß er auf ein gezinktes Spiel hereingefallen war, daß ihn die Umstände und der Erfolg hereingelegt hatten, aber auch das Schicksal, das ihm so bald seine Gunst entziehen sollte.

■ ■ ■

An einem Tag im Jahr 1934 stellte Reles seine Limousine in einem Parkhaus in Midtown ab. Er hupte. Keiner kam. Seine Freunde auf dem Rücksitze begannen zu nörgeln. Er hupte noch mal. Nichts. Er nahm die Hand nicht mehr von der Hupe. Schließlich erschien der Parkhauswächter, ein Schwarzer namens Charles Battle. Battle sagte Reles, er solle sich abregen. Die Freunde auf dem Rücksitz lachten schallend. Während Reles aus dem Wagen stieg, riet er dem Mann, sich in acht zu nehmen. In seiner Stimme schwang eine Drohung mit, die der Parkhauswächter nicht hören konnte. Vielleicht war es ihm auch egal. Jedenfalls sagte Battle zu Reles, er solle sich zum Teufel scheren, er sei nicht dazu da, ihn vor seinen Freunden den großen Boß markieren zu lassen.

Reles hatte einen jähzornigen Charakter. Er prüfte jeden Satz auf eine mögliche Beleidigung. Wenn er die Augen schloß, mußte er Formen und Farben gesehen haben, Rot, Schwarz, Orange. Möglicherweise sah er auch Blut oder Flammen und Funken, kurz bevor er die Beherrschung verlor. Noch ehe er selbst recht wußte, was er tat, schlug Reles auf Battle ein. Immer und immer wieder schlug er zu. Als Battle hinfiel, trat Reles so lange zu, bis der Parkhauswächter nur noch eine blutige Masse am Boden war.

Sein Temperament, das ihm bislang immer aus Schwierigkeiten herausgeholfen hatte, hatte ihm nun welche eingebrockt. So sorgfältig er vorging, wenn er fürs Syndikat tötete, so sorglos war er diesmal gewesen. Er schlug einen Parkhauswächter in einem Parkhaus zusammen, in dem man ihn kannte. Am nächsten Tag wurde der Mann, der für Battle einspringen sollte, ein Mann namens Snider, der Battle sehr ähnlich sah, mit Stichwunden in Brust und Hals tot hinterm Parkhaus gefunden. Die Polizei nahm an, daß Reles am selben Abend noch einmal zurückgekehrt war und Snider umgebracht hatte, da er ihn offenbar mit Battle verwechselt hatte – der sich zu Hause langsam erholte. Reles wurde wegen Mordes angeklagt.

Brooklyn hatte seinen Skandal. Viele Leute hofften, daß Reles auf dem elektrischen Stuhl landen oder wenigstens sein Leben im Gefängnis verbringen würde. Doch die Beweise reichten nicht aus. Statt dessen wurde Reles nur wegen Körperverletzung verurteilt. Der Richter war wütend. Er fand, daß das Rechtssystem betrogen wurde, und verpaßte Reles die Höchststrafe: drei Jahre. »Ich hatte gehofft, ihn wegen eines schweren Verbrechens belangen zu können«, sagte der Richter. »Dann hätte ich ihn auf zehn Jahre hinter Gitter geschickt.« Anschließend machte er Reles indirekt ein Kompliment, als er noch hinzufügte: »Dieser Kerl ist der schlimmste Gauner in ganz New York, schlimmer noch als Dillinger*!«

Reles wurde nach Sing Sing geschickt. Es hätte eine angenehme Zeit für ihn sein können. Er las, schrieb und unterhielt sich mit seinen Wachen. Einmal in der Woche kam ein Besucher und brachte einen Umschlag – seinen Anteil am Geschäft. Doch in diesen Jahren zerbrach etwas in ihm. Er schien später unablässig von dem Gedanken gequält zu werden, eines Tages wieder durch ein Gefängnis entmündigt werden zu können. Die meisten jüdischen Gangster waren als junge Männer hinter Gittern gewesen. In ihrer Erinnerung nahm diese Zeit ihrer Ausbildung ein beinahe romantisches Plätzchen ein. In den Zwanzigern und frühen Dreißigern blieb ihnen das Gefängnis erspart. Sie hatten inzwischen ein System perfektioniert, das sie davor bewahrte. Als sie daher erneut hinter Gitter wanderten, mußten viele von ihnen einsehen, daß es im Gefängnis schlimmer zuging, als sie geglaubt hatten. Das Leben dort fiel ihnen schwer, jetzt, da sie älter, fetter, langsamer und erfolgreicher geworden waren. Das Gefängnis war ein Ort für junge Leute, ein Ort, um Erfahrungen zu sammeln – kein Ort, um dort die mittleren Lebensjahre zu verbringen. Mit Beginn des Jahres 1935 mußten Lepke und Gurrah die gleiche Lektion lernen, als sie zwei Jahre wegen Zugehörigkeit zu einer kriminellen Vereinigung in einem Bundesgefängnis abzusitzen hatten. Wie Reles sahen sie ein, daß sie eine ähnliche Erfahrung wohl nicht noch einmal verkraften konnten, eine Einsicht, die viel zur Erklärung ihrer künftigen Entschlüsse beitragen sollte.

Als Reles im Oktober 1936 aus Sing Sing entlassen wurde, hatte er nur 1600 Dollar auf der hohen Kante. Er fuhr nach Florida, um sich zu erholen. Als er nach Brownsville zurückkam, trieb es die Gang wie zuvor, nur gab es von allem einfach mehr als früher: MEHR PRÜGELEIEN, MEHR MORDE. Wie viele er-

* Dillinger, 1902–1934, berüchtigter Gangster, wurde 1933 zum ›Public Enemy Number One‹ erklärt. (A. d. Ü.)

folgreiche Menschen wurden die Mitglieder der Truppe zu Karikaturen dessen, was sie einmal gewesen waren, und imitierten längst, was ihnen früher wie selbstverständlich zugefallen war. Strauss führte die Gang, und die Geschäfte wurden von seinem dreisten Stil geprägt. Reles gewöhnte sich langsam wieder ein. Das Gefängnis hatte ihn verändert. Er wußte nicht mehr genau, wo er hingehörte. »Ich hatte nichts zu sagen«, erklärte er später. »Ich kam gerade aus dem Knast. Ich war keine große Nummer mehr. Ich war bloß ein kleiner Gauner. Als ich rauskam, waren die anderen die großen Nummern.«

■ ■ ■

Die meisten Menschen haben noch nie etwas von jüdischen Gangstern gehört. Sie glauben nicht mal, daß es sie je gegeben hat. Allein der Gedanke an einen jüdischen Gangster verstößt gegen die elementarsten Klischees vom Juden, Klischees, die den Platz des Juden in der Welt umschreiben. Juden sind körperlich harmlose Bürokreaturen. Ich habe einmal einen Komiker auf der Bühne im Scherz über die jüdische Mafia reden hören. Schon die schlichte Vorstellung erschien ihm absurd. Die bloße Andeutung, es könne eine jüdische Gang gegeben haben, brachte das Publikum zum Lachen. »Wissen Sie, warum es mit der jüdischen Mafia nie so recht geklappt hat?« fragte er. »Weil die Spitznamen einfach nicht brutal genug klingen wollten. Wie hört sich das denn auch an: Matzoball Goldberg oder Hanukkah Harry Fishbein?« Wenn ich mir die Wiederholung dieser Sendung auf einem der Kabelkanäle anschaue, stelle ich mir manchmal vor, wie Pep Strauss von links auf die Bühne kommt und diesem Komiker bis zum Kinn den Bauch aufschlitzt.

Selbst die allgemein bekannten jüdischen Gangster werden nur durch die Brille dieser Klischees wahrgenommen. Man hält sie für Zahlenteufel, Finanzgenies, die ihr Talent ebenso leicht an der Wall Street wie in der Hester Street hätten beweisen können. Blättere ich durch eines meiner vielen Bücher über wahre Verbrechen, sei es die *World Encyclopedia of Organized Crime* oder das Buch *Blood Letters and Badmen*, und schlage unter dem Stichwort ›Jüdische Gangster‹ nach, beginnt der Abschnitt meist mit einem Bild von Meyer Lansky und einer Erläuterung, die ihn als eine Art Buchhalter der Mafia beschreibt. Wie hätten die Leute auch an gewalttätige jüdische Mafiosi glauben können? So etwas tun Juden doch nicht!

Die Juden haben die Erinnerung an die jüdischen Gangster verdrängt. Zu ihrer Zeit aber hielt man sie für ein gewichtiges Problem der Glaubensgemeinschaft. Konferenzen wurden abgehalten. Heute, kaum zwei Generationen später, finden selbst Juden den Gedanken an jüdische Gangster unfaßbar. Sie haben sich das Bild des Holocaust bewahrt: Nie vergessen! Vergeßt niemals, daß ihr die Opfer wart. Das Bild des Gangsters haben sie ausgelöscht: Vergeßt! Vergeßt die Zeit, in der ihr böse Jungs wart. Als ich alten Juden von diesem Buch erzählte, wechselten sie das Thema. Das Blut wich ihnen aus dem Gesicht. Manche legten sich mit mir an. Als ich einem Freund von diesem Buch erzählte, regte er sich schrecklich auf. Er sagte, ich schriebe ein selbsthasserisches Buch, ein Buch, das die Juden in schlechtes Licht rückt. Dabei hätte ich nichts dagegen, wenn die Juden manchmal in einem solchen schlechten Licht stünden. Ich möchte die Freiheit haben, ein böser Junge sein zu können. Ohne diese Freiheit hat meine Entscheidung, *kein* böser Junge zu sein, nicht viel zu bedeuten. Ich bin ein Jude. Welche Wahl bleibt mir da?

Die Reaktion meines Freundes hat vermutlich etwas mit seiner Herkunft zu tun. Er wuchs in Manhattan auf. Seine Vorfahren waren Juden aus Uptown, und für die Juden in Uptown waren die Juden in Downtown eine *schand*. Sie gaben sich alle Mühe, sich von diesem Pöbel zu unterscheiden, diesen Abkömmlingen osteuropäischer Einwanderer. Natürlich gibt es kein echtes Klassenbewußtsein unter Juden, es gab auch keinen echten Pöbel in der jüdischen Geschichte. Es gibt nur jene, die Glück, und jene, die kein Glück hatten. Und jetzt sind wir allesamt Auserwählte in Amerika.

Doch selbst von jenen, die behaupten, die Geschichte der jüdischen Gangster zu kennen, wird man eines niemals hören, daß es nämlich jüdische Drogendealer gab. Die sind nicht mehr auf ihrer Karte verzeichnet, liegen sogar für den in Brooklyn geborenen Pöbel jenseits der Grenzen. Selbst Juden, die dazu neigen,

Verbrecher zu romantisieren, reden nicht darüber. Es hat sie einfach nie gegeben.
Der erste amerikanische Drogendealer großen Stils war vermutlich Arnold Rothstein. »Es schien immer offensichtlicher, daß der Drogenhandel in den Vereinigten Staaten von einer einzigen Hand gelenkt wurde«, heißt es in einem Bundeskriminalbericht Ende der zwanziger Jahre. »Und unsere Erkenntnisse brachten uns schließlich zu der Überzeugung, daß Arnold Rothstein hinter allem steckte.« Für Rothstein hatten Drogen noch nicht jenen Beigeschmack von ›Verderbnis-der-Zivilisation‹, den sie heute haben. Als er aufwuchs, waren Drogen nur eine jener vielen farbenfrohen Seiten des Lebens in Downtown. In Bloody Angle, dieser wilden Gegend Chinatowns an der Kreuzung Doyer, Mott und Pell Street, reihte sich eine Opiumhöhle an die andere. Hier wurden jedes Jahr mehr Menschen umgebracht als irgendwo sonst auf der Welt. Ausgeführt wurden die Morde zumeist von gedungenen chinesischen Killern, die im Ärmel ein Messer verbargen und nach der Tat ins chinesische Theater flohen, von wo aus sie durch Geheimgänge in die Sicherheit der überfüllten Märkte entkommen konnten.
Die Gangster der East Side trafen sich in diesen Höhlen, wo sie Pläne schmieden, high werden und miteinander schwatzen konnten. Hohläugig hockten sie in düsteren Kellerwohnungen, rauchten im Zwielicht eines Zimmers, das sich irgendein alter Chinese nach seinen Vorstellungen von Luxus eingerichtet hatte, während sich Wäscheleinen von Wand zu Wand spannten und ein Bett oder Sofa unter ihrem Gewicht ächzte. In jungen Jahren hatte Rothstein dort viele Stunden verbracht und unbeteiligt zugesehen, wenn die Ganoven von der Hester Street oder Delancey Street hereinkamen, ihre Schuhe abstreiften und sich eine Huka nahmen. »Viele von diesen Typen waren Opiumraucher«, erklärte mir John Cusack vom Rauschgiftdezernat. »Luciano war Opiumraucher. Und ich bin mir fast sicher, daß Lansky auch Opium geraucht hat. Viele von den jüdischen Kerlen haben geraucht. Das half ihnen, die Ruhe zu bewahren.«
Diese Seite im Leben der East Side wurde von Sergio Leones Film *Es war einmal in Amerika* eingefangen. Ich finde es interessant, daß der einzige Film, der sich wirklich Mühe gibt, das Leben

jüdischer Gangster darzustellen, von einem italienischen Regisseur stammt, der vor allem für seine Western bekannt ist. Doch scheint dies nur folgerichtig. Sooft ich Isaac Babels Geschichten über jüdische Gangster in Rußland lese, erinnern sie mich an Western: In einer Welt, in der die normale, bürgerliche Moral ins Gegenteil umschlägt, durchreitet der Held die Leere als Schattenriß vor einer Sonne, die immerzu gerade auf- oder untergeht. In dieser Welt zeigt uns Leone die Opiumhöhle als Tempel, als Freistätte und Zuflucht, von der aus das Chaos auf der Straße nur durch einen Rauchschleier zu sehen ist.

Am Ende des Films kommt einer der Gangster, gespielt von Robert De Niro, in eine opulent ausstaffierte Opiumhöhle, streift die Schuhe ab und greift nach der Pfeife. Und als sein Blick verschwimmt, vermeint man einen Augenblick lang zu spüren, daß die ganze Geschichte nur ein Traum war. Und vielleicht ist auch die Geschichte der Juden nur ein Traum – Auszug aus Ägypten, Zerstörung des Tempels, Exil, Schtetl, Pogrome, Fahrt übers Meer, Amerika –, alles nur flackernde Schemen im Rauch. Jüdischen Gangstern, aber auch einer Menge anderer Leute half der Opiumrausch zu glauben, daß alles auch hätte anders kommen können.

In der Geschichte Amerikas hat es so etwas wie illegale Drogen lange Zeit überhaupt nicht gegeben. Die Vorstellung allein erschien so lächerlich wie der Gedanke, Äpfel verbieten zu wollen. Als die Regierung dann Mitte des neunzehnten Jahrhunderts tatsächlich gewisse Narkotika verbot, wurden die Drogen aus Europa und dem Fernen Osten eingeschmuggelt, doch ging man dabei viel zu dilettantisch vor, um es ein Geschäft nennen zu können. Rothstein sollte das ändern. Er sah die Aufhebung der Prohibition kommen und ahnte, daß der Drogenhandel jene Lücke füllen konnte, die der Alkoholschmuggel hinterlassen würde. Schließlich hatte er es hier mit einem weiteren Laster zu tun, das keine Opfer zu kennen schien, wurde die Moral doch von der Regierung per Gesetz erlassen, während die Gesellschaft offenbar die Fähigkeit verloren hatte, erwachsenen Amerikanern geben zu können, was sie haben wollten. Ende der zwanziger Jahre rüstete Rothstein jenes Vertriebsnetz um, mit dem er bislang Alkohol geschmuggelt hatte. Nebst anderen Dingen sollten nun auch Heroin und Kokain ins Land geschleust werden. Der Vorgang war so selbstverständlich wie das Umrüsten einer Autofabrik in eine Waffenschmiede am Vorabend eines Krieges. Daß jedoch ein System geschaffen wurde, das bis heute die Blaupause für den Schmuggel von Drogen nach Amerika liefert, war nur einer der vielen schändlichen und ungewollten Nebeneffekte der Prohibition.

Rothstein stellte eine Mannschaft zusammen, eine Gruppe junger Männer, die sein Rauschgiftimperium führen sollten. Sein erster Leutnant war Louis Lepke, der wiederum Dealer einstellte, die sich um den Schmuggel kümmern und dafür sorgen sollten, daß kein anderer Mobster ihnen die Lieferung wegschnappte. Außerdem engagierte Rothstein einen Agenten vor Ort, der für den Nachschub sorgte. Damals konnte man leicht an Drogen herankommen. Kokain, Heroin und Morphium wurden in pharmazeutischen Betrieben in Europa legal produziert. »Jedes Land hatte acht oder zehn solcher Drogenfabriken«, erzählte mir John Cusack. »Fuhr man in bestimmte Gegenden Frankreichs, konnte man schon vom bloßen Einatmen der Luft high werden.«

Jedes Jahr verbrachte Rothsteins Agent mehrere Monate in Europa, fuhr von Fabrik zu Fabrik und handelte Verträge aus. Er war wie Arthur Millers Willie Loman, ein Handlungsreisender der Verbrecherkreise, der dort draußen mit nichts als gewienerten Schuhen und einem Lächeln herumzog. Sein Name lautete Yasha Katzenberg, und er war eine der rätselhaftesten Gestalten der jüdischen Unterwelt.

Als Rothstein 1928 starb, übernahm Lepke den Drogenhandel. 1931 wurde vom Völkerbund ein Abkommen ratifiziert, das einen Großteil der weltweiten Drogenproduktion verbot. Jedes Land durfte von nun an nur noch so viel von einer Droge produzieren, wie für die Medizin im eigenen Land benötigt wurde. Als in den folgenden Jahren Staat um Staat diesen Vertrag unterzeichnete, versiegten Lepkes Drogenvorräte. In einem letzten, verzweifelten Versuch, den Nachschub wieder anzukurbeln, schickte er Katzenberg Mitte der dreißiger Jahre nach Osten.

Yasha verschwand nach China und hinterließ eine Spur von Briefen. Monate später tauchte er in den Bergen bei Shanghai inmitten einer Armee chinesischer Ganoven wieder auf. Er brachte ihnen bei, wie man Heroin herstellt, und baute eine Fabrik an einem Fluß. Bald floß das Heroin wieder in die Lower East Side. Selbst als die Japaner am Abend des Zweiten Weltkrieges die Mandschurei stürmten, ließ Yasha sich nicht vertreiben und funktionierte auch in chaotischen Zeiten reibungslos. Er glich einem alten mongolischen Kriegsfürsten mit eigenem Königreich und eigener Armee. Ende der dreißiger Jahre brachte er Lepke mit seinem Geschäft etwa zehn Millionen Dollar im Jahr ein.

Katzenberg wurde in Rußland geboren und wuchs in der East Side auf. Ich weiß nicht, wie er aussah, habe aber versucht, ihn mir vorzustellen. Seine Augen, denke ich, sind wie Spiegel, die nicht das wiedergeben, was er sieht, sondern das, was er sehen wird: Berge, Flüsse, Kriege. Vermutlich war er groß und schlank, trug eine Kapuze und ließ sich Zeit – jemand, dessen Ankunft vor langem schon prophezeit wurde, der Wüsten durchquert hatte, um hierherzukommen. Vielleicht war er auch völlig unscheinbar, nur einer der lockenköpfigen Judenjungen aus der letzten Bank im Hebräischunterricht, der die Worte aufsagte, aber nur an die Geschenke dachte, die er zur Bar-Mizwa erhalten würde. Für mich war Yasha Katzenberg stets die ultimative Verkörperung des Ewigen Juden, jenes Wanderers, der von Land zu Land zieht, von Ost nach West, stets auf der anderen Seite des Spiegels, verloren in der Wildnis.

Als die Beamten Ende der dreißiger Jahre endlich begriffen, was Katzenberg trieb, erklärte ihn der Völkerbund zu einer Gefahr für die internationale Gemeinschaft. Einige Jahre später wurde Yasha dann zusammen mit Lepke und weiteren achtundzwanzig Ganoven wegen Verletzung des Betäubungsmittelgesetzes angeklagt. Was danach mit ihm geschah, weiß ich nicht.

In dem Maße, in dem der Drogenhandel zunahm, verbesserten sich auch die Strategien zu seiner Bekämpfung. In den zwanziger Jahren schuf die Regierung das Federal Bureau of Narcotics zur Verfolgung von Drogenschmugglern und Dealern. Anfangs glich das FBN, der Vorläufer der heutigen Drug Enforcement Agency, einer Gruppe von Männern, die im Dunkeln tappte und hoffte, daß jemand ihre Aufmerksamkeit erregte. Lepke unterhielt damals eine Opiumfabrik an der Seymour Avenue in Brooklyn. 1935 flog die Tarnung auf. Eine solche Fabrik war auch kaum zu übersehen. Von da an wurde Lepke, ob er es wußte oder nicht, observiert, wurden seine Lieferungen aufgespürt und verfolgt. Letzten Endes also gaben ihm die Drogen nur, was sie so vielen Konsumenten geben: einen kurzen, intensiven Rausch, gefolgt von Entzug und Ruin.

Vor der Gründung des FBN wußten nur wenige Polizeibeamte über das organisierte Verbrechen Bescheid. Die Polizisten vor Ort kannten die Gangster in ihrer jeweiligen Stadt, doch woher sollten sie das nationale Syndikat kennen? Sie gehörten zur Landes- oder Stadtpolizei und überblickten nur jenen Ausschnitt des Gesamtbildes, der unmittelbar vor ihren Augen lag. Nationale Entwicklungen blieben für sie ein Rätsel. Selbst die besten Cops, jene, die sich Mühe gaben, die Wahrheit zu erfahren, wußten nur wenig über die Zusammenkünfte, in denen Leute wie Lansky und Lepke über die Unterwelt zu Gericht saßen. Und wenn die Cops einen Gangster fanden, der den Mund aufmachen wollte, erfuhren sie trotzdem nichts. Für Gangster kann das Reden eine Möglichkeit sein, wenig zu sagen, die Polizei abzulenken, während die Wahrheit durch die Tür entwischt. Für die Polizei glich all dies dem Versuch, Zahlenkolonnen zusammenzurechnen, obwohl jede Summe immer wieder Null ergab. Manche Experten mutmaßten, daß die Verbrecher sich einfach an die Omerta hielten, an jene Verpflichtung zum Schweigen, die die Mafia aus Sizilien mitgebracht hatte.

Lange Zeit war das FBI die einzige Organisation, die auch nur halbwegs in der Lage war, eine Karte der Unterwelt zu zeichnen. Man hatte die Organisation 1908 gegründet, um Verbrecher (Entführer, Schmuggler) über die Grenzen der Bundesstaaten hinaus verfolgen zu können. Große Gangsterbosse, die Drogen und Alkohol von Staat zu Staat schmuggelten, hätten eigentlich zur wichtigsten Zielgruppe gehören müssen, doch aus irgendeinem Grund war J. Edgar Hoover, der damalige Leiter des FBI, nicht an der Mafia interessiert. Er glaubte nicht einmal, daß es die Mafia überhaupt gab, hielt er sie doch für ein Märchen, für eines jener grausigen Gespinste, die Bürgermeister aus dem Hut zaubern, um damit ihre Probleme zu rechtfertigen. Selbst als Ermittler Belege für die Existenz dieser riesigen Verschwörung vorbrachten, nannte er allein den Gedanken daran absurd. Reportern erzählte er: »Es gibt keine Mafia in Amerika.«

Warum leugnete Hoover die Existenz des organisierten Verbrechens? Manche behaupteten, er wollte schlicht nicht daran glauben. Hätte er zugegeben, daß es eine amerikanische Mafia gab, wäre er verpflichtet gewesen, dagegen vorzugehen – eine entmutigende Aufgabe mit ungewissem Ausgang. Die Gangster besaßen ausgezeichnete politische Verbindungen und Zugang zu den besten Anwälten. »Die Mafia ist so mächtig, daß ganze Polizeireviere oder gar die Büros der Bürgermeister unter ihrer Kontrolle stehen«, schrieb William Sullivan, ein hoher Beamter des FBI, in seinem Lebensbericht *The Bureau. My Thirty Years in Hoover's FBI.* »Deshalb schreckte Hoover auch davor zurück, sich mit ihr anzulegen. Er fürchtete, wir könnten dabei ein ziemlich erbärmliches Bild abgeben. Und warum sollte er dieses Risiko eingehen?«

Andere behaupteten, daß das Syndikat einfach ziemlich weit unten auf Hoovers Liste stand. Er war zu eifrig damit beschäftigt, gegen jene vorzugehen, die er für die wahre Bedrohung des Landes hielt, also gegen Bürgerrechtler und Kommunisten. Denn was war schließlich an den Gangstern so schlimm? Eigentlich waren sie Hoover sogar ziemlich ähnlich – Männer, die wußten, welche Macht Informationen bedeuteten. »Er sah im organisierten Verbrechen keine Gefahr für die etablierte Ordnung«, schrieb Albert Fried in *The Rise and Fall of the Jewish Gangster in America.* »Schließlich war so manches Mitglied des Syndikats eine Säule des Status quo, weshalb es ein persönliches Interesse an der Freien Marktwirtschaft, an Amerikas Sieg über den Kommunismus und an all dem hatte, was seine spezifischen Handlungsräume bedrohte.«

Wieder andere ahnten, daß es Schlimmeres mit Hoovers Gleichgültigkeit gegenüber dem organisierten Verbrechen auf sich hatte. Was, wenn die Mobster etwas gegen ihn in der Hand hielten? Was war mit all den Nachmittagen, die er auf Pferderennbahnen verbrachte? Was mit den Wettips, die er von Frank Costello erhielt? Und was mit den Enthüllungen der letzten Zeit? Hoover in einem Kleid. Die Mafia wußte doch sonst alles, wieso also hätte sie hiervon nicht auch wissen sollen? Information ist Macht. Vielleicht war es wie in der Szene in *Der Pate, Teil II,* in der ein Senator aus Nevada an der Seite einer toten Prostituierten aufwacht. Vielleicht stand Hoover wirklich in der Schuld der Mafia. Für manch einen ist der Gedanke an einen hohen Beamten in einem Kleid einfach zu phantastisch, als daß er nicht auch als Erklärung für eine Menge anderer Dinge herhalten könnte. Mußte Hoovers Maskerade denn nicht zwangsläufig die amerikanische Geschichte beeinflußt haben? Solchen Leuten möchte ich nur folgendes sagen: J. Edgar Hoover trug Strumpfhalter aus eben jenem Grund, aus dem man sie üblicherweise anlegt – um seine Strümpfe oben zu halten.

Vielleicht war es auch viel einfacher. Vielleicht hat Hoover die Gangster einfach unterschätzt. Vielleicht sah er in ihnen bloß ein paar brutale Gauner, denen es schlicht an Cleverness fehlte, um ein nationales Syndikat aufbauen zu können. Vielleicht waren die italienischen und jüdischen Gangster für ihn, was für viele Amerikaner die Japaner vor Pearl Harbor gewesen sind – ein Ärgernis, aber keine echte Gefahr.

Die Arbeit des FBN hat all das verändert. Es waren die Agenten des FBN, denen es als ersten gelang, einen Blick auf den komplexen Aufbau der Unterwelt zu werfen. Die Verfolgung der Drogengeschäfte zeigte ihnen, wie das Syndikat funktionierte, wie es aufgebaut war. Drogen waren für die Agenten wie ein ins Herz injiziertes radioaktives Kontrastmittel, das Ärzten zeigt, in welchen Bahnen das Blut fließt. Während sie die Lieferungen durch allerlei Herzklappen und Arterien verfolgten, erschloß sich ihnen langsam das System, das Rothstein in den ersten Tagen der Prohibition aufgezogen hatte. »Wir im Narcotics Bureau waren die einzigen, die wirklich über die Mafia Bescheid gewußt haben«, erklärte mir John Cusack. »Woher wir das wußten? Nun, wir nahmen uns die Zeit, die Mafia gründlich zu studieren, da wir wußten, wie clever diese Männer waren, da wir ihr Wirken bis ins Italien der dreißiger Jahre zurückverfolgt hatten, da wir den Drogen durch dieses Labyrinth gefolgt waren.«

Über zwanzig Jahre ignorierte Hoover ihre Arbeit. »Es gibt keine Mafia in Amerika.« Er ignorierte sie in den Dreißigern, Vierzigern und einem Großteil der Fünfziger. Er ignorierte sie bis ins

Jahr 1957, als zwei Cops im ländlichen New York eine Verhaftung vornehmen wollten und damit alles veränderten. Wie ein Blitz sollte durch diesen Abend gleichsam eine ganze Landschaft erhellt werden: Felder, Hügel, Telegraphenmasten und über sechzig Gangster, die verschwörerisch im Dunklen hockten.
Die Ortspolizei hatte einen anonymen Hinweis erhalten: Behaltet das Haus von Joseph Barbara im Auge. Da wird bald was passieren. Barbara war 1921 aus dem sizilianischen Castellammare in Amerika gelandet. Nach anfänglichen Schwierigkeiten in der East Side verließ er die Stadt New York und brachte es bald zu Wohlstand. 1957 war er, so hieß es, der Boß der Mafia von Buffalo sowie Präsident der Canada Dry Bottling Company in Endicott, New York. Zudem war er noch immer mit vielen Gangstern der East Side befreundet. Er wohnte auf einer Ranch außerhalb von Apalachin im Staat New York.
Das Haus war riesig und lag ziemlich abgeschieden, ein Ort, an dem schon so manches Treffen des Syndikats stattgefunden hatte. Als 1957 die Cops vorfuhren, müssen sie geglaubt haben, mitten im Wald auf den Parkplatz eines Autoverkäufers zu stoßen. Überall standen schwarze Limousinen, deren Nummernschilder verrieten, daß sie aus anderen Staaten stammten. Die Besitzer der Wagen befanden sich im Haus auf einer Versammlung, die Vito Genovese einberufen hatte. Sie diskutierten über die Zukunft jener Familie, die von Lucky Luciano geführt worden war. Genovese streckte seine Hände nach der Macht aus, als die Cops in die Auffahrt einbogen.
Die Männer im Haus hatten seit dem frühen Nachmittag am Tisch gesessen und geredet. Kinnladen waren herabgesackt, Augen zugefallen, doch war die Macht immer noch zu spüren – man brauchte sich nur danach umzusehen. Dies waren die gefährlichsten Männer Amerikas. Außer Genovese waren aus New York unter andrem Carlo Gambino, Joseph Bonanno, Joseph Profaci, Gerardo Catena und Paul Castellano gekommen. Meyer Lansky und Doc Stacher waren eingeladen worden, hatten aber nicht kommen können. Santo Trafficante Jr. war aus Florida gekommen, Gabriel Mannarino aus Pennsylvania, Frank DiSimone aus Los Angeles, Joseph Civello aus Dallas, James Colletti aus Colorado, Frank Zito aus Illinois, John Scalish aus

Cleveland, Joseph Ida aus Philly, Sam Giancana aus Chicago. Wenn sie redeten, hallten unterschwellige Bedeutungen im Raum nach. Und wenn sie nicht redeten, herrschte jenes Schweigen, das eine Person allein nicht zustande bringen kann. Am deutlichsten aber wären einem Betrachter wohl jene Männer aufgefallen, die nicht anwesend waren, die gestorben waren, im Gefängnis steckten oder im Exil. Denn das verbrecherische Leben ist vor allem ein Leben der Zermürbung.

Jemand blickte aus dem Fenster und entdeckte den Streifenwagen. Er schrie den anderen eine Warnung zu. Nie zuvor waren diese Männer gemeinsam am selben Ort gesehen worden. Was würde geschehen, wenn die Polizei begriff, daß sie zusammenarbeiteten? Sie gerieten in Panik. Sie flohen aus dem Haus, wie Schulkinder auf einer Party auseinanderspritzen, wenn es plötzlich heißt: Die Bullen! Von oben hätte man Gangster aus allen Seitentüren hasten sehen, manch einer kletterte durchs Fenster; man hätte Hüte und Arme im selben Rhythmus übers Gras eilen sehen und hätte dieses metallische Klirren gehört – Münzgeld und Schlüssel in Hosentaschen – das stets die Luft erfüllt, wenn alte Männer zu laufen beginnen.

Manche schafften es bis zum Wagen, steckten den Schlüssel ins Zündschloß und rollten über Landstraßen davon. Andere kraxelten über Waldpfade und wirbelten Sand und Staub auf. Während sie rannten, streuten sie Geldscheine aus, da sie nicht mit allzu großen Mengen Bargeld erwischt werden wollten. Wieder andere stürmten durch Büsche und Dornensträucher und tanzten hinein in Kiefernkathedralen. Erst rannten sie, dann joggten sie, dann schlurften sie, und schließlich blieben sie vornübergebeugt stehen und rangen nach Atem.

Ein Polizist setzte ihnen nach, schrie, schoß in die Luft; der andere rief Verstärkung herbei. Sämtliche Straßen in der Umgebung wurden gesperrt. Und bald darauf hielt die Staatspolizei die Gangster in ihren Limousinen an, einen nach dem anderen. Wer in den Wald geflüchtet war, kam zumeist von allein zurück. Wohin hätten sie auch fliehen sollen? Nach wenigen Stunden schon hatte die Polizei etwa sechzig Männer zusammengetrieben. Als sie verhaftet wurden, erzählten die Gangster den Cops, daß sie nur einen kranken Freund besuchen wollten. Barbara

hatte einige Monate zuvor einen Herzanfall erlitten, doch kein Mensch kaufte ihnen diese Geschichte ab.
Sam Giancana war einer der wenigen, die entkommen konnten. Wie er durch den Wald lief, seine Halbschuhe Äste zertraten, die Ärmel aufgerollt, muß er wie ein Irrer ausgesehen haben, Karikatur eines verrückten Geschäftsmannes. Er war ein drahtiger Kerl mit stoppeligem schwarzen Haar, der dunkle Sonnenbrillen liebte, Panamahüte und Anzüge mit Nadelstreifen. Wenn er sich auf fernen Hügeln umdrehte, sah er Blaulichter, Autos, Gangster in Handschellen, Cops, Desaster. Später sollte sich herausstellen, daß Lansky der Polizei einen Wink gegeben hatte. Er lag mit Genovese im Clinch, ein Krieg auf Sparflamme. Und wie konnte man einen Feind besser in Mißkredit bringen, als wenn man seine Partygäste ins Gefängnis sperren ließ?
Die Polizei warf den Gangstern Konspiration vor. Sie kamen vor Gericht und wurden verurteilt – ein Urteil, das später wieder aufgehoben werden sollte. Aber darauf kam es gar nicht an. Entscheidend war allein, wie die gewählten Vertreter des Staates und die Öffentlichkeit auf diese Geschichte reagierten, als sie auf den Titelseiten der Zeitungen prangte. Keine Mafia in Amerika? Nie wieder sollten die Gangster vom FBI unterschätzt werden.
»In Apalachin hatte sich gleichsam der Staatsrat der Mafia getroffen«, sagte John Cusack. »Landesweite Versammlungen waren in den vorhergehenden Jahren bereits in Chicago, Colorado, Florida, Las Vegas und Atlantic City abgehalten worden. Diese fand nun mal zufällig in New York statt, und sie machte dem FBI endgültig klar, daß wir schon immer die Wahrheit gesagt hatten: Daß es nämlich eine Mafia gab, die das Verbrechen nicht nur in einzelnen Städten, sondern im ganzen Land und sogar weltweit organisierte. Denn wie wollte man sonst erklären, daß all diese Männer, die in ihren jeweiligen Städten berüchtigte Verbrecher waren, in einer kleinen Stadt im Staat New York zusammenkamen? Diese Zusammenkunft sollte die Ansichten der Amerikaner über das organisierte Verbrechen auf immer verändern.«
Einige Monate nach der Verhaftung beraumte der Staat New York die ersten Verhandlungen an. Als die Senatoren Hoover um Informationen über die Gangster baten, verwies er sie an das FBN. Und als dann im Herbst die Verhandlungen begannen,

schickte das FBN einen jungen Agenten nach New York, der dort die Hintergründe jener Zusammenkunft in Apalachin erläutern sollte. Dieser Agent war John Cusack.

John Cusack kam 1947 zum FBN. Er wurde als verdeckter Ermittler eingesetzt und versuchte, Stoff zu kaufen und Dealer auffliegen zu lassen, arbeitete sich dann nach oben und kümmerte sich bald um die Händler und Lieferanten großen Stils. Nach dreißig Jahren, erst beim Bureau, später beim Rauschgiftdezernat, drängte man ihn mit fünfundsechzig in den Ruhestand, obwohl er lieber weitergearbeitet hätte. So zog er dann auf die Bahamas und wurde Chef des dortigen Rauschgiftdezernats. Seine Arbeit ist ziemlich erfolgreich. Als er vor fünf Jahren den Job übernahm, stand das Land ganz oben auf der Liste der besten Adressen für den internationalen Drogenhandel. Heute taucht es auf dieser Liste nicht mehr auf.

Cusack arbeitet in einem weißen Kolonialgebäude, das auf einem Hügel oberhalb von Nassau steht. Blickt er aus seinem Fenster, kann er eine enge Kopfsteinpflasterstraße hinab zum Hafen schauen. Wenn am Nachmittag die Fischerboote zurückkehren, füllt sich die Straße mit lautem Stimmengewirr. Als ich ihn eines Wintermorgens traf, schüttelte er meine Hand und ließ sich wieder in seinen Sessel fallen. Sein Schreibtisch war mit Kaffeebechern, Stiften und Papier übersät. Cusack hat einen großen, grob geschnittenen Kopf, ein entwaffnend offenes Gesicht und klare blaue Augen. Er war damals dreiundsiebzig Jahre alt. »Sie möchten also etwas über jüdische Gangster erfahren?« fragte er. »Es scheint alles schon so lang vorbei zu sein. Eine andere Welt. Manchmal kann ich kaum glauben, daß sie tatsächlich existiert hat.« Er runzelte die Stirn und fuhr dann fort: »Dann wieder kommt es mir vor, als sei es erst gestern gewesen. Ein paar von diesen Leuten waren die interessantesten Menschen, die ich je getroffen habe, andere dagegen waren ziemlich langweilig.«

Als Cusack beim FBN anfing, zogen jüdische Drogendealer, die letzten Vertreter von Rothsteins Vertriebsnetz, noch zu Dutzenden durch New York City. Vor unserer Begegnung hatte Cusack ihre Namen auf zwei weiße Blätter geschrieben, und neben jedem der Namen hatte er einige Notizen gemacht, um sein Gedächtnis aufzufrischen. Im Verlauf der nächsten Stunden las er mir dann sorgsam jeden Namen vor und erzählte mir, woran er sich erinnern konnte. Cusack besitzt eine recht expressive Art, sich auszudrücken. Er hat eine tiefe, ruhige Stimme, seine Worte aber sind voller Farben, Bilder und aufblitzender Lichter. Wenn er einen Namen vorlas, schien der Gangster ins Zimmer zu marschieren, mir zuzunicken, in der Ecke stehenzubleiben und den Hut in Händen zu halten, während Cusack mit ihm sprach. Rothstein platzte herein mit seinem diamantbesetzten Schlipshalter und der goldenen Armbanduhr, Lepke stürmte mit funkelndem Blick durch die Tür; Lansky schlurfte zu mir, schüttelte meine Hand und sagte dann etwas über sein Magengeschwür: »*Oi, gewalt*! Diese Schmerzen!«

»Es waren noch viele mehr«, erzählte mir Cusack. »Sehr viele, und alle sind tot. Da war Solly Gelb, der in der West End Avenue wohnte und ewig mit Drogen zu tun hatte, Solly Gordon, der seit 1914 mit Drogen dealte, dann noch Tudi Schoenfeld, Artie West, Niggy Rutkin, Harry Koch, Sam Haas, Moe Taubman und Harry Hechinger. Kennen Sie Hechinger's, diesen großen Eisenwarenladen in Washington?« fragte Cusack und schaute auf. »Harry war der Bruder des Geschäftsgründers. Als junge Männer haben sie im Maschinenhandel in einem dieser riesigen Gebäude in Soho gearbeitet.

Der eine Bruder steigt also ins Eisenwarengeschäft ein, der andere ins Opiumgeschäft. Wir treffen alle unsere Wahl. Harry war ein Freund der Pfeife und rauchte wie ein Schlot. Ich mußte ihn deshalb mal verhaften. An einem Abend im Herbst 1947 informierte mich mein Gruppenleiter, daß in der Wohnung von einem Kerl namens Murry Krim, einem Schmalspurgauner, irgendeine Drogengeschichte lief. Also sind wir hin, aber Murray wollte uns nicht reinlassen. Er sagte, er halte *Schiwa* ab, die Trauerwoche. Als wir das hörten, antworteten wir ›okay‹ und gingen wieder. Auf dem Weg nach unten kam uns Harry Hechinger entgegen. Er trug ein riesiges, in Zellophan eingewickeltes Tablett. ›Aha!‹ dachten wir, nahmen ihm das Tablett ab und durchsuchten es, fanden aber nur einen Berg wunderschön arrangierter Kuchenstückchen. Wir entschuldigten uns und verschwanden.«

Einige Gangster waren brillante Köpfe. Ihr ruheloser, erfinderischer Verstand schien wie von innen erleuchtet: durch Armut,

Not und Ehrgeiz. »Was mit Tolly Greenberg war?« fragte Cusack und lehnte sich zurück. »Tolly tat was sehr Cleveres. Im Süden war fast nirgendwo Heroin oder Morphium zu bekommen. Außerdem suchten die Leute während der Prohibition nach irgendeiner Beschäftigung, und hin und wieder brauchten einige Drogenabhängige auf der Durchreise auch dringend einen Schuß. Also nahm sich Tolly ein Gerät aus der Pharmaproduktion und baute es um. Er veränderte das Gerät, bis es flüssiges Heroin in Pillenform ausgab, und verkaufte die Pillen dann im Süden als Morphiumpillen. Er hat ein irres Geschäft gemacht.«
Wenn ich an jemanden wie Tolly Greenberg denke, muß ich auch an meinen Opa Ben denken. Dieselbe ruhelose Energie trieb beide Männer dazu, etwas zu erfinden. Ben arbeitete in einem Diner und war verklebte Zuckerdöschen leid, also bastelte er so lange an einem Gerät herum, einer Maschine zum Eintüten von Tee, bis sie die ersten Zuckertütchen produzierte. Tolly arbeitete im Drogenhandel und wußte, daß es im Süden einen Markt für Drogen gab, also baute er ein Gerät um und produzierte die erste Morphiumpille.
Ich möchte betonen, daß es einen großen Unterschied zwischen diesen Männern gibt. Ich möchte betonen, daß Tolly für die böse, mein Großvater aber für die gute Seite gearbeitet hat, doch ist es wirklich so einfach? Manchmal frage ich mich, ob nicht der Augenblick der Erfindung, der Geistesblitz das eigentlich Gute ist, ein Abbild des göttlichen Funkens. Was einmal aus der Erfindung wird, welchen Wert ihr die Welt beimißt, darauf allein kommt es schließlich nicht an.
Und dann bliebe da noch die Frage der Motivation. War Tolly aufgeregt, als seine Pillenmaschine endlich funktionierte? Ist er losgestürmt, um seiner Frau davon zu erzählen? Oder glaubte er, in etwas Ruchloses verwickelt zu sein? Ich habe Tolly nicht gekannt, aber meinen Großvater kannte ich vermutlich noch viel weniger. Tollys Motivation scheint mir verständlich: Geld, Macht; die meines Großvaters bleibt mir ein Rätsel. War er auf Geld oder auf etwas anderes aus? Sein Ehrgeiz ist für mich wie ein abstraktes Gemälde: etwas, das ich nicht verstehe; etwas, bei dem ich mir dumm vorkomme. Wer vermag außerdem zu sagen, wie sich ihre Leistungen in den großen Lauf der Dinge einfügen?

Wer kann sich vorstellen, wie ihre Taten sich auf andere auswirkten? Derlei zu wissen, scheint unmöglich. Nun, Tolly und mein Großvater sind beide tot, vielleicht kennen sie also die Antwort. Vielleicht auch nicht.

Die meisten mir bekannten Juden glauben nicht an Himmel oder Hölle. Oder sie glauben einfach nicht, daß es darauf ankommt. Wie man das irdische Leben lebt, darauf kommt es an und davon hängt es ab, ob man auf Erden Himmel oder Hölle findet, eine Einstellung, zu der sich gewiß auch viele Gangster bekannt hätten. Himmel, Hölle, Erlösung, Verdammnis – all dies war Brooklyn für sie. Nur wenige Gangster erlebten die Strafe für ihre Taten erst in der nächsten Welt. Die Abrechnung begann auf den Parkplätzen, in den Werkstätten, an den Straßenecken und auf den Dächern von Brownsville und Williamsburg, also in East New York. Die Gegenwart Gottes scheint in der Unterwelt spürbarer als irgendwo sonst; wenn ein Gangster stirbt, ist wieder mal ein Urteil vollstreckt, und die Drogendealer wurden oft von der schlimmsten Strafe ereilt. »Das war der Fluch dieses Geschäftes«, sagte Cusack mit gerunzelter Stirn. »Die Kerle fingen an, Drogen an den Mann zu bringen, und ehe sie es sich versahen, waren sie selbst ihre besten Kunden.«

Sie zogen durch die Straßen, ihre eleganten Anzüge verknittert wie Schlafanzüge. Die Nadel konnte selbst die mächtigsten Männer, jene, deren Hände an den Schalthebeln lagen, fertigmachen. Was war aus Waxey Gordon geworden, der Jahre zuvor Rothstein den Vorschlag gemacht hatte, Alkohol ins Land zu schmuggeln? »Ein typisches Beispiel«, sagte Cusack. »Für Waxey waren die Drogen der letzte Halt auf dem Weg nach unten.«

Mit bürgerlichem Namen hieß er Irving Wexler. In der Lower East Side wurde er Waxey getauft, weil er seine Hände einwachste, um sie leichter in fremde Taschen schieben und Geldbörsen stibitzen zu können. In den zwanziger Jahren verdiente er gut zwei Millionen im Jahr. Er glich einer frühen Unterweltausgabe des Modezaren Ralph Lauren: Ein jüdischer Junge, der sich in einen piekfeinen Landjunker verwandelt hatte. Über den Palisades von New Jersey baute er sich eine riesige Villa und stellte sich die Werke von Thackeray, Dickens und Scott in die Bibliothek, sämtliche Bände in Leder gebunden, kein Rücken gebrochen. So etwas erinnert an die Szene im *Großen Gatsby*, in der Nick Carraway einen Mann trifft, der durch Gatsbys Bibliothek schlendert. Mit einer Handbewegung deutet er auf die Regale und sagt: »Absolut echt – mit Seiten drin und allem. Ich hielt alles für 'ne hübsche Attrappe... Wie gründlich! Wie realistisch! Wußte außerdem genau, wie weit er gehen durfte – ließ die Seiten unaufgeschnitten.«

Waxey kam 1933 ins Gefängnis: Steuerhinterziehung. Als er zehn Jahre später wieder herauskam, stieg er ins Drogengeschäft ein: Für ihn bot es die Möglichkeit, sein Imperium wieder aufzubauen. Bald tauchte er überall in der Stadt auf, getrieben von der Verzweiflung eines Schmalspurpuschers, eine Warnung für die übrigen Ganoven, ein glühendes Nachbild. 1951 wollte er Rauschgift an einen verdeckten Ermittler verkaufen. Als er begriff, daß ihm keine Bestechung aus der Klemme half, flehte Waxey den Agenten an, ihn zu erschießen. Auf seinem Fahndungsfoto sieht Waxey erschöpft und verbraucht aus. Sein Gesicht hängt wie ein Spiegelbild in der Luft, sieht wie ein Schemen auf einer Glasscheibe aus. Er wurde zu fünfundzwanzig Jahren Gefängnis verurteilt. Wexler starb 1952 in Alcatraz.

Es gibt einen Mythos der Unterwelt, der von Filmen, aber auch von den Gangstern selbst verbreitet wurde: daß nämlich die Mafiabosse jeden, der mit Drogen dealte, aus ihren Familien verbannten. In *Der Pate* sieht man einige Bosse darüber diskutieren. Als Joseph Valachi, ein unbedeutendes Mitglied der Familie Gambino, zum Informanten wurde, erzählte er den Vertretern der Anklage, daß manche Bosse ihren Leuten 200 Dollar die Woche zahlten, damit sie die Finger vom Rauschgift ließen; außerdem sagte er, daß man Familienmitglieder erschoß, die beim Drogenverkauf ertappt wurden. In seiner Autobiographie *A Man of Honor* schreibt Joseph Bonanno: »Schon aus Tradition ist Rauschgift für mich verboten. Schließlich galt es stets als selbstverständlich, daß ein Mann von Ehre nichts mit Rauschgift zu tun hat. Die hohen Profite verlockten allerdings manch einfachen Soldaten, sich nebenbei im Drogenhandel zu versuchen.«

Solche Erklärungen werden nicht selten für bloße Taktik gehalten, für einen Versuch, die Polizei abzulenken. Selbst die arrogantesten Mobster wußten, daß der Drogenhandel für die Mafia das Ende bedeuten konnte. Auf diesem Feld würde die Öffentlichkeit Ergebnisse sehen wollen. Etwas anderes war es, wenn Gangster Gangster killten. Doch wenn es um Drogen ging, konnte kein Mafioso die Polizei kaufen, ließ selbst der korrupteste Richter nicht mit sich reden. Und wenn die Spur vom kleinen Dealer irgendwie zu den großen Jungs führte, konnte es passieren, daß die Bosse ins Gefängnis wandern mußten. Also befahlen die Bosse ihren Leuten mit lautem Nachdruck: »Keine Drogen!«, während sie stillschweigend zugleich ihren Anteil einstrichen. Vito Genovese, der zu den ersten Gangstern der Moderne zählte, starb im Gefängnis wegen Rauschgifthandels.

»Ich weiß, daß viele von den großen Bossen ihre Finger im Drogengeschäft hatten«, erklärte mir Cusack. »Wer die Augen offenhielt, konnte das nicht übersehen. Doch in den siebziger Jahren sollte ich etwas erfahren, das mich überraschte. Ich fand heraus, daß Meyer Lansky eine Zeitlang von Heroin abhängig war. Eine unglaubliche Überraschung für mich. Das muß in jenen Tagen gewesen sein, als Lansky fast zusammengebrochen wäre.«

Cusack spielte auf eine Krise an, die Lansky Anfang der dreißiger Jahre durchlebte. Mitten im Castellammarese-Krieg wurde Buddy Lansky, sein erster Sohn, mit verkrüppelten Beinen geboren. »Lanskys erste Frau war streng gläubig«, erzählte mir Ralph Salerno. »Trotzdem heiratete sie einen Gangster und verbrachte ihre ersten Flitterwochen auf dem großen Mafiatreff 1929 in Atlantic City, wo sie Leute wie Al Capone kennenlernte. Und dann hatte ihr Sohn plötzlich all diese Probleme. Ich glaube, sie gab ihrem Mann daran die Schuld; sie hielt ihren verkrüppelten Sohn für eine Strafe Gottes. Ist es da ein Wunder, daß sie später in der Klapsmühle landete?«

Lansky machte sich Sorgen. Wer wollte schon auf Gottes falscher Seite stehen? 1931 stieg er dann eines Tages in seinen Wagen und fuhr nach Norden, vorbei an Städten und Flüssen, zu einem Schlupfwinkel, den die Gang in der Nähe von Boston unterhielt. In den nächsten Tagen wusch er sich nicht und wechselte keine Wäsche; er ließ sich einen Bart wachsen. Er war Henry Thoreau allein im Wald, ein Mann, der den Dingen auf den Grund ging, ein Heiliger, verlassen in der Wüste, der die Nacht

herausforderte. Warum war sein Sohn verkrüppelt? Suchten seine Sünden den kleinen Jungen heim?
Die Sonne ging auf und wieder unter. Der Wind rüttelte an den Fenstern. Es klopfte an der Tür. Vincent Alo kam herein. Luciano hatte ihn geschickt, um nach Meyer zu sehen. Alo war ein Sizilianer mit breitem Grinsen; Freunde nannten ihn Jimmy Blue Eyes. »Knapp eine Woche blieb Alo bei Lansky«, schreibt Uri Dan in *Meyer Lansky: Mogul of the Mob.* »Und während der untröstliche Little Man mit seinen Gefühlen kämpfte, reichte Alo seinem Freund vom eigenen Whiskey eine Flasche nach der anderen.«
Die Stunden vergingen. Die Schatten schwanden. Und eines Tages stand Lansky auf, duschte sich, rasierte sich, stieg in den Wagen und fuhr zurück nach New York. Zwar wurde diese Woche nie wieder erwähnt, doch wußte man: Lansky hatte seinen Frieden gefunden.
John Cusack zweifelte nicht an dieser Geschichte, sagte aber, daß noch mehr im Spiel war: Lansky mußte sich nicht nur mit der Krankheit seines Sohnes abfinden, er machte auch einen Entzug durch. Lansky war nach Norden gefahren, um clean zu werden. Und Alo hat ihn begleitet, ein Führer durch die Hölle. Stimmt das? Cusack ist davon überzeugt. Er sagt, Agenten des FBN hätten damals Bescheid gewußt. Wenn er aber recht hat, wenn Lansky tatsächlich auf Turkey war, erhalten wir ein neues Bild von diesem Gangster, ein Lansky, der sich deutlich vom reservierten, zugeknöpften Lansky der Gangsterfilme unterscheidet: Lee Strasberg in *Der Pate, Teil II,* Ben Kingsley in *Bugsy.* Das würde bedeuten, daß Meyer Lansky etwas wußte, was Kurt Cobain und Jimi Hendrix erst viel später herausfinden sollten. Überdies erhält er dadurch einen festen Platz in der Geschichte dieses Jahrhunderts, einen Platz in der ersten Reihe des Horrors; er wird zu einem von vielen, stets auf der Suche nach dem nächsten Flash. Außerdem aber bedeutet es, daß Lansky stärker war, als man vermutet hat. Und auch schwächer.
In den folgenden Jahren sollten Meyer Lansky und Vincent Alo die besten Freunde werden. Als Meyer die Empfindsamkeiten der Jugend abgestreift hatte und aus dem Wald zurückkehrte, war Alo an seiner Seite. »Lansky und Alo verband eine Liebes-

affäre«, erzählte mir Cusack. »Selbst jene, die auf der anderen Seite des Gesetzes standen, lernten ihre Gefühle füreinander zu respektieren.« In den achtziger Jahren lebten die beiden Männer in Miami, alte Gangster, die zusammen am Strand spazierengingen und gemeinsam zu Mittag aßen.

Als Lansky 1982 starb, ließ Alo sich nicht unterkriegen und eröffnete ein Restaurant in South Beach. Er ist immer noch da, einer dieser weißhaarigen Alten, die die Strandpromenaden von Miami bevölkern, ein fragiler, gebeugter, über neunzig Jahre alter Mann. Trotzdem haben die Leute noch immer Angst vor ihm. Sie sagen, sie fürchten seine weitreichenden Verbindungen, doch fürchten sie sich eigentlich vor dem Mann selbst. Sie fürchten ihn, wie man sich vor einem zahnlosen, einstmals aber bissigen Hund fürchtet. Ein Hund, der rohes Fleisch gekostet hat, bleibt ein gefährlicher Hund.

Vor einigen Jahren frühstückte ich mit meinem Vater und seinen Freunden (Sid, Asher, Larry) bei *Nate 'n' Al's*, und ich fragte, ob sie mich mit Vincent Alo bekannt machen könnten. »Ich schätze, wir könnten ein paar Anrufe machen«, sagte Sid. »Wir kennen da jemanden, der ihn kennt.«

»Ja, aber sei vorsichtig«, sagte Asher. »Wenn Jimmy Blue Eyes was nicht paßt, schickt er bestimmt keinen Leserbrief.«

»Erzähl ihm vom Espresso-Trinker«, sagte Sid. Seine Stimme überschlug sich fast vor Aufregung. »Mach schon, erzähl's ihm.«

»Sicher, ich erzähl's ihm«, sagte Asher. »Nun, Blue Eyes besitzt ein Restaurant in Miami Beach. Und er hat da diesen Typen, einen, der unglaubliche Mengen Espresso trinkt und der ihm den Laden führt.«

»Der Typ hat ständig einen Espresso in der Hand«, sagte Sid. »Schlürf, schlürf, schlürf.«

»Stimmt, er ist ewig am Schlürfen«, sagte Asher. »Na ja, jedenfalls läßt Blue Eyes diesen Espresso-Trinker seinen Laden führen. Unter einer Bedingung: Er muß immer einen Tisch für Blue Eyes bereithalten. Völlig egal, ob Blue Eyes in der Stadt ist oder nicht, der Tisch bleibt frei. Es ist Alos Tisch. Also gut. Monate vergehen, und von Blue Eyes keine Spur. Der Laden ist gerammelt voll. Die Schlange reicht bis vor die Tür. Eines Abends wird der

Espresso-Trinker habgierig. Jemand steckt ihm einen Hunderter zu. Er überläßt ihm den Tisch. Und wer spaziert eine Stunde später mit einem Haufen Freunde von außerhalb zur Tür herein? Jimmy Blue Eyes.«

»Ist das zu fassen?« ruft Sid und klatscht in die Hände. »Spaziert genau an diesem Abend zur Tür herein.«

»Tja, und Blue Eyes wirft einen Blick auf den Tisch, wirft einen Blick auf den Espresso-Trinker und geht wieder«, sagte Asher.

»Wird nicht wütend, zeigt keine Reaktion«, sagte Sid. »Geht einfach nur wieder raus.«

Asher aß eine Pomme frite von Sids Teller und fuhr dann fort: »Eine Stunde später liegt der Espresso-Trinker in der Küche, flach wie ein Brett, tot.«

»Flach wie ein Brett, tot«, wiederholt Sid. »Sein Espresso war vergiftet.«

Die Geschichte stimmt nicht. Nie im Leben. Ein Neunzigjähriger vergiftet keinen Espresso-Trinker. Doch daß Asher und Sid an die Geschichte glauben, verrät, was für ein guter Gangster Alo gewesen sein muß. Als junger Mann hat er ein Bild von sich verbreitet, das die Leute auf der anderen Seite des Landes noch siebzig Jahre später über ihn reden ließ. Aus meinem Treffen mit Alo ist nichts geworden. Er schrieb zurück, daß er kein Interesse daran habe, über die alten Zeiten zu reden. Doch ehe ich an jenem Morgen fortfuhr, packte mich Sid am Ärmel und sagte: »Wir haben dich gern, Richie. Solltest du dich also je mit Jimmy Blue Eyes treffen, dann benimm dich anständig.«

■ ■ ■

Ist es denn ein Wunder, daß die Gangster Drogen genommen haben? Ihr Leben war der reinste Streß. Was in Amerika heute Metaphern sind (*bag man* – Geldbote der Mafia, *hit man* – Profikiller, *hatchet job* – eigentlich ein ›Beiljob‹, gedungener Mörder), gehörte damals zur Wirklichkeit. Ein mittleres Lebensalter zu erreichen, bedeutete an sich schon einen Sieg. Sie arbeiteten unter einem Druck, wie er selbst Tiefseetauchern unbekannt ist, hatten sie sich ihre Welt doch auf unsicherem Grund erbaut: Ausschreitungen, Fehden, Kriege, Intrigen. Sie lernten, ihre Taten mit fremdem Blick zu betrachten, ihr Leben durch die Augen der Feinde zu brechen. Wer will mich als nächstes töten?

Oft wurden sie mitten in der Nacht geweckt. Ein Kieselstein ans Fenster. Im Parterre sind die Fensterläden geschlossen, auf der Treppe ist niemand zu sehen. Ein Mann steht unter der Straßenlampe. *He, Kid, ich bin's, Pep. Wir brauchen dich im Süßwarenladen.* Also zogen sie sich im kalten Zimmer an, beim Licht einer nackten Glühbirne, ohne zu wissen, ob sie als Killer oder als Opfer nach draußen gingen. Stellten sie sich dumm an, waren sie bald tot, waren sie clever, hatten sie ständig Angst. Angst vor Feinden, noch größere Angst aber vor Freunden.

Hin und wieder versuchte jemand, aus dem Milieu auszubrechen. Er ging in den Süßwarenladen, schüttelte jedem die Hand. Er hatte sich verliebt, zu Gott gefunden oder was auch immer. Nur hatte er etwas vergessen – daß nämlich der letzte, der sich verliebt oder zu Gott gefunden oder was auch immer getan hatte, auf einem Stück Ödland wiedergefunden worden war.

Doch was will man tun, wenn ein Mann einen Entschluß gefaßt hat? Man schüttelt bloß den Kopf und schaut ihm nach. Eine Hütte im Wald, eine Wohnung in der Stadt, ein Haus in der Vorstadt. Einige Wochen läßt man den bekehrten Ganoven sein neues Leben leben, einen neuen Alltag finden, einen Blick in die Zukunft werfen. Doch sieht er nur eine Illusion, einen Traum, der nach dem Schuß und vor der Kugel kommt. Früher oder später klopft es an seine Tür.

Wer aufgab, wurde für die Jungs zur Gefahr. Er war jemand, den sie nicht mehr kontrollieren konnten, ein Flugzeug, das vom Radarschirm verschwunden war, und wer wußte schon, wo es wieder auftauchte? Es kam nicht darauf an, wie viele Versprechungen man machte. *Macht euch um mich keine Sorgen, Jungs! Ich verrate kein Wort!* Wer ging, der nahm die Geheimnisse aller Gangmitglieder mit. Man konnte nicht zulassen, daß so jemand einfach davonspazierte. Das wäre wie Diebstahl. Früher oder später kamen einem die Jungs auf die Spur. Und fanden sie einen, holten sie sich zurück, was man gestohlen hatte. Dafür aber gab es nur einen Weg, und der führte durch den Kopf. Sie bluteten es aus einem heraus. Der einzige Mensch, der je davonkam, war Gangy Cohen, und um das fertigzubringen, mußte er immerhin bis nach Hollywood. Nein. Keinem wurde erlaubt, einfach aufzuhören. Ließen sie dich gehen, warst du nicht nur eine Bedrohung, du warst auch die denkbar schlimmste Art Reklame, eine Botschaft für alle, die etwas zu meckern hatten, ein Pfeil, auf dem stand: »Ausgang.«

So war es auch mit Tootsie Feinstein. In den dreißiger Jahren erledigte Tootsie gemeinsam mit Charlie Workman manchen Botengang. Er und Workman waren Freunde. Sie kümmerten sich umeinander. Und eines Tages erzählte Tootsie seinem Freund, daß er anständig werden wolle. Er wollte, daß seine Zukunft so gewiß wie seine Vergangenheit war. Workman bringt Tootsie nach Hause, fährt in die Stadt und erzählt Lepke, was er gerade gehört hat. Sicher, er ist mit Tootsie befreundet. Aber ein Fehler, den ein Freund macht, ist und bleibt ein Fehler. Also muß Workman den Job erledigen. »Charlie hat eine verdammt knifflige Aufgabe«, sagte Lepke. »Ich tu es verteufelt ungern, aber wir müssen Tootsie Feinstein ausschalten.« Wenn Lepke ein Todesurteil verkündete, benutzte er das Wort ›ausschalten‹ wie ein Bürokrat des Himmels, der sich an einen gottgegebenen Zeitplan zu halten hat.

Einige Tage später erzählte Workman seinem Freund Tootsie, daß ihm etwas im Kopf umgehe, daß er Lust auf einen kleinen Ausflug habe. Wußte Tootsie, daß er sterben würde? Viele Gangmitglieder, die im Feuer der eigenen Seite starben, müssen etwas geahnt haben. Sie hatten es so oft erlebt: Jemand macht einen Fehler, dann folgt eine Atempause, Zeit vergeht, schließlich klopft es an die Tür, und ein Freund hat Lust auf eine Spazierfahrt. Vielleicht weiß das Opfer, daß es keinen Ausweg gibt, und denkt sich, wenn es schon abtreten muß, dann wenigstens in Begleitung eines Freundes. Immerhin kann man sich so auf dem Weg zum Ödland angenehm unterhalten. Workman vergrub die Leiche in Lindhurst, New Jersey, in einem mit Kalk gelöschten Grab, das die Jungs für diesen Zweck am Passaic River parathielten.

Einige Tage darauf klingelte ein Mitglied der Gang bei den Feinsteins. Als Tootsies Frau die Tür öffnete, reichte er ihr einen Fünfzig-Dollar-Schein. Er sagte, ihr Mann würde eine Weile verschwunden bleiben. Die eine oder andere Frau hätte den Schein vielleicht zerrissen, doch Tootsies Frau war Realistin. Mußte sie denn alles verlieren, nur weil sie ihren Mann verloren hatte? Sie genoß ihren Lebensstil. Sie würde auch künftig gern mit den Jungs zusammensein. Sie verbrachte sogar einen Winter mit der Gang in Miami. Allie machte Filmaufnahmen am Strand, der wacklige Schwarzweißfilm zeigt Brandung, Himmel und Tootsies Witwe, wie sie mit dem Mann tändelt, der ihren Gatten umgebracht hat. Als Tootsies Killer später angeklagt wird, setzt sie sich für ihn ein. Und so wächst die Legende: Wenn der hübsche Charlie einen Mann umbringt, sagt die Witwe vor Gericht noch für ihn aus.

■ ■ ■

Mitte der dreißiger Jahre hatten sich die Gangster ihre eigene Welt aufgebaut. Sie besaßen Freunde in allen Städten, Städte in jedem Bundesstaat. Wie groß der Schlamassel auch sein mochte, stets gab es jemanden, den man anrufen konnte. Irgendwo konnte man immer hin. Im Westen wurden ganze Bezirke zu gangsterfreundlichen Regionen; Häuser, Polizisten und Politiker wurden gekauft. In einigen kleinen Dörfern in Michigan konnte man merkwürdige Männer in dunklen Anzügen, Filzhüte auf dem Kopf, aus dem Ort kommen sehen, wie sie, Lebensmittel in der Hand, die Straße hinunter zu einem Haus im Wald spazierten. Man sah sie jeden Tag, eine Woche, einen Monat lang. Dann waren sie wieder verschwunden. Man hatte sich drüben im Osten um das Problem gekümmert. Als Al Capone 1919 in Brooklyn wegen Mordes gesucht wurde, versteckte er sich so lange in Bugsy Siegels Haus in der Vierzehnten Straße, bis Siegel eine sichere Reise nach Chicago organisiert hatte.

Wenn es besonders brenzlig wurde, wenn es etwa einen toten Polizisten oder ein totes Kind gegeben hatte, wurde ein Gangster unter Umständen auch gleich über den Ozean geschickt. Für die Italiener bot sich Italien an, das Land der Vorfahren. 1937 wurde Vito Genovese wegen Mordes gesucht. Er floh nach Neapel, stieg dort ins Drogengeschäft ein und traf ein Abkommen mit Mussolini. 1947 wurde ihm in New York der Prozeß gemacht; er wurde freigesprochen. Für die Juden, deren Vergangenheit hinter ihnen einfach zu verschwinden schien, gab es immerhin noch Miami, das andere Gelobte Land. Und bald sollte es Israel geben. Für jüdische Gangster war Israels erfolgreicher Unabhängigkeitskampf zum einen ein Sieg der Selbstbestimmung, zum anderen ein Sieg für die Juden auf der Flucht.

Und wenn sich ein Gangster einfach nur mal absetzen mußte, wenn er warten mußte, bis über irgendeine Geschichte Gras gewachsen war, oder wenn er von seiner Frau die Nase voll hatte, dann konnte er immer noch ins Hotel Arkansas fahren, ein Kurhotel und Kasino, das Owney Madden in Hot Springs gehörte. Madden war einer der letzten Oldtimer. Seine Jugend hatte er in einem anderen Zeitalter verbracht, in jener Welt zu Anfang dieses Jahrhunderts, in der Welt der tausendköpfigen Straßenbanden, der Opiumhöhlen, der Monk Eastmans und Jack Zeligs und der Messerstechereien im Morgengrauen. Er war wie ein exotisches Tier, das aus der Vergangenheit zurückkehrt, ein Papagei unter Tauben. Er hatte ein teigiges Gesicht, in dem alles geschrieben stand. Er war, was aus einer Gestalt von Charles Dickens hätte werden können, hätte sie bis ins zwanzigste Jahrhundert überdauert, wäre zu weit von daheim fortgebracht worden und hätte all den Ehrgeiz der Dickensschen Gestalten, aber nichts von ihrem Glück besessen. Für Freunde aus Kindheitstagen war er »der kleine neckische Bantamgockel aus der Hölle«.

Madden war 1903 aus dem englischen Liverpool nach Amerika gekommen. Er wohnte mit seiner Tante in Hell's Kitchen. Mit elf Jahren schloß er sich den Gophers an, einer der letzten alten Straßenbanden. Noch vor seinem zwanzigsten Lebensjahr wurde er vierundvierzigmal verhaftet. Mit siebzehn übernahm er die Gang. Zur Feier des Tages zog er los und brachte einen italienischen Einwanderer um, jemanden, den kein Mensch vermissen würde. 1916 sprang er auf eine Straßenbahn auf und tötete einen Kerl, der mit seinem Mädchen ausgegangen war. Obwohl der Mann vor Zeugen umgebracht wurde, hatte niemand etwas gesehen. Er feuerte auf ihn, während die Bahn die Ninth Avenue hinaufrumpelte und – nur wenige Häuserblocks von dort entfernt, wo ich heute wohne – die Sechzehnte Straße kreuzte. Die Bahn gibt es nicht mehr, aber man kann die Hochgleise noch sehen, die über Zeitungskioske und Autowerkstätten hinweg-

führen. Zwischen den Gebäuden verlaufen die Gleise auf einer Art stählernem Viadukt, dessen Träger vor sich hin rosten. Im Sommer wachsen Rohrkolben durch die Bögen. Noch vor seinem fünfundzwanzigsten Geburtstag hatte Madden bereits fünf Menschen umgebracht. Auf der Straße nannte man ihn Owney, den Killer.
1914 wurde Madden nach Sing Sing geschickt. Man hatte ihn für den Mord an einem Rivalen verurteilt. Und als man ihn 1923 wieder entließ, fand er sich in einer neuen Welt wieder. Er war am Morgen ins Gefängnis gegangen, und jetzt war der Abend angebrochen, einer dieser feurigen Abende im New York der zwanziger Jahre. Vermutlich war Madden der einzige Oldtimer, der den Übergang schaffte. Während Legenden wie Monk Eastman opiumbenebelt durch die East Side taumelten, schloß Madden seine Deals mit der neuen Generation und verdiente sich ein Vermögen mit Schmuggel und Betrug; ihm gehörte der Cotton Club in Harlem. Madden arbeitete mit Lansky und Lepke aus eben jenem Grund zusammen, der etwa Frank Sinatra später veranlassen sollte, Songs mit Bono von U2 und Paul Simon aufzunehmen: Die Dinge änderten sich. Als die jungen Oberhäupter der Unterwelt 1929 eine Konferenz in Atlantic City abhielten, war Madden mit von der Partie, eine historische Gestalt, die in die falsche Gegend gezogen war.
Als die Prohibition aufgehoben wurde, ging Madden in den Süden. Er hatte lange genug in der ersten Liga der New Yorker Unterwelt mitgespielt, um zu wissen, daß sein Glück nicht endlos vorhalten konnte. Blieb er, würde man ihn früher oder später umbringen oder einsperren. Leute wie Reles und Madden lebten in einer Welt abnehmender Renditen, einer Welt, in der man alles, was man haben wollte, nur in seiner Jugend haben konnte. Also steckte Owney seinen Gewinn ein und kaufte sich das Arkansas, ein Kurhotel und Kasino in Hot Springs.
Mitte der dreißiger Jahre war das Hotel zu einem Anlaufpunkt für Gangster auf der Flucht geworden. Die Ganoven nahmen den Zug von New York, übernachteten in großen, hell erleuchteten Räumen, kurten im Thermalbad und verloren im Kasino ein Vermögen. Sie blieben eine Woche, einen Monat, eine Saison. Alle Wege führten in den Speisesaal, wo die Jungs bis spät abends

aufblieben und rauchten. Nach dem Dinner fand man sie dann draußen in Liegestühlen, aus denen heraus sie den Lauf der Nacht an den Sternen vermaßen. An Wochenenden kamen Orchester aus Little Rock, um Gershwin und Songs von Cole Porter zu spielen. Und die Frauen im Schatten trieften vor Juwelen. Die Jungs aber fielen in die Stadt ein, in die Klubs am Boulevard, feuerten Salven in die Luft. Als man einen Haftbefehl für Lucky Luciano ausstellte, kam der Gesuchte ins Hotel, wo er sich so sicher wie Vito Genovese in Neapel fühlte. Es dauerte mehrere Monate und brauchte einen politischen Skandal sowie eine Militäreinheit, um Lucky da herausholen und in einen Zug nach Norden setzen zu können.

Und an den verregneten Abenden und lauen Nachmittagen im Hotel Arkansas pflegten diese Gangster jene so überaus wichtige Komponente ihres Stils: das Herumlungern, eine Tätigkeit, die später einmal ihren Lebensstil definieren sollte. Gangster waren gewiß die ersten Amerikaner gewöhnlicher Herkunft, die nicht ihre gesamte Zeit bei der Arbeit oder ihren Familien verbrachten; sie waren Männer mit Freizeit und gehörten zu den ersten Amerikanern, die sich mit dem großen Problem unserer Zeit herumschlugen: der Langeweile, dem Problem, wie die Stunden zwischen Aufwachen und Einschlafen zu füllen waren. Es war ein Problem, das sich Abe Reles an der Ecke Livonia und Saratoga stellte, Bugsy Siegel in der Lobby des Waldorf-Astoria, Frank Costello im Hotel Arkansas. Sie dürften die ersten Amerikaner gewesen sein, die vollständig mit der puritanischen Arbeitsethik brachen. Sie lungerten den ganzen Tag an der Straßenecke herum, folgten mit ihren Blicken dem Weg der Sonne über den Himmel, sahen die Pendler gehen und kommen. Sie waren die Pioniere jener Klasse zielloser Erwachsener, wie sie später in der TV-Serie *Seinfeld* porträtiert werden sollten. Sie waren Männer, die auf einen Bus warteten, der niemals kam.

So viele Jahre sind vergangen, doch mein Vater und viele alte Männer, die es eigentlich besser wissen sollten, lungern immer noch herum. Sie verbringen ganze Vormittage in Diners wie *Nate 'n' Al's*, vergeuden ganze Nachmittage im Klub. Einige Male im Jahr fährt mein Dad mit seinen Freunden nach La Costa, einem Kurort in der Nähe von San Diego, wo sie ziemlich genauso leben, wie Lucky Luciano in Hot Springs gelebt hat. Sie spielen Karten, lassen sich massieren und gehen schwimmen. Abends sitzen sie unterm Sternenhimmel und vertrödeln die freien Stunden, die sie sich so mühsam erarbeitet haben. Ihr Lebensstil ist ein Erbe dieser Gangster, denn das ist es nun mal, was Männer so tun. Sooft ich Asher Dann anrufe, läuft die gleiche, angenehm absurde Ereigniskette ab. Rufe ich bei ihm zu Hause an, heißt es: »Asher ist im Friars. Versuch es dort.«

Wenn ich im Friars Club anrufe, verbindet man mich mit dem Umkleideraum. »Wen möchten Sie sprechen? Asher?« fragt der Aufseher. »Einen Augenblick.« Ich höre, wie er den Hörer ablegt, durch den Raum geht und: »Asher! Ash! *Asher*!« ruft. Und als seine Stimme verklingt, dringt ein anderes Geräusch zu mir vor, das Geräusch von Männern, die herumlungern. Ich kann sie zwar nicht sehen, aber ich weiß, wie sie aussehen. Sie tragen Handtücher und sitzen auf Holzbänken vor einer Reihe Spinde. Manche haben sich noch ein Tuch um den Kopf gewunden und nur eine Öffnung für die Zigarre gelassen. Einige tragen Goldkettchen. Drahtige, graue Stoppeln bedecken das Kinn. Die Augen funkeln. Der Schalk sitzt ihnen im Nacken. Am Ende ihrer Sätze heben sie die Stimme, kündigen den Witz an. Die meisten reden mit New Yorker Akzent. Und sie reden von Geschäften, die sie gerade abgeschlossen haben, von Autos, die sie kaufen wollen, von den wunderbaren Dingen, die ihre Kinder gerade vollbracht haben. Sie alle haben die großartigsten Kinder der Welt. Aber sie erzählen auch von den alten Tagen, vom damaligen Brooklyn und davon, wie es war, als jüdische Gangster den Ton angaben. »'Tschuldigung«, sagt der Aufseher, nachdem er den Hörer wieder zur Hand genommen hat. »Asher sitzt in der Dampfsauna.«

■ ■ ■

Die Klientel im Hotel Arkansas bestand überwiegend aus Italienern und Juden. Zu den Stammgästen zählten Louis Lepke, Lucky Luciano, Meyer Lansky, Joey Adonis und Frank Costello. Diese Männer verknüpfte ein Band, das stärker als die Religion war. Ob Jude oder Italiener, sie sahen einander mit ihren dunklen Augen und dem dunklen Haar sogar ähnlich, kamen aus denselben Ghettos und schienen die gleichen Dinge zu wollen. »Wissen Sie, woran man ein jüdisches Viertel erkennt?« hat mich Ralph Salerno gefragt. »An den italienischen Restaurants.«

In Maddens Kurhotel, im schimmernden Licht des Schwimmbeckens, da waren sie ein Volk. »Die italienischen Mafiosi haben ungeheuren Respekt vor den Juden«, erklärte John Cusack. »Mit denen haben sie sich nicht angelegt. Luciano war der erste, der sagte: ›Gegen diese Jungs kämpfen? Was soll das? Rauft euch mit ihnen zusammen. Arbeitet mit ihnen zusammen.‹« Doch diese Welt ging bereits wieder unter. Damals war das Goldene Zeitalter der jüdisch-italienischen Unterweltallianz. Armut hatte diese Leute zusammengewürfelt, und Reichtum sollte sie bald auseinanderreißen. Anfangs glichen sich jüdische und italienische Gangster, wie sich Samen gleichen. Doch sobald Geld und Macht sie erblühen ließen, wurden die Unterschiede offensichtlich. Die Wünsche, Pläne, die Ängste und Träume, die sie für ihre Kinder hegten, waren nicht dieselben. Im Laufe der Zeit sollten diese Unterschiede die Kinder jüdischer Gangster vom Verbrechen fortlocken, bis das jüdische Gangstertum schließlich nur noch eine vage Erinnerung war, an die zu glauben so schwerfiel, wie an die Jugend der eigenen Eltern zu glauben. »Die Juden waren den Italienern immer einen Schritt voraus: Sie waren früher eingewandert, früher im organisierten Verbrechen und früher wieder draußen«, sagte Cusack.

Wenn ein italienischer Gangster mit einem Verbrechen Reibach machte, ließ er das Geld meist im Viertel. Vielleicht nahm er sich eine bessere Wohnung, zog einige Stockwerke höher, kaufte sich einen neuen Wagen, ein neues Mädchen. Vielleicht sah man ihn dann, wie er im flotten Anzug über die Straße ging, den Himmel in den Schuhen. Denn die Italiener, jedenfalls jene, die nicht bis in die obersten Ränge aufstiegen, verließen nur selten die Gegend, in der sie aufgewachsen waren. Warum groß rauskommen, wenn man auf der Straße nicht damit angeben kann? Wer will schon vor Fremden protzen? In italienischen Vierteln wie Ocean Hill war die kriminelle Hierarchie für jedermann offensichtlich, unübersehbar wie der Umlauf der Sternbilder. Da waren die Männer auf den Straßen, in den Hauseingängen, den Klubzimmern, in den höher gelegenen Wohnungen. Und sie alle gaben das beste Werbeplakat der Welt ab. Hier der rotäugige, überarbeitete, hundemüde Vater. Und dort, nur einige Türen weiter, dieser coole, ausgeruhte Mafioso, der den ganzen Tag nichts anderes tat als herumzulungern. »Wissen Sie, was Eltern ihren Kindern am ersten Schultag sagten?« fragte mich Salerno. »Sie sagten ihnen: ›Manchmal werdet ihr euch auf dem Schulhof prügeln. Das ist in Ordnung. Das verstehen wir. Aber es gibt da einen Jungen, mit dem dürft ihr euch nicht anlegen. Niemals. Wir kennen seine Eltern. Tut ihr ihm weh, landet ihr im Gowanus Canal, eingewickelt in Draht. Und wenn ihr seinen Vater auf dem Bürgersteig seht, geht auf die Straße, macht ihm Platz, streckt ihm die Hand hin und sagt: ›Guten Tag, Don Chich.‹«

Wenn jüdische Gangster Reibach machten, ob nun durch einen Bruch oder durch Betrug, verschwanden sie sofort aus ihrem Viertel. Sie zogen von Brooklyn oder Queens nach Lower Manhattan, zur Upper West Side, zum Central Park West, zur West End Avenue, in die Vorstädte, nach Westchester, New Jersey, Long Island und später dann nach Miami, Las Vegas oder Los Angeles. Wer weiß, vielleicht gefällt es den Juden, unterwegs zu sein. Vielleicht haben die vielen Jahre im Exil sie ruhelos gemacht. Kein Heimatland zu haben, heißt für sie vielleicht auch, kein Heim zu haben. Vielleicht sagte tief in ihnen auch eine Stimme: »Verschwinde, bevor dir das Dach auf den Kopf fällt.« Ein erfolgreicher Jude verbringt viele Stunden seines Lebens damit, das alte Viertel aufzusuchen und mit Siegesgefühlen durch die schulterbreiten Straßen zu spazieren. Juden sammeln Heimatstädte.

Für jüdische Gangster war das Verbrechen nicht der Weg, der aus der Gesellschaft heraus-, sondern einer, der in sie hineinführte. Juden waren in den besseren Firmen an der Wall Street und Madison Avenue meist unerwünscht. Ihre Kinder wurden nicht in die Eliteschulen aufgenommen. Ist es da ein Wunder, daß sie glaubten, mit Waffengewalt in eine derart verschlossene Gesellschaft eindringen zu können, daß sie hofften, mit der Waffe in der Hand eine Abkürzung zum amerikanischen Traum zu finden? Aber sie rühmten sich dessen nicht. Vielen jüdischen Gangstern gefiel es nicht mal. Wenn sie auffällige Anzüge trugen, dann

nicht deshalb, weil sie mit ihrem Reichtum angeben wollten, sondern weil sie es nicht besser wußten. Ein Gangster in einem fuchsienroten Anzug ist ein Gangster, der geliebt werden will.
Der größte Traum dieser Männer, jener Traum, dessen Erfüllung sie ihren Kindern vorbehielten, war es, erfolgreiche, gesetzestreue Amerikaner zu sein. Das jüdische Volk wünschte sich eine Zukunft, wie mein Vater und seine Freunde sie heute leben: im Sommer in den Bergen, im Winter in der Sonne, Geschäftsabschlüsse in der Dampfsauna, Mitglied im Repräsentantenhaus und nichts, was sie ins Gefängnis bringen konnte. Legitime Macht. Doktoren, Anwälte. Die Gangster wußten, daß sie selbst dies nicht mehr erleben würden. Sie waren zu ungeschliffen, zu grün, noch nicht weit genug von Europa, dem Schtetl und den Pogromen entfernt. Sie waren wie die Generation, die Moses aus Ägypten fortführte, eine Generation, verloren in der Wildnis, eine Sklavengeneration, die sterben mußte, ehe sich Juden im Gelobten Land ansiedeln konnten. Also sorgten sie dafür, daß sie eine Position einnahmen, die ihren Kindern die Erfüllung dieses Traums ermöglichte. »Anders als in der italienischen Mafia ging in der jüdischen Mafia das Geschäft nie auf die Kinder über«, sagte Cusack. »Juden suchten sich keine Rekruten. Die Oldtimer taten, was sie tun zu müssen glaubten, aber sie wollten die jüngere jüdische Generation nicht damit hineinziehen.«
Die meisten jüdischen Gangster gaben vor, Importeur, Mittelsmann oder Organisator zu sein. Sie erzählten ihren Kindern nur selten, wie sie ihr Geld verdienten. Ich habe bloß eine Handvoll Juden finden können, die wußten, daß sie mit Gangstern verwandt waren. Und selbst diese hatten es erst nach vielen Jahren herausgefunden, lange nachdem der Großvater oder Urgroßvater senil geworden oder gestorben war. Es war ein Familiengeheimnis, etwas, das einem höchstens nach ein paar Gläsern Wein herausrutschte. Doch es muß noch andere geben, viele Tausende von Juden, die nie dem nur wenige Generationen alten Geheimnis auf die Spur kommen werden. Ihr Vorfahr ist für sie nur ein freundliches altes Gesicht im Fotoalbum, für andere aber gehörte dieses Gesicht zu Knadles oder Bugsy oder Kid Twist. Als Abe Reles starb, heiratete seine Frau erneut und

änderte ihren Namen sowie den Namen ihrer Kinder. Und schon tauchten sie in der murmelnden Menge unter, dem jüdischen Amerika.

Die Gangster sorgten dafür, daß ihre Kinder ein normales Leben führten, auf der Schule blieben, studierten, ans College kamen. Sie konnten den nötigen Nachdruck ausüben, an dem es ihren Vätern gefehlt hatte, jenen Nachdruck, der nötig war, um in die Schulen mit Zulassungsbeschränkungen aufgenommen zu werden. »Ich kannte einen Juden, der sich mit Bugsy Siegels Gangstergeld den Weg zum Medizinstudium freigekauft hat«, erzählte mir Salerno. »Diese Universitäten wollten keine Juden oder Italiener. Völlig egal, wie klug einer war. Aber man konnte auch jene Leute bestechen, die die Entscheidungen zu fällen hatten. Und welche Italiener und Juden hatten die nötige Macht? Die Gangster. Jemand aus dem Viertel ging zu einem Gangster und bat ihn um den Gefallen. Mach es für dein Volk! Und so schickte der Gangster ein paar Leute zu diesen schnieken Universitäten, und sie sagten: ›Ihre Antwort lautet nein? Mit wem muß ich reden, damit's ein Ja wird?‹«

Die Söhne der Gangster gingen ans College, machten ihren Doktor und wurden Anwälte, Mediziner, Geschäftsleute. Paul, Lanskys zweiter Sohn, graduierte in West Point. Nach zehn Jahren in der Armee zog er nach Kalifornien und wurde Programmierer. Seinen ersten Sohn nannte er Meyer Lansky II., was den Gangster ziemlich verärgerte. Schließlich lag ihm daran, unauffällig in Amerika zu leben und nicht mit dem eigenen Namen herumzuprotzen. Buddy, Lanskys behinderter Sohn, konnte sich an die Reaktion des alten Gangsters erinnern. »Dad war fuchsteufelswild«, erzählte Robert Lacey im Buch *Little Man*. »Er fand es einfach nicht fair, daß der Junge damit leben mußte.« Für spätere Generationen reduzierte sich das Leben im Ghetto, die Zeit des Verbrechens und der Gewalt auf Geschichten, auf etwas, das man vergaß, ehe man es gehört hatte. Warum sollte man sich daran erinnern? In der Geschichte der jüdischen Unterwelt gibt es nichts, was mit den italienischen Dynastien der Gottis und Gallos vergleichbar wäre. Keiner rennt auf die Straße, um die Familie zu rächen, ihren Namen reinzuwaschen. Das wäre das letzte, was sich der Patriarch wünscht. Selbst die gewalttätigsten Gangster hielten sich für gute Juden, für Männer der Schrift. An hohen Feiertagen gingen sie in die Synagoge und dachten an Gott nur, wenn es mal Ärger gab, ließen ihre Söhne beschneiden und achteten darauf, daß die Bar-Mizwa abgehalten wurde. Sie dachten zwar nicht ständig daran, daß sie Juden waren, doch sahen sie sich durchaus als Juden, als Spieler in einem größeren Stück – Tempel, Vertreibung. Wie sie ihr Verbrecherleben mit dem Leben der Bibel in Einklang brachten? Nun, wie die meisten Menschen trafen sie eine Unterscheidung: hier das Leben der Seele, dort das Leben des Körpers. Nächstes Jahr in Jerusalem. Doch so lebe ich nun mal in der Diaspora.

Ein Anwalt fragte Reles, wie er mit diesen Widersprüchen fertig wurde. »Bedauern Sie, was Sie getan haben?«

»So habe ich nun mal gelebt«, erwiderte Reles.

»Glauben Sie, daß es einen Gott gibt?« fragte der Anwalt.

»Ja, Sir.«

»Seit wann glauben Sie an Gott?«

»Ich habe schon immer gewußt, daß es einen Gott gibt«, sagte Reles.

»Sie wußten, daß es Gott gibt, während Sie diese Morde verübten?«

»Dieses Leben war mir nun einmal bestimmt«, sagte Reles. »Das war mein Beruf.«

»Haben Sie an Gott geglaubt, als Sie Jake the Painter getötet haben?«

»Ich wußte, daß es einen Gott gibt.«

■ ■ ■

Natürlich hatten die meisten Menschen im Viertel nichts für die Gangster übrig. Für Leute in einer Gegend wie Brownsville, das heißt für jene, die für alles, was sie besaßen, ehrlich gearbeitet hatten, waren die Gangster bloß Betrüger. Vermutlich hat sie niemand stärker als ihre Glaubensgenossen gehaßt. Als Bundesanwälte begannen, gezielt gegen jüdische Gangster vorzugehen, bestanden die juristischen Teams überwiegend aus Juden, denn für sie war es wichtig, der Öffentlichkeit deutlich zu machen, daß Juden gegen verbrecherische Juden kämpften. Schließlich fiel es ihnen auch ohne Ganoven, die den Namen des eigenen Volkes beschmutzen, schwer genug, sich in der Neuen Welt zurechtzufinden. Dann wieder gab es Leute im Viertel, die das Problem einfach ignorierten, die sich sagten, daß die Gangster woanders wohnten, in Ocean Hill etwa, dem italienischen Viertel. Hier jedenfalls nicht. Als ich Marty Glickman nach jüdischen Gangstern fragte, schaute er mich verständnislos an. Glickman, ehemals jüdischer Leichtathlet, sollte die Vereinigten Staaten 1936 bei den Olympischen Sommerspielen in Berlin vertreten, wurde dann aber nicht zum Wettkampf aufgestellt, da man fürchtete, Hitler zu verärgern. Er, der später als Reporter zur ersten Stimme der New York Knicks werden und das Wort »swish«* erfinden sollte, wuchs in den zwanziger Jahren in Brownsville auf, als das Viertel von Abe Reles beherrscht wurde und man sich kaum umdrehen konnte, ohne einen Gangster zu sehen. Doch Glickman scheint davon überzeugt zu sein, daß die Juden über das organisierte Verbrechen erhaben waren. »Ich weiß nicht, wie viele Gangster es gegeben hat, aber viele können es nicht gewesen sein«, erzählte er mir. »Schließlich gehört das Gangsterdasein nicht gerade zur jüdischen Lebensart.«

Selbst wenn die Gangster etwas Nützliches taten – wenn sie etwa dafür sorgten, daß Brownsville seinen Anteil an Regierungsgeldern erhielt, wenn sie sich gegen irische oder italienische Rowdys zur Wehr setzten –, fragten sich die Leute: »Ist das gut oder schlecht für die Juden?« Und beinahe jedesmal entschieden sie, daß es schlecht war. Das Bild der Juden hatte manchen Kratzer. In Filmen und Büchern trug der Böse oft einen jüdischen Nachnamen, oder er hatte eine Mutter, die mit europäischem Akzent sprach. Edward G. Robinson, ein jüdischer Schauspieler, verdiente sich seinen Ruhm, indem er Gangster spielte, deren Vorbild nach Meinung vieler Leute Buggsy Goldstein war. Als die Italiener die Gangsterrollen in Beschlag nahmen, kam es zu einer wichtigen Wende in der Geschichte des Films, die etwa dem Ende des Filmmusicals gleichzusetzen war; und bis 1950 schien ein Filmgangster entweder Corned beef oder Spaghetti zu essen.

* Eigentlich »zischen, sausen«. Im Baseball ein rascher, lässiger Schlag. Auch eine »Tunte«. (A. d. Ü.)

»Die meisten Juden haben die jüdischen Gangster gehaßt«, erzählte mir Herbert Brownell. Brownell, der Tom Deweys Präsidentschaftskampagne leitete, nahm als Generalstaatsanwalt unter Präsident Eisenhower den Kampf gegen die Gangster auf. »Diese Leute schadeten dem Image der jüdischen Gemeinschaft. Nur die Kids bewunderten die Gangster, da sie der Gesellschaft ein Schnippchen zu schlagen schienen. Aber natürlich endete es für viele mit dem Tod.«

»Ich fand es bemerkenswert, daß es überhaupt so etwas wie einen jüdischen Gangster gab«, fuhr Brownell fort. »Diesen Leuten boten sich so viele Gelegenheiten, so viele Chancen. Sie hätten alles tun können. Und sie haben es vermasselt. Schauen Sie sich an, was die Juden für diese Stadt getan haben – sie haben sie aufgebaut. Und daß sich einige ihrer Söhne entschließen sollten, sie wieder einreißen zu wollen... Das habe ich nie verstehen können.«

Herbert Brownell, der einige Monate nach unserem Gespräch starb, stammte aus Nebraska und war Protestant. Er kam aus einer anderen Welt, einer Welt der Silos, Getreideheber und Kornfelder. Wie sollte er jemanden wie Buggsy Goldstein verstehen können? Viele der Männer, mit denen Brownell zusammenarbeitete, stammten aus derselben Welt, aus kleinen protestantischen Städten des Westens und Mittleren Westens. Sie zogen nach Osten, um für das Büro des Generalstaatsanwaltes zu arbeiten, um gegen Gangster vorzugehen, die New York im Würgegriff hielten. Als ich mit den letzten Überlebenden sprach – sie sind heute über achtzig oder neunzig Jahre alt und erinnern sich nur an einzelne Bruchstücke der Geschichten –, hatten sie Mühe, sich die Gangster im einzelnen in Erinnerung zu rufen. Im Rückblick verschmolzen sie zu einem Typus, zu einem höhnisch grinsenden *Überganoven.* »Lauter Rüpel«, erklärte Edward Lumbard, der erst als Distriktstaatsanwalt und später als Bundesrichter gearbeitet hat. »Sie versteckten sich hinter dem Rükken der anderen Juden und lebten auf Kosten ihrer eigenen Glaubensgemeinschaft.«

Für viele Ankläger waren die Gangster nicht mal Menschen. Für sie waren es Fremde, ausländische Kreaturen, die Ursache allen sozialen Übels; die Juden waren in ihren Augen, was für viele

Weiße heutzutage die Gangs der Schwarzen und Hispano-Amerikaner sind. Für sie waren nicht die Armut oder das Ghetto das Problem, sondern die Juden. In manch einer Kirche wurde erzählt, daß die Juden Gott verraten und Jesus getötet hätten und daß sie in der Neuen Welt nun wieder ihren alten Gepflogenheiten nachgingen. Im Viertel meines Vaters strömten an jedem Wochentag um vier Uhr katholische, Streit suchende Schulkinder auf die Straße. Als ich meinen Dad fragte, warum sie Streit suchten, antwortete er: »Weil wir ihren Herrn getötet haben.« Vielen Zeitungsartikeln jener Tage haftet der Ruch des alten europäischen Antisemitismus an, raunt es in ihnen doch von Blutschuld und Aberglauben, von Juden, die christliche Babys forthexten. Als ein Reporter der *Saturday Press* in den zwanziger Jahren öffentlich kritisiert wurde, weil er einen Zusammenhang zwischen Judaismus und Verbrechen hergestellt hatte, ließ er folgende Erwiderung drucken: »Wenn ich Männer einer bestimmten Glaubensrichtung sehe, die sich zusammenrotten, um über Christen herzufallen; Revolverhelden, Killer, die durch unsere Straßen streunen und Männer niederschießen, gegen die sie selbst keinen Groll hegen, die sich gegen unsere Gesetze auflehnen, unsere Beamten bestechen, Geschäftsleute berauben, unbewaffnete Bürger zusammenschlagen und quer durch alle gesellschaftlichen Milieus Schrecken verbreiten, dann sage ich Ihnen in aller Offenheit, daß ich mich weigere, in dieser ›Sache‹ auch nur ein einziges Wort zurückzunehmen.«

All das trug dazu bei, einen Keil zwischen die Juden in Uptown und jene in Downtown zu treiben. Die Juden in Uptown, gebildet, wohlhabend, angepaßt, sahen sich durch diesen schleichenden Antisemitismus bedroht. Und wem gaben sie daran die Schuld? Den Antisemiten? Nein. Den Juden in Downtown gaben sie die Schuld, jenen Menschen, die sie mit ihrem Akzent und ihren Verbrechen in Verlegenheit brachten. Die Juden in Uptown schauten ihre Vettern in Downtown an, wie mein großer Bruder mich ansah, wenn seine tollen Freunde zu uns kamen – als hätten sie sich durch die Hintertür hereingeschlichen. Im Laufe der Zeit sollte dies bei einigen Juden eine gewisse Sympathie für die Gangster wecken. Für die Menschen im weit entfernten Brooklyn dagegen ließ ein Gefühl der Ausgrenzung so etwas wie

Einigkeit aufkommen. Die Gangster standen wenigstens auf ihrer Seite.

Wenn Reles mit seinen Jungs im Diner meiner Großeltern herumlungerte und die Cops vorbeischauten, versteckte meine Großmutter ihre Waffe in den Zwiebeln. Sie haßte Gangster, aber mehr noch haßte sie Leute, von denen sie glaubte, daß sie Juden haßten. Außerdem brachten die Gangster so manches fertig, was der Polizei nicht gelang. Sie sorgten für sichere Straßen und verschafften Kindern aus dem Viertel einen Platz am College. Als meine Oma Betty eines Tages im Diner ihre Wehen bekam, wer hat sie da ins Krankenhaus gefahren? Abe Reles. »Die Gangster halfen, Schranken niederzureißen«, erzählte mir Ralph Salerno. »Die Welt blieb den Menschen ihres Viertels verschlossen, doch die Gangster verfügten über genügend Macht und Geld, um sie ihnen zu öffnen.«

Die Gangster fochten mit Herz und Verstand. Wurden sie gemocht, waren sie geschützt. Ein Gangster, der sich für die kleinen Leute einsetzt, wird nicht verpfiffen. (Wurden sie nicht gemocht, sorgten sie allerdings dafür, daß sie gefürchtet wurden.) Und wer mochte sie am meisten? Die Jungen. Die Jungen in Gegenden wie Brownsville geiferten regelrecht nach Vorbildern. Ständig waren sie auf der Suche nach jemand anderem als ihrem Vater, einem anderen als dem häuslichen Schicksal, das sie daheim vor Augen hatten. Sie eiferten jüdischen Boxern nach: Benny Leonard oder Barney Ross. Sie kannten die echten Namen der jüdischen Schauspieler und ihre Künstlernamen: Kirk Douglas, Jeff Chandler oder Tony Curtis (Bernie Schwartz). In Brooklyn stellten sie Baseballmannschaften zusammen, die nur aus jüdischen Starspielern bestanden: Al ›Flip‹ Rosen, Max Fischl, Heine Bloom. »Einmal bestand Hank Greenberg, erster Malspieler bei den Detroit Tigers, darauf, daß er mehr Geld bekam«, erzählte mir Salerno. »Also nahm er sich einen Pitcher, ging in den Park und schlug ziellos Bälle ins Leere. Das war einer der lustigsten Augenblicke in meinem Leben. Es standen bestimmt über zweihundert Außenfeldspieler vor ihm. Sämtliche jüdischen Kids der Nachbarschaft wollten einen Ball fangen, der vom berühmten Hank Greenberg geschlagen worden war.«

Mein Vater wohnte in Bensonhurst, ganz in der Nähe von Sholem Bernstein, einem jüngeren Mitglied der Reles-Gang. Für die Jungen aus dem Viertel war Sholem zugleich vertraut und fremd. Er war ein Jude wie ihre Väter, und doch blieb er ihnen ein Rätsel. Wie ein Farbspiel fegte er durchs Viertel in dreihundert Dollar teuren Anzügen, mit geöltem Haar, im Mundwinkel eine Zigarette. Mit vierzehn versuchte Larry King, wie Sholem zu rauchen, beugte sich dann vor, um ein Mädchen zu küssen, vergaß seine Zigarette und hätte der Kleinen fast ein Loch ins Gesicht gebrannt. »Sholem war für uns eine Art Superathlet«, erzählte mir Larry. »Alles, was er tat, sah cool und einfach aus, aber sobald man ihn nachmachen wollte, fiel man gnadenlos auf den Arsch.«

Sholem Bernstein besaß in Bensonhurst einen Laden. Manchmal besuchten ihn ein paar Jungs aus Brownsville. War es ein schöner Tag, spazierten sie womöglich gemeinsam durch die Straßen. Wenn mein Vater die vorbeiflanierenden Gangster beschreibt, sieht man nichts als riesige, fleischige Hände, goldene Armbanduhren, rosafarbene Ringe, Zähne, sehr weiße, dicke Handgelenke und breite Schultern unter grünem Himmel. Und wie sie da den Bay Parkway entlanggingen, folgte ihnen ein lautes Flüstern. Schon von weitem versuchten die Leute, sie wie auf Fußballbildern zu erkennen. »Der kleine, untersetzte Typ, das ist Reles, und der Hübsche heißt Charlie Workman; der mit seinen blauen Augen so grimmig schaut, das ist Pittsburgh Phil Strauss, und der, der so aussieht wie Edward G. Robinson, das ist Buggsy Goldstein.«

Schulter an Schulter gingen sie vorbei an staubigen Bars und hemdsärmeligen Männern auf Betontreppen, die den *Brooklyn Eagle* lasen, vorbei an überfüllten Basketballplätzen und Wohnungsfenstern, hinter denen Mütter ihre Kinder zum Essen riefen, vorbei an Seitenstraßen, in denen Kinder Straßenbaseball spielten. Asher Dann ist am Wurf. Er streicht sein Haar aus dem Gesicht. Sid Young muß fangen. Er will einen *fastball*, Herbie schlägt. Er wedelt mit dem Besenstiel. Larry steht im Außenfeld, von weitem nichts als eine Brille und ein Lachen, so wartete er auf den rosafarbenen Fleck am grünen Himmel. Larry entdeckt die Gangster als erster. Er beißt sich auf die Unterlippe und rennt zum Pitcherhügel, dem *pitcher's mound*, und verlangt eine *mound conference.* Und während die Jungen tun, als unterhielten sie sich, beobachten sie die Ganoven. Seht sie euch an! Die leben in einer anderen Welt, jenseits von allem, was der Rabbi am Freitagabend erzählt, was unsere Väter den Rest der Woche von sich geben. Und trotzdem geht's ihnen gut. Schaut euch diese Klamotten an! In der Jacke da könnte ich mich spiegeln!

Für einen Jungen wie meinen Vater waren die Gangster anders als Bücher und Gebete, Trauer und Wehklagen, als die Juden. Würden die Gangster in Palästina leben, gäbe es dort keine Klagemauer. Sie hieße Verarsch-mich-nicht-Mauer! Als die Jungen aus diesem Viertel einige Jahre später mit den Bildern deutscher Konzentrationslager konfrontiert wurden, lieferte ihnen die Erinnerung an die Gangster ein anderes Bild: knallharte Juden, Juden, die sich nicht zur Schlachtbank hätten führen lassen. Man stelle sich vor, was ein Jude wie Pep Strauss zu einem Typen wie Heinrich Himmler gesagt hätte. Pustet fünfzehn Löcher in den *Kraut*, dieses Arschloch! Manchmal glaube ich, daß das Selbstbild meines Vaters, sein Selbstverständnis im Umgang mit der Welt, in jenen ersten Begegnungen mit einigen Gangstern wurzelt. Zwar schlug er ihren Weg nicht ein, doch verhalfen sie ihm zu einer Illusion von Freiheit. *Wer weiß? Vielleicht bin ich eines Tages so wie sie.* »Ein Tip für die Zukunft«, sagt einer der Gangster. »Laßt den Ball fallen, behaltet den Schläger.«

»Wie sah denn die Geschichte der Juden aus, ehe sie hierherkamen?« fragte mich Ralph Salerno. »Sie lebten in Europa. Kosaken hackten ihnen die Köpfe ab. Sie kamen her und waren es nicht gewohnt, sich zu wehren. Wer von ihnen wußte schon, wie man sich verteidigte? Wer konnte ihnen beibringen, wie man zurückschlug? Die Gangster. Juden mit Waffen, Juden wie Meyer Lansky, Dutch Schultz und Ben Siegel. Sie bewiesen, daß Juden die härtesten Jungs der Welt sein können. Willst du dich mit ihnen anlegen? Na gut, aber dann mach dich auf allerhand gefaßt.«

Als daher Mitte der dreißiger Jahre Tom Dewey, zuerst als Sonderankläger, dann als Distriktstaatsanwalt und später als Gouverneur des Staates New York, den Gangstern den Kampf ansagte, schauten die jüdischen Kids von Brooklyn wie gebannt zu. Täglich verfolgten sie das Geschehen in der Zeitung und versuchten, zwischen den Zeilen zu lesen. Die meisten glaubten, daß die Gangster gewinnen würden. In ihren Augen stand der Gangster irgendwo über dem Home-Run-König und dem Schwergewichtsweltmeister. Doch aus Deweys Büro bot sich ein anderer Blick. Dewey kannte die Wahrheit über die Gangster: daß ihre Stärke die Stärke der Schwachen war, der Terroristen, der gesellschaftlichen Außenseiter. Mit Mut und Geduld vermochte er die Oberhäupter der Unterwelt zu Fall zu bringen. Und auch wenn die jüdischen Gangster den Kids von Brooklyn keinen Sieg liefern konnten, so lieferten sie ihnen doch einen phantastischen Kampf.

Auf der Flucht

Tom Dewey wurde 1902 in Owosso in Michigan geboren. Die ersten Jahre dieses Jahrhunderts verbrachte er unter Ladenbesitzern und Kellnerinnen im kleinstädtischen Amerika, angezogen wie ein kleiner Prinz, das Haar sauber gescheitelt, so hielt er die Augen offen und schlug sich seine Kleinstadtzähne als linker Stürmer im kleinstädtischen Footballteam aus. Die Sommer verbrachte er auf der Upper Peninsula, jenem überwucherten Winkel der Wildnis Michigans, auf der Ernest Hemingways erste Kurzgeschichten spielen. In der High School trat er in einer Minstrelshow auf (*The Dudes of Blackville*) und gab das Jahrbuch der Schule heraus (*The Spic*). Und obwohl er vor Schulbeginn Zeitungen austrug und nach der Schule allerhand Gelegenheitsjobs erledigte, fehlte er nicht einen einzigen Tag. Er war der ideale Sohn einer alten Republikanerfamilie. Sein Vater hatte sich als Jugendlicher bei einem Aufenthalt in New York geschworen, gegen jene korrupte, unter dem Namen Tammany Hall bekannte Organisation der Demokraten anzukämpfen. Manche von Deweys Träumen waren daher von Anfang an politischer Natur: Er wollte den Kampf seines Vaters fortführen, gegen die Korruption in den großen Städten zu Felde ziehen. Doch hatte er auch andere Träume. Er wollte zur Oper: die großen Bühnen des Ostens, erwachsene Männer mit Tränen in den Augen. Nach einigen Jahren an der Universität von Michigan zog er daher aus demselben Grund nach New York, aus dem auch Meyer Lanskys Vater dorthin gezogen war: um sein wahres Leben zu beginnen.

Als seine Träume von einem der Musik gewidmeten Leben verblaßten, schrieb sich Dewey an der Columbia Law School ein. (Er saß mit Paul Robeson, dem schwarzen Baß, der später Kommunist werden und eine Zeitlang in Rußland leben sollte, im selben Seminar.) Zwei Jahre später machte Dewey seinen Abschluß. Nach einigen Jahren als einfacher Anwalt (1925–1931) ernannte man ihn zum ersten Stellvertreter von George Medalie, dem Staatsanwalt für den Südbezirk von New York. Und so begann sein Kampf gegen das organisierte Verbrechen – ein Sohn, der von seinem Vater eine fixe Idee übernahm und ins Wespennest der Großstadtkorruption stach. Wie seltsam! Tom Dewey, der Junge aus der Pampa, im Kampf gegen die Unterwelt! Was wußte er denn schon? Schließlich kam er nicht bloß aus einer anderen Gegend, er kam aus einer anderen Zeit. Wie viele Jahre lagen zwischen Michigan und der Delancey Street? Hundert? Tausend? Kannte er die Brutalität des Ghettos? Dreitausend Menschen lebten in Owosso, ebensoviel wie in einem einzigen Häuserblock der East Side. Tom Dewey legte sich mit einer Armee aus Exoten an, mit Männern, die alles in Frage zu stellen schienen, was Owosso für ihn verkörperte.

Und was verkörperten die Gangster? Mehr als alles andere, mehr noch als Reichtum und Macht, verkörperten sie einen Stil, eine Lebensart. Sie kannten die richtigen Worte (Sore, Muckis), trugen die richtigen Klamotten (elegante Schuhe, Gamaschen) und gingen in die richtigen Klubs (Hotsy Totsy, Stork). Sie würden nie die Betrogenen sein, die Gelackmeierten, die naiven Weltverbesserer oder Paragraphenreiter. Daß sie von einem Mann wie Dewey gestürzt wurden, mußte für Männer wie Dutch Schultz und Lucky Luciano, denen ihr cooles Aussehen über alles ging, die schlimmste Beleidigung sein. Dewey war wohl der ehrgeizigste Sonderling in der amerikanischen Geschichte. Als sich Luciano in Begleitung einiger Blondinen in Uptown vergnügte, lebte Dewey noch in Michigan und stellte einen beschämenden Rekord auf – er fehlte keinen einzigen Tag in der Schule. Als seine Eltern ihm vorschlugen, einen Tag ausfallen zu lassen, um die Großeltern zu besuchen, erwiderte er schriftlich, ganz im Stil des kleinen Lords: »Es ist, so sehr ich meine Großeltern auch liebe, meine vordringlichste Aufgabe, in der Schule so viel zu lernen, wie ich nur vermag, dient dies doch zur Vorbereitung auf mein künftiges Leben.«

In den zwanziger Jahren streckten die Gangster zum erstenmal ihre Fühler über die Stadtgrenzen aus und lieferten Drogen und Whiskey in die Niemandsstädte von Amerika. Sie kamen als Fremdlinge der Unterwelt: Rothsteins Jungs, die mit einem Laster Whiskey an verschlafenen Long-Island-Farmen vorbeifuhren, Reles, der zu Schießübungen aufs Land kam, Strauss, der Aufträge im Bible Belt erledigte. Das Böse blutete aus der Stadt durchs Land. Das hatte Hemingway im Sinn, als er »Die Killer« schrieb; das war der Hintergrund für Bilder wie *Death on the Ridge Road* des in Iowa geborenen Malers Grant Wood, ein Bild, auf dem schwarze Limousinen durch üppige, grüne Landschaft rasen. Mit der Ankunft von Tom Dewey sollte sich das kleinstädtische Amerika nun revanchieren und über die Großstadt zu Gericht sitzen. »Dewey kam genau zur rechten Zeit, um mit diesem Thema den Durchbruch schaffen zu können«, erzählte mir Herbert Brownell. »Zuvor hatte man Gangster für ein Großstadtproblem gehalten, und man verachtete die Großstadt. Doch als die Macht der Banden wuchs, wurden sie zu einem nationalen Problem, und Dewey war der Held, der es mit ihnen aufnahm.« Da er Gangstern nachstellte, färbte auch etwas von deren Glamour auf ihn ab. Man würde in ihm, ob es ihm nun paßte oder nicht, stets die zweite Hälfte einer Gleichung sehen, eine Figur in der Geschichte des amerikanischen Verbrechens.

■ ■ ■

Tom Dewey verhandelte seinen ersten großen Mafiaprozeß im Jahre 1933; es war jener Prozeß, der für Waxey Gordon das Ende bedeuten sollte. In den Dreißigern war Gordon zu einem der reichsten Gangster in Amerika geworden. Und wie bei allen reichen Gangstern vermutete man, daß er keine Steuern zahlte. Letztlich wurde er dann aber nicht von FBI-Agenten, sondern von seinen Unterweltrivalen zu Fall gebracht. Als Lansky und Luciano es leid wurden, sich mit Waxey auf der Straße Gefechte zu liefern, ließen sie Deweys Büro einige Unterlagen zukommen. Die Dokumente bewiesen, daß Gordon seit zehn Jahren keine Steuern mehr gezahlt hatte, ein Zeitraum, in dem er um etwa 5 Millionen Dollar reicher geworden war.

Der Prozeß machte Dewey zum Star. Während er seine Zeugen ins Kreuzverhör nahm, glich sein Gesicht einem Akkordeon, so faltete und glättete es sich, wenn er Fakten und Fragen auf die Gangster abfeuerte. Seine Attacken wirkten persönlich. Denn Dewey nahm nicht allein das organisierte Verbrechen, sondern auch die Unverschämtheit der Gangster aufs Korn, ihr Aussehen und Gebaren, mit dem sie versuchten, sich als wahre Amerikaner zu präsentieren. Dewey fand sich nicht damit ab, daß Waxey verurteilt wurde, er wollte ihn auch als jenen groben Ganoven vorführen, der er in seinen Augen war. Gordon wurde zu zehn Jahren Haft in einem Bundesgefängnis verurteilt.

Dutch Schultz, ein weit stärkerer Gegner als Gordon, kam als nächster dran. Schultz, der mit wahrem Namen Arthur Flegenheimer hieß, wuchs im jüdischen Harlem auf. Er lieh sich seinen Namen von einem legendären Mitglied der alten Frog Hollow Gang. Anfang der Zwanziger fuhr er als Wachtposten auf Rothsteins Whiskey-Lastern mit. Später sammelte er dann seine eigene Gang um sich, eine Kollektion jüdischer Gorillas aus Uptown, deren Fähigkeiten so ausgefeilt wie die eines SWAT*-Teams waren: Bo Weinberg, ein tüchtiger Killer; Abbadabba Berman, der wie ein Computer mit Zahlen umgehen konnte;

* Special Weapons And Tactics: Zumeist militärische Eingreiftruppe. (A. d. Ü.)

Lulu Rosenkrantz, ein hemmungsloser Scharfschütze. Nach der Prohibition stieg die Gang ins organisierte Verbrechen ein und erpreßte Schutzgelder von den vornehmsten Restaurants in Manhattan: vom Brass Rail, vom Rosoff's und Lindy's. Außerdem mischten sie im Harlemer Glücksspiel mit, einer primitiven Variante heutiger Lotterien. »Schultz lud die schwarzen Gangster, die das Glücksspiel unter sich aufgeteilt hatten, zu einem Treffen ein«, erzählte mir Ralph Salerno. »Kaum saßen sie, legte Dutch seine Fünfundvierziger auf den Tisch und sagte: ›Ich bin euer Partner.‹«

Im Gegensatz zu Lansky und Luciano gab Schultz nie vor, Geschäftsmann zu sein. Er wußte, daß seine Macht auf der Androhung von Gewalt beruhte. Er war ein harter Brocken, ein scharfer Hund, ein Unruhestifter mit dunklen Augen, verkniffenen Lippen und schiefer Nase. Eine Revuetänzerin sagte einmal, er sähe wie Bing Crosby mit eingeschlagenem Gesicht aus – eine großartige Beschreibung. Denn was ist ein Gangster anderes als die groteske Version eines Popstars, eine kriminell gewordene Berühmtheit, ein falscher Ton im Konzert? Schultz war dies nicht unbekannt; er besaß die unheimliche Fähigkeit, sich so zu sehen, wie andere ihn seiner Meinung nach sahen – als ungehobelten, schiefnasigen Juden. »Was ist? Habt ihr vielleicht was gegen mich?« fragte er die Harlemer Gangster. »Glaubt ihr, vor euch sitzt ein Mann mit Hörnern auf dem Kopf?«

In den Dreißigern war Schultz wohl der bekannteste Gangster in New York. Man hatte ihn bereits zweimal wegen Steuerhinterziehung angeklagt. 1933, in Syracuse, wurde er freigesprochen; und als 1935 die gleiche Anklage gegen ihn erhoben wurde, ließen Schultz' Anwälte den Verhandlungsort nach Malone, einer kleinen Stadt nördlich von New York, verlegen: Kirche, Straße. Stoppschild. Schultz kam bereits einige Monate vor Verhandlungsbeginn. Auf Anraten einer Public-Relations-Firma stieg er in einem kleinen Hotel ab, stellte sich Fremden vor, spendete für ortsansässige Wohltätigkeitsvereine und trug unauffällige Anzüge. Als er gefragt wurde, warum er keine eleganteren Kleider trage, antwortete er: »Bloß Schwuchteln tragen Seidenhemden, ich habe mir jedenfalls mein Lebtag noch keines gekauft. Nur ein Trottel würde fünfzehn Dollar für ein Hemd ausgeben.«

Er wurde auf Kirchenbasaren, Straßenfesten und bei Bingospielen gesehen. Eine Woche vor dem Prozeß ging er in die Kirche der Stadt und trat zum Katholizismus über; er war nicht der erste und nicht der letzte Jude, der sich in der Provinz behaupten mußte und deshalb seinen Glauben wechselte. Als die Jury sich schließlich zur Beratung zurückzog, hatte Schultz die gesamte Stadt getäuscht oder bestochen. Es gibt ein Bild, das ihn nach der Verkündung des Freispruchs zeigt, das breite Grinsen eines Jungen im Gesicht, der die Studentenratswahl an sich gerissen hat. »Die Welt ist hart und kein Ort für Dummköpfe«, erzählte er den Reportern. »Und ihr könnt diesen Klugscheißern in New York berichten, daß der Dutchman kein Dummkopf ist. Was ihn angeht, so gibt es Alcatraz überhaupt nicht. Ich werde Alcatraz jedenfalls nie von innen kennenlernen.«

Gleich nach dem Prozeß wurde Schultz von Bürgermeister Fiorello LaGuardia gewarnt: *Sie sind in New York City unerwünscht! Kommen Sie nicht zurück!* Um eine erneute Verhaftung zu vermeiden, zog Dutch zuerst nach Connecticut, dann über den Fluß nach Newark. Jeden Abend traf sich seine Gang im Palace Chop House, einem Steak-Restaurant, das nur wenige Häuserblocks von Newarks Penn Station entfernt lag. Auf Fotos wirkt das Restaurant ziemlich düster, die Tischtücher sind dreckig, die Stühle wacklig, eine Kaschemme eben, in der der Koch stirnrunzelnd in der Tür zur Küche steht. Nach vorn heraus gab es einen Raum mit knapp einem Dutzend Tischen und einem dieser langen, ewig leeren Eichentresen, wie man ihn heute noch im Benningan's sehen kann. Die Gang setzte sich immer an einen Tisch im Hintergrund, von dem aus es nur ein Dutzend Schritte bis zur Toilette waren. Hinterm Tisch hing ein Spiegel, und wer in den Spiegel blickte, konnte den Flur zur Bar im Auge behalten. Das Glücksspiel brachte der Gang noch jede Woche mehrere tausend Dollar ein.

Dewey erhob erneut Anklage gegen Dutch Schultz und konzentrierte sich auf die Erpressungen der Restaurantbesitzer. Bürgermeister LaGuardia knöpfte sich Dutch's Glücksspielimperium vor und ließ dessen Spielautomaten konfiszieren, zertrümmern und mit Frachtkähnen verklappen. Die Zeitungen brachten Fotos vom Bürgermeister, wie er Automaten mit dem Vorschlaghammer bearbeitete. Außerdem lockerte sich durch all die Verhandlungen, die im Gericht verbrachten Tage, Schultz' Zugriff auf seine Geschäfte. Fremde Ganoven drangen auf sein Territorium vor. Kein Mensch hatte geglaubt, daß er den Prozeß in Malone unbeschadet überstehen würde. »Diesen Maulhelden sehen wir nie wieder«, hatte Lucky Luciano verkündet. Es muß eine schlimme Zeit für Dutch gewesen sein, Wochen ohne Sonntage, Jahre ohne Urlaub. Er erwischte Bo Weinberg, der mit Luciano gemeinsame Sache machte. Also ließ er Weinberg ein Paar Zementschuhe anpassen und im East River versenken. 1936 berief Schultz ein Treffen der Oberhäupter des Syndikats ein, jener kriminellen Vereinigung, die die Unterwelt regierte.

Das Treffen fand in einem Hotel in Manhattan statt. Ich stelle mir die Männer vor (Lepke, Gurrah, Lansky, Luciano, Siegel, Adonis, Schultz), wie sie um einen langen Tisch sitzen, während Kellner mit silbernen Tabletts hereinkommen. Vor den Fenstern das Chaos der Stadt. Jahrelang hatte Schultz am Rand der Ungewißheit arbeiten können, was gewiß einer Definition von Mut gleichkam. Doch begann der Kampf, erste Spuren zu hinterlassen. Seit der Zeit im Exil sah er recht schäbig aus. Mit dem ins Genick geschobenen Filzhut dürfte er an einen Kleinstadtkrämer erinnert haben, der ein Schild vor seinen Laden hängt: »Alles ist vergänglich!« Er bat das Syndikat, Tom Dewey umbringen zu lassen, der, wie er sagte, nicht eher ruhen würde, als bis jeder namhafte Verbrecher New Yorks im Gefängnis sitzen würde. Die Angelegenheit wurde an Lepke delegiert, der Albert Anastasia damit betraute, jenen Mann, der die täglichen Geschäfte der *Murder Inc.* führte.

Anastasia war 1917 aus Italien nach Amerika gekommen. Illegal ging er nachts an Land und besaß nur, was er auf dem Leibe trug. Er hatte traurige, aufgeblähte Wangen. Wenn er sprach, wanderten seine Pupillen in die Augenwinkel. Die Nase breitete sich übers ganze Gesicht aus, die Hände waren riesig. In der Unterwelt kannte man ihn als Obersten Scharfrichter. Es hieß, er habe eigenhändig fünfzig Leute umgebracht, und er galt als Lepkes treueste Stütze, als der Mann, an den Louis sich wandte, wenn er in der Klemme steckte.

Anastasia borgte sich ein Baby. Es war das Kind eines Freundes, und ich frage mich, wo dieses Kind heute ist. Irgendein Erwachsener dort draußen war gewiß das lebensechteste Requisit in der Geschichte der Unterwelt. (Wie wär's mit einer Postkarte?) Albert steckte das Kind in einen Kinderwagen und schob es vor Deweys Wohnung in der Fifth Avenue, Hausnummer 214, spazieren. An mehreren Vormittagen der Woche marschierte Anastasia nun mit dem Kind um den Wohnblock und kundschaftete Deweys Tagesablauf aus, den Weg, den er durchs Leben nahm. Im Alltag verborgen, schlenderte zwischen Zeitungskiosk und fahrenden Autos der Tod des Anklägers vorbei.

Dewey verließ jeden Morgen gegen acht Uhr das Haus. Flankiert von Leibwächtern stieg er in ein Auto und fuhr nach Downtown. Minuten später hielt er an einem Drugstore. Während Dewey hineinging, eine Tasse Kaffee bestellte und von einer Telefonzelle hinten im Laden telefonierte, hielten seine Bodyguards draußen Wache. Dewey fragte vor der langen Fahrt zur Center Street nach, ob Nachrichten für ihn eingegangen waren. Albert A. überlegte sich, daß er am Tresen stehen könnte, wenn Dewey hereinkam. Sobald der Anwalt anrufen wollte, würde Albert ihm nachgehen, den Schalldämpfer auf die Pistole schrauben und den Anwalt durchs Glas der Telefonzelle erledigen. Er würde den Mann am Tresen und alle Kunden, soweit vorhanden, töten, aus dem Laden gehen und untertauchen. Er wäre längst verschwunden, wenn die Bodyguards Verdacht schöpften.

»Sicher, Dewey hat ziemlich viele Morddrohungen erhalten«, erzählte Edward Lumbard, der im Büro des Staatsanwaltes gearbeitet hat, »aber er kannte keine Furcht. Er war sehr mutig und geradeheraus. Ihm würde keiner in die Quere kommen. Außerdem war er davon überzeugt, das Richtige zu tun. Das waren wir alle, schließlich waren wir jung, und der Himmel allein mochte wissen, was die Zukunft für uns bereithielt.«

In der folgenden Woche unterbreitete Anastasia den Familienoberhäuptern seinen Plan. Ich stelle ihn mir vor, wie er mit einem Overheadprojektor Grafiken an die Wand wirft. Natürlich war es nicht so, aber ist es nicht eine lustige Vorstellung? Sobald Albert A. sich wieder hinsetzte, wurde Schultz aus dem Zimmer geschickt. So lauteten nun mal die Regeln. Wenn die Oberhäupter über deine Zukunft diskutierten, mußtest du draußen warten. Wer will schon von einem Gangster angeschrien werden, der die Beherrschung verloren hat?

Die Männer entschieden sich gegen den Plan. Selbst wenn alles glattging, würde jeder wissen, daß die Mafia hinter dem Anschlag steckte. Und damit würden sie mehr Ärger heraufbeschwören, als sie sich auszumalen wagten. Zwar könnte man Schultz auf diese Weise für einige Monate Luft verschaffen, doch hätten alle darunter zu leiden. Das wäre, als wollte man Arsen schlucken, um eine Erkältung zu kurieren. Die Entscheidung fiel nicht einstimmig aus. Gurrah Shapiro wollte Dewey tot sehen. Er fürchtete, daß der Anwalt sie alle früher oder später hinter Schloß und Riegel brachte. Doch bei der Abstimmung stand es dann acht zu eins. »Ich glaube, sie nahmen an, daß man die National Guard mobilisieren würde, wenn sie Dewey um die Ecke brachten«, erzählte Frank Hogan, der später Manhattans Distriktstaatsanwalt werden sollte. »Und wahrscheinlich haben sie damit nicht mal so unrecht gehabt.«

Als Schultz die Entscheidung mitgeteilt wurde, platzte ihm der Kragen. »Ihr habt euch meine Geschäfte unter den Nagel gerissen, und jetzt wollt ihr mich der Justiz vorwerfen«, schrie er. »Dewey muß verschwinden! Innerhalb der nächsten vierundzwanzig Stunden schieße ich ihn selbst über den Haufen.«

»Damit hatte er sein Todesurteil unterzeichnet«, sagte Doc Stacher, einer der alten Eastsider Juden, Jahre später zu Uri Dan. »Wir waren uns ausnahmslos einig, daß er sterben mußte. Er schimpfte und tobte und behauptete, daß Lansky, Luciano, Bugsy Siegel und all die anderen sich gegen ihn verbündet hätten, um ihm sein Geld zu stehlen. Anfangs sollte Albert Anastasia, unser effizientester Killer, den Job erledigen«, fuhr Stacher fort. »Doch obwohl Dutch Schultz zum Katholizismus übergetreten war, schauten unsere italienischen Partner uns bloß an, und da wußten wir, daß dies eine Angelegenheit unter Juden war. Das verstand sich gleichsam von selbst. Und Italiener wie Charlie Luciano respektierten unseren Wunsch, diese Sache familienintern regeln zu wollen.«

So bekam Lepke also plötzlich einen neuen Auftrag. Erledige Schultz, ehe Schultz den Anwalt erledigt. Sie mußten verdammt schnell handeln, denn Schultz war eine Zeitbombe, deren Ticken jedermann hören konnte.

■ ■ ■

Gangsterbosse, die den Mord an einem anderen Gangsterboß in Auftrag geben – das ist fast so selten wie ein ungewöhnlicher Turmzug im Schach. Lepke setzte Charlie Workman auf den Job an: *Charlie the Bug, Handsome Charlie.* »Wir einigten uns darauf, daß wir uns raushalten und Workman die Aktion überlassen wollten«, erzählte Stacher später. »Charlie war von Anfang an dabeigewesen und in meinen Augen ebenso abgebrüht und skrupellos wie Anastasia.«

Zu Bugs Unterstützung suchte man sich Mendy Weiss aus. Weiss galt als kommender Mann in Lepkes Organisation, erinnerte aber eher an einen Rückfall in die alte Zeit, einem Echo jener Tage der Plug Uglies und ihrer Morde auf den Docks. Es war, als hätte sich ein Gen, das Gen der alten Gangs, als rezessiv erwiesen, hätte die Generation von Lansky und Siegel übersprungen und sei nun in Weiss wiederaufgetaucht. In einem Polizeibericht heißt es später über ihn: »Zwar hält man ihn allgemein für Lepkes Thronfolger, doch verfügt er wohl nur über einen ziemlich niedrigen Intelligenzquotienten, und sein Verstand grenzt an Blödheit. Er ist ein mächtiger Klotz und neigt dazu, jeden Widerstand mit rücksichtsloser Brutalität zu unterdrücken.«

Mendy trug die billigsten Anzüge aus den billigsten Läden. Seine Mäntel waren geräumig, seine Hosenaufschläge schleiften über die Straße. Wenn er seinen Hut ins Gesicht zog und lächelte, sah man nichts als Zähne. Wenn er seinen Hut ins Gesicht zog und die Stirn runzelte, sah man nichts als seine Nase. Er hatte ein höhnisches *He-du-Scheißer, glotz-mich-nicht-so-dämlich-an*-Grinsen. Ein FBI-Agent, der ihn in den dreißiger Jahren beschrieb, lieferte ungewollt ein hervorragendes Porträt des jüdischen Gangsters im allgemeinen: »Nach vorliegenden Informationen kann man es als gegeben annehmen, daß Weiss nicht dem Spiel verfallen ist, daß er nicht übermäßig trinkt, sich nicht auf unschickliche Weise mit anderen Frauen abgibt, stets, wenn er ausgeht, in Gesellschaft seiner eigenen Frau zu sehen ist und ständig Zigarren raucht.«

Zwei Tage nach dem Syndikatstreffen wurden Workman und Weiss von einem Mann namens Piggy zum Palace Chop House nach Newark gefahren. Piggy, ein Mitglied einer Truppe aus New Jersey, kannte sich in Newark aus. Er erinnerte an einen jener Typen, die Jack Kerouac in *Unterwegs* ein Stück mitnehmen: eine schillernde Figur, die gleich darauf wieder verschwunden ist. Piggy wartete draußen, als Charlie und Mendy um viertel nach zehn die Tür öffneten. Bis auf einen Barkeeper und ein paar Kellner war das vordere Zimmer leer. Weiss schlug seinen Mantel zurück und ließ die abgesägte Flinte sehen. »Keinen Laut«, sagte er. »Runter auf den Boden!«

Während sich Mendy um die Leute im Vorderzimmer kümmerte, folgte Workman den Stimmen ins Hinterzimmer, wo Schultz' Männer an ihrem Stammtisch saßen und Quittungen kontrollierten: Lulu Rosenkrantz, Abe Landau und Abbadabba Berman. Workman hob seine 38er und begann zu feuern. Landau glitt zu Boden und langte nach seiner Waffe. Lulu warf den Tisch um und erwiderte das Feuer. Berman konzentrierte sich vermutlich auf eine schöne algebraische Gleichung und erwartete den Tod. Mendy begab sich ebenfalls nach hinten, seine Flinte ballerte pausenlos. *Peng. Peng. Peng.* Kugeln pfiffen durch die Luft. Lulu wurde siebenmal getroffen, Berman sechsmal. Zwei Kugeln zertrümmerten den Spiegel über dem Tisch. »Es war wie eine Wild West Show«, erzählte Workman hinterher. Fünf Kugeln blieben in den pfefferminzgrünen Wänden des Lokals stecken.

Landau, eine Kugel im Hals, eine im Arm, feuerte weiter. Mendy hatte ihn in die Ecke gedrängt. Doch wo war Schultz? Workman ließ seine 38er zu Boden fallen, griff nach dem 45er und ging zur Toilette. Am Pissoir war niemand zu sehen, auch im Spiegel über dem Becken konnte er keinen Menschen entdecken. Er erledigte Dutch in einer Kabine, schoß ihm mit der 45er eine Kugel in die Seite, die den Magen durchschlug, den Dickdarm, die Gallenblase und die Leber, ehe sie neben ihm zu Boden fiel. Eine zweite Kugel steckte über seinem Kopf in der Wand.

Workman ging raus, um nach Weiss zu sehen. Alles war okay, also ging er zurück auf die Toilette, bückte sich zu Schultz hinunter und durchsuchte seine Taschen. Das war seine Spezialität: Das Opfer ausrauben. Ein Typ wie Schultz mochte seine zehn, zwanzig Riesen bei sich haben. Nein. Schultz hatte bloß ein Klappmesser mit einer acht Zentimeter langen Klinge in der Tasche. Es war still, als Workman zurück ins Restaurant ging. Die Wände waren blutverschmiert. Berman kroch über den Boden. In der Ferne jaulte eine Sirene auf. Wo war Weiss? Als Bug durchs Vorderzimmer ging, lagen die Kellner immer noch auf dem Boden. Die ganze Sache hatte kaum vier Minuten gedauert. Dann hörte er hinter sich einen Schuß. Landau, der am Hals blutete, war ihm nachgetaumelt und feuerte wild um sich. Workman schoß zurück, und die Kugel wirbelte Landau wie einen Bären in einer Schießbude herum. Er fiel auf eine Abfalltonne. Workman rannte los.

Dutch hatte sich aufgerafft und schaffte es bis ins Vorderzimmer. »Das erste, was mir auffiel«, erzählte der Barkeeper der Polizei, »war Schultz. Er wankte wie ein Besoffener und konnte sich nur mit Mühe auf den Beinen halten. Er hielt sich die Seite und sagte keinen Pieps, ging einfach nur bis zum nächsten Tisch, stützte sich mit der linken Hand darauf und sackte dann auf dem Stuhl zusammen, als wäre er sternhagelvoll. Der Kopf fiel vornüber auf den Tisch, und ich dachte schon, es sei mit ihm vorbei, aber dann rührte er sich noch mal und sagte: ›Besorg mir einen Arzt, schnell.‹«

Diese Geschichte ist schon oft erzählt worden, immer aus Schultz' Perspektive. In meinem Regal stehen etwa sechs unterschiedliche Versionen, als wären sie Darstellungen desselben Themas von unterschiedlichen Künstlern – *Das letzte Abendmahl.* »O, die Luft ist bös versengt und feucht vor Blut«, schreibt E. L. Doctorow in *Billy Bathgate*, seinem fiktiven Porträt von Dutch Schultz. »Mr. Berman ist vornüber auf den Tisch gesunken, der Stoff seines karierten Jacketts spannt sich mit einem größer werdenden Blutfleck über seinem spitzen Rücken.« Die Geschichte endet immer mit Landaus letztem, heldenhaftem Schuß, den allein sein Stolz abzufeuern scheint. Und mit den Killern, die in die Nacht flüchten. »Kurz vor der nächsten Kreuzung ein Wagen, der ohne Licht davonrast, schleudert und einen Moment zögert und sich im nächsten Moment im Schatten der Straße verliert«, schreibt Doctorow. Doch was geschah danach? Sobald er begriff, daß man ihn im Stich gelassen hatte, rannte Workman aus dem Palace, hastete durch einen kleinen Park, warf seinen blutbefleckten Mantel fort, hastete vom Regen in die Traufe. Er lief die ganze Nacht, die Schuhe patschnaß, auf New Jerseys glänzendem Asphalt und suchte den Weg zurück nach Manhattan. Er fand ein Gleis und folgte ihm nach Osten. Je später es wurde, um so wütender wurde er. Hier war er, machte sämtliche Arbeit, erledigte den Boß, und was tat Mendy Weiss? Verduftete beim ersten Sirenengeheul. Mendy hatte Workman seinem Tod überlassen. Gar keine Frage. Fehlte bloß noch, daß er ihm die Knarre in den Mund steckte. Workman muß auf dem Weg nach Hause ständig daran gedacht haben, von Bahnschwelle zu Bahnschwelle und auch, wenn er zur Seite trat, um einen Zug vorüberbrausen zu lassen, dessen Räder Funken und Wasser versprühten. Er lief in einen Tunnel, unterquerte den Hudson River. Als er an der Lower East Side wiederauftauchte, waren die Diner voll mit Geschäftsleuten, die Zeitung doppelt gefaltet, um die Sportergebnisse besser lesen zu können. Doch als Charlie an einigen jungen Ganoven vorbeikommt, die sich an den Straßenecken sammeln, hört er das Gerücht: Mendy Weiss hat Dutch Schultz erledigt.

Workman legte sich in der Wohnung eines Freundes in Chelsea aufs Ohr. Am Nachmittag wachte er auf und schickte Lepke eine Nachricht. Er wollte Weiss umbringen. Einen Partner mitten bei einem Job im Stich zu lassen, galt als Kapitalverbrechen.

Lepke traf sich einige Tage später mit Workman und Weiss in Weiss' Haus in der Ocean Avenue 400 in Brooklyn. Lepke hörte sich an, was Workman zu sagen hatte. Dann rief er Weiss herein. »Ich behaupte, daß der Anschlag auf den Dutchman Syndikatsache war«, sagte Mendy. »Und ich bin geblieben, bis die Sache mit dem Dutchman erledigt war. Bug ist dann noch mal auf die Toilette, um den Dutchman zu fleddern. Und ich behaupte, daß das keine Syndikatsache mehr war – das war seine Privatsache.« Während Lepke den Killern zuhörte, stellte er ihnen vermutlich auch einige Fragen. Vielleicht bat er sie, das eine oder andere zu wiederholen, alles ein zweites Mal zu erzählen. Vielleicht sprach er so leise, daß die Männer sich vorbeugen mußten, um ihn verstehen zu können. Vermutlich ließ er sich Zeit und legte zwischen den Sätzen, den Worten eine Pause ein. Hörte man ihn bei solchen Gelegenheiten reden, klang er vermutlich so, als läse er laut die Worte in einem Kreuzworträtsel: NUN-GENTLEMEN-EIN-KNIFFLIGES-PROBLEM. Ein Trick, um zu beschwichtigen, die Gemüter abzukühlen; ein Trick, den ich von meinem Vater gelernt habe, der ihn sich wiederum als Kind auf der Straße angeeignet hat, als er Gangstern nachspionierte.

Lepke sagte Workman, seine Verärgerung rechtfertige keinen weiteren Mord. »Vergiß es«, sagte er. »Es war ein Fehler, und sag allen, daß sie nicht drüber reden sollen.«

Und was war damit, daß Weiss die Lorbeeren für den Mord an Dutch einstrich?

»Was macht es schon für einen Unterschied, wer ihn erschossen hat?« fragte Lepke. »Er ist tot. Vergessen wir ihn. Es macht keinen Unterschied. Warum vergeßt ihr die ganze Geschichte nicht einfach?«

Man schickte Workman nach Miami, damit er sich dort ein bißchen abreagierte. Luciano hielt sich ebenfalls in Miami auf, und Bug ging zu ihm. Er wollte sich Geld leihen. Workman beklagte sich erneut, als er in Luckys Hotelzimmer saß. »Hier hast du das Geld«, sagte Luciano. »Und jetzt hör auf, über diese andere Geschichte zu reden.«

■ ■ ■

Nachdem man im Palace Chop House auf sie geschossen hatte, wurden Schultz und seine Männer ins Newark City Hospital eingeliefert. In den nächsten Stunden sollten sie alle sterben, Landau, Berman und Rosenkrantz. Schultz lebte am längsten. Krankenschwestern kamen und gingen, Blut wurde in ihn hineingepumpt und floß wieder heraus. Eine Transfusion von fünf Litern. Vor mir liegt ein Foto von Dutch, das wenige Stunden nach dem Attentat aufgenommen wurde. Er liegt auf dem Rükken in einem Krankenhausbett, die Decke bis zur Hüfte hochgezogen. Sein Gesicht ist voller Falten, das Haar blutverschmiert.

Er sieht aus, als wollte er sich aufsetzen, als wollte er sehen, wer zur Tür hereinkommt, doch schaut er nur seinen eigenen Körper an. Er hat ein Loch in der Seite, Blut läuft aufs Laken. Stirnrunzelnd preßt er die Lippen zusammen, nicht so sehr vor Enttäuschung oder Schmerz, als vielmehr vor lauter Konzentration – ein Mann, der den Schaden inspiziert. Immer wieder wird er bewußtlos. Wenn sich ihm die Gelegenheit bot, stellte der Newarker Polizist Luke Conlon Fragen. Vermutlich antwortete ihm Schultz, so gut er konnte, doch lag er im Sterben. Seine Erwiderungen klingen so rätselhaft, wie die Antworten meiner Freundin spät nachts, wenn sie schon fast schläft und ich es nicht weiß.

»Wer hat auf Sie geschossen?« fragte Conlon.

»Der Boß persönlich«, sagte Dutch.

»Warum hat er auf Sie geschossen?«

»Ich hab's ihm gezeigt«, sagte Dutch. »Haben Sie von meinem Treffen mit ihm gehört? Eine Verabredung. Gesuch abgelehnt. Ist schon gut, Mutter.«

»Hat der Boß auf Sie geschossen?« Conlon ließ nicht locker.

»Wer auf mich geschossen hat? Na, niemand.«

»Wir helfen Ihnen«, sagte der Polizist.

»Helfen Sie mir auf?« fragte Schultz. »Schon gut, ich mach kein Theater. Oh, Mama, ich halte das nicht aus. Bitte nicht, und dann bescheißt er mich. Schluß jetzt, hör schon auf damit! Wir schulden ihm keinen Nickel. Paß auf. Ich bin ein verdammt guter *pretzler**.«

»Warum hat man auf Sie geschossen?«

»Ich weiß nicht, Sir«, sagte Schultz. »Ehrlich nicht. Ich weiß nicht mal, wer bei mir war. Ehrlich. Ich bin zur Toilette gegangen. Und der Junge ist auf mich los.«

»Der große Typ hat Ihnen eine verpaßt?« fragte Conlon.

»Ja, er hat mir eine verpaßt.«

»Wissen Sie, wer der große Typ war?«

* Von ›Brezel‹, unklare Bedeutung, meint u. a. jemanden, der aus Deutschland stammt, und Dutch Schultz behauptete, sich seinen Namen nach einem ›deutschen‹ Ganoven gegeben zu haben. Im Rotwelschen heißt ›pretzeln‹ oder ›bretzeln‹ jemanden schlagen oder ohrfeigen. (A. d. Ü.)

»Nein«, sagte Dutch. »Da können Sie mich noch so ausquetschen. Bitte, beten Sie für mich. Wollen Sie ziehen? Wie viele gute und wie viele schlechte? Bitte, ich hatte nichts mit ihm zu schaffen. Er war ein Cowboy in einem ganz normalen Duell. Kein Geschäft, kein Stammlokal, keine Freunde. Nichts.«

Die Stunden vergingen, und Schultz redete immer unzusammenhängender. Bis zum nächsten Nachmittag war seine Temperatur auf 41 Grad gestiegen. Er fiel in einen Fieberwahn und redete in seinen letzten Stunden ununterbrochen, ein Kauderwelsch von Orts- und Personennamen, Schnappschüsse eines sterbenden Geistes. In der Hoffnung, einige Hinweise zu erhalten, setzte ihm die Polizei gegen vier Uhr einen Stenographen an die Seite. Das Resultat war reinste Gangsterprosa, meist sinnlos, doch hier und da mit Schönem durchsetzt. »Wir sind nur zu zehnt, und vor dir kämpfen irgendwo zehn Millionen, also stellt die Lauscher auf, und wir halten die Parlamentärsflagge raus«, sagte Schultz. »Er frißt wie einer kleiner Hanswurst ... der Bürgersteig war in Aufruhr, und die Bären waren los, und ich bin dazwischen ... mein goldgerändertes Zeugs, und diese widerlichen Ratten haben sich eingeschaltet ... Bitte, Mutter. Hol mich jetzt ab ... ein Junge weint nicht und zerschlägt auch keine tausend Öfen ... bitte, fallt über die Freunde des Chinesen und Hitlers Kommandanten her. Mutter ist der beste Tip, und laß dich von Satan nicht verlocken: zieh nie zu schnell. Ich bin halb verrückt. Sie wollen mich nicht aufstehen lassen. Sie haben meine Schuhe gefärbt. Gib mir was. Mir ist so schlecht. Gib mir etwas Wasser, ich will nur Wasser, sonst nichts.«

Gegen sechs Uhr fiel Schultz in ein tiefes Koma. Er starb einige Stunden später. In den folgenden Wochen wurde sein Reich unter den Mitgliedern des Syndikats aufgeteilt. Lepke und Gurrah übernahmen das Restaurantgeschäft. Und in späteren Jahren gingen Schultz' letzte Worte, dieses großartige, mystische Dokument, unter den Fans des organisierten Verbrechens um. Wie bei den Schriften des Nostradamus las man dieses und jenes hinein, entdeckte versteckte Anspielungen, verborgene Zeichen und Hinweise auf Zeichen. Ich schätze, die Amateurdetektive, die in ihrer Jugend immer und immer wieder die Transkription durchgearbeitet haben, schalten heute den Polizeifunk ein.

■ ■ ■

Die Gangster hatten Dewey keinen Gefallen getan. Schultz' Tod mochte seine Überlebenschancen verbessert haben, aber er verpaßte seiner Karriere auch einen Dämpfer. Schließlich hätte der Fall Schultz Deweys Ruhm festigen sollen. Jetzt mußte er sich ein neues, namhaftes Opfer suchen – keine gute Nachricht für die Gangster. Tom Dewey, der sich so lange mit Schultz herumgeschlagen hatte, würde sich jetzt andere Bosse vorknöpfen.

Deweys Ehrgeiz stieß bald auf Charles Luciano, der als Mr. Ross im Zimmer 39D im Waldorf-Astoria wohnte. Seit dem Tod von Dutch Schultz galt Luciano als größter Gangster in New York. Er war einer der mächtigsten Männer der Stadt und besaß absolute Kontrolle über die Docks, über das, was hereinkam, und das, was hinausging. Jeden Abend zeigte er sich in den mondänsten Klubs mit den mondänsten Damen; jeden Morgen zeigten die Klatschkolumnen sein Bild. Warum entschied sich Tom Dewey für Luciano? Weil er der fetteste Brocken auf der Speisekarte war.

1936 waren die Wähler überzeugt, daß die Stadt von Gangstern regiert wurde, weshalb Gouverneur Herbert Lehman, ein Jude aus Uptown, Dewey zum Sonderankläger für das organisierte Verbrechen ernannte. Es war ein neues Amt, geschaffen für einen Mann, dem es in den Augen vieler Einwohner bestimmt war, der Retter New Yorks zu sein. Dewey war kaum vierunddreißig Jahre alt, hatte aber schon jenen eiskalten Blick, für den er berüchtigt werden sollte. Manchmal schienen seine Gesichtszüge zu verblassen, bis nur noch der Schnurrbart blieb, dieser buschige, kleine Schnurrbart, der zum Synonym für Tom Dewey wurde. Vielleicht ist an ihm zu sehen, was passiert, wenn ein Schnurrbart alles andere überschattet, wenn er Augen und Nase entthront und frei übers Gesicht herrschen darf. In gewissen Gegenden Brooklyns wurde der Schnurrbart zum Gegenstand des Hasses, zur Verkörperung all dessen, was an den Republikanern falsch war: ihre Arroganz, ihre Verachtung der Einwanderer. Wenn Dewey im Viertel meines Vaters in den Nachrichten auftauchte, buhten die Zuschauer. »Viele Menschen sahen in ihm nur den Mann, der hinter Gangstern her war«, erzählte mir

Herbert Brownell. »Man hielt ihn für ein Werkzeug der Strafe, des Zorns. Er verlor seine Identität, bis er nichts weiter als noch eine schlechte Neuigkeit war.«

Dewey mietete sich Büroräume im dreizehnten Stock des Woolworth Buildings, einem weißen Hochhaus, das nur wenige Häuserblocks vom Gericht entfernt lag. Zum erstenmal in New Yorks Geschichte gingen die Ankläger gegen die Bosse und nicht gegen die Soldaten vor. Dewey verwandelte sein Büro in eine Anti-Verbrechen-Fabrik und produzierte Verurteilungen, wie Motown später Hits produzieren sollte: Temptations, Four Tops, Supremes – Lucky, Lepke, Gurrah. *Wir werden berühmt, Jungs! Richtig berühmt!* Er weigerte sich, seine Opfer zu unterschätzen; sein Büro war schalldicht und wurde regelmäßig nach Wanzen abgesucht. Da er nicht ausschließen konnte, daß die Streifenpolizisten bestochen waren, stellte er sich seine eigene Polizei zusammen, eine Eingreiftruppe. Außerdem bot er ein Spitzenteam von Ermittlern und Anwälten auf. Er wollte nur Leute, die vom Verbrechen besessen waren, die überzeugt waren, auf seiten des Guten zu stehen. *Tom Dewey: Was für ein rechtschaffener Mann!* Er verkörperte den Geist seines verstorbenen Vaters, der in ihm wiederkehrte, um eine angefangene Aufgabe zu erledigen: die Stadt vom Bösen zu befreien, zuallererst vom organisierten Verbrechen – von den illegalen Kartellen, die die Kontrolle über ganze Industriezweige an sich gerissen hatten. Er wollte sich sogar jene Mafiafamilien vornehmen, die ungesetzliche Industriezweige wie das Glücksspiel oder die Wuchergeschäfte kontrollierten, in denen die Ganoven von Ganoven verdrängt wurden. Und er hatte einen Plan, er sah eine Möglichkeit, die Gangster um ihre Tricks zu bringen, mit denen sie sich an der Macht hielten. Statt hier und da eine Verhaftung vorzunehmen, würde er die Unterwelt überraschen, würde Hunderte kleiner Ganoven an einem Tag festnehmen. Wenn er das Glücksspiel aufs Korn nahm, würden seine Polizisten sämtliche Buchmacher, Botenjungen und Wucherer hinter Gitter bringen und sie daran hindern, sich vorher abzusprechen oder Druck auf Informanten auszuüben. Deweys beste Attacken gegen die Unterwelt geschahen so unerwartet und vernichtend wie der Angriff auf Pearl Harbor.

Am 31. Januar 1936 nahm Dewey den Kampf gegen das Geschäft mit der Prostitution auf. Um acht Uhr abends, nachdem die Polizeireporter ihre Artikel für den nächsten Tag bereits geschrieben hatten, begannen Deweys Polizisten, Callgirls, Puffmütter und Zuhälter zu verhaften und ins Woolworth Building zu bringen. Es war ein vernichtender Schlag für die Welt der Prostitution. Um Mitternacht hielten sich über einhundert Frauen im Büro auf. Damit niemand, der noch im Gebäude arbeitete, spitz bekam, was geschah (und den Gangstern womöglich unwissentlich einen Tip gab), wurden die Huren mit dem Frachtfahrstuhl in den dreizehnten Stock gebracht. Und im Abstand von nur wenigen Augenblicken flog krachend die Tür auf, und ein weiterer Farbschwall ergoß sich in die Flure. Frauen saßen rauchend in dunklen Büros und füllten die Luft mit Qualm und widerhallenden Stimmen. Einige der berühmtesten Nutten New Yorks waren im Büro: Polack Francis, Sadie the Chink, Jenny the Factory. Sie kannten die Geheimnisse der Straße, die Vorlieben und Perversionen, all das, was jeder Mann vor seiner Frau verschweigt. Die Frauen saßen die ganze Nacht im Büro. Bei Tagesanbruch waren sie müde, verwirrt, gesprächsbereit. Mit rot umränderten Augen blickten sie Dewey an (Stirnrunzeln, Schnurrbart) und erzählten vom Geld, das sie verdienten, und sagten ihm, wohin es floß. In jeder Geschichte tauchte früher oder später derselbe Name auf: Mr. Ross. Irgendwann fand von jeder Einnahme ein Anteil den Weg zu Mr. Ross, dem großen Boß im Waldorf. Und sobald Dewey herausgefunden hatte, daß sich Luciano unter diesem Namen verbarg, fiel es ihm leicht, folgende Gleichung aufzustellen: Wenn Lucky von Zuhältern bezahlt wird, muß Lucky der Zuhälter der Zuhälter sein, die treibende Kraft hinter New Yorks Geschäft mit der Prostitution. Nach nur wenigen Monaten in seinem neuen Amt konnte Dewey Anklage gegen den mächtigsten Gangster von New York erheben.
Bald wurde der Haftbefehl gegen Luciano erlassen. Lucky wollte sich nicht stellen. Also fuhr er zu Owney Maddens Kurhotel nach Hot Springs. Madden bezahlte genügend Polizisten und Richter, um die Verhaftung monatelang hinauszögern zu können. Männer wie Lucky flohen nur selten außer Landes; sie waren Amerikaner, und bei Gott, sie würden sich nicht von so einem

Chorknaben wie diesem Tom Dewey vertreiben lassen. Unter anderen Umständen hätte sich Lucky vermutlich ergeben und die Sache hinter sich gebracht. Doch die Anklage traf ihn unvorbereitet. Prostitution? Seit Anfang der zwanziger Jahre, seit der Zeit, als er noch die gewitzteste Ratte der East Side war, hatte Lucky in jeder Teufelei mitgemischt – ob Raub, Schmuggel, Erpressung, Drogenhandel, Schiebergeschäfte oder Mord. Doch Prostitution war wohl das einzige, mit dem er nie etwas zu tun gehabt hatte. »Charlie fand es ebenso abscheulich, ein Bordell zu führen, wie ich«, erzählte Meyer Lansky später. »Er war der Ansicht, daß kein respektabler Mann auf diese entsetzliche Weise Geld durch eine Frau verdienen sollte.« Im Herbst kamen zwanzig Arkansas-Ranger, um Luciano zu holen. Man legte ihm Handschellen an und setzte ihn in einen Zug; grüne Felder wichen dem verdorrten, braunen Herbst des Nordens.
Der Prozeß dauerte drei Wochen. Richter McCooks Saal quoll über vor Zuschauern. Gangster in karamelgestreiften Anzügen lockerten den Raum wie Farbtupfer auf. Der in düstere Grautöne gekleidete Lucky steckte voller Hoffnung, voller Tatendrang. Ein Bild zeigt ihn von Anwälten umringt. Sie schauen stur geradeaus, er blickt zur Seite in die Kamera. Kameras haben Gangster auf eine Weise verstanden, wie Polizisten dies nie gelungen ist – die Kamera wußte, daß dies die hellsten Kerle im ganzen Saal waren, daß sie Licht verströmten, wohin sie auch gingen.
Dewey rief Dutzende von Zeugen auf, Prostituierte, die den Namen »Mr. Ross« wie einen Spiegel zückten, ein Lichtblitz für die Augen der Juroren. Im nachhinein wirkt die Anklage ziemlich dürftig, ein Konstrukt aus Fragmenten und Halbwahrheiten. Die Huren erzählten aus ihrem Leben, berichteten, wie sie gedemütigt wurden, ihre Unschuld verkauft hatten für einen Dollar, der oft seinen Weg zu Mr. Ross fand. Indem sie Lucky bezahlten, bezahlten die Zuhälter aber eigentlich nur das Syndikat, ein Tribut, der ihnen Schutz vor Polizisten und Richtern erkaufen sollte, vor eben jenem System, das nun über Luciano zu Gericht saß. Lucky machte im Zeugenstand keine gute Figur. Er wurde zerpflückt, seine Haltung stand ebenso zur Debatte wie seine Taten. Die *Daily News* verkündete: DEWEY LÖCHERT LUCIANO.

Eine der letzten Zeuginnen, die Dewey aufrief, war Molly Brown, ein Zimmermädchen aus dem Waldorf. Brown identifizierte Lucky als Mr. Ross. Sie sagte, sie hätte Luckys Zimmer oft als letztes putzen müssen, da er meist lange geschlafen habe. Ich schätze, damit sollte Luciano als Mann ohne geregelte Einkommensverhältnisse gezeigt werden, vielleicht wollte man ihn auch bloß als Faulenzer bloßstellen, und auf mich macht es den Eindruck, als sollten hier Langschläfer angeschwärzt werden. Wenn es ein Verbrechen ist, lange zu schlafen, dann gehöre ich mit vielen meiner Freunde ins Gefängnis. Ich will nicht behaupten, daß Luciano unschuldig war; es gab damals wohl keinen Menschen, der schuldiger gewesen wäre. Ich glaube nur nicht, daß er für die Verbrechen verurteilt wurde, die er begangen hat; er wurde verurteilt, weil man ihn für einen Verbrecher hielt. Das ist fast so, als hätte man Al Capone für Steuerhinterziehungen verurteilt, hätte Capone jemals Steuern gezahlt. Das Ganze hatte etwas Unamerikanisches an sich. Nur weil man ein Gauner ist, heißt das noch lange nicht, daß man so abserviert werden darf. In den Augen der Unterwelt hatte Dewey die Regeln verletzt. »Mit den Gangstern gab es eine Art Vereinbarung«, erklärte mir Ralph Salerno. »Die Gangster sagten uns: Legt mich nicht rein. Steckt mir kein kleines Tütchen in die Tasche, kommt dann angerannt und sagt: ›Ich habe dich mit Drogen erwischt.‹ Das wäre ein abgekartetes Spiel. Das kommt nicht in Frage. Das verlange ich von dir, Ralph. Dafür werde ich, wenn du mich auf saubere Weise schnappst, anstandslos ins Gefängnis gehen und meine Zeit absitzen. Und wenn man mich dann aus dem Gerichtssaal zerrt, werde ich dir auch nicht nachrufen: ›Du Arschloch, du und deine Familie, ihr seid tot!‹ Keinen solchen Blödsinn. Ich bin ein Profi. Und wenn du auch ein echter Profi bist und mich auf ehrliche Weise erwischst, dann nehme ich das auch nicht persönlich.«

Am Tag, als das Urteil verkündet werden sollte, sammelte sich auf dem Foley Square vor dem Gerichtsgebäude eine Menschenmenge, hauptsächlich italienische Einwanderer, die Lucky die Daumen drücken wollten. Gesichtslose alte Männer, vom Leben gezeichnet; breitschultrige Söhne, die Schuhe schlammbespritzt; Töchter wie mit einem Strich gezeichnet, dunkle, ruhige Augen; Kittel tragende Betties, dunkle, drahtige Haare im Gesicht. Sie standen den ganzen Vormittag unter einem von Gebäuden gerahmten Himmel. Mittags lief ein Flüstern durch die Menge: Schuldig. Die Jury brauchte eine Stunde, um das Urteil zu verlesen: Schuldig in 558 Punkten der Anklage.

Es gibt mehrere Gründe, weshalb man sich von seinen Freunden nicht Lucky nennen lassen sollte, Gründe, die allzu offensichtlich sind, um darüber reden zu müssen. Charles Luciano wurde zu dreißig bis fünfzig Jahren Gefängnis verurteilt, die längste Strafe, die je für die Förderung von Prostitution verhängt wurde. »Als ich da im Gericht saß und hörte, wie ich aufs Kreuz gelegt wurde, wie mich ein Haufen Huren teerte und federte, die sich jedem für einen Vierteldollar verkauften, und als ich mir dann anhören mußte, daß mir dieser Blödmann McCook (der Richter) eine Strafe aufbrummte, die auf lebenslang rauslief, da hab ich mich am meisten über Deweys Mist geärgert«, schrieb Luciano in seiner Autobiographie *The Last Testament.* »Dieser kleine Drecksack mit dem Schnurrbart rückt doch offen damit raus, daß er mich wegen allem möglichen drangekriegt hat, bloß nicht wegen dem, weshalb er mich angeklagt hat. Ich wußte, daß er wußte, daß ich einen Scheißdreck mit Prostitution am Hut hatte, mit keiner von diesen Nutten. Aber Dewey war auf seine legale Tour selbst ein verfluchter Mafioso, wie er mich so hinterrücks reingelegt und dann erledigt hat.«

■ ■ ■

Als Luciano ins Gefängnis ging, hinterließ er der Öffentlichkeit Geschichten, den Gangstern aber eine Lektion. Für Lansky las sich das Schicksal seines besten Freundes vor allem als Fabel, an deren Ende ihn geduldig die Moral erwartete. Lucianos Fall kostete Lansky den Preis der Anonymität. Er lernte, die Schatten zu schätzen, den Hintergrund. Ein Gangster, dessen Name in der Zeitung steht, ist ein dem Untergang geweihter Gangster, eine *piñata**, die jeder Polizist in Amerika knacken möchte. In Zu-

* Krug mit Süßigkeiten, der von der Decke hängt und den mexikanische Kinder zu Weihnachten mit verbundenen Augen, einen Stock in der Hand, von der Decke zu schlagen versuchen. (A. d. Ü.)

kunft würde Lansky dem Blitzlicht ausweichen. Er würde ein bescheidenes Leben führen in einer Wohnsiedlung in North Miami Beach, würde einer von vielen pensionierten Dealern sein, die mit einem Schulterzucken und einem Lächeln sagen: »Vergeßt mich. Ich bin doch bloß ein *schnorrer.*«

Lepke lernte eine andere Lektion. Das ist nichts Neues: Zwei Männer lesen denselben Text, aber verschiedene Geschichten. Für Louis war Lucky Lucianos Fall nur ein weiteres Beispiel dafür, wozu diese Arschlöcher fähig waren. Da war ein Mann, der alles richtig gemacht hatte, der die Cops bezahlt, die Politiker geschmiert, das Geld versteckt, sich von der Gewalt distanziert und seine Steuern gezahlt hatte. Und was passiert? Die Regierung frisiert den Fall, holt sich die kleinen Stricherinnen von der Straße, um ihn wegen der einzigen Sache einzubuchten, die er nie verbrochen hat. Für Lepke hatte die Geschichte eine blutige Moral: Gegen die Ankläger kommt man nur an, wenn man ihnen den Fall nimmt, und den Fall kann man ihnen nur nehmen, wenn man ihnen die Zeugen nimmt – etwas, worum er sich immer noch kümmerte, als Dewey bereits auf dem Gouverneursposten saß und der Kampf von Frank Hogan im Büro des Distriktstaatsanwalts von Manhattan, von William O'Dwyer im Büro des Distriktstaatsanwalts von Brooklyn und von J. Edgar Hoover beim FBI fortgesetzt wurde. Um gegen eine solche Bedrohung gewappnet zu sein, machte Lepke aus *Murder Inc.,* der Spezialeinheit des Syndikats, seine eigene Privatarmee, eine Truppe, die seiner Angst, seinem Mißtrauen gehorchte. Ständig achtete er auf lose Enden, auf jeden Nörgler, der in die falschen Hände fallen und zu einem Werkzeug für den Ankläger werden könnte. Er achtete auf Leute wie Joe Rosen, ein Fuhrunternehmer der Textilindustrie, den er aus dem Geschäft gedrängt hatte.

Als er Rosens Firma übernahm, versprach Lepke, sich um ihn zu kümmern. Einige Wochen später wurde Rosen von seinem neuen Boß gefeuert. Also ging er zu Lepkes Büro und wandte sich an einen Mann namens Rubin. »Lepke und du, ihr habt mir versprochen, daß ihr euch um mich kümmert«, sagte Rosen. Lepke besorgte Rosen einen Job als Fahrer bei Garfield Express, einem örtlichen Transportunternehmen. Wieder wurde Rosen gefeuert. Achtzehn Monate war er ohne Arbeit. Dann machte er einen

Süßwarenladen in Brownsville auf, hatte aber fast überhaupt keine Kunden. Wie alle Männer, die begriffen, daß sie die besten Jahre ihres Lebens hinter sich haben, begann Rosen, von der guten alten Zeit zu erzählen, von jenen Tagen damals, bevor Lepke ihn ruiniert hatte. Als Dewey 1936 begann, sich der Verflechtungen des organisierten Verbrechens mit der Textilindustrie anzunehmen, wurde Rosen zum Problem. Für Lepke war er eines dieser losen Enden, die er versorgt wissen wollte. Also verschaffte Lepke ihm erneut eine Stelle als Fahrer, doch Rosen kündigte bald darauf und klagte über sein schwaches Herz. Darüber regte sich Lepke schrecklich auf. »Rosen läuft in Brownsville herum und zerreißt sich das Maul«, schrie er. »Überall erzählt er, daß er sich an Deweys Büro wenden will.«
Rubin sagte Lepke, er würde sich darum kümmern. Er schickte ein paar Dutzend Gewerkschaftsmitglieder in Rosens Süßwarenladen, damit sie dort einkauften, was sie vermutlich nicht haben wollten. Ich stelle sie mir vor, diese Lastwagenfahrer und Stoffzuschneider, die mit rotem Gesicht durchs Milchglas stieren – *Yeah, gib mir fünf Dutzend Lollis.* Als ein paar Tage später Deweys Männer begannen, in Brownsville Fragen zu stellen, schickte Lepke Rubin in den Süßwarenladen. Rubin reichte Rosen einen Umschlag und sagte: »Hier hast du zweihundert Dollar. Lepke will, daß du verschwindest, bis sich die Lage wieder beruhigt hat.« Ehe Rubin ging, drehte er sich noch einmal um und sagte: »Tu lieber, was er will.«
Rosen fuhr nach Reading in Pennsylvania, einer Bergbaustadt in den Allegheny Mountains, um seinen Sohn zu besuchen. Rosen war einer der ersten von vielen potentiellen Informanten, denen Lepke ein Ultimatum stellte: Stirb oder verschwinde aus der Stadt. Es war Lepkes Version einer Zeugenverschickung: Schick den Zeugen fort, damit er nicht aussagen kann. Louis schickte sie ins Hinterland, nach Westen oder in eine verschlafene Südstaatenstadt, in der sie ein neues Leben beginnen konnten, weit fort von den neugierigen Augen des Anklägers. ›Stirb oder verschwinde aus der Stadt‹ war allerdings für viele Leute keine einfache Wahl. Verschwinde aus der Stadt hieß auch die Gerüche hinter sich zu lassen, die Erinnerungen, Straßen, Freunde, die Familie, die Pläne, Versprechungen, Wünsche und Bequemlich-

keiten des eigenen Heims. Stirb oder verschwinde aus der Stadt. Was war das schon für ein Unterschied?
Rosen war kaum eine Woche fort, als er Nachricht von seiner Frau erhielt. Sie war krank. Rosen nutzte den Vorwand und eilte zurück nach Osten; Manhattans Skyline stieg im Zugfenster auf. Bald trieb er sich wieder auf der Straße herum; und seine Silhouette war im Süßwarenladen zu sehen, der kleinstädtische Anblick eines Kaufmanns, der Inventur machte. Lepke rühmte sich, daß er stets die Ruhe behielt; sein Benehmen war kühl und direkt, doch nicht ohne Schärfe. Ein Mann, der die Beherrschung verlor, war ein Mann, der Fehler machte, der getötet wurde. Das wußte Lepke. Doch jetzt reichte es ihm. *Dieser widerliche kleine Kerl hält es in keinem Job aus und kann nicht mal eine Weile aus der Stadt verschwinden.* Lepkes Augen blitzten auf, als er hörte, daß Rosen zurück war. Albert Tannenbaum hielt sich im Nebenzimmer auf. Warum sollte sich Allie, der mehrmals im Monat zu Lepke kam, gerade an diesen Tag erinnern? Weil er an diesem Tag zum einzigen Mal erlebte, wie Lepke einen Wutanfall bekam. »Ich habe die Schnauze voll von diesem Scheiß«, schrie Lepke. »Dieser Idiot, dieses Arschloch, kommt dieser Rosen wieder her und faselt was davon, daß er zu Dewey will. Aber der geht nirgendwo mehr hin, der redet mit keinem mehr, dafür werde ich schon sorgen.«
Sholem Bernstein sah einige Tage später Pep Strauss an der Straßenecke stehen. Strauss winkte Sholem zu sich und sagte: »Komm, klau mir einen Wagen.« Bald darauf unternahmen Sholem und Louis Capone eine Spritztour. Während sie sich unterhielten, jagten die Schaufenster von Brownsville an ihnen vorüber. Als er nach rechts in die Sutter Avenue einbog, zeigte Capone, das breite, trübsinnige Gesicht im Profil, auf einen kleinen Süßwarenladen und sagte: »In dem Laden da wird einer umgebracht.« Er fuhr weiter, vorbei an braunen Rasenflächen und verfallenen Häusern und hielt an, als sie ein Abstellgleis erreichten. Capone sagte: »Hier läßt du den Wagen stehen.« So fand Sholem heraus, daß er den *kill car* fahren und einer Route folgen sollte, die so sorgsam geplant war, als wäre sie von einem Lenkleitsystem erstellt worden. Capone hatte sich den besten Weg zu dem Platz ausgesucht, an dem die Männer den *kill car* stehenlas-

sen und verschwinden konnten. Capone machte auf alle Besonderheiten aufmerksam (»Paß hier auf!«, »Denk an das da!«) und fuhr immer wieder mit Bernstein vom Süßwarenladen auf der Sutter zur Wyona, dann rechts in die Blake, links in die Pennsylvania, rechts auf die Snediker, rechts auf die Livonia und weiter zur Van Sinderen, einer staubigen, einspurigen Straße, die neben den BMT-Schienen verläuft, eine Route, die eine saubere Linie durch Brooklyn zog, ein Sternbild in der Nacht. »Er hat mir wieder und wieder die Route gezeigt«, erzählte Sholem später. »Sieben- oder achtmal sind wir die Strecke abgefahren, bis ich sie mir eingeprägt hatte.«

Als er Sholem an der Ecke aus dem Wagen ließ, sagte Capone: »Besorg mir Nummernschilder, aber klau sie, wo sie nicht gleich vermißt werden. Schraub sie an den geklauten Wagen und bring ihn um halb elf vorbei.«

Pep Strauss und Mendy Weiss würden die Killer sein. Juden, die einen Juden umbrachten; Experten, die einen Defekt behoben. Ein paar Tage später fuhren die Männer abends am Süßwarenladen vorbei, doch gefiel ihnen nicht, was sie sahen. Gegenüber hatte ein Eisverkäufer sein Geschäft, Treffpunkt einiger Kredithaie aus dem Viertel. Pep fürchtete, daß sie bei der Flucht von einigen Haien erkannt werden könnten. Warum eine Ratte töten, wenn man sich damit ein neues Problem schafft? Sie entschieden, den Auftrag früh am nächsten Morgen zu erledigen, ehe der Eisladen aufmachte.

Strauss tauchte um halb acht vorm Süßwarenladen auf. Weiss hielt sich im Schatten vor Rosens Haus. Als Mendy sah, daß Rosen in die Straße einbog, rannte er um die Ecke zu Sholem, der dort auf ihn wartete. »Die Ratte ist gerade angekommen«, sagte er. »Hol den Wagen und halt vorm Süßwarenladen. Aber laß den Motor laufen.«

Rosen erreichte seinen Laden, schloß auf, machte Licht und bereitete sich auf einen neuen Arbeitstag vor. Als die Männer durch die Tür kamen, hielt er sie vielleicht für Kunden. Vielleicht auch nicht. Weiss und Strauss hatten einen Blick in den Augen, wie man ihn wohl kaum bei Leuten findet, die Süßigkeiten kaufen wollen. Die Killer feuerten, noch ehe Rosen ein Wort sagen konnte. Rauch stieg von den Läufen auf. Wenn ihre Stunde geschlagen hatte, sahen die Opfer oft nur das Mündungsfeuer. Als Dasher einige Monate zuvor einen Gauner namens Spider Murtha getötet hatte, erzählte die Frau, mit der Murtha zusammen gewesen war, den Polizisten, daß sie sich weder an Gesichter, Kleider noch Stimmen erinnern konnte, sondern nur an »die blauen Flammen, die aus der Pistole schossen«. Mit zwei Treffern in der Brust schmierte Rosen Blut an eine Glasbonbonniere, als er zu Boden fiel. Auf der Straße schien Sholem auf Kollegen zu warten, um mit ihnen zusammen zur Arbeit zu fahren. Als er die Schüsse hörte, beugte er sich vor und stieß die Beifahrertür auf. Strauss und Weiss spazierten aus dem Laden und strichen ihre Mäntel glatt. Sobald sie im Wagen saßen, drückte Sholem das Gaspedal durch und verschwand mit einem Satz im frühmorgendlichen Brownsville. Er hielt sich an die Route, folgte ihr Straße um Straße, eine Flucht, so glatt und unausweichlich wie eine Ereignisfolge im Traum.

Als Sholem zu den BMT-Gleisen kam, warteten dort zwei Wagen. Louis Capone saß in dem einen Auto, Little Farvel Cohen am Steuer des anderen. Die Killer schaukelten in Capones Wagen davon. Wie ein Mann, der sich noch einmal in einem Hotelzimmer umsieht, ehe er es verläßt, warf Sholem einen letzten Blick in den *kill car*, stieg dann zu Little Farvel in den Wagen und war verschwunden, ehe die Straßen recht zum Leben erwachten.

»Wann erfuhren Sie, um wen es sich bei dem Toten handelte?« fragte der Ankläger später.

»Als ich an jenem Abend zur Zeitung griff«, sagte Bernstein. »Ich sah ein Bild vom Opfer und las seinen Namen. Ich habe den Mann nicht gekannt.«

■ ■ ■

Einige Monate später stolperte einer der Jungs über ein weiteres loses Ende. Whitey Rudnick, ein unbedeutendes Mitglied der Gang, wurde gesehen, wie er sich mit einem Anwalt aus Deweys Team unterhielt. Mit einem Cop oder einem Ankläger gesehen zu werden, das war nicht gut. Whitey war heroinsüchtig, ein Junkie, der seine Probleme mit Kokain zu umgehen versuchte – eine Schwäche, die ihn für Cops, Ankläger, für all jene anfällig machte, die sich einen Deal versprachen. Er war, was die Jungs einen Herumtreiber nannten, eine einsame Gestalt, die jeden Abend durch Brooklyn zog. »Meistens wanderte er ziellos von Straßenecke zu Straßenecke«, erzählte Reles.

»Siehst du, ich hab's dir doch gesagt, der Arsch ist ein Spitzel«, sagte Pep eines Tages.

»Wer?« fragte Reles, der gerade erst zur Straßenecke gekommen war.

»Dein Freund Rudnick«, sagte Pep. »Ich hab gesehen, wie er aus Harry Browsers Auto stieg.« Browser war Ankläger in Deweys Büro. »Und du weißt, was das bedeutet«, fuhr Strauss fort. »Wir müssen uns um den Penner kümmern.«

Reles kannte Whitey seit Jahren von der Straßenecke, hatte ihn aber zuvor schon in der Besserungsanstalt Elmira kennengelernt. Bevor die Jungs beschlossen, Whitey umzubringen, hätten sie ihm beinahe jeden Gefallen getan. Er war bei allen beliebt.

»Tja«, sagte Reles, »wenn wir uns um ihn kümmern müssen, dann müssen wir uns wohl um ihn kümmern.«

Damit alle Welt erfuhr, warum Rudnick getötet worden war, wollten ihm die Jungs eine Notiz anheften, einen Zettel, der ihn als Ratte brandmarken sollte. »Ich laß uns von Sholem eine Schreibmaschine klauen«, sagte Reles. »Er bringt sie zu mir, und wir schreiben eine Nachricht.« Die Schreibmaschine dürfte sich in Kids Haus ziemlich merkwürdig ausgenommen haben, ein seltsam intellektueller Touch, ein falscher Ton in einem unflätigen Song.

Ein paar Tage später machten sich die Gangster ans Werk. Sie fälschten einen Brief: Browser dankte Rudnick für die hilfreichen Informationen. Wenn der Brief erst an die Zeitungen gelangte, dachten sich die Jungs, dann würde die Schlagzeile schon für den Rest sorgen: RUDNICK ERMORDET, WEIL ER MIT DEWEY GEREDET HAT.

Die Schreibmaschine war kaputt. Reles mußte das Farbband halten, während Pep in die Tasten hieb. Er begann: Freind George.

»He, das ist falsch«, sagte Reles. »›Freund‹ wird anders geschrieben.«

»Scheiß drauf«, sagte Pep und blickte auf. »Fängt's vielleicht nicht mit einem F an?«

»Doch, aber es wird F-R-E-U-N-D buchstabiert.«
»Was bist du denn? Ein Genie, wie?« fragte Pep. »Woher zum Teufel willst du dich mit diesem Scheiß auskennen?«
»Ich weiß einen Scheiß über diesen Scheiß, aber ich weiß, daß das da falsch ist.«
Sie konnten sich einfach nicht entscheiden. Es gab einen Riesenkrach. Ich stelle sie mir vor, wie sie aufeinander losgehen in diesem Brooklyner Wohnzimmer, Gestalten am Fenster, die schreien, mit den Armen fuchteln, grunzen, seufzen. Für mich stehen sie in einer langen Reihe mit anderen Komödiantenduos, mit ›Abbott und Costello‹, ›Gleason und Carney‹. »Na schön«, sagte Pep schließlich. »Ich probier's auf deine Art.«
Er zog ein neues Blatt Papier ein und tippte: »Lieber Freund.«
Beide Männer starrten auf das Blatt. »Mann«, sagte Reles. »Du hast recht. Das kann's nicht sein.«
»Siehst du, du Blödmann?« sagte Reles. »Was habe ich dir gesagt?«
Pep nahm ein neues Blatt und schrieb:

> Freind George,
> wir sollten uns bald in NY treffen. Es geht um das, was Sie mir letzte Woche erzählt haben. Außerdem habe ich das gewisse Pulver, das ich Ihnen bei unserer letzten Begegnung versprochen habe. PS: Ich hoffe, Sie haben diesen Brief ungeöffnet in Ihrem Briefkasten gefunden. Ich verbleibe als Ihr Freind. SIE WISSEN SCHON, DER VON DEWEYS, IHR FREUND AUS DEM BÜRO DES DISTRIKTSTAATSANWALTES.

Reles faßte den Brief nur mit Handschuhen an. Sobald er geschrieben war, steckte er ihn in einen Umschlag und legte ihn hinten in eine Schublade. Dann verbrannte er die übrigen Blätter im Badezimmer und spülte die Asche die Toilette hinunter.
Während der folgenden Abende wartete Reles an der Straßenecke, den Brief in der Tasche. Dasher war bei ihm. Sobald sie Whitey Rudnick hatten, würden sie ihn zu Happy Maiones Werkstatt in Ocean Hill bringen, wo Strauss und Maione auf sie warten sollten. Als Reles später von einem Anwalt gefragt wurde, ob die Jungs keinen genaueren Plan gehabt hätten, er-

widerte Reles: »Wir brauchten keinen Plan. Wir waren schließlich die Experten.«

Drei Abende lang warteten Reles und Dasher an der Straßenecke von Mitternacht bis gegen fünf Uhr früh. Sie sahen dem Verkehr zu, hörten grüne Jungen aufschneiden, sahen Lichter an- und ausgehen. Sie gingen früh aus am vierten Abend, der Nacht zum 25. Mai 1937. Gegen halb fünf sah Reles eine Gestalt an den Häuserfronten langschleichen. »Das ist er«, sagte er. »Das ist Rudnick.«

»Du bist verrückt«, sagte Dasher. »Das ist er nicht.« Doch als die Gestalt näherkam, fluchte er: »Verdammt, du hast recht. Das ist er.«

Dasher rannte zum Wagen. Rudnick war mit der Routine gewiß so weit vertraut, daß er wußte, was es zu bedeuten hatte, wenn Dasher bei seinem Anblick in die entgegengesetzte Richtung stürmte. Jedenfalls machte er auf dem Absatz kehrt. Als Dasher mit dem Wagen zurückkam, kurbelte er das Fenster herunter. »Wir müssen uns heute abend um ihn kümmern«, erzählte er Reles. »Und wenn ich ihn eigenhändig in den Wagen zerren muß, aber wir müssen ihn heute abend erledigen.«

Einige Augenblicke später stieg Reles in seinen eigenen Wagen und fuhr nach Ocean Hill. Gegenüber von Maiones Werkstatt lag die Wohnung von Happys Großeltern. Sein Großvater war schwerkrank, ein bettlägriger alter Mann im Kreise seiner Verwandten. Gelegentlich klopfte es an die Tür der Werkstatt: Ein Vetter, der Happy sagte, wie es um den alten Mann stand. Er lag im Sterben, verzogene Bodendielen, Schatten, Priester. Es muß ein seltsamer Abend für Maione gewesen sein: Tod, Gewalt, Alter, Mord, der gleiche Ton, der immer wieder angeschlagen wurde.

Reles ließ sich Zeit auf dem Weg zur Werkstatt. Er war das Leben leid, jede Nacht der gleiche Kampf. Als er auftauchte, war der Job schon fast erledigt. Kaum machte er die Tür auf, sah er Dasher, der Rudnick zu Boden preßte; Pep schlang ihm ein Seil um den Nacken; neben ihm lag eine Eishacke auf dem Boden. »Wir brauchen dich nicht mehr«, sagte Happy und hielt das Hackbeil umklammert. »Die Arbeit ist so gut wie getan.«

Als er auf die Auffahrt trat, wischte sich Happy die Hände ab.

»Man sollte nicht glauben, wie so ein dürres Kerlchen kämpfen kann«, sagte er. »Es war gar nicht so einfach, wie es aussah.« Einige Augenblicke später fuhr ein Grünschnabel aus dem Viertel mit einer gestohlenen Limousine vor. Happy wies ihn ein, und der Junge fuhr den Wagen rückwärts in die Garage neben die Leiche. Dasher packte Rudnick an den Füßen, Pep hielt ihn an den Schultern fest, und gemeinsam schoben sie ihn auf den Rücksitz. »War es schwierig, Rudnicks Leichnam auf den Rücksitz zu legen?« wurde Reles später vom Ankläger gefragt.

»Er war zu lang«, erwiderte Reles. »Dasher knickte seine Beine ein, wenn Sie wissen, was ich meine. Dadurch wurde der Kerl ein Stück kürzer.«

Als sie den Leichnam im Wagen verstauten, entfuhr ihm ein Seufzer. Es muß wie in einer dieser gespenstischen Geschichten von Isaac Bashevis Singer gewesen sein, in der die Toten aufschreien, ein Vorwurf, der aus dem Jenseits herüberklingt: *Warum habt ihr mich verraten?* »Der verdammte Penner ist immer noch nicht tot«, sagte Strauss, zog den Leichnam aufs Trittbrett, langte nach der Eishacke und hieb noch ein paar Löcher hinein. »Das dürfte ihm den Rest geben«, sagte er. Die Killer schoben Rudnick wieder auf den Rücksitz. Happy beugte sich vor, sagte: »Ich verpaß dem Arschloch lieber noch eins«, und hieb einige Male mit einem Hackbeil zu. »Ein Schlachterbeil, womit man Fleisch und Knochen zerteilt«, erklärte Reles. »Ich hab allerdings bloß so ein dumpfes Geräusch gehört.«

Die Jungs stiegen in den Wagen und verschwanden aus Brooklyn. Reles folgte ihnen im *crash car*. Sie ließen den *kill car* stehen, der im Osten New Yorks in einer Wohnstraße in Bushwick gestohlen worden war. Nachdem Happy den Motor ausgeschaltet hatte, schob er Rudnick den gefälschten Brief in die Tasche, stieg dann in den anderen Wagen und sagte: »Das gibt einen mächtigen Wirbel, wenn sie diesen Typen mit dem Brief in der Tasche finden.«

Die Polizisten, die am nächsten Morgen die Leiche entdeckten, waren stärker von dem Blutbad als von ihrer Prosa beeindruckt. »Als er (der Polizist) in den Wagen schaute«, wurde der Jury später vom Ankläger erzählt, »machte er einen grausigen Fund. Im hinteren Teil des Wagens lag der mißhandelte Leichnam eines

Mannes gegen die Tür gelehnt. In seinem Schädel klafften mehrere Wunden, das Haar war blutverklebt, das Hemd blutverschmiert, und auf der Höhe des Larynx, des Adamsapfels also, war dem Mann der Hals mit einem Seil zugeschnürt worden. Hals und Gesicht über der Schlinge waren dunkelblau angelaufen. Die Zunge hing aus dem Mund.« Die Jungs hatten mehr als sechzigmal auf Rudnick eingestochen.

Als Happy in seine Werkstatt zurückkam, ging gerade die Sonne auf. Auf der Straße drängten sich griesgrämig dreinblickende Männer und verheulte Frauen. Die Männer hielten ihre Hüte in den Händen und betupften sich die Augenwinkel mit ihren Taschentüchern. Der Schatten verschluckte ihre Mäntel, so daß ihre Köpfe länger wirkten, der Trick eines Zauberers. Happy suchte die Gesichter, Augen, Münder ab, und sobald er aus dem Wagen stieg, wurde er von Verwandten umringt. *Dein Großvater ist heute nacht gestorben, Happy.* Noch während er über die Menge blickte, dürfte Happy begriffen haben, was für ein Geschenk ihm der Alte hinterließ: ein Alibi. *Unmöglich. Happy Maione hat nichts damit zu tun. Was für ein bescheuerter Hund würde schon in derselben Nacht einen Junkie umbringen, in der der eigene Großvater im Sterben lag?*

■ ■ ■

Im Sommer 1937 tauchte Lepke unter. In letzter Zeit war die Lage für den Boß immer heikler geworden. Die Beamten vom FBI hatten eine Anklage wegen Rauschgifthandel vorbereitet, wollten also gegen das Geschäft vorgehen, das er von Arnold Rothstein geerbt hatte. William O'Dwyer, der Brooklyner Distriktstaatsanwalt, war Lepkes Verstrickung mit dem organisierten Verbrechen auf der Spur. Leiter der Untersuchung war ein gewisser Burton Turkus, ein junger Ankläger, der bald beweisen sollte, daß er gefährlicher als die Ambergs, die Shapiros und der Schultz-Mob war. »Er entspricht nicht gerade dem gewohnten Bild eines Anklägers«, schrieb Sid Feder, ein Reporter der Associated Press. »Er ist vernarrt in die Theatralik des Gerichtssaals und des Kriminalprozesses, ist aber weder Politiker noch auf Öffentlichkeit aus. Er kommt wie die Kinoversion eines Anwalts

daher und ist galant, ein anregender Unterhalter und überaus scharfsinnig.« Für die Gangster wurde Burton Turkus zu ›Mr. Arsen‹.
Wenige Tage, bevor der Haftbefehl ausgestellt wurde, bekam Lepke einen Tip. Statt auf das Klopfen an seiner Tür zu warten, beschloß er zu verschwinden, irgendwohin zu fahren und aus dem Untergrund zu agieren, der Regierung den Fall zu nehmen, bevor er verhandelt werden konnte. Wenn alle Redseligen verstummt und alle Sünder bestochen worden waren, würde er allein vortreten, ein Anzug und ein Lächeln, um über sich richten zu lassen. Bis dahin würde er verschwunden bleiben, würde unsichtbar wie Rauch in einer Flasche sein. Wohin sollte er gehen? Nun, er würde nicht denselben Fehler wie Luciano begehen. Er würde nicht an einen Ort wie Hot Springs fahren, kein besonders gut gehütetes Geheimnis, da ihn die Anwälte dort wie einen Splitter entfernen lassen konnten. Und er würde auch nicht dem Beispiel Vito Genoveses folgen, der mit seinem Geld nach Italien geflohen war. Denn kein Gefängnis konnte für Juden gegenwärtig schlimmer sein als Europa. Statt dessen würde Lepke aus dieser Welt in eine Parallelwelt der verborgenen Treppen und geheimen Türen verschwinden und zu einem Phantomgangster werden.
Doch ehe Lepke in den Untergrund verschwand, berief er ein Treffen der Oberhäupter der Unterwelt ein. Lansky war da, und Bugsy Siegel kam, ebenso Albert A., Moey ›Dimples‹ Wolensky, der für Lansky arbeitete, und Long Zwillman, der Boß von Newark. Diese Männer kannten Lepke seit vielen Jahren, und es war, als wären sie gekommen, um ihm Lebewohl zu sagen. Louis verschwand von der Bildfläche und blieb, wo er weder zu sehen noch zu hören sein würde. Er wollte den Segen dieser Männer, ehe er verschwand. Schließlich sollten ihn Mitglieder der Mafia verstecken und beschützen, und sie waren es auch, die Prügel beziehen würden, wenn die Polizei es leid war, nach ihm zu suchen. Lepke erklärte seinen Plan, erzählte, daß er und Gurrah sich trennen, daß sie beide untertauchen, aber nicht zusammenbleiben würden, daß Albert A. sie versteckt halten und Mendy Weiss die Gang übernehmen, aber weiterhin Lepkes Kommando unterstehen würde. Die Gangster sahen ein, daß ihm keine Wahl

blieb: *Verdammt, Lepke, wir wollen doch nicht, daß das FBI dich hoppnimmt!*
Louis Lepke war der meistgesuchte Mann in der amerikanischen Geschichte. Als die Polizei begriff, daß er untergetaucht war, reagierte sie, als wäre ein Faß Plutonium verschwunden. Ihre Nachforschungen wuchsen sich zu einer regelrechten Menschenhatz aus, und seinetwegen klopften mehr Polizisten auf den Busch als wegen Jesse James. Während Mussolini und Hitler bereits ihre Muskeln spielen ließen, wurde Lepke von J. Edgar Hoover zum gefährlichsten Mann der Welt ernannt, zum Staatsfeind Nummer eins. Über einhunderttausend Fahndungsplakate wurden gedruckt und an Postämter und Polizeireviere verschickt, bei Sportveranstaltungen und in den Schulen verteilt, an Telegrafenmasten und die Schwarzen Bretter der Lebensmittelläden geheftet, in Bahnhöfen, den Botschaften und Konsulaten in aller Welt aufgehängt: ein dunkles, melancholisches Gesicht aus zwei Blickwinkeln; eine niedrige Stirn, ein müder Dackelblick. Bald sah man ihn überall. Falsche Lepkes wurden in England gesichtet, im Staat New York, auf einer Yacht vor der Küste von Südamerika, im polnischen Warschau, wo man ihm nachsagte, eine Entführung zu planen, in Puerto Rico, Kuba, Kanada, Vermont, im Westen und Nordwesten, in Bars, Hotels, Kasinos, in Schwimmbädern und Restaurants. Die Leute, die hofften, Lepke zu finden, sahen ihren Namen gewiß schon unter der Schlagzeile HELD in der Zeitung stehen. Für jene, die hofften, daß er nicht gefunden wurde, lautete die Schlagzeile SPURLOS VERSCHWUNDEN. Und für alle, in deren Leben nicht viel geschah, war der Gedanke an Lepke, an den Gangster auf freiem Fuß, eine harmlose Ablenkung. In den Jahren vor dem Zweiten Weltkrieg stand der Name Lepke in Amerika für ein Drama, beschwor er eine nationale Schatzsuche herauf: Wo ist der Gangster?
Und wo war er? Nicht mehr auf dem Radarschirm. Er zog von Ort zu Ort, von Haus zu Haus, tauchte nur für eine Mahlzeit, einen Drink, ein Gespräch wieder auf. Bis heute ist sein Aufenthalt in jenen Tagen ein Geheimnis geblieben. Was wir wissen, wissen wir von den redseligen Mitgliedern der Gang, von Reles und Tannenbaum. Und wenn wir die Einzelteile zusammenstückeln, erhalten wir einen wackligen Film im Super-8-Format

Pep Strauss (links) und Buggsy Goldstein scheinen ihre letzte Fahrt zu genießen, eine Reise mit dem Zug in die Todeszellen von Sing Sing.

Unterwegs wirft Strauss mit seinem Schuh nach einem Fotografen. Die Cops lachen, Goldstein versteckt sich hinter seiner Zeitung.

Louis Capone.
Ein ruhiger Augenblick
auf dem Polizeirevier.

Louis Capone (links) und Mendy Weiss, die auf ihrer letzten Reise flußaufwärts nach Sing Sing mit Handschellen aneinandergekettet waren. Schaulustige starren mit großen Augen durch das Fenster.

Louis »Lepke« Buchalter,
umgeben von FBI-Agenten.
Er ist bis heute das einzige
Oberhaupt einer Gangsterfamilie,
das zum Tode verurteilt wurde.

Herbie Cohen (mein Vat
obere Reihe, Mitte), Larry Ki
zu seiner Linke
Die Jungs im Klubraum v
Bensonhurst geben sich alle Müh
wie echte Gangster auszusehe
Man beachte den Zigar
rauchenden Hutträger in d
unteren Reih

Albert Anastasia liegt tot im Friseursalon des Park Central Hotels in Midtown Manhattan.

Die Warriors auf der Treppe. Mein Vater oben rechts, Larry, wie immer, an seiner Seite.

Besatzungsarmee. Mein Vater (ganz links) mit seinen Kameraden in Westdeutschland im Herbst 1954.

Charlie »Lucky« Luciano im italienischen Exil, 1955. Er trug Hausjacken und träumte vom Corned beef aus der Delancey Street.

Meyer Lansky in Miami Beach in den siebziger Jahren, nur einer von vielen *schnorrern*, die ihren Hund Gassi führen.

h auf einem Autofriedhof in Illinois.
in Gymnasiast aus der Vorstadt, der vorgibt,
Brooklyn zu sein.

Mein Vater, mein Bruder
und ich (links) auf der Hochzeit
meiner Schwester.
»Nichts ist so wichtig wie
deine Familie, Richie, das
darfst du nie vergessen.«

Sid Young, Asher Dan
Herbie Cohen, Larry Kin
(von links nach rechts), 199
immer noch zusamme
und immer noch reden si
über jüdische Gangste

voller Sprünge und Risse; Bilder fehlen, andere sind an den Rändern versengt.
Anfangs versteckte sich Lepke in Newark in New Jersey. Gurrah hielt sich ebenfalls in Newark in einer Kellerwohnung am anderen Ende der Stadt verborgen. Manchmal trafen sich die beiden spät abends in einem rumänisch-jüdischen Restaurant zum Gulasch. Wenn die Teller längst schon abgeräumt worden waren, saßen sie noch zusammen, redeten und spielten Karten. Ein Mann auf der Flucht darf niemals zu lange an einem Ort bleiben; sein Verhalten ergibt allzubald ein Muster, und Muster lassen sich aufspüren. Als daher der Herbst anbrach, zog Gurrah in den Mittleren Westen in irgendeine sichere Stadt, in der sich ein gesuchter Mann wie ein Baum im Wald verstecken kann. Doch kaum war Lepke nicht mehr da, um auf ihn aufzupassen, begann Gurrah, den großen Mann zu markieren. Das ruhige Leben im Untergrund wurde für ihn unerträglich, und man sah ihn in Klubs und Bars, sah ihn Telefongespräche führen. Mendy Weiss setzte sich mit Lepke in Verbindung. Er wollte die Gangster wieder zusammenbringen, hoffte er doch, daß Louis seinen alten Freund besänftigen konnte, daß der Geist die Materie bezwang. Doch Gurrah sehnte sich nach mehr als einem vertrauten Gesicht; er wollte sein altes Leben zurück. Gangster eines bestimmten Schlages, wilde, sinnliche Gangster, verkümmern im Untergrund. Wie manche Weinreben verdorren sie, wenn sie nicht ständig der Sonne ausgesetzt sind. Gurrah beklagte sich über Schmerzen in der Brust, über Kurzatmigkeit. Zu krank, um länger durchhalten zu können, stellte er sich am 14. April 1938 der Anklage. Wegen Zugehörigkeit zu einer kriminellen Vereinigung erhielt er lebenslänglich.
Lepke brachte einige Monate im Westen auf einer Ranch in den Bergen zu. Lansky suchte ihn auf, um ihm zu sagen, daß er die Gang auflösen solle. Das Syndikat würde Workman übernehmen, die anderen Jungs konnten ihre eigenen Wege gehen. Lansky sagte, der Gang würde bald das Geld ausgehen, und dann würde sie den anderen Bossen zur Last fallen. Das war die erste Andeutung von Unstimmigkeit, das erste Anzeichen dafür, daß ein untergetauchter Lepke zu Problemen führen konnte. »Tut nichts«, befahl er Lansky, denn er wußte, daß er ohne seine

Jungs nur einer von vielen alten Männern sein würde, die sich in ihre Wohnung einschlossen und vor der Welt versteckten.
Als Lepke in die Stadt zurückkehrte, begab er sich in die Obhut von Albert A., der den Boß von einem Ort zum anderen brachte und dabei der Polizei immer einen Schritt voraus war. Eine Zeitlang wohnte Lepke über einem Nachtklub in Coney Island, dem Cavitola's Oriental Danceland in der Stillwell Avenue, Nummer 2780; Cavitola war ein angeheirateter Verwandter von Louis Capone. Von dort zog Lepke in das Haus des Freundes eines Freundes Ecke Einundneunzigste und Avenue A, nur wenige Häuserblocks von Reles entfernt. Für Kid war das, als lebte plötzlich ein Rockstar in seiner Nachbarschaft. Er verbrachte viel Zeit mit ihm, freundete sich mit Lepke an, und Lepke teilte seine Geheimnisse mit ihm. Reles verkörperte für Lepke eine seiner wenigen Verbindungen zur Straße, zu alldem, was aufregend war. Wenn Kid durch eine zweifach verschlossene Tür trat und über einen dunklen Flur ging, sein Gesicht mal hell, mal dunkel, muß Lepke so etwas wie Neid empfunden haben, die Eifersucht eines Toten auf die Lebenden. Manchmal wurde Lepke von Reles auf eine gespenstische, nächtliche Spritztour mitgenommen, und dann starrte der Boß auf die ebenen, geraden Straßen von Brooklyn. Seine Familie sah er nur noch selten. Die Welt drang bloß über die Zeitung zu ihm durch, oder sie wurde ihm in den Worten jener zugetragen, die ihn versteckt hielten, von Gangstern, die ihm die Neuigkeiten bröckchenweise weitergaben, jeder von eigenen Motiven getrieben, die Tatsachen vom Ehrgeiz, von Wünschen geprägt.
Und natürlich wollten alle Jungs zu Lepke. Zu seinem Versteck gebracht zu werden, das war, als würde einem ein nationales Geheimnis anvertraut. Eines Abends stieß Mendy Weiss zufällig auf Albert Tannenbaum. *He, Allie? Willste den Boß sehen?*
Klar. Wer nicht?
»Nun, bleib ein braver Junge, dann bring ich dich vielleicht zu ihm«, sagte Weiss.
Einige Wochen später trafen sich Weiss und Tannenbaum in Yiddel Lorber's, jenem Restaurant an der Williamsburg Bridge, in dem Pretty Amberg umgebracht worden war. Little Farvel Cohen war ebenfalls bei ihnen. Die drei Männer stiegen in eine

schwarze Limousine, fuhren zu einem Deli und besorgten sich Sandwiches und Champagner. Es war Silvester 1938. Von da aus jagten sie durch Brooklyn wie Gangster in einem Krimi, die jemanden abhängen wollen: Fuhren in falscher Richtung durch Einbahnstraßen, bretterten durch schmale Gassen, wendeten und fuhren denselben Weg zurück. Gegen elf Uhr waren sie am Versteck. Einer nach dem anderen kamen sie durch die Tür, umarmten den Boß und lächelten. Korken knallten, Mäntel hingen über Stuhllehnen. Sie redeten bis in die frühen Morgenstunden, Beine schlurften am Kellerfenster vorbei. Er kam zwar nur noch selten nach draußen, doch Lepke sagte, er brauche neue Anzüge. Er glich einem dieser eisernen britischen Kolonialisten, die sich auch im tiefsten Dschungel stets korrekt kleiden. Tannenbaum nahm Lepkes Maße; in einigen Tagen sollte er die neuen Anzüge bringen.

Gegen drei Uhr früh standen die Jungs auf, um zu gehen. Lepke zog Weiss auf die Seite. Der Boß sagte, er wolle seine Frau sehen, er habe seit Monaten nicht mit ihr gesprochen. »Keine Sorge«, sagte Mendy. »Ich kümmere mich drum.« Bestimmt hat es Mendy gefallen, den Boß in seiner Hand zu wissen. Er galt allgemein als der mächtigste Mann, konnte ohne ihn aber nicht mal vor die Tür gehen; er war ein ebenso herrliches, sinnloses Stück Arbeit wie ein Schiff in einer Flasche.

Es war nicht einfach, Lepke versteckt zu halten. Für Albert A. bedeutete es fast einen Ganztagsjob. Seine Arbeit glich einem Schachspiel, stets plante er fünf Züge im voraus, erriet, wann Nachbarn Verdacht schöpften, wann die Polizei auftauchte. Ein Versteck ist wie ein Milchkarton; es sollte mit einem Verfallsdatum gekennzeichnet sein. Kann man ein Versteck drei Monate lang halten, ist man zufrieden. Selbst die besten Plätze, etwa das Hinterzimmer im Haus einer alten Lady, konnten in Sekundenschnelle schlecht werden. Wenn das passierte, mußte Anastasia den nächsten und auch den übernächsten Zug bereits kennen. Einmal, als er offenbar dieses Umhergeschiebe von Kellerwohnung zu Kellerwohnung leid war, versuchte er, Lepke zu einer dauerhafteren Existenz zu verhelfen. Anastasia holte Tannenbaum und erklärte ihm seinen Plan, daß nämlich Tick-Tack nach Elizabeth in New Jersey ziehen, ein Geschäft aufmachen und ein

Haus kaufen solle. Wenn Tannenbaum dann in einigen Monaten alles soweit vorbereitet hatte, würde Lepke zu ihm ziehen. Arbeite ordentlich, riet er Allie. Halt die Öffnungszeiten ein, zieh dich unauffällig an. Tannenbaum sollte engen Kontakt mit Longy Zwillman, dem Boß von Newark, pflegen.

Longys Jungs fragten Tannenbaum, was er für ein Geschäft aufmachen wolle. Ein Geschäft für Herrenmode, sagte Allie. Und anfangs war Zwillman einverstanden, änderte dann aber seine Meinung. Er wollte, daß Tick-Tack Flaschen mit Mineralwasser verkaufte, und gab Allie 300 Dollar Startkapital. Also fuhr Allie nach Elizabeth, ein Unternehmer, der in staubige ›Zu vermieten‹-Fenster stierte. Er nannte sich jetzt Milburn nach dem Mädchennamen seiner Frau und erzählte, daß er aus St. Louis stamme. Wer wollte ihm das glauben? Er hatte den schmalen, kleinen Mund eines Gangsters und die kriegsmüden Züge eines Mannes, dessen Boß auf der Flucht ist. Seinen Laden nannte er die *Union County Mineral Water Company*. Von einem Großhändler bezog er das Mineralwasser für zwanzig Cents pro Gallone und verkaufte sie für fünfunddreißig Cents. Mit seinem Gangstergeld eröffnete er ein Bankkonto, kaufte sich einen Ford und stellte einen siebzehnjährigen Jungen an, der die Ware für ihn austrug. Eine Woche lang nahm er Bestellungen auf, schrieb Rechnungen aus und warf einen Blick auf jenes Leben, das sein Vater sich für ihn gewünscht hatte.

Tannenbaum fand ein Haus. Achtzig Dollar im Monat für eine holzverkleidete, zweistöckige Einfamilienecke in der Vorstadtwelt. Das Haus war umgeben von hohen Büschen, ganz wie gewünscht. Es hatte drei Schlafzimmer, eine verglaste Veranda, eine beheizbare Garage, Wohnzimmer, Eßzimmer, Speisekammer und Küche. Als er sich aufmachen wollte, um Möbel einzukaufen, erhielt er einen Anruf von Zwillman: FBI-Agenten trieben sich in Elizabeth herum und stellten Fragen, fahr zurück nach New York City. Für Anastasia war damit einer von vielen Plänen fehlgeschlagen, für Allie ein Auftrag geplatzt, aber was war mit dem siebzehnjährigen Jungen? Hat er einen neuen Job gefunden? Erzählt er noch immer diese Geschichte? Jemand wird es wissen, ich weiß es nicht.

Endlich fand Anastasia das ideale Versteck: eine Kellerwohnung

in der Dreizehnten Straße in Brooklyn. Das Haus gehörte Mary Porzia, einer alten Dame, die wie Anastasia aus Kalabrien in Italien stammte. Im Winter 1939 fuhr Reles den Boß zu seinem neuen Quartier. Lepke hatte sich einen Schnurrbart wachsen lassen und zog sich den Filzhut tief ins Gesicht. Er hatte zwanzig Pfund zugenommen und trug den verhärmten Blick eines Flüchtlings; ein wenig von seinem Trotz blieb in jedem geräumten Versteck zurück. Neben Lepke saß eine rothaarige Frau mit einem Baby: Buggsy Goldsteins Schwägerin mit seinem Neffen. Wer nach Lepke suchte, der suchte vermutlich nach einem düsteren, einsamen Gangster und nicht nach einem Familienvater.
Lepke hauste in einer Wohnung unter der Treppe: kleine Küche, Wohn- und Schlafzimmer. In den kommenden Monaten sollte er die Gang von diesem Keller aus leiten und Befehle geben, die das Leben einiger Menschen im ganzen Land verändern würden.
Der zweite Mieter im Haus war Eugene Salvese, ein Hafenarbeiter aus Italien. Salvese war illegal nach Amerika eingewandert, wollte aber unbedingt ein legaler amerikanischer Bürger werden. Mehrmals war er bereits in der Botschaft gewesen, um sich in Schlangen einzureihen, die sich bis zur Tür hinauswanden.
Eines Abends schob er die Rolladen vor seinem Fenster ein wenig zur Seite und blickte auf die Straße: Schaufenster, Haustreppen, Mülltonnen. Auf der anderen Straßenseite sah er einen untersetzten Mann das Gebäude anstarren. Irgendwas an diesem Mann schien ihm verdächtig. Als der Mann nach einer Weile verschwand, schaute Salvese ihm nach. Wenige Tage später wurde Salvese diesem Mann vorgestellt. »Eugene, ich möchte Sie mit jemandem bekannt machen«, sagte Miss Porzia. »Das hier ist Abraham Reles. Wir haben einen neuen Mieter, und Mr. Reles wird Ihnen die Miete für diesen Mann aushändigen.« Jede Woche traf sich Salvese danach mit Kid an der Untergrundstation in der Saragota Avenue, um Lepkes Miete entgegenzunehmen: Fünfzig Dollar; Salvese zahlte zehn.
Als Salvese eines Abends vom Hafen nach Hause kam, traf er Reles auf der Straße. »Sie sind ein guter Mann«, sagte Reles. »Reden Sie mit keinem Menschen über den Mieter in der Kellerwohnung. Sie müssen für Ihren Lebensunterhalt hart arbeiten, doch wenn Sie tun, was ich Ihnen sage, mit niemandem reden

und sich anständig verhalten, dann brauchen Sie vielleicht nie wieder zu arbeiten.«

»Ich habe mein Lebtag gearbeitet«, sagte Salvese und wandte sich ab. »Warum sollte sich das jetzt ändern?« Daraufhin sagte Reles der Vermieterin, daß er Salvese nicht in der Nähe wissen wollte, wenn er Lepke besuchen kam.

Auf seinem Heimweg kaufte Salvese an jedem Abend die Zeitungen für Lepke, die *Daily News* und den *Daily Mirror*. Er ahnte nichts von Lepkes Ruhm und kannte ihn nur als merkwürdigen Mann, der nie ausging und einzig für seine Zeitungen lebte. Ein Schnappschuß von Lepke kurz vor seinem Ende: eingesperrt in einem Bunker, sein Schicksal in der Presse verfolgend, ein Lichtpunkt auf einem Radarschirm. Jeden Tag standen Geschichten über den Boß in der Zeitung: Irgendein übereifriger Polizist hatte den Namen ›Bukalter‹ auf einem Briefkasten entdeckt und eine Hausdurchsuchung veranlaßt. Julius Bukalter erwies sich als ein dreiundachtzigjähriger, in Litauen geborener Jude, ein pensionierter Lehrer, der einst an der Clinton Street in der Lower East Side unterrichtet hatte. Ein Brief von einem Mann über einen Irren, der mit einer Schrotflinte durch die Wälder strich: Konnte dies nicht Lepke sein, der für die Deutschen spionierte? »Ich bin mir ziemlich sicher, daß es in der Nähe einige Luftwaffenstützpunkte gibt«, schrieb der besorgte Bürger. »Vielleicht treibt sich der Verbrecher hier herum, um Informationen für den Feind zu sammeln.«

Im Frühjahr 1939 begab sich Salvese nach Kuba. Er hatte sich vorgenommen, nach Havanna zu fahren, dort auf der Stelle kehrtzumachen und wieder nach Amerika einzureisen, diesmal jedoch auf legale Weise. Im Gebäude der kubanischen Einwanderungsbehörde sah er ein Fahndungsplakat an der Wand. Das Gesicht auf dem Poster war nur schwer zu erkennen, aber Salvese war sich beinahe sicher, daß es zu dem Mann in der Kellerwohnung gehörte. Niemand schaute hin, als er das Plakat von der Wand nahm, es zusammenfaltete und sich in die Tasche steckte. Doch als Salvese nach New York zurückkehrte, war Lepke bereits wieder fort. Er nahm die Vermieterin beiseite und zeigte ihr das Fahndungsplakat. »Schauen Sie sich das an«, sagte er. »Da haben Sie mich ja in einen schönen Schlamassel hineingezogen, und das, wo ich doch gerade versuche, amerikanischer Staatsbürger zu werden. Seit vierzehn Jahren lebe ich nun in Amerika, aber das hier könnte mein Ende sein.«

Porzia sagte Salvese, daß er Urlaub brauche. Sie schlug ihm vor, einige Zeit in Saratoga zu verbringen. Als er sagte, daß er sich eine solche Reise nicht leisten könne, erwiderte sie, daß Geld keine Rolle spiele, daß er seine Sachen packen und am nächsten Morgen zur Straßenecke an der Saratoga Avenue gehen solle. Sie kannte ein paar Männer, die ihn hinfahren und ihm ein einfaches Hotel besorgen würden. Als Salvese an der Straßenecke aufkreuzte, wartete Reles bereits auf ihn. Er nahm Salvese am Arm und wies mit einem Kopfnicken auf einen Wagen. »Ich ging zu dem Wagen, hatte aber schreckliche Angst«, erzählte Salvese später. »Ich dachte, die wollten mich abservieren. Aber dann schoben sie mich auf den Rücksitz, und wir fuhren los, rasten wie die Teufel. Während der ganzen Fahrt schienen mich die beiden Männer gar nicht wahrzunehmen; sie unterhielten sich nur untereinander und haben sich mit Harry und Al angeredet.«

Salvese wurde in eine Pension am Rand der Stadt einquartiert. Er blieb einen Monat dort, ging im Wald spazieren, ging schwimmen – Lepkes Art, einen Mann für seine Mühe zu belohnen, sich seine Treue, sein Schweigen zu erkaufen. Als Salvese zur Dreizehnten Straße zurückkehrte, war er braungebrannt, gut erholt und wußte über keinen Menschen in der Welt ein schlechtes Wort zu sagen.

Lepke wohnte nun bei Dorothy Walker, der Tochter des Gangsters Fatty Walker. Meist schob Lepke nach dem Essen den Stuhl zurück und sagte etwas Nettes über Walkers Kochkünste. Er beschwerte sich über Miss Porzia, die Person, bei der er zuletzt gewohnt hatte, da deren Mahlzeiten ihn manchmal zur Verzweiflung getrieben hatten, waren ihm doch hin und wieder eine Woche lang jeden Tag Spaghetti vorgesetzt worden. Reles hielt sich oft bei Lepke auf. Wenn die Gangster übers Geschäft redeten, zog sich Walker ins Nebenzimmer zurück. Von Reles war sie nicht gerade beeindruckt. Ins Gesicht sagte sie ›Shorty‹ zu ihm. Wer weiß, wie sie hinter seinem Rücken über ihn redete? Das Versteck lag in der Foster Avenue, Hausnummer 2720, nur wenige Blocks von der Midwood High School entfernt, in der meine Mutter Jahre später mit dicken Brillengläsern schüchtern ihre High School-Zeit beginnen sollte. Lepke schlief im Hinterzimmer eines Backsteinhauses, das vorn einige Stufen sowie eine Veranda aufwies und sich in keinerlei Hinsicht von einem Dutzend anderer Häuser in dieser traurigen Straße unterschied. In nördlicher Richtung stieg die Straße leicht an, ehe sie dann wieder zu den Läden des Kings Highway abfiel. Bestimmt haben die Lehrer in der Midwood High School über Lepke geredet, darüber, wie das Verbrechen einen Mann ruiniert, die dunklen Engel ihn zerstören. Und da, nur wenige Schritte entfernt, über eine Zeitung in der Küche gebeugt, saß das Wrack höchstpersönlich und sah kaum anders als die eigenen Väter aus.

■ ■ ■

Wahrscheinlich war man in den High Schools Brooklyns unterschiedlicher Ansicht über Lepke. Für die Lehrer, die zumeist aus protestantischen Bürgerhäusern stammten, war er bloß ein Ganove, der Amok lief. Für ihre Schüler, die miterleben mußten, wie ihre eingewanderten Väter um einen Platz in Amerika kämpften, lag der Fall Lepke komplizierter. Männer wie mein Großvater hatten ein ausgeprägtes Gefühl für Recht und Unrecht, doch fiel es ihren Söhnen schwer, die Gangster nicht zu bewundern. Reles und Strauss waren für sie furchtlose Juden, Männer, die einer unfairen Welt den Krieg erklärt hatten. Während Cops die Straßen nach Lepke durchkämmten, boykottierten die Nazis in Deutschland die Juden und zwangen sie, den Judenstern zu tragen, Schikanen, die im übrigen Amerika vielleicht nicht allzu bekannt waren, über die in Brooklyn jedoch geredet wurde. Die meisten Juden hatten noch Familie in der alten Heimat, und die schlechten Nachrichten kamen in Briefen, die von Mal zu Mal düsterer klangen, ehe sie schließlich ganz ausblieben. Zu einer Zeit, da die Politiker des Westens noch hofften, ein Abkommen mit den Faschisten treffen zu können, gehörten die Gangster zu den wenigen Menschen, die den Feind verstanden. Als Reles von Burton Turkus gefragt wurde, was er von der Lage in Europa halte, antwortete er: »Ist doch klar.«

»Wie meinen Sie das? Was ist klar?« fragte Turkus.
»Die sind genau wie die Mafia«, sagte Kid. »Uns gibt es, weil wir Amerika an den Geldbeutel wollen. Falls nötig, würden wir deshalb auch über Leichen gehen. Hitler und Mussolini, die sind auf das gleiche aus, bloß wollen sie die ganze Welt kassieren. Und dafür würden sie über Millionen Leichen gehen.«
Die Gangster waren der Prototyp eines neuen Juden, jenes sportlichen, geländegängigen Modells, das sich aus der Asche des Zweiten Weltkrieges erheben sollte. Männer wie Lepke und Lansky zählten zu den ersten Juden, denen die Wahrheit über die Gewalt bekannt war, denen klar war, daß man die Opfer bedauert, sich aber den Siegern beugt. Lange vor dem Holocaust wußten sie auch über die Gelehrsamkeit Bescheid, wußten, wie wenig sie bedeutete, wenn Schaftstiefel die Treppe hinaufpolterten. Diese Männer waren auf keine ›Geh-in-die-Synagoge‹-, ›Halt-den-Sabbat-ein‹-Art religiös, standen aber eindeutig auf seiten der Juden. Die Besten unter ihnen hatten begriffen, daß man nicht fortlaufen kann, daß man durch die Flucht entweder auf sich selbst zuläuft, die eigene Identität findet oder aber zu einem Niemand wird, zu einem Jona auf der Flucht vor Gott. Als der Krieg ausbrach, konnten sie die Nazis besser als die meisten gesetzestreuen Bürger verstehen. Sie hatten erfahren, wozu der Mensch fähig war, ahnten, wie weit jemand wie Hitler gehen würde, und wußten, daß man nicht mit Vernunft, mit Verträgen oder Sanktionen dagegen ankam. Die Gangster, die vor allem reich werden wollten, hatten längst begriffen, daß mancherlei für Geld nicht zu haben war. Sie wußten, die einzige Art und Weise, mit den Nazis fertig zu werden, war die Art und Weise, wie sie auf der Straße mit ihnen fertig wurden. Diese Einstellung trug ihnen nicht nur die Bewunderung von Kids wie meinem Vater ein, sie war intellektuell auch durchaus fundiert: Wem gerade die Unterlippe aufgeschlagen wurde, dem fällt es schwer, sich für Superman zu halten. »Wir wußten, wie man mit ihnen umgehen mußte«, erzählte Meyer Lansky Uri Dan. »Die Italiener boten mir ihre Hilfe an, aber da es um unseren Stolz ging, wollte ich sie nicht annehmen. Ich gestehe, es hat mir Spaß gemacht, Nazis zu verprügeln. Manchmal haben wir einem bedeutenden Antisemiten eine Sonderbehandlung verpaßt, aber in der Regel ging es

darum, den Nazis klarzumachen, daß man Juden nicht einfach herumschubsen kann.«

Mitte der dreißiger Jahre begannen sich die Sympathisanten der Nazis in den Staaten zu organisieren. Getrieben von fanatischem Antisemitismus legten sie sich Namen wie German American Bund zu. »Eine Sympathisantenorganisation, die im Stil der Nazis antisemitische Propaganda betrieb«, fuhr Lansky fort. »Ihre Mitglieder stolzierten durch die Gegend und stießen irgendwelche Drohungen aus, etwa, daß sie alle Juden in Konzentrationslager stecken wollten.« 1939 war die amerikanische Nazi-Bewegung bereits so stark, daß sie achtundzwanzigtausend Menschen zu einer Kundgebung in den Madison Square Garden locken konnte. »Ich habe schon immer was gegen Antisemitismus gehabt, aber in jenen Jahren begannen auch andere Leute sich Sorgen zu machen«, erzählte Lansky. »Bedeutende WASPs, wie wir sie heute nennen (White Anglo-Saxon Protestants), gaben in aller Öffentlichkeit antisemitische Äußerungen von sich, und einige Zeitschriften und Zeitungen unterstützten sie darin auch noch. Dies begann jüdischen Wortführern, darunter auch dem allseits geschätzten Rabbi Stephen Wise, bedenklich zu werden. Er schickte mir eine Nachricht, in der er mich bat, etwas gegen diese gefährliche Entwicklung zu unternehmen. Ein anderer jüdischer Wortführer, der sich Sorgen machte, war ein geachteter New Yorker Richter, ein wichtiges Mitglied der Republikanischen Partei. Wir kannten uns, und eines Tages, das war 1935, kam er zu mir und sagte: ›In den Vereinigten Staaten schießt der Nazismus ins Kraut. Der Bund geniert sich nicht mal mehr, seine Treffen in aller Öffentlichkeit abzuhalten. Wir Juden sollten militanter dagegen vorgehen. Wir sollten was gegen diese Nazisympathisanten unternehmen, Meyer. Wir geben Ihnen das Geld und jegliche legale Unterstützung, was immer Sie brauchen. Können Sie uns dafür eine militante Truppe aufstellen?‹«

Als die Bündler in jenem Frühjahr ein Treffen in Yorkville abhielten, einem deutschen Viertel in der Upper East Side, tauchte Lansky mit einigen Freunden auf. Beim Näherkommen hätten sie glauben können, plötzlich in einer Straße Berlins zu sein, höhnisches Grinsen und Hakenkreuze, gestreckte Arme und Schaftstiefel, im Wind knatternde Naziflaggen. »Wir stießen auf einige hundert Braunhemden«, erinnerte sich Lansky. »Die Bühne war mit Hitlerbildern geschmückt. Die Redner hetzten die Menge auf. Wir waren nur etwa fünfzehn Mann, fackelten aber nicht lange. Wir schnappten uns einige Leute im Saal und warfen die ersten aus dem Fenster. Überall kam es zu Schlägereien. Die meisten Nazis gerieten in Panik und rannten davon. Wir haben sie verfolgt und zusammengeschlagen, so manch einen haben wir für einige Monate aus dem Verkehr gezogen. Sicher, das war Gewalt. Wir wollten ihnen eine Lektion erteilen. Wir wollten ihnen zeigen, daß Juden nicht immer stillhalten und Beleidigungen bloß hinnehmen.«

Weiter im Westen fochten Killer wie Mickey Cohen, dieses streitlustige Fliegengewicht von einem Gangster, der sich als Bugsy Siegels Bodyguard einen Namen machte, ähnliche Kämpfe aus. Als Cohen einige Zeit im Gefängnis von Arizona saß, steckte man einen ausgesprochenen Nazisympathisanten namens Robert Noble in die Nachbarzelle. Cohen, der in der Zeitung von Nobles Tiraden gelesen hatte, bestach die Wachen, damit sie ihn eine Weile mit Noble und seinem Nazischergen allein in einer Zelle ließen. »Plötzlich geht die Tür auf, und Noble kommt mit diesem Kerl reinspaziert, zwei Nazis, die General MacArthur hassen«, schrieb Cohen in seiner Autobiographie *In My Own Words*, »zwei richtig fiese Arschlöcher. Ich habe mir die beiden gepackt und gleich ihre Köpfe aneinandergeknallt. Irgendwie hatte ich gedacht, daß die beiden sich mächtig zur Wehr setzen würden, aber nichts da. Also habe ich ihnen erst mal eine tüchtige Abreibung verpaßt. Das Ende vom Lied war jedenfalls, daß sie oben an den Gitterstangen hingen, und ich versuchte, sie wieder runterzuziehen. Dabei haben sie so laut geschrien und gebrüllt, daß der halbe Knast geglaubt hat, ein Aufstand sei ausgebrochen. Und kaum hatte sich dieser Vorfall herumgesprochen, trudelten bei mir Anfragen von allen Seiten ein, auch von der Writers' Guild, ob ich nicht bei ihren Problemen mit den Nazis helfen könnte. Einmal hat mich sogar ein Richter wegen einem Treffen vom Bund angerufen. Keine Sorge, hab ich ihm gesagt. Also sind wir rüber, haben uns gepackt, was uns in die Quere kam – diese bescheuerten Bilder und Plakate –, haben ihnen damit die Scheiße aus dem Hirn geprügelt und sie so gut es ging auseinandergetrieben. Für so einen Job hab ich keine Bezahlung angenommen. Mit keinem Geld der Welt wäre so was aufzuwiegen.«

Zur legendärsten Aktion eines jüdischen Gangsters gegen die Nazis sollte es ebenfalls etwa zu jener Zeit kommen. Bugsy Siegel hatte eine Affäre mit Dorothy DiFrasso, einer italienischen Gräfin. 1938 lud DiFrasso Siegel zu sich in die Villa Madama nach Rom ein. Die Gästezimmer waren mit deutschen Diplomaten belegt: Hermann Göring und Joseph Goebbels. Als Siegel davon erfuhr, beschloß er, die Nazis umzulegen, und begann, ihren Tagesablauf, ihr Kommen und Gehen zu beobachten und sich zu fragen, wann und wo er sie beseitigen konnte. Als er der Gräfin von seinen Plänen erzählte, runzelte sie die Stirn: »Aber das kannst du nicht tun«, sagte sie.

»Klar kann ich das«, widersprach ihr Siegel. »Ist 'ne Kleinigkeit.«

George Raft zufolge, einem Freund von Siegel, der diese Geschichte zu erzählen pflegte, war Bugsy erst von dem Plan abzubringen, als die Gräfin ihm erklärte, was sie und ihr Mann anschließend zu erwarten hatten – daß man sie nämlich umbringen würde. Kein Mensch weiß, wie getreu sich dieser Bericht an die Fakten hält, aber darauf kommt es eigentlich auch nicht an. Manchmal reicht eine halbe Geschichte, ein Satzfragment aus, um Trost zu spenden, um etwas so Gigantischem wie dem Holocaust eine menschliche Dimension zu verleihen. Da der Holocaust oft so unvermeidbar wirkt, kommt jenen, die ihn verantworteten, die Macht von Triebkräften der Geschichte zu. Die Tatsache, daß Siegel vielleicht in der Lage war, zwei dieser Triebkräfte beseitigen zu können, macht die Tragödie erträglicher, macht sie zu etwas, das man möglicherweise hätte beseitigen können, einen Nazi nach dem anderen. Für Menschen wie mich, die lange nach der Niederlage Deutschlands geboren wurden, waren die Leichen nie das Schlimmste am Holocaust; schlimmer war, wie die jüdischen Opfer dargestellt wurden. Im Geschichtsunterricht in meiner Junior High School in Illinois mußten wir uns Filme anschauen, vorgeführt von irgendeiner Medienpfeife, Filme, die Bilder vom Holocaust zeigten: all diese Juden, die darauf warteten, erschossen zu werden, die Augen schon tot, Bäume im Hintergrund, Hände über den Genitalien. In keinem dieser Bilder war auch nur die leiseste Andeutung von Persönlichkeit, von Individualität zu sehen, nur diese stumme, großäugige Masse, die Scham, nackt marschieren zu müssen, von Frauen, von Männern gesehen zu werden. Wenn doch bloß auf einem dieser Bilder ein Verdammter die Arme ausgestreckt hätte, ein großer, beschnittener Schwanz zwischen seinen Beinen gebaumelt hätte und die Augen lebendig gewesen wären, dann wären all diese Tode ein wenig leichter zu ertragen gewesen. Vierzig Minuten lang saß ich da, umgeben von nicht-jüdischen Klassenkameraden, während meine Augen brannten und der Nacken zu jucken begann. In der Pause würde ich zu Clay Mellon gehen, dem stärksten Jungen der Schule, dem Tyrannen, der uns alle schikanierte, und ihm sagen: »Du blödes Arschloch.« Leute wie mich ließ das, was Siegel tat, auch wenn es nur ein Plan gewesen war, das Urteil vergessen, das mein Vater seiner Geschichte angeheftet hatte: »Vergiß nicht, daß Bugsy ein Verbrecher war, ein böser Mann.« Scheiß drauf. Bugsy war ein Junge, der in der Pause zum Schulhoftyrannen ging und »Du blödes Arschloch« zu ihm sagte.

■ ■ ■

Für viele Gangster war der Kampf gegen die Nazis mehr als nur ein Akt des Widerstandes; er war Ausdruck ihres Patriotismus. Sich mit dem Feind anzulegen bedeutete für die Mobster eine Gelegenheit, sich noch einmal als Teil des großen Ganzen zu fühlen, als Mitwirkende bei einer nationalen Aufgabe. Als die Japaner einige Jahre später Pearl Harbor angriffen, wurde dies selbst von den Militärs zugegeben; es kam ihnen zupaß. Denn als die Angst der Offiziere des Nachrichtendienstes vor feindlichen Agenten wuchs, als sie einen Spion hinter jedem Schatten vermuteten, an wen wandten sie sich da? An die Gangster. Die *Normandy*, ein französisches, zum Truppentransporter umgebautes Kreuzfahrtschiff, fing im Februar 1942 Feuer, als es auf dem Hudson River im Dock lag. Experten vermuteten Sabotage. Deutsche U-Boote hatten bereits über hundertzwanzig Handelsschiffe vor der amerikanischen Küste versenkt. Mitarbeiter des

Marinenachrichtendienstes wußten, daß viele Hafenarbeiter, Männer wie Eugene Salvese, aus Italien eingewandert waren. Würden diese Männer Mussolini unterstützen? Würden sie ausländischen Agenten berichten, wann Militärfrachter ausliefen oder wo Truppentransporter wie die *Normandy* im Dock lagen? *Achtung, Feind hört mit.*

Einige Wochen nach dem Schiffsbrand setzte sich ein Offizier des Marinenachrichtendienstes mit Socks Lanza in Verbindung, einem Gangster, dem man nachsagte, daß er den New Yorker Hafen kontrolliere. Als der Offizier erklärte, was er wollte – daß die Gangster Lecks abdichten, ein Auge auf verdächtige Vorkommnisse im Hafen haben sollten –, wandte sich Lanza an Lansky. Meyer sagte, für eine solche Aufgabe käme nur ein Mann in Frage: Charlie Luciano. Obwohl Lucky bereits seit vier Jahren im Gefängnis saß, verfügte er im Hafen immer noch über absolute Autorität. Man verlegte Luciano in eine bessere Zelle, woraufhin er durch Lansky seinen Hafenkapos Bescheid geben ließ. »Ich habe Cockeye (einem Hafenarbeiter, der zur Mafia gehörte) Luckys Befehle übermittelt«, erklärte Lansky. »Geht zu den Landungsbrücken und findet heraus, wer zuverlässig ist und wer nicht. Ihr müßt dafür sorgen, daß es keine Streiks gibt und daß die Arbeit zügig vorangeht, wenn militärische Ausrüstung verladen wird. Und paßt auf, daß Truppenbewegungen mit keinem Wort verraten werden. Also geht in die Bars und sorgt dafür, daß die Mannschaften und Schauerleute nicht zu quatschen anfangen, wenn sie betrunken sind.« Danach tauchte Lansky beim Marinenachrichtendienst in der Church Street in Manhattan auf und sagte: »Eines kann ich versprechen: Bis in den Hafen von New York wird kein deutsches U-Boot vordringen.«

Als die Marine die Landung in Sizilien plante, ließ Luciano von alten Freunden exakte Pläne ihrer Heimatstädte zeichnen. Außerdem brachte er Offiziere mit der sizilianischen Mafia in Kontakt, mit Kriminellen, die ihren Truppen die Straßen, Eigenarten und Abkürzungen in einem fremden Land zeigen konnten. Kurz vor der Invasion sprach Luciano dann mit einigen Marineoffizieren: Er wollte mit den Truppen an Land gehen. Er wollte als Verbindungsoffizier dienen, als idealer Vermittler. Vielleicht malte er sich aus, an der Spitze einer riesigen Armee heimzukehren. Seine Bitte wurde ihm abgeschlagen, doch die Regierung sollte Lucianos Hilfe nicht vergessen. 1946, fast ein Jahr nach Kriegsende, wurde seine Strafe ausgesetzt. Tom Dewey unterzeichnete seine Haftentlassung. Doch mit der Freiheit kam der Befehl zur Ausweisung: Luciano wurde nach Italien zurückgeschickt, wo er über keine Macht verfügen würde, wo er alt werden, eine junge Frau nehmen, Hausjacken tragen und 1964 an Herzversagen sterben würde.

Am 10. Februar 1946 verließ Luciano Amerika von Pier sieben, Bush Terminal, Brooklyn. Es war ein lauter, trauriger Nachmittag, Fotografen verstellten ihm den letzten Blick auf die Stadt. Freunde kamen, um Abschied zu nehmen. Frank Costello, Joe Adonis, Albert Anastasia, Meyer Lansky, Ben Siegel, Longy Zwillman, Owney Madden, Tommy Luchese, Joseph Bonanno, Carlo Gambino. Der Abschied wuchs sich zu einer Party aus: Prahlereien und verwegene Pläne, Versprechen, sich wiederzutreffen, Austern, Pasta und Wein. Als die Fotografen näher rückten, um ein letztes Bild zu knipsen, wurden sie von grimmig dreinblickenden Schauermännern aufgehalten, Köderhaken in beiden Händen. Hoch am Himmel kreisten Möwen. Als die Nebelhörner bliesen und das Schiff ablegte, flatterten die Vögel zurück zum Hafen, über die Wohnhäuser und Klubhäuser von Lower Manhattan hinweg, die grauen Anzüge der Wall Street, die Gerichtssäle und Gefängnisse der Centre Street, die Delis in der rasch dahinschwindenden jüdischen East Side, Ratner's und Katz's, und hinab ins frühmorgendliche Gewühl von Little Italy.

Stirb oder verschwinde aus der Stadt

Louis Lepke lebte seit zwei Jahren im Untergrund, in den Hinterzimmern und Kellerwohnungen von Brooklyn. Als 1940 die deutschen Panzer gen Westen und Norden rollten und immer neue Gebiete besetzten, verlor Lepke allmählich den Verstand. Seine Wahrnehmung, verzerrt von Monaten des Eingeschlossenseins, trübte sich. Aus einem Versteck wirkt jedes Geschehen auf der Straße wie eine Drohung. Lepke unterschied sich darin kaum von Josef Stalin, ein Diktator, umgeben von jasagenden Speichelleckern, ein Herrscher auf einem Thron seiner Einbildung. Lepkes Paronia nahm überhand. Ende der dreißiger Jahre begann er mit einer Säuberung, ließ alle töten, die er für Feinde hielt, jeden, der gegen ihn aussagen könnte. In Brownsville klangen die rauschhaften Tage des Sommers aus und gingen in einen langen Herbstabend über.

Lepkes Befehle wurden von der Gang ausgeführt, von diesen Brooklyner Jungs, die letztlich nichts anderes als die Handlanger der Aggression eines anderen Mannes waren. Leichen tauchten auf Brachflächen, in Straßengräben und auf Autorücksitzen auf: Leon Scharf (10. November 1938); Isadore Friedman (29. Januar 1939); Joseph Miller, einer von Lepkes früheren Geschäftspartnern (30. März 1939); Albert Plug Shulman, der von Allie Tannenbaum und Knadles Nitzberg auf einen kurzen Ausflug mitgenommen wurde (28. April 1939); Irving Penn, der ein schlechtes Los zog, wurde er doch mit jemand anderem verwechselt und von Kugeln durchsiebt (25. Mai 1939); Hyman Yuran, der mit Lepke eine Textilfirma geleitet hatte und den man in einer Kalkgrube bei Loch Sheldrake fand (21. August 1939); Max Rubin, der Joe Rosen gesagt hatte, daß er seinen Süßwarenladen vergessen und aus der Stadt verschwinden solle, wurde in den Kopf geschossen (und überlebte); Moishe Diamond, ein fetter, in Polen geborener Mafioso, dem Happy Maione und Albert A. auf der Straße sechs Kugeln verpaßten; Puggy Feinstein, der von Strauss und Goldstein in Reles' Wohnzimmer ausgeschaltet wurde. Und so haben sie noch viele andere, wenigstens aber noch weitere dreizehn Männer aus dem Leben befördert. In jenen Tagen lasen sich die Todesanzeigen der Verbrecherkreise wie die Bar-Mizwa-Anzeigen im *Forward*, bloß traten diese jungen Männer nicht ins Leben der Erwachsenen ein, sondern daraus ab. »Es ist nicht zu übersehen, daß Lepkes Gang einen Vernichtungskrieg gegen ihre früheren und einige ihrer gegenwärtigen Mitglieder führt«, sagte Tom Dewey.

Lepke versuchte, der Regierung den Fall, den Anklägern die Zeugen zu nehmen, doch könnte seine Säuberung auch den gegenteiligen Effekt gehabt haben. Möglicherweise hat er Fälle heraufbeschworen, wo zuvor keine waren. All die Morde schufen eine derart nervöse, feindselige Stimmung, daß sich die Attentäter ein Rennen mit den Polizisten zu liefern begannen: Wer schnappt den Verräter zuerst? Männer, die vermutlich nie geredet hätten, wandten sich nun an die Polizei. Was blieb ihnen auch für eine Wahl? Hatten sie erst mal Lepkes Mißtrauen geweckt, waren sie so gut wie tot. Für sie hieß es Polizeirevier oder Leichenhalle. Manch einer erlebte seine letzten Tage als zermürbende Flucht, einen irren Spurt zur Polizei, um den Kugeln zu entwischen. Als Lepke einige Jahre später der Prozeß gemacht wurde, da war es leicht, Mitleid mit ihm zu haben: der Mann, der von Ratten zu Tode genagt wurde. Doch er war selbst schuld – er hatte eine Atmosphäre geschaffen, in der ein Mann zur Ratte werden mußte, um überleben zu können. So jedenfalls war es im Fall Greenie Greenberg.

Big Greenie wuchs mit Lepke und Gurrah in der East Side auf. Er hatte sich hochgedient, als Streikbrecher, als Befehlsempfänger. In den zwanziger Jahren verbrachte er die Sommer am Loch Sheldrake, sah Allie Tannenbaum, wie der aus dem Speisesaal in den Wald verschwand, wo die Jungs ihm das Kämpfen beibrachten. Greenie war es auch, der Tannenbaum den ersten Job bei Lepke verschafft, der ihn aus dem ländlichen Idyll ins wüste Mobleben gelockt hatte. Greenie war mit Lepke von Anfang an dabeigewesen, hatte Pläne und Intrigen geschmiedet, sich spät nachts in rauchgeschwängerten Spelunken getroffen, die Hemdkragen zerknittert vor Schweiß. Als die Lage brenzlig wurde, bot Greenberg daher ein lebensgroßes Ziel, etwas, worauf sich die Polizisten einschießen mochten. Lepke ließ ihm dieselbe alte Wahl: Stirb oder verschwinde aus der Stadt.

Greenberg fuhr nach Montreal. Bald ging ihm das Geld aus. Er schickte dem Boß eine Nachricht. Statt aber nur einen Zuschuß zu verlangen, flocht er eine Drohung in seine Bitte ein. »Ich hoffe, Ihr Jungs vergeßt mich nicht«, schrieb er. »Das wäre nicht gut für Euch.« Er war wie Moses, der auf den Felsen einschlug, statt ihn um Wasser zu bitten. »Wir hatten Big Greenie alle gern, aber das war ein Treuebruch«, erzählte später Doc Stacher Uri Dan. »Also wurde Allie Tannenbaum damit beauftragt, ihn kaltzumachen.«

Doch als Allie nach Kanada kam, war Greenie bereits verschwunden. Tannenbaum folgte Greenie nach Detroit und verlor ihn in Chicago. Also wartete er in New York auf ihn. In den nächsten Monaten zog Greenie immer weiter nach Westen, verschwand hier, tauchte dort wieder auf. Er folgte gepunkteten Linien auf der Karte, passierte Städte mitten in der Nacht, den Killern stets einen Schritt voraus.

Ben Siegel fand Greenberg im Herbst des Jahres 1939. Bugsy war sechsunddreißig und wohnte im North Delfon Drive 250 in West Los Angeles. Einige Jahre zuvor war er aus Scarsdale, New York, in den Westen gezogen und lebte dort nun mit seiner Frau und seinen Töchtern. Die Mafia hatte ihn geschickt, um die Unterwelt von L. A. ins Syndikat einzubinden. Außerdem ging er legalen Interessen nach, Aktivitäten, die die Cops ablenken sollten; so leitete er unter anderem mit Longy Zwillman eine Firma, die Hot-Dog-Maschinen herstellte. »Da steckt man zehn Cents rein und kriegt einen Hot Dog in Zellophan, per Stromschlag gekocht, mit Senf garniert«, erzählte er der Polizei. (Denkt man daran, was vielen von Siegels Gefährten bald widerfahren sollte, scheint mir die Verwendung des Wortes ›Stromschlag‹ hier seltsam prophetisch.) In Los Angeles wurde kaum ein Verbrechen begangen, ohne daß Siegel davon erfuhr. Als Greenie daher verschwand und in Los Angeles wieder auftauchte, brauchte Bugsy nicht lange, um ihn aufzuspüren: Greenie wohnte in der Vista Del Mar, Hausnummer 1094, in Beverly Hills.

Als Lepke davon hörte, schmiedete er einen Plan, ein wirres Komplott, ein in Dutzend Komponenten zergliederter Anschlag, ein kubistisches Kunstwerk, das es den Cops unmöglich machen würde, jemals die Killer zu finden. Tannenbaum fuhr mit dem Wagen von New York nach New Jersey. Am Flughafen in Newark traf er Longy Zwillman, der ihm eine Waffe und 250 Dollar gab. Allie nahm den Zug nach Philadelphia, wo er sich die Patronen für die Waffe besorgte. Er stieg auf einem Landeplatz in Camden, New Jersey, in ein Flugzeug und wurde einige Stunden später am Flughafen von Los Angeles von Frankie Carbo abgeholt, einem von Siegels Männern. Carbo brachte Allie zu einer Wohnung. Wenige Stunden danach kreuzte Siegel auf. Und wo immer Bugsy sich blicken ließ, dachte man unwillkürlich an Palmen.

Einige Tage zuvor hatte Bugsy seinen Fahrer Whitey Krakow zur Ecke Hollywood und Vine geschickt, eine Straßenecke, an der genau wie daheim die Gangster der Umgebung herumlungerten. Krakow stieß auf Sholem Bernstein. Sholem war in der Stadt, um Freunde zu besuchen, doch Krakow zog ihn auf die Seite. »Ben Siegel möchte, daß du ihm einen Wagen klaust.« Sholem stotterte. Er war auf Urlaub. Er kannte sich in der Gegend nicht aus und war ganz und gar nicht dazu aufgelegt, eine Straftat zu begehen. Krakow sagte, es sei ein Befehl aus dem Osten. »Wenn du mir nicht glaubst, ruf in New York an«, sagte er. »Frag deinen Freund Strauss.«

Ein paar Tage später brachte Sholem ein Oldsmobile vorbei. Siegel sagte, mit dem Wagen könne er nichts anfangen, Sholem müsse ihm einen anderen besorgen. Sholem hörte zu, nickte, ging aus dem Zimmer und fuhr nach Osten. Als Siegel begriff, was passiert war – daß Sholem gekniffen hatte –, wurde er stinksauer. Einen Job mittendrin aufgeben, das war, als ließe man jemanden mitten in einem Überfall im Stich, das war, was Mendy Weiss sich mit Bug Workman geleistet hatte, das war ein Kapitalverbrechen. *Wenn Greenie tot ist, kümmern wir uns um Sholem.*

Mehrmals in der Woche ging Ben Siegel ins Fitneßstudio im YMCA in Hollywood. Liegestütze, Klimmzüge, Hanteltraining, Massagen. Ich stelle ihn mir vor, wie er über den Anschlag auf Greenie nachdenkt, während ein Muskelprotz seinen Rücken bearbeitet. Einer von Bugsys Freunden würde das Fluchtauto fahren. Tannenbaum, Carbo und Bugsy persönlich würden den Job erledigen. Von Bugsy erwartete man nicht, daß er bei einem Anschlag dabei war. Er zählte zu den ranghöchsten Mitgliedern des Syndikats, war eine ebenso große Nummer wie Lepke oder Lansky. Er hätte sich nur zurücklehnen und die Befehle zu geben brauchen, was ihm auch eine gewisse Sicherheit gegenüber den Cops garantiert hätte. Doch als der Plan ausgeheckt, Waffen und Fluchtroute ausgewählt waren, als Bugsy nur noch auf den Anruf zu warten brauchte – *Wir haben ihn* –, da stieg er selbst ins Auto. Warum? Aus demselben Grund, aus dem andere Männer zur Pferderennbahn gehen. Weil ein Mord für Ben Siegel ein todsicheres Vergnügen war.

In *Bugsy*, dem Film mit Warren Beatty, wird Greenberg von Elliott Gould als wachsbleicher Gangster dargestellt, der ausgepowert und am Ende war. Eine gewisse Melancholie geht von ihm aus, die Verzweiflung desjenigen, der sich fragt: Warum ich? Der wahre Harry Greenberg dürfte da keine Illusionen gehabt haben. Er war in jeden Schritt seines Abgangs eingeweiht. Er hatte im Verbrechen gelebt, war mit ihm aufgestiegen und mit ihm gefallen. Seine eigene Gewalt kehrte sich nun gegen ihn und erfüllte sein Schicksal, den Höhepunkt einer jeden wahren Gangsterlaufbahn. Am 23. November 1939 warteten die Killer in der Nähe seines Hauses. Greenie hatte keine Kraft mehr, sich zu wehren. All die Tage auf der Flucht, das Wissen darum, daß sich die Lebensspanne von Jahren auf Stunden verkürzt hatte, müssen seinen Blick getrübt, sein Herz verlangsamt haben. Er wurde in seinem eigenen Wagen erschossen. Ein Fahrer brachte Allie nach San Francisco, von wo aus er zurück nach New York flog. »Auf einem Treffen wurde bekanntgegeben, daß Ben Siegel sich persönlich der Sache angenommen hatte«, heißt es in einem Polizeibericht. »Letztlich lief die Information darauf hinaus, daß es über Greenie nichts mehr zu sagen gab und daß man nicht irgendwelchen Geschichten glauben solle.«

Bei einem Treffen in Jack Parisis Haus – Parisi gehörte zu Albert A.s Revolvermännern und war Jahre zuvor mit Reles zu Schießübungen aufs Land gefahren – redete die Gang auch über Sholem, der Siegel im Stich gelassen hatte. Anastasia war dabei, ebenso Mendy Weiss, Louis Capone, Pep Strauss, Reles und auch Siegel, der eigens hergeflogen war. Mich erinnert dieses Treffen an die Prozeßszene im *Planet der Affen*, als lauter Orang-Utan-Gesichter den Schimpansenanwalt anstarren, während der mit Ketten gefesselte Charlton Heston ihnen zuschaut. »Siegel war so aufgebracht, daß er selbst die Rolle des Anklägers übernahm«, schrieb Burton Turkus in seinem Buch *Murder Inc.* »Als er fertig war, schien gegen seine tödliche Anklage nichts mehr vorgebracht werden zu können. Wer einen Auftrag nicht erfüllte, den erwartete die Todesstrafe.«

Wer spricht für den Angeklagten? Reles stand auf. So wie Leute vom Schlag meines Vaters (Geschäftsmänner, Anwälte) davon träumen, Gangster zu sein, jeden Rückschlag, jede Demütigung mit einem höhnischen Grinsen und einem Knuff, einer Androhung von Gewalt beantworten zu können, so träumten Gangster wie Reles davon, Geschäftsmann oder Anwalt zu sein, jeden Feind mit Worten vernichten zu können und sich einen Dreck um die Fluchtroute scheren zu müssen. Es sind gleichsam transitive Eigenschaften, die wie durch eine fixe Formel die niederen mit den höheren Ebenen verbinden: George Raft träumt, er sei ein echter Gangster, während Ben Siegel träumt, er sei ein echter Filmstar. Reles erzählte den Gangstern von Sholem, davon, wie er den Auftrag erfüllen wollte, es aber nicht konnte, weil ihn eine tiefer wurzelnde Pflicht rief. »Wenn's ums Reden ging«, schrieb Turkus, »war Kid eine Klasse für sich.«

»An eben dem Tag, an dem Ben ihm den Auftrag gab, erhielt Sholem die Nachricht aus New York, daß es mit seiner Mama zu Ende ging«, erzählte Reles den Gangstern. »Sholem ist ein guter Junge. Seine Mama liegt im Sterben; er sagt sich, daß er an ihrer Seite sein sollte. Ihr alle wißt, wie die Mamas sind. Der Abschied fällt ihnen leichter, wenn der Junge am Bett sitzt und was Nettes sagt. Also denkt Sholem nicht mal über den Auftrag nach. Er denkt an überhaupt nichts. Er verschwindet aus L. A. und hetzt nach Hause, um bei Mama zu sein, wenn sie abnibbelt. Er fährt Tag und Nacht. Und deshalb, meine Herren, deshalb hat Sholem die Stadt verlassen. Nicht, weil er sich vor dem Auftrag drücken wollte, sondern weil seine Mama den Abgang machte.«

»Kein Auge im Haus war trocken geblieben«, schrieb Turkus. »Die Richter zogen sich nicht mal zur Beratung zurück. Das Urteil lautete Freispruch – einstimmig.«

■ ■ ■

In Brooklyn nahm der Druck ständig zu. Die vertrauten Gesichter auf der Straße wurden weniger, eine abnehmende Menge, Holz in einer Drehbank. Wer am falschen Fenster, in der falschen Tür gesehen wurde, für den bedeutete dies das Ende seiner Abenteuer. Und die Cops durchkämmten auf der Suche nach Lepke noch immer die Straßen, weshalb die Geschäfte ruhen mußten. Früher oder später würden sich die Beamten schon einen Ganoven schnappen, der was zu sagen hatte. Sie würden ihn wegen irgendeinem Blödsinn in die Mangel nehmen und ein Abkommen mit ihm treffen: Gib Lepke preis, oder wir machen dich fertig. Viele zahlten die Kaution und flohen. *Stirb oder verschwinde aus der Stadt.* Die Gangster trieb es immer weiter fort aus New York, schließlich gar bis ans andere Ende der Landkarte, dorthin, wo sich der schwarze Asphalt in Staub verwandelt und jeder zum Helden in seinem persönlichen Western wird.

Doch wohl kaum einen Ganoven trieb es weiter als Buggsy Goldstein und Blue Jaw Magoon.

Goldstein war ein Gründungsmitglied der Gang. Klein, dunkel, bösartig. Er wiegte sich im Gehen wie eine Bulldogge. Blue Jaw war ein vergleichsweise junges Gangmitglied. Im Lauf der Zeit hatten sich die beiden angefreundet. Wahrscheinlich wurden sie aus denselben Gründen Freunde, aus denen auch andere Menschen Freunde werden. Killer sind eben nicht bloß Killer. Als Lepke daher jeden von ihnen vor die Wahl stellte – Stirb oder verschwinde aus der Stadt –, da verschwanden sie zusammen, zwei Männer in einer Limousine, ein Wagen, den man schon von weitem kommen sieht, und dann – *wrummm* – ist er fort. Es muß wie im Traum gewesen sein, Gesichter und Farben, eine Wüste hinter jeder Anhöhe, eine Party in jeder Stadt, verkatert und rotäugig am Morgen. Es gibt so viele Orte, in die man fahren kann, wo man im Fluß des Alltags untertauchen kann, wo einen die Cops nicht finden, wo Brooklyn nichts sieht: Sie glitten durch Kanada, dieses abgeschiedene Land voller Elche, Poker und Fusel; sie stürmten die Nachtklubs von Chicago; sie hausten wochenlang in konspirativen Wohnungen in Kansas City, und manch gut geschmierter Politiker hielt ihnen die Tür auf; sie fuhren durch den Mittleren Westen auf Straßen, die durch Felder und vorbei an Farmen führten, durchs alte, heldenhafte Texas, näselnde Musik, Hügel wie Musiknoten, die Straße ein Fanfarenstoß, der hinterm nächsten Hügel verklingt. Die Jungs drehten eine Siegerrunde, eine letzte Fahrt durchs Land, so wie der Schah von Krankenhaus zu Krankenhaus rund um die Welt zog. »Buggsy und ich verschwanden aus Brooklyn und durchquerten auf unseren Fahrten das gesamte Land, fuhren sogar bis Kanada«, erzählte Magoon später. Ihre Kleider dürften zerschlissen und dreckverkrustet gewesen sein.

Alle paar Wochen bogen sie vom Highway ab und rollten durch irgendeine Stadt im Süden, Westen oder Mittleren Westen, wo Farmer, Autoschlosser und Fabrikgehilfen in weiten Overalls oder Arbeitsanzügen diese Pinkel aus dem Osten über staubige Straßen zum Büro der Western Union fahren sahen, wohin Mendy Weiss ihnen per telegraphischer Anweisung ein paar hundert Dollar geschickt hatte. Wieder einige Wochen auf der

Flucht gesichert. Also zurück auf die Straße, über den Asphalt gondeln und grölen. Sie kamen nach Kalifornien wie zwei Touristentrampel, Typen, die aus Mexiko einen Sombrero mitbringen. »In Kalifornien trafen wir Moe Suss, einen unbedeutenden Schauspieler und Komparsen«, erzählte Magoon. »Und dann lernten wir Mack Grey kennen, den Chauffeur von George Raft. Aus der Mafia kannten wir nur Ben Siegel und Meyer Lansky, zwei Bosse vom Syndikat. Siegel hielt sich damals, als wir durchs Land zockelten, in Kalifornien auf. Buggsy (Goldstein) wollte zu Siegel, aber ich war dagegen. Ich sagte: ›Warum zum Teufel sollten wir irgend jemanden wissen lassen, wo wir sind?‹«
Man wußte es sowieso. Nach einigen Tagen an der Küste erhielten sie einen Brief von Strauss. »Er schrieb, wir sollten aus Hollywood verschwinden«, erzählte Magoon, »weil in Brownsville alle wußten, wo wir waren, und Lepke nicht wollte, daß wir verhaftet wurden.« Also brachen die Jungs wieder auf, fuhren nach Südosten, sahen die Lichter von Juarez, einer Grenzstadt bei Nacht, kamen nach Mexiko, und die Straße rauschte wie Wasser in einem Abfluß unter ihnen dahin. Die klaren Linien des Nordens wichen einem wirren Knäuel, Farben verliefen ineinander, doch endlich hatten sie die andere Seite erreicht, waren weiter als je einer vor ihnen geflohen, waren am Ende der Unterwelt. Es muß einen Augenblick gegeben haben, in dem sie sich ausmalten, wie es wäre, wenn sie blieben, wenn sie sich eine mexikanische Frau nahmen, in einem Adobehaus wohnten, fett und zufrieden wurden, sonnenverbrannt, Brooklyn bloß eine Geschichte, die man sich in der Stadt erzählte. *Ich hab gehört, dieser Gringo war ein Killer oben im Norden.* Doch bald waren sie wieder unterwegs, fuhren den Weg zurück, den sie gekommen waren, nach Norden, dann nach Osten, fuhren und fuhren immer weiter, und endlos dehnte sich die Straße.
Sie sahen das Land am Fenster vorbeiziehen, Wüste in Plains in Prärien und in die sanften Hügel des Hudson Valleys übergehen, sahen die alten, gleichmütigen Farmen des Nordostens, hörten Regen auf Schieferdächern. Die Straße stieg unter Bäumen an. Oben vom Paß konnten sie die Felder und Silos von Newburgh in New York sehen. Ein Sandweg führte sie zu einem Haus. Ein älterer Herr saß auf der Veranda. Dies war Albert A.s Freund aus

früheren Tagen, der Mann, der Reles Jahre zuvor das Schießen beigebracht hatte. Und während all der Zeit, in der die Jungs den ganzen Kontinent bereisten, Dutch Schultz auf einer Toilette in Newark erschossen und Lucky Luciano ins Gefängnis geschickt worden war und Lepke sich in Kellerwohnungen verkrochen und eine Spur von Opfern hinterlassen hatte, während all der Jahre hatte diese Farm hier oben gewartet, unberührt vom Gang der Zeit.

Magoon und Goldstein blieben mehrere Tage in einer Gästehütte. Jeden Abend spielten sie Binokel mit dem alten Mann, verloren absichtlich einen Dollar oder zwei. »So haben wir für unseren Aufenthalt gezahlt«, erklärte Magoon. Eines Abends fuhr Goldstein in die Stadt, um eine Geldanweisung abzuholen. Das Büro des Staatsanwaltes hatte das Telegramm abgefangen, und die Polizei erwartete ihn. Im Gefängnis steckte Goldstein jemandem fünf Dollar zu und eine Nachricht für Magoon: Flieh! Doch die Nachricht landete bei der Polizei. Gegen Mitternacht hatten die Cops die Farm gefunden. Als sie Magoon nach seinem Namen fragten, antwortete er: »Harry Levinson.« Dann zeigte ihm die Polizei ein Fahndungsfoto von Goldstein. Sie musterten Magoons Gesicht. Da er den Mann auf dem Bild zu kennen schien, brachten sie ihn ins Gefängnis. Für viele Gangster, die aus der Stadt verschwanden, führte der Weg aus Brooklyn letzten Endes direkt in die engen Zellen, die sie ihr Leben lang gemieden hatten. Sie waren besser als die Kalkgrube am Loch Sheldrake.

■ ■ ■

Lepke konnte nicht ewig im Versteck leben. Der Druck auf der Straße wuchs mit jedem Tag. Allein in New York suchten fünfundzwanzig Beamte nach ihm. Und Ehrgeiz. Purer Ehrgeiz gehört auch zur Geschichte. Die Bundesregierung lieferte sich mit den Regierungen der einzelnen Staaten ein Wettrennen, das dem Rennen der Russen und Amerikaner um die Eroberung des Weltalls nicht unähnlich war. *Wer war als erster auf dem Mond? Wer fand Lepke?* Als Führer der Republikanischen Partei setzte sich Tom Dewey in der Präsidentschaftswahl von 1940 für die Abwahl von Franklin Roosevelt ein. Wenn Dewey Lepke verhaftete, würde er beweisen, daß seine Partei etwas zu tun vermochte, was Roosevelts Partei nicht gelungen war. Außerdem munkelte man, daß Lepke einige der dunkelsten Geheimnisse der Roosevelt-Administration kannte. Sidney Hillman, Mitglied in Roosevelts Küchenkabinett und einstmals Vorsitzender der Vereinten Textilarbeitergewerkschaften, wurde nachgesagt, daß er früher mit Lepke gemeinsame Sache gemacht und *schlammer* von ihm geordert hatte. Falls es Dewey gelang, Lepke zu verhaften, konnte er mit dem Gangster vielleicht ein Abkommen treffen, das Roosevelt in Verlegenheit und einen Republikaner ins Weiße Haus bringen würde.

Als die ersten Herbsttage anbrachen, schien es, als läge Lepkes beste Chance im Verhandeln, darin, die Bundesbeamten gegen die Staatsbeamten auszuspielen, um vor der Wahl, solange er also noch hoch im Kurs stand, einen Deal abzuschließen. Mehr noch als Dewey oder J. Edgar Hoover dürften die übrigen Gangsterbosse – Lansky, Adonis, Costello – an diesem Deal interessiert gewesen sein. Hoover hatte den Bossen gedroht, daß er sie alle verhaften würde, falls sie ihm Lepke nicht auslieferten.

Im Herbst 1939 suchte Moey ›Dimples‹ Wolensky Lepke in dessen Versteck auf. Wolensky, ein Jude aus dem alten Viertel, der schon seit langem für Lepke und Lansky arbeitete und wie eine Acht aussah (rundes Gesicht, runder Bauch), hielt sich am Rand einer jeden Unterhaltung, in der Ecke eines jeden Zimmers auf. Er sagte Lepke, er habe eine Nachricht von den FBI-Agenten: Wenn Lepke sich stellte, wollte man ihn nur wegen Drogenhandels anklagen – ein Verbrechen, das ihm höchstens zehn Jahre einbringen würde. Und ein Versprechen: Hoover würde ihm keinesfalls von Dewey den Prozeß machen lassen. Im Laufe der nächsten Tage dürfte Lepke eine Menge Argumente für den Deal vorgebracht und wieder verworfen haben. Als er sich Rat suchend an Albert A. wandte, erwiderte der Gangster, daß ihm der Deal seltsam verkorkst vorkomme. Er versuchte, Lepke das Angebot aus der Straßenperspektive zu zeigen, es ihn mit den Augen eines freien Mannes sehen zu lassen. Für Anastasia war nur eines gewiß: Solange sie dich nicht haben, können sie dir nichts tun. Hat man sich erst mal gestellt, war der beste Deal der Welt keinen Pfifferling mehr wert. Am Ende jedoch lief wohl alles auf eine recht simple Frage hinaus: Was führte Lepke denn für ein Leben? Dieses ewige Verstecken, dieses ständige Flüchten, unterschied sich das denn wirklich so sehr von einem Leben im Gefängnis?

■ ■ ■

Am 5. August 1940 erhielt Walter Winchell einen Anruf im Stork Club. (Manche behaupten, er hätte das Gespräch woanders entgegengenommen.) Der Stork Club, Hausnummer 3 in der Dreiundfünfzigsten Straße Ost, war einer der heißesten Schuppen der Stadt, ein Mekka jener unsterblichen Klasse von Klubbesuchern, die alle Aufs und Abs der Stadt zu überleben scheint. In sternenklaren Nächten fuhren sie in ihren Limousinen und Sportwagen vor, reichten die Schlüssel einem Pagen, folgten einem breiten Rücken durch die Absperrung ins Gläsergeklirr, Stimmengewirr und Gelächter zu den Athleten, Filmstars und Politikern, dieser Kollektion des Nachtlebens der Vorkriegszeit, zu den wagemutigen, aus geschminkten Gesichtern blutenden Farbtönen. Der Laden war Jahre zuvor durch Winchell berühmt geworden, der es im Radio ›New Yorks New Yorkigsten Klub‹ genannt hatte. Er kam mehrmals die Woche, um Geschichten für seine Kolumne zu sammeln.

Winchell hatte weiche, hübsche Gesichtszüge, ein Bild, das nie ganz scharf wurde. In den Zwanzigern schrieb er für eine Reihe von Zeitungen, ehe er mit ›On Broadway‹ begann, einer Kolumne für den *New York Daily Mirror*. Die Kolumne, randvoll mit Gesehenem und Gehörtem, mit den Launen selbst der gefeiertsten Zelebritäten, schien den Klatsch zu erfinden, eine Kultur, die mit den Jahren zur amerikanischen Kultur schlechthin werden würde – wie es eben so geschieht, sperrt man Pioniergeist in Städte ein. Als Winchell 1940 den Anruf erhielt, wurde seine Kolumne von einigen hundert Zeitungen im ganzen Land nachgedruckt, und jede Woche konnte man seine Stimme im Radio hören.

Winchell nahm den Hörer auf. Die Stimme am anderen Ende klang abgehackt, geheimnisvoll. »Fragen Sie mich nicht, wer ich bin«, sagte sie. »Ich habe Ihnen was Wichtiges zu sagen. Lepke will sich stellen. Wenn er jemanden findet, den er für sicher hält, wird er sich dieser Person anvertrauen. In der Stadt geht das Gerede, daß Lepke erschossen werden soll, angeblich bei einem Fluchtversuch.« Die Stimme riet Winchell, seinen Freund J. Edgar Hoover zu kontaktieren und sich garantieren zu lassen, daß Lepke nichts geschah, wenn er sich stellte.

Winchell hat den Anrufer nicht erkannt, doch handelte es sich vermutlich um Albert Anastasia. Sobald Lepke entschieden hatte, daß er sich (vielleicht) stellen würde, handelte Anastasia – obwohl er dagegen war, daß Lepke sich auslieferte – die Bedingungen aus. Er sorgte sich um Lepkes Sicherheit. Immerhin war auf seinen Kopf noch eine Belohnung von 50 000 Dollar ausgesetzt. Was sollte einen Kopfgeldjäger daran hindern, aufs Geratewohl einen Schuß auf ihn abzugeben? Dadurch, daß er sich Winchell anvertraute, erhoffte sich Lepke eine Gewährleistung seiner Sicherheit. Er stellte sich unter den schützenden Schirm des öffentlichen Ruhms. Bei der Aussicht, einen Medienstar und einen Verbrecher erledigen zu können, und das vielleicht sogar nur mit einer einzigen Kugel, würden heutzutage die Straßen mit Schützen regelrecht gesäumt sein.

Es mag auch noch ein anderer Grund für Winchell gesprochen haben. Welche Berühmtheit würde Lepke besser verstehen können? Die Leben der beiden Männer, ihre Wünsche und Träume, schienen einander zu spiegeln. Winchell war ebenfalls jüdischer Herkunft und hatte seine Wurzeln in der Lower East Side. Sprach er über seine Lebensgrundsätze, klang er manchmal sogar wie ein Gangster. »Wenn mir einer dämlich kommt (nachdem ich ihm oder ihr geholfen habe), schlag ich irgendwann zurück«, schrieb Winchell in seiner Autobiographie, »in der Zeitung, im Radio oder mit einer Flasche Ketchup. Ich denke mir keine widerlichen Geschichten über diesen Menschen aus. Ich warte einfach, bis man ihn wegen Drogenmißbrauch oder Kuppelei einbuchtet, und mach es dann öffentlich. Rachsüchtig? Da haben Sie verdammt recht! Brätst du mir einen drüber, brat ich dir einen drüber!« In mancher Hinsicht war Winchell ein Vorläufer der kommenden Generation, ein Jude, der die Grundsätze beibehielt, doch auf Gewalt verzichtete, der doppelt heimzahlte, was ihm angetan wurde.

■ ■ ■

Am 6. August 1940 sagte Winchell im Radio: »Ihr Reporter weiß aus verläßlicher Quelle, daß der sich auf der Flucht befindliche Lepke bereit ist, sich zu stellen, unter Umständen noch in dieser Woche. Falls Lepke jemanden findet, dem er vertrauen kann (so wurde mir gesagt), will er sich den Behörden ausliefern... Ich bin hiermit vom FBI autorisiert, Lepke eine gefahrlose Auslieferung zusichern zu können...«
In den nächsten Tagen erhielt Winchell zahlreiche Anrufe im Stork – Gangster, die ein Abkommen aushandeln wollten. *Wird Lepke beschützt? Mit welcher Strafe muß er rechnen?* Anschließend jagte Winchell vom Stork zum Waldorf-Astoria, wo sich Hoover einquartiert hatte. Spät abends fragte die geheimnisvolle Stimme, ob Winchell noch den Wagen mit den vier Lampen habe, womit die zusätzlichen Nebelscheinwerfer an seinem Auto gemeint waren. Die Gangster wählten damit nicht nur einen Wagen aus, den sie sofort erkennen konnten, sie ließen Winchell damit auch eine Warnung zukommen: Wir kennen dich besser, als du uns kennst. An jenem Morgen fuhr Winchell gegen halb vier in der Frühe, den Anweisungen der Gangster folgend, durch den Holland Tunnel zu den Niederungen von New Jersey. Er fuhr auf ein Stück Brachland, die Scheinwerfer auf den Bürgersteig gerichtet. Nach fünfzehn Minuten wurde ihm die ganze Sache unheimlich, und er fuhr zurück nach Manhattan. Später sagte er sich, daß die Gangster offenbar überprüfen wollten, ob er beschattet wurde.
Nach einigen weiteren Wochen und einigen weiteren vergeblichen Ausflügen hatte Hoover die Nase voll. Er ging ins Stork, wo er Winchell im Kreise seiner Bewunderer antraf. Winchell dürfte ihn gesehen haben, wie er durch den Saal stürmte, ein Revolverheld aus einem alten Western. »Ich habe die Nase voll von Ihnen und Ihren Freunden«, sagte Hoover. »Sie können sie ja vielleicht zum Narren halten, aber mich und meine Männer hält niemand zum Narren.«
»Das sind nicht meine Freunde, John«, sagte Winchell.
»Natürlich sind das Ihre Freunde«, erwiderte Hoover. »Und kommen Sie mir bloß nicht mit ›John‹. Ich glaube nämlich lang-

sam, daß kein Mensch in dieser Stadt größeren Scheiß verzapft als Sie. Sagen Sie Ihren Freunden also, wenn Lepke sich nicht innerhalb der nächsten vierundzwanzig Stunden stellt, befehle ich meinen Männern, ihn zu erschießen, sobald sie ihn zu Gesicht bekommen.«

Winchell erzählte später, daß er den Tränen nahe gewesen sei. Seine Glaubwürdigkeit, seine Karriere, alles stand auf dem Spiel. Er hatte sein Schicksal an die Launen eines Ganoven geknüpft. Als dann das Telefon klingelte, berichtete Winchell von Hoovers Drohung – von seinem Versprechen, Lepke erschießen zu lassen.

»Ihr habt ihn in den letzten zwei Jahren nicht gefunden«, sagte der Gangster. »Wie wollt ihr ihn da in achtundvierzig Stunden finden?«

■ ■ ■

Kurz bevor Lepke sich stellte, rief Mendy Weiss eines Abends Albert Tannenbaum zu einem Treffen. Lepke war sich immer noch nicht sicher, ob er sich wirklich ausliefern sollte. Tat er es nicht, würde es Ärger geben, das wußte er. Einige Bosse hatte ihm bereits eine Nachricht geschickt. Dieses ewige Versteckspiel erzeugte zuviel Druck; überall waren Cops, kein Mensch konnte da Geschäfte machen. Sie wollten, daß Lepke den Deal annahm.

Als Allie aufkreuzte, warteten Weiss und Little Farvel Cohen bereits auf ihn. »Schön, dich zu sehen«, sagte Mendy. »Ich fürchte, wir haben da ein Problem. Weißt du, wo Workman steckt?«

»Nein«, sagte Allie. »In den Bergen ist er nicht und zu Hause auch nicht. Wenn ich ihn suche, könnte ich ihn aber finden. Warum? Wo brennt's?«

»Lepke hat eine Nachricht erhalten«, sagte Weiss. »Red mit ihm.«

Tannenbaum fuhr zu Lepke, der sich in einem Haus in der Dritten Straße in Brooklyn aufhielt. Allie fragte, ob es stimmte: »Können die anderen Bosse dich zwingen aufzugeben?« Ich stelle mir vor, wie Lepke, auf der Armlehne eines Sofas sitzend, seufzte, ehe er ihm antwortete, ganz wie es der Vater eines Mädchens, mit dem ich einmal ausging, getan hatte, ehe er mir einige harte Lebensweisheiten auftischte.

»Wenn du so lange dabei wärst, wie ich es bin, wenn du gesehen hättest, was ich gesehen habe, dann wüßtest du, was du von so einem Ultimatum zu halten hast, wie ernst du es nehmen mußt und was dahintersteckt«, sagte Lepke. »Diese Typen denken grundsätzlich nur an sich selbst. Sie haben es schon mal getan, und sie würden es ohne zu zögern wieder tun«, sagte er und spielte damit vermutlich auf die Ermordung von Dutch Schultz an. »Um euch Jungs eine Menge Ärger zu ersparen, wäre es wohl das beste, ich würde einfach zu ihnen reinspazieren.«

Mendy und Allie fuhren zu Anastasia. Sie blieben draußen im Wagen sitzen, da sie sich nicht trauten, in sein Haus zu gehen. Mendy nahm an, daß jetzt alle gegen Lepke und somit auch gegen seine Männer waren. Außerdem wußte er, daß Anastasia einen schallgedämmten Keller hatte, und er fürchtete, da unten erschossen zu werden. Also fuhr Mendy zu einem Restaurant und rief Albert an, der auch prompt zu ihnen kam, um mit ihnen zu reden. Albert sagte, er würde zu Lepke halten, wie dessen Entscheidung auch immer ausfallen mochte. Am nächsten Morgen hatten die Jungs ein neues Versteck für ihren Boß aufgetrieben, eine Wohnung, in der er vor Polizisten wie Gangstern sicher war.

Meiner Ansicht nach müssen die Jungs der Gang zu diesem Zeitpunkt bereits ziemlich nachgelassen und abgebaut haben. Sie waren die ganze Nacht aufgewesen, konnten ihren Augen nicht mehr recht trauen, zuckten beim geringsten Anlaß zusammen. Nachdem sie eine neue Wohnung für Lepke gefunden hatten, fuhren sie zu einer Versteigerung in der Achten Straße in Greenwich Village. Die Achte Straße ist heute eine Schuhkapitale mit lauter Läden, die Schuhwerk aller Art verkaufen: Schuhe mit Plateausohlen, spitze Halbschuhe, Pumps mit Pfennigabsätzen, Schuhe mit flachen Absätzen, Sandalen, Moon Boots und Mokassins. Manhattan nimmt die Moden auf und gibt sie, lange nachdem ihre Zeit vergangen ist, immer noch ab, so wie der Asphalt selbst nach Sonnenuntergang noch Wärme abgibt. Die Jungs wanderten durch das Warenangebot, vorbei an Beistelltischen, Sofas, Ottomanen, Sesseln, Tischen und suchten nach Dingen, die ein Mann im Untergrund vielleicht gebrauchen konnte. Sie kauften genügend Möbel, um die neue Wohnung da-

mit vollstopfen zu können, vereinbarten, ihre Einkäufe später abzuholen, und spazierten dann ins Village.
Am nächsten Tag fuhr Tannenbaum zum Loch Sheldrake. Er sollte auf eine Nachricht, ein Signal warten, um dann mit wehenden Fahnen in die Stadt zu stürmen. Lepke verteilte seine Kanonen, versteckte seine Waffen. Doch letztlich muß Lepke gewußt haben, daß er in einer offenen Auseinandersetzung keine Chance hatte. Die andere Seite war in der Überzahl und besser bewaffnet. Außerdem würde er sich nicht nur mit der Polizei, sondern auch mit den übrigen Gangs anlegen müssen. Gurrah saß im Gefängnis, und Lepkes beste Tage waren auch vorbei. Die Jahre im Versteck hatten geschafft, was keinem Feind gelungen war: Er war gebändigt, aufgeplustert an Kinn und Backen, ein Mann ohne einen Funken Energie. Ein Krieg wäre kein neuer Anfang, sondern ein dramatisches Ende gewesen und hätte Lepke an die Seite jener gestellt, die kämpften, statt aufzugeben – die Texaner in Alamo, die Zeloten in Masada, Männer, deren letztes Bild ein *action shot* war. Hätte Lepke es ausgefochten, wäre sein Ende dann nobler gewesen als das, was ihn erwartete?

■ ■ ■

Am Abend des 24. August 1940 nahm Winchell einen Anruf im Stork Club entgegen. Ein Gangster sagte ihm, er solle zum Proctor's Theater in Yonkers fahren. Als Winchell vor dem Gebäude vorfuhr, hielt ein Wagen neben ihm. Darin saßen mehrere Männer. Jemand stieg aus, ein Halstuch bis zu den Augen hochgezogen. Er sagte Winchell, er solle zurück in die Stadt fahren und in dem Drugstore an der Eighth Avenue, Ecke Neunzehnte Straße warten. Um fünf vor neun trank Winchell im hinteren Teil des Ladens eine Cola, als ihn ein Fremder nach draußen winkte. Der Fremde sagte ihm, er solle Hoover anrufen und ihm bestellen, er möchte in seinem Wagen von zehn bis zwanzig nach zehn an der Fifth Avenue, Ecke Dreiundzwanzigste Straße warten. Sobald Winchell angerufen hatte, folgte ihm der Fremde, stieg zu ihm in den Wagen und befahl ihm loszufahren. Winchell war so nervös, daß er nur mit Mühe den Schlüssel ins Zündschloß stecken konnte. Um Viertel nach zehn befahl der Fremde, in der Madison

Avenue, Ecke Vierundzwanzigste Straße zu halten. Winchell fragte, wozu man ihn noch brauche, warum Lepke sich Hoover nicht einfach stellen könne.
»Lepke würde das nicht tun«, sagte der Fremde. »Er hat keine Lust, wegen der fünfzig Riesen Belohnung abgeknallt zu werden, ehe er es bis zu Hoover geschafft hat. Aber wenn Sie getroffen werden, wird's einen verdammt großen Aufschrei geben.«
Als der Fremde aus dem Wagen stieg, nahm er die Kette ab, die um seinen Hals hing, küßte einen goldenen Davidsstern, reichte sie Winchell und sagte: »Das hier ist für Lepke.«

■ ■ ■

Um neun Uhr war Anastasia zum Versteck gefahren, um Lepke abzuholen. Lepke glitt auf den Rücksitz, und Anastasia gab Gas. Der Boß hatte sich erneut als Familienvater mit Frau und Kind an seiner Seite getarnt. Unter seinen Dackelaugen hatte er tiefe Ringe. Sein Schnurrbart verbarg einen verkniffenen, schiefen Mund. Er trug einen grauen Anzug. Sie fuhren an den Süßwarenläden und Zeitungskiosken Brooklyns vorbei. Straßenverkehr, Gesichter, Avenuen huschten vorüber. Und bald kamen sie nach Manhattan, zu den blinkenden, blitzenden Lichtern des Börsenviertels. Lepke war vor vielen Jahren das erste Mal nach Manhattan gekommen, nachdem sein Vater gestorben und er von seiner Mutter, die in die Rocky Mountains zog, im Stich gelassen worden war, so daß der Junge allein über die Brücke gehen mußte, vorbei an den stahlblauen Bögen, unter ihm der hastig treibende Fluß. Und nun, all die Jahre später, das wahre Gesicht in den Falten des Alters versteckt, jagte er hier entlang, um sich auszuliefern, ein Mann von gestern, der eine letzte Fahrt durch das Viertel unternahm, über das er einst wie ein König geherrscht hatte. Sie fuhren durch die South Street, wo man früher Piraten in Sichtweite der Ausflugsboote hängte, durch die Cherry Street, wo Webstühle noch immer Stoffe spannen; vorbei am Gericht am Foley Square, durch Chinatown, durch das düstere East-Side-Labyrinth eines Monk Eastman und Arnold Rothstein. Um Viertel nach zehn waren sie in Uptown, schoben sich neben einen Wagen, der träge auf und ab kreuzte, die vier Scheinwerfer ab-

geblendet, wie ein Flugzeug, das auf dem Runway darauf wartet, daß das Gewitter vorüberzieht.
Lepke setzte sich neben Winchell. Um siebzehn Minuten nach zehn hielten sie hinter Hoover auf der Fifth Avenue. Hoover, der sich von einem Chauffeur fahren ließ, saß auf dem Rücksitz. Winchell beugte sich zu ihm vor und sagte: »Mr. Hoover, das hier ist Mr. Buchalter.«
»Schön, Sie zu sehen«, sagte Lepke und stieg ein. »Fahren wir.«

■ ■ ■

Albert Tannenbaum wartete noch immer in den Wäldern. Auf einer Veranda sitzend, die Füße auf dem Geländer, wird er den Abhang eines Hügels gesehen haben, einen grauen See, einen kurzen, geschwungenen Uferabschnitt auf der anderen Seite. Vielleicht kämpfte ein Segelboot gegen den Wind. Was tat Allie? Vermutlich dachte er nach, wartete, ging spazieren. Die Wälder rochen an diesen Nachmittagen im August widerlich süß, alles war überreif und saftstrotzend. Er ging in die Stadt. Als er an einen Zeitungskiosk kam, sprang ihm die Schlagzeile in die Augen: LEPKE GIBT AUF, und es war, als müßte er vom Tod seines Vaters durch eine Zeitungsanzeige erfahren. Da hockte er nun in den Bergen, wartete wie ein auf einer Insel gefangener japanischer Soldat und focht einen Krieg, der Jahre zuvor zu Ende gegangen war.
Sobald er sich gestellt hatte, begriff Lepke, daß er hereingelegt worden war. Einen Deal mit dem FBI hatte es nie gegeben. Es gab auch kein Versprechen, den Boß nicht an Dewey auszuliefern. Was Dimples erzählt hatte, war ein Lügenmärchen gewesen, eine Geschichte, wie man sie Kindern erzählt, wenn sie zum Zahnarzt müssen. Lepkes Prozeß fand im Dezember statt. Man befand ihn des illegalen Rauschgifthandels für schuldig und verurteilte ihn zu vierzehn Jahren Gefängnis, doch wurde sein Prozeß in den Zeitungen von drückenderen Sorgen verdrängt. Der Kriegseintritt der USA wurde von Tag zu Tag wahrscheinlicher.

■ ■ ■

Lepkes letzte Tage waren eine merkwürdige Zeit für die Gang. Geschichte endet, aber man selbst lebt weiter. Kleine Gaunereien, ein bißchen Schlamming, Würfelspiele. Und immerzu kleben einem die Cops auf den Fersen, suchen nach einem Vorwand, die Jungs einlochen zu können. Ein Jahrzehnt waren sie die Kings in Brownsville gewesen, hatten einen Staat im Staate geführt. Doch einige Monate, bevor Lepke sich stellte, war der Polizei endlich ein Durchbruch gelungen. Harry Rudolph, ein Gelegenheitsganove, ein Mann, der immer wieder ins Gefängnis marschierte, ein Gauner, der gerade seine Zeit auf Riker's Island absaß, schrieb einen Brief ans Büro des Staatsanwaltes in Brooklyn. Er habe eine Geschichte zu erzählen. In Handschellen wurde er zu Burton Turkus gebracht, dem kommenden Mann des Büros, und er berichtete ihm von Red Alpert. Alpert war 1933 von der Gang in Brownsville erledigt worden. Rudolph dürfte ziemlich aufgeregt gewesen sein, als er davon erzählte. Alpert war Rudolphs bester Freund gewesen, und Rudolph war immer noch sauer, fühlte eine Wut, wie Reles und Goldstein sie einst für die Shapiros empfunden hatten. Doch warum hatte Rudolph so lange gewartet, warum rückte er erst fast sechs Jahre nach dem Mord mit seiner Geschichte heraus? Wohl aus demselben Grund, aus dem Blindgänger, die im Zweiten Weltkrieg abgeworfen und verlorengegangen waren, plötzlich explodierten. Die Zeit hatte einen Wandel bewirkt, die chemische Zusammensetzung verändert, so daß die Bombe mit einem Schlag wieder scharf geworden war.

Red Alpert war einer aus der Legion der kleinen Gauner, die am Rande des Verbrechens vegetierten, ein Außenseiter, der sich von Straftat zu Straftat hangelte. Als er 1933 einen Laden im Viertel überfiel, machte er unverhofft große Beute. Ungeschliffene Diamanten. Da ihm die nötigen Kontakte fehlten, um die Steine verhökern zu können, arrangierte er ein Treffen mit Pep Strauss. Alpert hoffte, daß Strauss als Mittelsmann fungieren würde, daß er ihm die Steine abkaufte und sie zu einem Hehler brachte. Als Pep auftauchte, legte er die arrogante Gleichgültigkeit eines Rockstars für einen Groupie an den Tag. Er sagte, er wolle ihm die ganze Sore für siebenhundert Dollar abnehmen. »Weißt du, was du mit deinen siebenhundert Dollar machen kannst?« sagte

Alpert. »Du kannst sie dir in den Arsch schieben.« Und das war's. Zwei Sätze, und Alperts Schicksal war besiegelt. Wie hätte sich Pep auch so etwas auf seinem eigenen Territorium gefallen lassen können?

Einige Wochen und zwei fehlgeschlagene Mordversuche später erzählte Strauss Reles und Goldstein die ganze Geschichte. *Mann, Pep, der Junge ist doch erst neunzehn. Willste ihn wegen so einem blöden Spruch hopsnehmen?* In der Hoffnung, die Sache mit einem Gespräch ins reine bringen zu können, gingen Reles und Goldstein zu Alpert. Nachdem Reles einen Blick auf die Steine geworfen hatte, sagte er, er wolle ihm die ganze Sore für siebenhundert Dollar abnehmen. Alpert schüttelte den Kopf und sagte: »Ich habe Pep schon gesagt, daß er sich die siebenhundert Dollar in den Arsch schieben kann, und euch Jungs sag ich genau das gleiche.« Einige Tage später, am 25. November 1933, wurde Alpert tot aufgefunden. »Und ich kann Ihnen flüstern, wer's gewesen ist«, sagte Harry Rudolph zu Turkus. »Es waren diese Typen aus Brownsville – Reles und Buggsy. Sie haben sich Red vorgeknöpft, als er aus dem Haus kam.«

Der Fall war nicht gerade hieb- und stichfest. Rudolph war ein Verbrecher, ein Mann, der eine offene Rechnung begleichen wollte. Im Staat New York reicht die Aussage eines Verbrechers nicht aus, um einen anderen Verbrecher verurteilen zu können. Die Geschichte mußte von glaubwürdigerer Seite bestätigt werden. Dennoch gingen die Cops dem Mordfall Red Alpert nach. Das gehörte zu ihrem auf lange Sicht angelegten Kampf, in dessen Verlauf sie die Jungs immer und immer wieder verhafteten, da sie damit rechneten, irgendwann ein Mitglied der Gang zermürben oder ihm durch einen Trick ein Geständnis entlocken zu können. Ein Durchbruch in einem einzigen Fall, so hofften sie, könnte ein Dutzend weiterer Fälle lösen. Also fuhren am nächsten Morgen einige Cops nach Brownsville, klopften an Türen, hielten an Straßenecken und sagten den Ganoven, sie sollten die Nachricht verbreiten, daß Reles und Goldstein wegen Mordes an Red Alpert gesucht wurden. (Goldstein war, da er der Polizei nichts über Lepke mitgeteilt hatte, wieder auf freiem Fuß.) Außerdem suchte die Polizei nach Dukey Maffeatore, den sie mit diesem Mord in Verbindung brachten. Als Reles und Goldstein hörten, was los war – *Die Polizei sucht nach euch* –, machten sie sich vermutlich keine allzu große Sorgen. Jedesmal, wenn in Brooklyn etwas Schlimmes passierte, schaute die Polizei bei den Jungs vorbei. Zwischen 1931 und 1940 wurde Reles im Schnitt alle achtundsiebzig Tage von der Polizei mitgenommen. Gleich am nächsten Morgen gingen die Verdächtigen zum Polizeirevier und stellten sich.

Bald nach seiner Verhaftung begannen die Cops, Maffeatore zu bearbeiten. Sie steckten ihn in eine Einzelzelle. Manchmal stellten sie ihm Fragen, dann wieder erzählten sie ihm von den übrigen Jungs, sagten, daß sie Dukey die Schuld in die Schuhe schoben. Sie erzählten ihm, wie sein letzter Tag aussehen würde: eine Mahlzeit, ein kurzer Spaziergang, der elektrische Stuhl. Sie brauchten nicht lange, um Dukey kleinzukriegen. Er war erst fünfundzwanzig Jahre alt, ein Comicfan, ein Verehrer von Li'l Abner und Superman. Er wurde weich wie Butter und erzählte den Cops alles, wie er zur Gang gestoßen war, wie er Autos gestohlen und für Reles, Goldstein und Strauss gearbeitet hatte. Als Dukey gestand, daß Pretty Levine sein Partner war, schnappten ihn sich die Cops, und auch Levine brach im Verhör zusammen. Bald verfügte die Polizei über genügend Informationen, um den Großteil der Gang verhaften zu können. Louis Capone, Happy Maione, Dasher Abbandando, Seymour Magoon und Phil Strauss wurden auf die Gefängnisse New Yorks verteilt.

■ ■ ■

Reles hatte es im Gefängnis nicht leicht. Er war körperlich erschöpft, und die Monotonie, das zermürbende Einerlei des Eingesperrtseins müssen ihm ziemlich zu schaffen gemacht haben. Die Ankläger verlegten ihn von einer Anstalt in die nächste, vom Queens County Jail zum Raymonds Street Jail zum Tombs. Feuchte Zellen. Verlorene Zeit. Variationen in Grau. Im Tombs traf er Happy Maione wieder, der dort ebenfalls einsaß. Maione lag ein Stockwerk über Reles. Vor dem Schlafen riefen sie sich ein paar Worte zu. Sooft Maione Gelegenheit hatte, redete er mit Reles, stand vor seiner Zelle, bis ihn die Wache wegscheuchte. Sie redeten auch im Hof miteinander, unter fernem Stadthimmel, selbst in der Gefängniskapelle unterhielten sie sich flüsternd, während die übrigen Insassen Choräle sangen. Wenn eine Wache zu ihnen herüberblickte, starrten sie nach vorn und stimmten ins Lied ein.

Und dann war Maione verschwunden, den Flur hinunter und fort, und Reles blieb allein zurück und dachte nach. Und er hatte eine Menge nachzudenken. Obwohl er schon manche Höhen und Tiefen durchlebt hatte, war er erst vierunddreißig. Er hatte eine Frau, einen Sohn, ein zweites Kind war unterwegs. Und vor kurzem hatte er ein Restaurant aufgemacht, ein Geschäft, das ihn und seine Familie, so hoffte er, dem amerikanischen Traum ein Stückchen näher bringen würde. Doch jetzt saß er hier, von einem Verbrechen eingeholt, das er Jahre zuvor begangen hatte. Was konnte Reles tun? Er hielt sich für einen cleveren Mann, für jemanden, der stets einen Weg aus der Falle fand, der seinen Wachen höhnisch zuruft: ›Das Gefängnis, das mich hält, ist noch nicht gebaut.‹ Doch wenn er seine Lage überdachte, sich fragte, was ihn erwartete – ein Leben in Haft oder Schlimmeres –, dürfte sein Verstand ausgesetzt haben. Er suchte nach einem Schlupfloch, einem Sündenbock. Für viele Gangs beginnt so das Ende – ein Paranoiker allein in einer Zelle.

Im März 1940 veröffentlichte der *Brooklyn Eagle* eine Geschichte über Pittsburgh Phil, der ein Geständnis ablegte und Reles verriet, um sich selbst zu retten. Die Zeitung wurde ins Tombs geliefert, also hat Reles den Artikel vermutlich gelesen oder davon gehört. Die ganze Sache war eine Ente – vielleicht wurde sie sogar geschrieben, um Kid mürbe zu machen –, jedenfalls dürfte sie Reles' Paranoia verstärkt haben: Verpfeife oder du wirst verpfiffen. Weit nachhaltiger aber hat ihm der Besuch seiner Frau im Herbst zugesetzt. Rose Reles sagte ihrem Mann, daß sie ein Leben als alleinstehende Frau nicht ertragen könne, zwei Kinder, kein Mann, und das all die Jahre. Sie flehte ihn an, den Cops zu helfen, sich auf ein Abkommen einzulassen, einfach alles zu tun, um aus dem Gefängnis herauszukommen. »Ich kannte Burton Turkus, den stellvertretenden Distriktstaatsanwalt für diesen Fall«, erzählte mir Ralph Salerno. »Turkus hatte sich eine Strategie überlegt, redete mit ihm und ihr, versuchte, einen Durchbruch zu erzielen. Dann setzte er auf Risiko und ließ

Mrs. Reles mit ihrem Mann reden. Sie weinte, flehte, das ganze Theater. Und als sie mit ihm fertig war, hatte sie ihn weichgekocht.«

Am nächsten Tag ging Rose Reles zum Büro des Distriktstaatsanwaltes in Downtown Brooklyn. Sie hatte ein schmales Gesicht, war auf zaghafte Weise attraktiv, skeptisch, eine jener Frauen, die auf dem Stuhlrand sitzen, vor Spiegeln verharren, auf Fluren flüstern. Ihr Haar war zu einem Turban hochgebunden, und sie trug einen beigefarbenen Mantel mit Wolfsfellkragen. Sie bat darum, William O'Dwyer sehen zu dürfen, den Brooklyner Staatsanwalt. Als Burton Turkus fragte, ob er ihr vielleicht behilflich sein könne, hielt sie sich an die Instruktionen, die ihr Reles gegeben hatte, und sagte, daß sie nur mit dem Staatsanwalt reden würde. Dann begann sie zu weinen. »Ich will meinen Mann vor dem elektrischen Stuhl retten«, sagte sie. »Mein Baby kommt im Juni.«

Einige Tage später holte Turkus Reles aus dem Tombs und brachte ihn ins Büro des Staatsanwaltes. Turkus hielt diese Begegnung in seinen Erinnerungen *Murder Inc.* fest. »Ich weiß noch genau, was ich dachte, da ich jedesmal, wenn ich ihn danach wiedersah, dasselbe denken sollte«, schrieb der Ankläger. »Ich dachte, daß ich mir tausendundeinen angenehmere Menschen vorstellen konnte, um ihnen bei dunkler Nacht auf einer einsamen Straße zu begegnen. Es ging etwas von Reles aus, von seiner körperlichen Haltung, seinen Augen, daß sich einem die Nackenhaare sträubten.«

An jenem Nachmittag saß Reles in O'Dwyers Büro, redete mit dem Staatsanwalt sowie dessen Assistenten und sprach mit ihnen über ihre Untersuchung. Damals trug Reles eine Art blaue Trainingsjacke, den Reißverschluß bis zum Kinn hochgezogen und ein ›Ihr-könnt-mich-mal‹-Lächeln im Gesicht. Er sagte O'Dwyer, daß er nichts gegen die Jungs in der Hand habe, keine Fakten, keine Zeugen. »Ihre Geschichte wird Ihnen keiner bestätigen«, sagte er immer und immer wieder. »Aber ich bin der Typ, der Ihnen sagen kann, wo Sie Ihre Bestätigung herbekommen. Ich kann Sie zum berühmtesten Mann des ganzen Landes machen.« Im Gegenzug wollte Reles ›mit sauberer Weste aus dem Haus spazieren‹. Die Männer blieben bis vier Uhr früh im Büro, um einen Deal auszuarbeiten. Schließlich sicherten sie Reles Immunität zu; er würde frei sein, sobald der letzte Fall vor Gericht verhandelt worden war. »Ich bin kein Verräter«, erzählte er Turkus. »Die Jungs wollen doch alle reden. Ich bin bloß schneller als die anderen. Sie würden mich jetzt hängen, wenn sie Gelegenheit dazu hätten.«

Reles kann sich nicht für eine Ratte gehalten haben. Er haßte Ratten. Also wird er geglaubt haben, ein einfallsreicher Mann zu sein, jemand, der einen Ausweg gefunden hatte. Er war genau wie die anderen Jungs, bloß gewitzter. »Sie würden mich jetzt hängen, wenn sie Gelegenheit dazu hätten.« Als er gebeten wurde, sein Verhalten vor Gericht zu erklären, sagte Reles: »Ich sollte noch mal Vater werden, und ich hatte schon ein Kind. Meine Art zu leben widerte mich an. Sicher, es war mein Leben, aber ich hatte die Schnauze voll von meinem Leben.«

»Hat Ihr Gewissen diese Veränderung in Ihnen bewirkt?« fragte der Anwalt.

»Das ist mir zu hoch«, sagte Kid. »Ich habe mich einfach geändert.«

■ ■ ■

Reles erzählte die Geschichte wie ein Mann, der auf der Couch liegt, wie jemand, der seine Vergangenheit aufarbeitet. Er redete fast zwanghaft, nannte Turkus Namen, Daten, Details aus seinem anderen Leben, sagte ihm, wo er suchen, wen er fragen müsse, und teilte Geheimnisse mit, die er zu lange für sich behalten hatte. Reles erzählte dem Ankläger nicht nur, was geschehen war, sondern auch, wie er den Fall aufziehen sollte. Für sich genommen konnte Kids Aussage keinen einzigen Ganoven hinter Gitter bringen. Er hatte zugegeben, ein Mörder zu sein, ein Mann, der alles sagen würde, um seine Haut zu retten. Also nannte er Turkus auch die Namen derjenigen, die seine Geschichten bestätigen konnten – ein Mann am Zeitungskiosk, der die Jungs vom Tatort fliehen sah; ein Waffenhändler, der ihnen die Tatwaffe verkauft hatte. Als er gebeten wurde, die Namen von zehn Männern aufzusagen, die er umgebracht hatte, antwortete Kid mit knurriger, barscher Stimme: »Joey Silver,

Rocco, Irving Shapiro, Jack Paley, Whitey Rudnick, ein Kerl mit dem Spitznamen Mummy, Moe Greenblatt, Jake the Painter ...« Er schwieg und fragte dann: »Wie viele waren das? Acht? Ruben Smith.« An den letzten Namen konnte er sich nicht erinnern.

Als die Sache mit Reles bekannt wurde, breitete sich Panik in der Unterwelt aus. Gangster im ganzen Land kramten in ihrem Gedächtnis und versuchten sich zu erinnern, ob sie je mit Kid geschäftlich zu tun gehabt hatten, so wie ein Mann seine Vergangenheit rasch Revue passieren läßt, wenn er hört, daß eine alte Freundin offenherzige Memoiren schreibt. Nie zuvor war ein derart hoch plaziertes Mitglied des Mobs zum Verräter geworden. Kid kannte alle Geheimnisse. Er berichtete von den Morden an Dutch Schultz, Puggy Feinstein, Greenie Greenberg, Joe Rosen, Moishe Diamond, von der Kalkgrube am Loch Sheldrake, der Geschichte der Gang, vom Krieg mit den Shapiros bis zur Erfindung der Auftragsmorde. Reles berichtete von fünfundachtzig Morden allein in Brooklyn. Sein Geständnis füllte fünfundsiebzig Notizbücher.

Als alles niedergeschrieben worden war, las sich Kids Aussage wie ein Prosagedicht: die bedeutendsten Mordfälle der jüdischen Unterwelt. Wenn ich mir heute diese Notizen anschaue, überkommt mich ein Gefühl der Scham – ich schäme mich für Brooklyn, für die Juden. Nicht nur wegen der Verbrechen, die er begangen hat, sondern auch für die Tatsache, daß er nach all den Jahren zu singen begann. Ich schätze, für die meisten Menschen sind die Morde, all diese Leichen, seine größte Sünde. Doch daß Kid zur Ratte wurde, macht seine Taten für mich noch schlimmer. Denn letztlich bedeutete dies, daß sein ganzes Leben, selbst die gerechten Kämpfe, die er gefochten hatte, sinnlos gewesen war. Nie hatte es einen Kode, eine Grenze, einen Plan gegeben. Als er sein Abkommen traf, gab er seine Stimme der Anarchie, wo doch nur noch die fundamentalsten Naturgesetze hätten gelten dürfen.

Reles' Verrat scheint mir heute unausweichlich, ein unverzichtbarer Bestandteil der Geschichte. Er ist der Judas der jüdischen Unterwelt, der Mann, dessen Verrat die Legende erst ermöglichte. Ohne Reles wären die Brownsville-Boys fett und träge geworden, müde Gangster in müden Zellen, oder sie hätten in Miami Beach ihr Ende gefunden, alte Männer mit öden Altmännergeschichten. Statt dessen aber werden sie ewig weiterleben, werden ewig jung bleiben, wütend und knallhart. Was können solche Männer anderes tun als aufflammen und verbrennen, verbittert und betrogen, ein Sturmwind, der den Himmel reinwäscht und nichts als blaue Weiten hinterläßt?

Durch die von Reles gelieferten Informationen konnten die Ermittler auch andere Männer zur Mitarbeit überreden. Manchmal geschah dies auf heute recht ungewöhnlich scheinenden Wegen. Albert Tannenbaum wohnte in der Park Slope, unweit vom Grand Army Plaza, wo man ihn wegen irgendeines uralten Verbrechens verhaftete. Er wurde schuldig gesprochen, erhielt sieben Jahre Schwerstarbeit und wurde ins Clinton State Prison in Dannemora gesteckt. Er war allein dort, weit fort von den anderen Jungs, und die Stunden krochen dahin. Im Herbst 1940 erhielt er Besuch. William O'Dwyer, der Staatsanwalt, war aus Brooklyn gekommen. Er sagte Albert, was er wußte, und fragte ihn, ob er ihm helfen wolle. Als Allie erwiderte, daß er keine Ratte sei, lud ihn O'Dwyer zu einem Ausflug ein. Der Staatsanwalt meldete den Gangster vorübergehend aus dem Gefängnis ab und fuhr mit ihm davon.

Sie fuhren etwa hundert Meilen, Straßen sirrten über Hügelkuppen, Farmhäuser glitten gelb in der Ferne dahin. O'Dwyer, der bald zum Bürgermeister von New York gewählt werden sollte, war ein rotbäckiger, altmodischer, seriengefertigter Großstadtpolitiker. Er wußte, wie man einen Menschen überredete. Wahrscheinlich hat Tannenbaum nicht lange gebraucht, um zu erkennen, wohin ihn O'Dwyer bringen wollte – zum Loch Sheldrake, goldene Sommer der Kindheit, Kommunisten im Speisesaal. Sie bogen von der Straße ab und hielten in einer wahren Meute von Polizisten. Sholem Bernstein stand mitten unter ihnen und zeigte den Beamten, wo sie graben sollten. Das Salz der Grube hatte die Leichen zerfressen, doch manches war noch zu erkennen: Kieferknochen, Augenhöhlen. Mit mächtigem Ruck zerrten die Polizisten die Überreste von Hyman Yuran ans Licht, eine Leiche, stinkend auf dem Herbstgras. Die Schwachstellen von Allies Leben waren exhumiert worden. Als er O'Dwyer einige Tage später

mitteilen ließ, daß er kooperieren wolle, wurde seine Haftstrafe ausgesetzt.
Wieso gelang es der Regierung nun, Fälle zur Anklage zu bringen, an denen sie zuvor gescheitert war? Vor allem dank Abe Reles. Als Kid zur Ratte wurde, war das Spiel aus. Zuvor waren die Verräter meist nur Gelegenheitsganoven gewesen, kleine Gauner wie Harry Rudolph, die bloß einen Teil der Geschichte kannten, die nur eines jener Fragmente in Händen hielten, in die Lepke jeden Mord zerbrach. Reles kannte das ganze Bild: Wenn er zu reden begann, kam es zu einer Kettenreaktion, ein Geständnis führte zum nächsten, bis viele Stimmen durcheinanderredeten. *Rattenpfoten auf Glassplittern.* In wenigen Monaten war es O'Dwyer und Turkus, die übrigens auch die Prozesse führen sollten, gelungen, mehrere Gangster in Singvögel zu verwandeln: Dukey Maffeatore, Abe Reles, Sholem Bernstein, Albert Tannenbaum, Pretty Levine und Mickey Sycoff.
Im Laufe der Zeit sollte diesen Männern dieselbe grundlegende Aufgabe wie Josephus zufallen, jenem verräterischen General, der zu Zeiten von Herodes die Römer bekämpfte. Als die Lage brenzlig wurde, ließ Josephus seine Truppen im Stich, zog nach Rom, wurde Bürger der Stadt (Josephus Flavius) und schrieb *Die Geschichte des jüdischen Krieges*, ein Buch, das bewahrt, was ansonsten verlorengegangen wäre. Wie Josephus verließen die Wendegangster in bedrängter Zeit ein Verliererteam, und wie Josephus' Buch sind auch ihre Geschichten das einzige, was die Vergangenheit zusammenhält, werfen sie doch ein Licht auf eine chaotische Periode der jüdischen Geschichte. Letzten Endes vernichteten die Ratten ihre Freunde, bewahrten aber ihre Legende.
Als jene Mitglieder der Gang, die nicht zu Verrätern geworden waren, begriffen, was geschah, daß sie nämlich von lebenslangen Freunden verkauft wurden, reagierten sie auf unterschiedliche Weise. Manche weigerten sich einfach, das Gehörte zu glauben, und schrieben es den Polizisten und ihren dämlichen Geschichten zu. Andere sprachen mit ihren Anwälten und stocherten in den Geschichten der Ratten herum, um Löcher darin zu finden. Und dann war da noch Strauss. Pep war schon immer das strengste Mitglied der Gang gewesen, ein Killer mit einem ausgepräg-

ten Sinn für alttestamentarische Moral. Als er hörte, daß Reles redete, sagte er der Polizei, daß er auch reden wolle. Doch ehe er seine Geschichte erzählen könne, müsse er eine Weile mit Kid allein sein. »Steckt mich zu Reles in die Zelle, damit ich meine Erinnerungen auffrischen kann«, sagte er. Als ihm die Polizei seinen Wunsch abschlug, kam die Wahrheit heraus: »Ich wollte ihm nur mit den Zähnen die Schlagader zerfetzen«, sagte Pep. »Um den elektrischen Stuhl hätte ich mir keine Sorgen gemacht, hätte ich ihm vorher bloß die Kehle durchbeißen können.« Mendy Weiss zeigte vermutlich die vernünftigste Reaktion; er überdachte seine Lage, machte auf der Stelle kehrt und gab Fersengeld. Er versteckte sich ein Jahr, zog von Kansas City nach Colorado, nannte sich James Bell, Vizepräsident der Tungsten Mining and Development Company aus Black Hawk in Colorado. Die Vorstellung, daß Weiss, der so durch und durch New Yorker war (Gesicht, Stil, Sprache), als Geschäftsmann aus dem Westen durchgehen könnte, war ein Witz, den selbst die Cops begriffen. Er wurde am 6. April 1941 in Kansas City verhaftet.

■ ■ ■

Als die Prozesse begannen, hatte man die Ratten aus den Gefängnissen und Anstalten New Yorks geholt und in eine Art Festung gesperrt. Wie hätten die Jungs auch im Knast bleiben können? Für eine Ratte ist das Gefängnis gefährlicher als die Straße, hoffen doch tausend Insassen auf die passende Gelegenheit, einen Verräter niederstechen zu können. Selbst mit einer Leibwache der Polizei hätte jemand wie Reles daheim nur eine Lebenserwartung gehabt, die geringer als die der mazedonischen Fruchtfliege gewesen sein dürfte, jenes zarten Insekts, dessen Lebensspanne kaum vierzehn Minuten umfaßt. Also wurden die Jungs von den Anklägern ins Half Moon verlegt, ein Hotel zwischen der Achtundzwanzigsten und der Neunundzwanzigsten Straße Ost an der Strandpromenade von Coney Island. Das Gebäude war als Rattensuite bekannt. Für die Jungs muß der Aufenthalt im Half Moon einer bitteren Ironie gleichgekommen sein, eine Wiederholung lang vergangener Fluchten aus Florida, nur waren

sie diesmal im Hotel eingeschlossen, von jener Außenwelt abgeschnitten, die es drinnen erst so gemütlich machte.
Im sechsten Stock des Hotels wurde für die Verräter ein eigener Trakt eingerichtet: Zehn Zimmer, die den ganzen Ostflügel einnahmen. Schlafzimmer, Salon, Wohnzimmer, Küche: Suite 620. Die Eingangstür wurde durch eine kugelsichere Stahlbarriere ersetzt: Guckloch, Verschlußriegel. Bewacht wurde die Suite von einer Sondereinheit der Polizei, deren Leiter Captain Bals war, ein grauhaariger, hakennasiger New Yorker Polizeibeamter. Seine Einheit bestand aus achtzehn Männern, die die Ratten rund um die Uhr zu bewachen hatten: drei Schichten zu sechs Polizisten, jede Schicht ging über vierundzwanzig Stunden und dauerte von zehn Uhr vormittags bis zehn Uhr vormittags. Wenn sich die Jungs schlafen legten, saß ein Polizist in der Ecke des Zimmers. Manchmal wurden in einem Zimmer auch drei Betten aufgestellt, dann schlief ein Polizist zwischen zwei Gangstern. »Maschinenpistolen, Gewehre, von allem reichlich«, erzählte Sholem Bernstein über die Suite. »Wenn ich mich schlafen lege, bleiben zwei Beamte die ganze Nacht im Zimmer sitzen.«
In der Suite gab es für die Ratten nicht viel zu tun. Sie lasen Zeitungen, redeten. Die Ankläger und Polizeiwachen gaben sich redliche Mühe, ihre Informanten bei Verstand zu halten. Die Polizisten blieben abends auf, um mit den Jungs zu reden, und ermunterten ihre Frauen, sie oft zu besuchen. Sie brachten Reles Whiskey mit und betranken sich manchmal sogar mit ihm. Und die Wachen unternahmen Ausflüge mit den Ratten, fuhren etwa zum Heckscher Park in Nassau County auf Long Island, wo die Jungs Fußball spielen und grillen konnten. Ich stelle sie mir vor, wie der Rauch vom Grill in die Nacht steigt, Sterne im Osten auftauchen, Reles stürmt vor, und Schuß! Doch letztlich gab es nichts mehr, was sie erwartete, von jenem Drama einmal abgesehen, das sich im Gerichtssaal abspielen und den Epilog zu so vielen Brooklyner Lebensgeschichten abgeben sollte.

■ ■ ■

Das Geschäft des Tötens reitet auf der Welle der Technologie, wächst mit der Nation, zieht mit dem Land nach Westen, in den Zügen und den Flugzeugen Amerikas, vom Totschläger zur Maschinenpistole, von der Limousine zum Jet, den Cops immer einen Schritt voraus, so mutiert es sich fort vom Gesetz wie radioaktive Küchenschaben, ändert sich, vermischt sich, paßt sich an. Die Killer von *Murder Inc.* stammten aus dem Zeitalter des Jazz und der Weltwirtschaftskrise, den Hochs und Tiefs. In Flüsterkneipen und Straßengefechten, unter Bossen und Streikenden waren sie groß geworden. Und nun, mit der Ankunft des Zweiten Weltkrieges und des großen unbekannten Landes jenseits des Krieges, ging ihre Zeit zu Ende. Von der Polizei überholt, sollten sie bald einem neuen Typ Killer weichen, der bald wiederum einem neuen Typ Killer weichen würde, der einem neuen Typ Killer weichen sollte, eine Kette, die zurück bis in die Zeit vor dem Bürgerkrieg und zu den Beutezügen der Dead Rabbits und Plug Uglies reichte und voraus in eine Zukunft der Cyberkiller und Technodiebe wies. Für die Brownsville-Boys wurde das letzte Kapitel aufgeschlagen. Sie sollten, wie so vieles aus dem isolationistischen Amerika, den Krieg nicht überdauern. In Brooklyn waren alle Züge eingelaufen, *kill car* und *crash car* standen in der Garage, die Killer saßen im Knast. Dies war das Zeitalter der Schauprozesse. Nun gut, hier war noch ein Schwung Killer, die reif für den Mülleimer der Geschichte waren.

Am Morgen seiner Zeugenaussage wachte Reles gegen sechs Uhr auf, duschte und rasierte sich. Vielleicht hat er sich auch geschnitten. Er zog einen Anzug an, band seinen Schlips. Vielleicht fiel ein Tropfen Blut auf den Schlips. Reles fuhr mit dem Fahrstuhl nach unten, Polizisten hetzten ihn durch die Lobby zu einem Wagen, der mit ihm zum Gericht jagte. Der Prozeß nahm seinen Lauf, und andere Gangster kamen, um sich selbst davon zu überzeugen, welchen Schaden Kids Aussage anrichten würde. Sie begannen Pläne zu schmieden, eine Möglichkeit zu suchen, ihn aus der Gleichung zu entfernen. Es war wie ein großes Rätsel: Die Abe-Reles-Frage. Detroits jüdische Unterwelt, der Purple Mob, schickte Scharfschützen. Sie mieteten sich ein Zimmer gegenüber vom Half Moon und begannen, das Hotel zu überwachen, staubige Zimmer, die sauber durch Zielfernrohre zu sehen waren. Wanderte eine Ratte ins Blickfeld, würde der Schütze sie wegpusten. Pfffft! Erledigt. Doch die Wachen achteten darauf, daß sich die Verräter nur im Ostflügel aufhielten, in Zimmern, die allein zum Meer hinausgingen. O'Dwyer erfuhr von der Anwesenheit der Scharfschützen und ließ sie entfernen. Als man Turkus von einem etwas ausgeklügelteren Plan erzählte – ein herbeigeführter Stau sollte den Wagen aufhalten, der Reles zum Gericht brachte; ein Scharfschütze würde dann die Ratte und seine Bewacher töten –, sorgte er dafür, daß Kid in einem gepanzerten Wagen hin und her gefahren wurde.

Charlie Workman stand als erster der Jungs vor dem Richter. Mord an Dutch Schultz. Brooklyner Ankläger ließen die Ratten für den Staat von New Jersey aussagen. Workman trug einen dunklen Anzug. Seine Augen waren so schwarz wie schwarze Knöpfe. Er war bereits ein anderer Mann, ein gefangener Verbrecher, gezähmt. Seine eigenen Worte brachen ihm das Genick, hatte er doch überall mit dem Mord angegeben und geschworen, sich an Mendy Weiss zu rächen. Tannenbaum ging in den Zeugenstand und erzählte, woran er sich erinnern konnte. Reles berichtete von einer Silvesterparty, auf der Workman mit dem Mord geprahlt hatte. Workmans Eltern saßen im Publikum. Sein kleiner Bruder war auch da, vom älteren Bruder tief beeindruckt.

Workman wurde schuldig gesprochen und zu lebenslanger Schwerstarbeit verurteilt. Als man ihn aus dem Gerichtssaal führte, rief er seinen Bruder zu sich. Das Gespräch, von einem Polizisten mitgehört, weist auf die Zukunft und zeigt eine Haltung, die helfen sollte, die Gegend von jüdischen Gangstern zu befreien. »Was du auch tust, leb ehrlich«, sagte Workman. »Wenn du zwanzig Cents am Tag verdienst, sieh zu, daß du damit auskommst. Kannst du dir keinen anständigen Lebensunterhalt verdienen, sorg dafür, daß die Regierung dich unterstützt. Bleib auf Abstand zu den Gangs, und halt dich fern vom Mob. Sorg dich um Mama und Papa und paß auf Itchy auf. Den muß man im Blick behalten.«

Workman wurde ins Trenton State Prison geschickt. Als einige Monate später die Japaner über Pearl Harbor herfielen, sandte er einen Brief ans FBI, in dem er sich freiwillig für ein Selbstmordkommando meldete. Sein Angebot wurde abgelehnt. Workman wurde 1964 entlassen. Er bekam eine Stelle bei einer Textilfirma, die früher einmal zu seinem Revier gehört hatte, doch schleppte er nun einen Musterkoffer statt einer Kanone mit sich herum. Er hatte dreiundzwanzig Jahre im Gefängnis verbracht.

■ ■ ■

Nach dem Fall Workman hagelte es Verurteilungen, eins, zwei, drei, einfach so. Es schien, als wäre etwas schiefgelaufen, als wäre jemand, der geboren werden sollte, nie aufgetaucht, wie in diesem Film *Ist das Leben nicht schön?*, in dem der Typ, der von Jimmy Stewart gespielt wird, gezeigt bekommt, wie das Leben verlaufen wäre, hätte es ihn nicht gegeben, und so lebten die Jungs jetzt in einer Art historischen Sackgasse, an einem Ort, den es eigentlich nicht geben dürfte. 1941 wurden Harry Strauss und Buggsy Goldstein wegen Mordes an Puggy Feinstein angeklagt, jenem einstigen Preisboxer, der mit Seil und Eishacke in Reles' Wohnzimmer umgebracht worden war. Der Prozeß wurde von Richter John J. Fitzgerald geführt. Die Gangster hatten sich eigens in Schale geworfen, trugen dunkle Anzüge, Manschettenknöpfe, die Mundwinkel herabgezogen, kalte, ernst blickende Augen, die manchmal lachten, mit der Menge spielten und die verklärten Seufzer des kleinen Mannes für wahre Liebe hielten. Jeder sieht gern zu, wie ein Mensch stirbt. Strauss funkelte Reles wütend an, als der seine Aussage machte. Kid spielte dabei mit einem roten Halstuch. Ein Verteidiger, der versuchte, Kids Geschichten in Zweifel zu ziehen, wollte ihn als einen Betrüger darstellen, der bloß versuchte, die eigene Haut zu retten. »Als Sie mit dem Staatsanwalt von Kings County sprachen, richtete sich Ihr Interesse doch darauf, dem elektrischen Stuhl zu entgehen, nicht wahr?« fragte der Anwalt.

»Ja, Sir«, antwortete Reles.

Als Reles vom Staatsanwalt gefragt wurde, woher man denn wissen wolle, daß er die Wahrheit spreche, antwortete er: »Weil Richter O'Dwyer mir gesagt hat, daß ich, wenn er mich bei der kleinsten Lüge ertappt, mit den übrigen Jungs auf den elektrischen Stuhl geschickt werde – deshalb erzähle ich die Wahrheit.«

Nachdem er Reles im Zeugenstand gesehen hatte, äußerte der Richter seine eigene Ansicht. »Ich bitte festzuhalten, daß dieser Mann meiner Meinung nach nie von einem Gewissen geplagt wurde, wenn er einen Menschen umbrachte. Zu töten war für ihn ein Geschäft. Er kannte kein Mitgefühl. Er hat nur für Geld gemordet. Er ist ein lebender Tiger.«

An jedem Prozeßtag saß Reles seinen alten Freunden gegenüber, jenen, an die er sich gewandt hatte, als er ein Nichts, ein Niemand war. Er schlug nach der Hand, die ihn genährt hatte. Für die meisten Menschen finden solche Auseinandersetzungen nur in Alpträumen statt. Doch Reles kämpfte in aller Öffentlichkeit mit seinen Dämonen, ein Stenograph schrieb jedes Wort mit. Goldstein und Strauss saßen nebeneinander am Tisch der Verteidiger. Goldstein fletschte sein blitzendes Gangstergebiß, ein wahres Unterweltlächeln. Die Augen waren groß, blutunterlaufen, ungläubig. Er beugte sich vor, um jedes Wort zu verstehen, das Kid sagte, lehnte sich dann zurück, schüttelte den Kopf und schaute Pep an, der einfach nur nach vorn stierte und versuchte, mit Blicken ein Loch durch Reles zu bohren. Strauss ließ seine Haare wachsen und kämmte sie jetzt nach hinten. Mit jedem Tag wurden seine Augen schmaler und kälter, ein Stern, der in sich zusammenfällt. Er war eine menschliche Kaltwetterfront, die personifizierte Wut, ein wandelndes Ausrufezeichen.

Als die Wochen vergingen und es immer offensichtlicher schien, daß man die Männer verurteilen würde, reagierte jeder auf seine Weise. Buggsy wuchs, entwickelte sich, wandelte sich zum prototypischen Filmgangster. Als sein alter Weggefährte Blue Jaw Magoon in den Zeugenstand ging, sprang Buggsy auf. »Um Himmels willen, Seymour, was erzählst du denn da für eine Geschichte«, rief er. »Damit bringst du mich auf den elektrischen Stuhl.«

Strauss kehrte sich nach innen, ein Mann, der sich von der Welt abgewandt hatte. Er rasierte und wusch sich nicht mehr. Im Raymond Street Jail wurde er einmal sogar gegen seinen Willen rasiert. Dem Barbier wurde geraten, nur einen Haarschneider zu benutzen; niemand wagte es, Pep mit einer Klinge zu nahe zu kommen. Meist saß er brummelnd in seiner Zelle. Wenn morgens die Wachen kamen, um ihn ins Gericht zu bringen, weigerte er sich mitzukommen, klammerte sich ans Gitter und schrie. Wenn ihm ein Anwalt Fragen stellte – »Haben Sie ihn getötet?« –, gab er zusammenhangslose Antworten. »Vorsichtig, bitte. Und viel Toast.« Ein Bild aus dieser Zeit zeigt Pep in einem Pullover mit V-Ausschnitt, das Haar lang, der Bart zerzaust. Als man das Bild in den Zeitungen abdruckte, hieß es, es zeige einen Verrückten, jemanden, der den Verstand verloren hatte, aber eigentlich sieht er wie einer meiner Professoren aus, die mich am College unterrichtet haben. Mit dem Irrsinn ist's wie mit dem Hochsprung – die Latte wird immer höher gelegt.

Damals hat Pep geglaubt, langes Haar reiche aus, um ihn aus der Patsche zu befreien, ihn als Verrückten abzustempeln, ihn für prozeßunfähig zu erklären. Er war ein Vorläufer, vielleicht sogar ein Vorbild für Vincent »the Chin« Gigante, dem erst kürzlich verurteilten Oberhaupt der Mafiafamilie Genovese, ein Mann, der jahrelang in Robe und Sandalen durch Greenwich Village pilgerte und der Welt verkündete: »Wie könnte ich denn Oberhaupt einer Verbrecherfamilie sein? Ich bin ein Irrer.« Aber Pep? Auf sein Theater fiel niemand rein, erst recht nicht seine Freunde. Als Goldstein ihn vor Gericht sah, sagte er: »Mann, Pep, mir wird schlecht, wenn ich dich sehe.«

Einige Wochen, nachdem Goldstein und Strauss schuldig gesprochen worden waren, wurden sie zur Urteilsverkündung zurück ins Gericht gebracht. Als der Richter die Todesstrafe verkündete, schaute Strauss ihn aus verhangenen Augen an. Danach fragte der Richter, ob die Jungs einen Kommentar abgeben wollten, und Goldstein sagte: »Bevor ich sterbe, möchte ich mir nur noch einen Wunsch erfüllen. Ich würde Ihnen gern ans Bein pissen, Richter.«

Die Männer wurden zur Grand Central Station gebracht, dort sollten sie den Zug nach Sing Sing besteigen. Damals war dies noch etwas, worauf sich die Verdammten freuen konnten, ein letzter Blick auf Manhattan, die protzige, laute Halle, hohe Decke, aufragende Wände, durch ferne Fenster sich brechendes Sonnenlicht, Geschäftsleute mit Aktentaschen, das Schlagzeilengeschrei an den Zeitungskiosken, Sekretärinnen mit ihren Hüten, das Kartongescharre an der Abfahrttafel: Trenton, Camden, Philadelphia, Wilmington – ein einsamer, windgepeitschter, auf Reisende wartender Bahnsteig. Auf ihrem Weg durch die Eingangshalle werden die Männer von Reportern umringt. Polizisten räumen ihnen den Weg frei. Strauss bewegt sich durch die Menge wie ein exotischer Fisch, ein Mann, der so lange den Verrückten gespielt hat, daß er sich beinahe selbst überzeugte. Goldstein war gewiß etwas gelassener, nahm dankbar alles in sich auf, ein letztes, lärmendes Gedränge, das ihn bis vor die Tür brachte. Ehe er den Bahnsteig betrat, drehte er sich noch einmal um: »Sagt Reles, dieser Ratte, daß ich auf ihn warte. In der Hölle, mag sein. Ich weiß nicht. Aber ich werde auf ihn warten. Und ich möchte wetten, daß ich eine Mistgabel in der Hand halte.«

Es gibt ein Bild, das Strauss einige Stunden später im Zug zeigt. Er trägt einen zerknitterten grauen Anzug. Er hat sich weder geduscht noch rasiert, und das fettige Haar ist zurückgekämmt. Er sieht wie ein Sänger auf Tournee oder ein Killer mit einem Auftrag aus, wie Clint Eastwood in einem Spaghettiwestern, wie Kurt Cobain in seinen ersten Videos, wie mein Vater auf Fotos aus seiner Armeezeit, wie Yitzhak Rabin vor 1948, wie ein Junge, den ich im Sommerlager kennengelernt und so gern hatte, daß ich anfing, wie er zu gehen und zu reden: »sauber«, »irre«, »astrein!« Er sieht wie all die Männer aus, die ich je bewundert habe: gelassen, cool, vernünftig. Er blickt in eine unbestimmte Ferne, die Füße hoch, er lächelt. Er ist mit Handschellen an Goldstein gekettet, scheint dies aber kaum wahrzunehmen, als wäre Buggsy nur ein Anhängsel, etwas, das ihm gerade zu diesem Anzug besonders gut steht.

Goldstein und Strauss wurden in der Nacht zum 12. Juni 1941 hingerichtet, nur wenige Monate nach ihrer Verurteilung. Nach einem letzten Mahl wurden sie den letzten Gang entlanggeführt, ein Tunnel aus lauter Augen. Und dann schrumpfte ihr Leben auf diesen letzten Raum zusammen, auf jenen Ort, zu dem alle Züge, Autos, Busse, Flugzeuge, Flure und Fluchten geführt hatten. In Bildern von der Todeszelle sind die Schatten dunkel und dicht, flüssig beinahe. In Filmen und Nachrichtensendungen habe ich elektrische Stühle gesehen. Während einer Führung durchs Angola State Penitentiary in Baton Rouge in Louisiana habe ich sogar mal auf einem impotenten, alten, elektrischen Stuhl gesessen. Und was habe ich daraus gelernt? Daß ein elektrischer Stuhl kein bequemer Stuhl ist. Es war sogar einer der unbequemsten Stühle, auf denen ich je gesessen habe. Warum muß das so sein? Schließlich ist dies der letzte Stuhl, auf dem man sitzen wird, sollte man dann nicht wenigstens gut darauf sitzen können? Meiner Meinung nach sollten elektrische Stühle wie ein La-Z-Boy Sessel sein, wie eine Art Liegesessel. Designer, die einen elektrischen Stuhl konstruieren, sollten sich das eine Wort einprägen: Bequemlichkeit.

Strauss wurde wenige Minuten nach Mitternacht getötet. Er hatte sich geduscht und rasiert, denn er hatte beschlossen, als zurechnungsfähiger Mensch zu enden. Als er starb, geschah dies ohne ein Wort, doch stelle ich mir vor, wie er mit sich selbst geredet hat: Okay, wir sind mit allem anderen fertig geworden. Also werden wir auch mit dem hier fertig. Goldstein starb ein paar Minuten später, setzte sich auf den noch warmen Stuhl. Für Buggsy und Pep bestand nur wenig Hoffnung auf eine Begnadigung. Die Hinrichtung erfolgte zu schnell nach der Urteilsverkündung. Wie konnten sie da etwas anderes als Haß empfinden? Selbst kurz vor ihrem Ende müssen sich ihre Gedanken um ihre Wut gedreht haben, um Bilder von Reles, der warm in seiner Hotelsuite lag. Einige Tage vor seinem Tod hatte Goldstein den Reportern gesagt: »Zu schade, daß ich Reles' Hand nicht halten kann, wenn ich auf dem elektrischen Stuhl sitze.«

■ ■ ■

Der Prozeß gegen Dasher Abbandando und Happy Maione begann Anfang 1941. Ihnen wurde die Ermordung von Whitey Rudnick zur Last gelegt. Auf den Fotos aus dem Gerichtssaal sieht Abbandando ziemlich dämlich aus, wie jemand, der seine eigenen Verbrechen nicht fassen kann. Sein Anwalt verkaufte ihn als einen typisch amerikanischen Jungen. Früher war Abbandando mal ein ausgezeichneter Baseballspieler gewesen, der gute Aussichten gehabt hatte, in die Profiliga übernommen zu werden. »Ballspieler bringen keine Menschen um«, verriet sein Anwalt der Jury. »Trotz meiner reichen Erfahrung als Anwalt kann ich mich nicht daran erinnern, daß je ein Ballspieler einen Menschen umgebracht hätte.«

Neben ihm war Maione eine schattenhafte Präsenz. Er glich einer menschlichen Kanonenkugel und trug herrliche Anzüge sowie elegante Schlipse. Man nannte ihn Happy, ein überholter, unpassender Spitzname. Die Stimmung im Gerichtssaal wurde von seiner Wut, seinem feurigen Temperament und seinen Kapriolen bestimmt. Als er eines Nachmittags auf dem Flur vor dem Gerichtssaal Reles sah, stürzte er sich auf ihn und schrie: »Du verdammtes Verräterschwein, ich bring dich um. Ich schneid dir die Kehle durch.«

Als Reles im Zeugenstand Maiones Haus erwähnte, sprang Happy auf und schleuderte ein Glas auf Reles. »Du mieses Schwein, laß mein Haus da raus«, schrie er, während das Glas an der Wand zerschellte. »Du bist nie in meinem Haus gewesen.«

Die Jury erkannte auf schuldig, und der Richter schickte die Männer zum Sterben nach Sing Sing. Gnadengesuche verschoben die Hinrichtung auf den 19. Februar 1942, so daß Happy und Dasher noch die Genugtuung vergönnt war, einen ihrer Feinde sterben zu sehen.

■ ■ ■

Als Abbandandos und Maiones Urteil verkündet wurde, saßen die Ratten bereits seit über einem Jahr im Half Moon fest. Stunde um Stunde, Tag um Tag, Monat um Monat hielten sie sich in diesen Zimmern auf. Die Vielfalt ihres Lebens, die Aufregungen der Unterwelt, Anschlag, Flucht, Jagd, hatte sich auf drei Tätigkeiten reduziert: Essen, Schlafen, Aussagen. Die äußere Welt war nur noch etwas, das auf der anderen Fensterseite lag, eine Geschichte, die ein Polizist von der Straße mitbrachte. Sie lasen Zeitungen, spielten Karten, oder sie stritten sich. Hätte meine Mutter in der Suite gewohnt, hätte sie die Jungs eine ›Nörglerbande‹ genannt und ihnen geraten, endlich damit aufzuhören. Sie haßten einander längst mehr als jeden Ankläger oder Polizisten. Warum? Weil sie Ratten waren. Reles hielt von Magoon ebensoviel wie Goldstein: »Was erzählst du da bloß für eine Geschichte, Seymour. Damit bringst du mich auf den elektrischen Stuhl!« Und Magoon hatte für Reles ebensoviel übrig wie Maione: »Du verdammtes Verräterschwein, ich bring dich um. Ich schneid dir die Kehle durch.« Alle hassen Ratten.

Haben sie sich selbst gehaßt? Ich glaube nicht. Alle hatten ihre Gründe, ihre Rechtfertigungen selbst für den größten Verrat. Reles sagte sich, daß es sein Fehler nicht sein könne, daß man ihn aufs Kreuz legen wolle, daß seine Verantwortung als Vater wichtiger als die Verantwortung eines Gangsters sei. Und wie sollte sich Tannenbaum etwas vorzuwerfen haben, wo er doch für dieses Leben nie bestimmt war, hatten ihn die Jungs denn nicht mit falschen Versprechungen aus den Bergen gelockt, so daß die Hintertür nun der einzig richtige Weg aus der Klemme schien? Doch solche Rechtfertigungen gelten nur für die eigene Person, die anderen sind unentschuldbar Ratten. Was bleibt also? Ruhelose Gangster, die ihre Tage mit Ratten verbringen müssen, und dies in einem engen, überfüllten Quartier, wo man den anderen ständig über den Weg läuft, wo man sich an jedem Hüsteln, jedem Seufzer, jeder Bemerkung wie an einer Glasscherbe schneidet. Im Herbst 1941 war die Suite zu einem Labyrinth geworden, in dem jede Ratte ihre eigene Antwort auf die Frage finden mußte, warum und wie sie leben sollte, ihre eigene Methode finden mußte, der Langeweile zu entfliehen.

Wie kam Reles mit dem Leben im Half Moon zurecht? Er wurde aggressiv, widerlich, unausstehlich. Er benahm sich wie ein Klassenclown, ein Junge, der mit Streichen und klugscheißerischen Bemerkungen gegen den öden Schulalltag ankämpft. Er duschte sich nicht mehr, wechselte die Wäsche nicht mehr, stank und nahm zu, sein Gesicht quoll auf wie ein Ballon. Er sprach beim Essen, unterstrich seine Worte mit der Gabel, spuckte jedem in alle Angelegenheiten. Abends betrank er sich und wurde ausfallend. Einmal beleidigte er Sholem Bernsteins Frau. Am nächsten Tag versuchte Bernstein, Reles niederzustechen. Die Ratten kämpften miteinander wie in ein Aquarium gesperrte Kampffische. Sie hatten zuviel Energie und nichts zu tun. Wie sie waren? Wie Testpersonen bei einer MIT-Streßuntersuchung. Reles, mit dem es gesundheitlich bergab ging, spuckte immer wieder

Blut in ein Glas und ließ das Glas randvoll mit rotem Schleim auf dem Fensterbrett stehen. Er war krank und verbrachte viele Nächte in einem geheimen Zimmer eines nahen Krankenhauses. »Mir gefiel nicht mal die Vorstellung, mit Reles allein im Zimmer zu sein«, sagte Tannenbaum. »Er spuckte immer in die Hände und hustete dir ins Gesicht, und jedesmal, wenn er einen Mundvoll Blut ausrotzte, lief er damit herum und hielt es allen unter die Nase. Dann spuckte er in ein Glas und wartete, bis es voll war, bevor er es ausleerte. Ich nahm an, daß er an Schwindsucht litt.«

Reles machte es Spaß, Streiche zu spielen, besonders den Polizisten, die ihn beschützten. Er wußte, daß sie ihm nichts tun würden, wie sehr er es auch auf die Spitze trieb. Reles, dem Kronzeugen, durfte nichts passieren. Vielleicht war es nicht fair, aber ein Spaß war es allemal. Es war Kids Art, die Zeit totzuschlagen, und eine Möglichkeit, den anderen zu zeigen, daß er die Gesetzeshüter immer noch übertölpeln konnte. Die Streiche wirken heute wie etwas aus den dreißiger Jahren, Nachmittage im Güterwagen, Hobos, die nach Westen rollen. Manchmal versteckte sich Reles unterm Tisch, um einem Cop einen heißen Fuß zu verpassen und ihm ein brennendes Streichholz in die Schuhe zu schieben. Wenn der Beamte dann jaulend durchs Zimmer hüpfte, konnte sich Reles vor Lachen kaum halten. Wenn ein Polizist dumm genug war, neben einem Heizkörper einzuschlafen, band Reles seine Schnürsenkel an die Heizrohre. War Reles zu einem simplen Streich aufgelegt, rollte er feuchtes Toilettenpapier zu Kügelchen zusammen und schnipste sie einem Polizisten ins Gesicht. »Was ist das?« fragte er beim Essen. Und wenn sich ein Polizist umdrehte, streute ihm Reles Pfeffer aufs Essen. Reles war nicht nur ein Killer und eine Ratte, er war auch ein Spinner. Er pflegte seinen Wachen zu sagen, daß sie ihn nicht aufhalten konnten, daß er gehen würde, sobald ihm danach war. »Ihr seid doch bloß Blechsterncops«, sagte er dann. »Ich kann jederzeit aus dieser Sardinenbüchse verschwinden, sobald ich Lust dazu habe.«

Nur nachts kam Reles zur Ruhe und hielt den Mund. Stundenlang hörte er dann Radio, Stimmen, die sich in seine Träume ein- und ausblendeten. Am 11. November ging er früh zu Bett. Seine

Frau hatte ihn am Nachmittag besucht und eine Flasche Rémy Martin mitgebracht. »Als ich ihn sah, war ich schockiert«, erzählte Rose Reles später. »Er sah gräßlich aus. Er hatte eine Glatze, da man ihm im Krankenhaus den Kopf rasiert hatte. Ich brachte kein Wort heraus und starrte ihn bloß an. Er hat nicht mal nach den Kindern gefragt.«

Reles nahm seine Frau mit ins Schlafzimmer. Die Jungs spielten im Wohnzimmer Karten. Das leise Lachen eines Paares, das sich betrinkt, wurde zu lautem Gezänk. Rose war dieses Leben leid. Sie konnte ihren Mann nur wenige Male in der Woche sehen, und selbst dann waren sie von Cops umringt. Ihre Kinder hatten keinen Vater. Das Geschrei erstickte in Tränen. »Ich habe ihn nie darum gebeten, aber er wußte, daß ich die Scheidung wollte«, erzählte Rose. »Ich habe ihm gesagt, es müsse um der Kinder willen geschehen, aber er meinte, ich könne es vergessen und brauchte nie wieder ein Wort darüber zu verlieren. Doch an jenem Tag war ich mit der Absicht gekommen, ihn um die Scheidung zu bitten. Ich wußte, daß er mir keine offiziellen Dokumente unterschreiben würde, also fragte ich ihn, ob er mir denn auf einem normalen Blatt Papier bestätigen wolle, daß ich seine Unterschrift künftig nicht mehr benötigte. Er hat mich bloß angesehen. Er muß mich für verrückt gehalten haben. Er hat danach kein Wort mehr gesagt.«

Gegen elf Uhr abends hörten die Jungs im Nebenzimmer dann, wie die Schlafzimmertür aufging und Rose herauskam, sahen, wie sie ihr Kleid glattstrich, sich die Augen trocknete und dann hinausging. Kid war krank, überdreht, und jetzt wollte seine Frau, um derentwillen er all dies tat, die ihn zum Verrat angestiftet hatte, diese Frau wollte ihn nun sitzenlassen. Als sie durch die Stahltür ging, kehrte er in sein Zimmer zurück und machte das Licht aus.

Gelegentlich steckte ein Beamter den Kopf durch die Tür, doch lag Reles stets auf dem Rücken, die Augen geschlossen, und lauschte dem plärrenden Radio. Das Radio spielte die ganze Nacht. Es fing die Geräusche des Landes auf, Hillbilly-Musik der Appalachen auf wimmernden Haarkämmen, jüdische Komiker mit müden Schwiegermutterwitzen, Nachrichtensprecher mit körperlosen Stimmen, Schlagerfritzen, Politiker, Stimmen aus Chicago, Colorado, Boston, Phantasiestädte mit ihren eigenen Phantasiegangstern, Baseballspiele, Konservenkomödien. Die religiösen Sendungen mit ihren eloquenten, über die Sünde predigenden Evangelisten waren lustiger als die Komödien. Am frühen Morgen fand sich auf der Skala die Auswahl einer Abfallhalde voller Orchestermusik und Seemannschöre.

Die Polizei erstellte später eine Liste der Sendungen und Personen, denen Reles in jener Nacht zugehört haben könnte: *Uncle Don* auf WOR; *WPA in Action* auf WNYC; *Movie Gossip* auf WMCA; eine Sportsendung mit Clem McCarthy auf WHN; ein Interview über die Armee und die Zivilverteidigung mit General George C. Marshall auf WEAF; *Li'l Abner* auf WJZ; *Here's Morgan* auf WOR; *Amos 'n' Andy* auf WABC; ein Boxbericht auf WOR; *The George Burns und Gracie Allen Show* auf WEAF; das Whitman-Orchester auf WEAF; eine Sportsendung mit Ed Dolley auf WNEW; *Are You a Missing Heir?* auf WABC; *Keep 'em Flyin* auf WMCA; Nachrichten in Jiddisch auf WEVD; *Jewish Philosophers* auf WEVD; *Can You Top This?* auf WOR; *Battle of the Sexes* auf WEAF; *The Avengers* auf WHN; Bop Hope auf WEAF; Red Skelton auf WEAF; *Youth's Stake in the Fight of Freedom* auf WJZ; Präsident Roosevelts Rede zum Jahrestag des Waffenstillstandes auf WOR; *All-Night Jamboree* auf WEVD.

In jener Nacht war (auf WABC) auch eine Ansprache von Sidney Hillman zu hören, dem Berater Roosevelts und einstigen Präsidenten der Vereinten Textilgewerkschaft, der Amalgamated Clothing Workers Union, der früher mal mit Lepke gearbeitet hatte. Falls Reles gehört hatte, wie Hillman über die Arbeiter sprach, über Optimismus und Zukunft, dürfte er die Kluft zwischen Erfolg und Versagen gespürt haben, zwischen Glück und Unglück. Zwanzig Jahre hatte Kid an vorderster Front gelebt, hatte alles riskiert, und wohin hatte ihn das gebracht? In eine kleine, beschissene, rattenverseuchte Hotelsuite auf Coney Island, Sidney Hillman am Radio. Als morgens um zehn nach sieben ein Polizist den Kopf durch die Tür steckte, schlief Reles.

■ ■ ■

Am Morgen des 12. November 1941 saß William Nicholson, Chef des Brooklyner Musterungsbüros, an seinem Schreibtisch auf Coney Island. Für die Vereinigten Staaten waren es nur noch wenige Monate bis zum Eintritt in den Krieg, und seine Gedanken dürften sich um die Nachrichten aus Europa gedreht haben. Wenn Nicholson aufschaute, konnte er aus seinem Fenster die Neunundzwanzigste Straße bis zum Half Moon überblicken. Die ersten beiden Stockwerke des Hotels waren vorgezogen, weshalb er auf das Dach dieses Vorbaus sehen konnte. Und dort sah Nicholson etwas liegen, einen Farbklecks. Er rief den Manager des Hotels an und sagte ihm Bescheid.

Detective Viktor ging nachschauen. Er kletterte durch ein Fenster im dritten Stock aufs Dach. An diesem Morgen war es etwa zwei Grad kalt, vom Meer blies eine starke Brise mit knapp fünfzig Stundenkilometern landeinwärts. Die Leiche lag etwa sieben Meter von der Wand entfernt mit dem Gesicht zum kiesbedeckten Dach. Es war gegen acht Uhr früh. Der Detective drehte die Leiche um. Abe Reles. Viktor blickte zur Sonne auf und sah, daß im sechsten Stock ein Fenster aufstand. Reles war vier Stockwerke tief gefallen, vierzehn Meter von seinem Zimmer bis zum Dach der Hotelküche. Er landete in sitzender Haltung und brach sich dabei das Rückgrat zwischen dem vierten und fünften Wirbel. Der Sturz verursachte auch einen Leber- und Milzriß sowie weitere Unterleibsverletzungen, die zu inneren Blutungen führten. Es muß ein spektakulärer Fall gewesen sein, der Sturz einer Cartoon-Katze. Kids Gesicht war mit kleinen Kieselsteinen übersät. Er war vollständig angezogen. In seiner hinteren Hosentasche steckte eine karierte Schirmmütze. Laut Edward Hefferan vom Büro des Brooklyner Distriktstaatsanwaltes, einem der ersten Zeugen am Tatort, war Reles »vollständig angezogen und hatte selbst seine Schuhe an. Er trug nicht die Sachen, die er normalerweise in der Suite trug, sondern war wie zu einem Gerichtstag angezogen. Seine Schuhe waren neu.« Fotos vom Tatort zeigen Reles, wie er auf dem Rücken liegt, der eine Arm nach oben gestreckt, der andere nach unten, ein nekrophiler Discotanz. Sein Hemd ist offen, die Haut weiß und teigig. In seinem gummiartigen Gesicht sind überall Schnittverletzungen. Die Ärzte sagen, daß er nach dem Sturz noch bis zu dreißig Minuten gelebt

haben kann. Neben ihm liegen in Streifen geschnittene und zusammengeknotete Bettlaken. Als Detective Boyle gefragt wurde, ob Reles eine Schere gehabt habe, antwortete er: »Ja, damit hat er sich die Nasenhaare geschnitten.«
Das Hotel wimmelte bald von Staatsanwälten und Cops. Burton Turkus war da, ebenso Captain Bals. Sie betraten die Suite, um Nachforschungen anzustellen. Kids Zimmer war schattig und kühl, immer noch zum Schlafen hergerichtet. Reles schlief in einem schmalen Bett mit schlichtem Holzrahmen. Die Laken verrieten noch die Konturen seines Körpers. Auf dem Boden lagen Zeitungen und leere Flaschen. Die Decke war hoch, die Wände waren weiß, bei einem undichten Heizkörper war der Putz rissig und stellenweise abgebröckelt. Am Heizkörper hing ein Draht, das Fenster stand offen. Als die Polizisten nach draußen blickten, konnten sie die Flachdächer der küstennahen Häuser Brooklyns sehen, Plakatwände, Straßen, die ans Meer führten. Blickten sie nach unten, konnten sie Reles sehen, das Gesicht klein und unerschütterlich, der auf eine Trage gehoben wurde. Doch selbst aus einem Dutzend Perspektiven, durch ein Dutzend Objektive gesehen, blieb es dieselbe Leiche.
Tannenbaum teilte sich das gegenüberliegende Zimmer mit Meyer Sycoff. »Ich hatte meinen Wecker auf halb neun gestellt«, erzählte Allie später, »weil ich zum Gericht mußte. Ich wollte früh aufstehen, mich rasieren und anziehen. Gegen acht Uhr hörte ich dann Türen schlagen. Ich öffnete meine Tür, ging nach draußen und sah die aufgeregten Beamten. Ich fragte: ›Was ist los?‹ Und sie sagten: ›Abe ist aus dem Fenster gesprungen.‹«
Die Nachricht von seinem Tod verbreitete sich wie ein Lauffeuer um die Welt. Die *New York Times* brachte eine Titelgeschichte. »In seinem Zimmer brannte noch Licht«, stand da zu lesen. »Das kleine Radio, das die ganze Nacht gespielt hatte, plärrte und plapperte immer noch. Der Kronzeuge blickte nach Süden und konnte sehen, wie sich die Wellen an der Mole brachen. Er hörte das traurige Dröhnen der in den Fluten schaukelnden Bojen und sah tief unter sich die verlassene Promenade. Frühnebel hüllte sie ein.«
Abe Reles' Tod war der letzte große Vorkriegsskandal Amerikas. Die Story, die sich auf den Titelseiten aller Zeitungen der Nation

fand, las sich, als hätten die Bosse der Unterwelt sie zu verantworten. Als Reles aus dem Fenster sprang, begrub er unter sich die Fälle mindestens zweier bedeutender Gangster: Bugsy Siegel und Albert Anastasia. (Gegen Lepke war der Prozeß wegen Mordes zwar noch nicht eröffnet worden, doch hatte Reles bereits vor der Grand Jury ausgesagt, und diese Aussagen würden sich als Belastungsmaterial im Prozeß verwenden lassen.) Als deutlich wurde, welchen Rückschlag die Beamten erlitten hatten, begann man sich zu fragen: Wie konnte das geschehen? Wie konnte ein Kronzeuge, ein Mann in einer mit Stahltüren gesicherten Festung, ein Mann unter Bewachung von achtzehn Polizisten, von denen mindestens einer ihn auch im Schlaf bewachen sollte, wie konnte so ein Mann einfach aus dem Fenster springen? Die Beamten, die an diesem Morgen zum Dienst eingeteilt waren, sagten aus, daß sie zuletzt um 7.10 Uhr nach Reles gesehen hatten. Er schlief. Der Chef des Musterungsbüros hatte die Leiche um 7.45 Uhr entdeckt. Was geschehen war, mußte also in dieser halben Stunde geschehen sein. Als sie gebeten wurden, über ihr Tun in diesen dreißig Minuten zu berichten, auszusagen, was sie gesehen oder gehört hatten, zuckten die Wachen nur mit den Schultern. Sie waren auf der Toilette gewesen, hatten eine Zigarette geraucht oder waren eingedöst. Sie konnten nicht sagen, was passiert war.

In den folgenden Monaten begann das New York Police Department eine aufwendige Untersuchung. FBI-Beamte untersuchten kistenweise Indizien und interviewten reihenweise Zeugen. »Er lächelte«, sagte Tannenbaum, als er seine letzte Begegnung mit Kid beschrieb, »aber mir kam es vor, als hätte nur sein Mund gelächelt.« Reles' Leiche wurde untersucht, seziert und noch mal untersucht. Doch am Ende wirkten selbst die greifbarsten Erkenntnisse der Ermittler irgendwie zwiespältig. Schließlich basierte der Untersuchungsbericht größtenteils auf den Aussagen der Wachen und ihres Vorgesetzten Captain Bals, jener Männer also, die vermutlich am meisten zu verbergen hatten.

Also geriet die Öffentlichkeit ins Grübeln. Es war New Yorks beliebtestes Spiel, ein öffentliches ›Sucht den Mörder‹, ein Rätsel, das die Köpfe in der Subway beschäftigte, beim Mittagessen gelöst und beim Abendessen heiß diskutiert wurde. Der

Tod von Abe Reles war der Zauberwürfel jener Tage, ein Rätsel, bei dem jeder hoffte, seinen Scharfsinn unter Beweis stellen zu können. Auch heute noch bewölkt sich der Blick meiner Freunde, die keineswegs an jüdische Gangster glauben, wenn ich ihnen von diesem Tod erzähle. Sie heben einen Finger. Sie denken. Sie bitten mich, Zeugenaussagen zu wiederholen. *Also, du behauptest, als Reles starb, hätte er nur zwei Dollar und fünfunddreißig Cents in der Tasche gehabt?* Während man in den Monaten nach dem Tod auf den offiziellen Untersuchungsbericht wartete und ihn dann verarbeitete, bildete sich so etwas wie eine übereinstimmende Meinung, basierend auf Erklärungen, die ungenannte Beamte von sich gegeben hatten, aufgeregte Journalisten, übereifrige Amateurdetektive. Jeder hatte eine Lösung parat.

Manche vermuteten, daß Reles auf der Flucht starb, als er hoffte, sich wie Batman an einem Bettlaken herablassen zu können. Die Laken waren in Streifen geschnitten, zu einem Seil verknotet, an einen Draht gebunden und mit dem Heizkörper verknüpft worden. Dieses Seil war zwar nur gerade lang genug, um Reles ein Stockwerk tiefer zu bringen, doch hätte er ja durch ein Fenster im fünften Stock wieder ins Hotel klettern, die Treppe hinunterlaufen und durch die Haustür verschwinden können. Allerdings schien er für eine Flucht seltsam unvorbereitet zu sein. Er hatte nur einige Dollar bei sich, und Reles war wohl kaum der Mann, der versucht hätte, als Bankrotteur zu fliehen. Außerdem hätten die Laken sein Gewicht nicht gehalten. Ein FBI-Labor fand heraus, daß sie höchstens 110 Pfund gehalten hätten. Reles, der 170 Pfund wog, hatte sich seinen Namen damit verdient, eben solche Details zu bedenken und nur perfekte Fluchten zu planen. Und die Knoten, die die Laken zusammenhielten, waren lockere Amateurknoten. Ein heftiger Ruck, und sie hätten sich alle gelöst. Wenn die Jungs bei all ihren Morden überhaupt etwas gelernt hatten, dann hatten sie gelernt, wie man einen anständigen Knoten knüpfte. Und was, wenn er es bis auf die Straße geschafft hätte? Reles wäre in Brooklyn wie mit einer Zielscheibe auf seinem Rücken herumgelaufen. Fliehen? Wohin hätte er denn fliehen sollen?

Andere behaupten, Reles müsse Selbstmord begangen haben.

Was hatte er vom Leben schon noch zu erwarten? Durch den Verrat an seinen Freunden hatte er sich in einen Abgrund gestürzt und befand sich nun an einem Ort ohne Regeln und ohne Lebenssinn. Und wie würde es sein, wenn er sich seine Freiheit schließlich verdient hatte? Wenn er alle Verhandlungen überstanden, alle seine Freunde ins Gefängnis geschickt hatte? Was dann? Zu was für einem Leben würde er dann zurückkehren? Jenes, das er verlassen hatte, dieses ›Was kostet die Welt?‹-Leben der Brooklyner Unterwelt war verschwunden, durch seinen eigenen Verrat vernichtet. Das war ja gerade die Ironie der Entscheidung, die so viele Informanten trafen. Durch ihren Verrat wurde die Rückkehr zu jenem Leben unmöglich, das sie zu retten versuchten. Die Freiheit bedeutete für solche Menschen ein Leben auf der Flucht, einen neuen Namen in irgendeiner sterbenslangweiligen Stadt. Stirb oder verschwinde aus der Stadt. Zu guter Letzt mußte Reles nun auch noch herausfinden, daß seine Frau ihn verließ, ihm die Kinder und damit den einzigen Grund nahm, der sein Verhalten hätte rechtfertigen können: Meine Verantwortung als Vater war wichtiger als die Verantwortung eines Gangsters. Und so lautet nun die Argumentation: Da ihm nichts geblieben war, wofür es sich zu leben lohnte, folgte der schwerkranke Reles mit siebenunddreißig Jahren Pep, Buggsy, Happy und Dasher auf dem Weg, auf den er sie geschickt hatte.
Doch wie will man dann das Laken erklären, das mit Reles aus dem Fenster flog? Und warum hatte er seinen Hut mitgenommen? Warum hätte sein Selbstmord wie ein Fluchtversuch aussehen sollen? Und wieso lag er so weit von der Mauer entfernt? Gut sieben Meter, als wäre er aus einer Kanone abgefeuert worden? Selbst wenn er mit Anlauf gesprungen wäre, hätte Kid keine sieben Meter weit springen können. Außerdem glaubte niemand, daß Selbstmord für Kid in Frage kam. Er war kein verdrossener, introvertierter Mensch voller Selbstmitleid. Er lebte an der Oberfläche des Lebens, wartete auf die nächste Veränderung, die alles wieder besser aussehen lassen würde. Selbstmord gehört einfach nicht zum Repertoire der meisten Gangster. Hört man von einem Gangster, daß er sich umgebracht hat, kann man gleich auf einen anderen Sender umschalten, weiß man doch

dann, daß irgendwo einem Killer für den gelungenen Job gratuliert wird. Als die Selbstmordtheorie aufkam, wischte Captain Bals sie vom Tisch. »Niemand sorgte sich so sehr um sein körperliches Wohlbefinden (wie Reles)«, sagte er. »Er fürchtete, daß ihm jemand von draußen was antun könnte, hat aber nie angedeutet, daß er sich selbst etwas antun würde. Meine Ansicht lautet: Er war viel zu feige, um sich selbst weh zu tun.«

Andere nahmen an, daß Reles von jenen getötet worden war, die Zugang zu ihm hatten – von denen also, die sich in der Suite aufhielten. Er war bei den Polizisten wie bei seinen Mitverrätern gleichermaßen verhaßt. Wenn er auftauchte, schlug seine Nähe den Anwesenden aufs Gemüt, wenn er ging, seufzten sie vor Erleichterung. Wer weiß? Vielleicht hatte Tannenbaum einfach genug von Gläsern mit Blut, weshalb er sich vom Flur zu Reles ins Zimmer schlich und ihn aus dem Fenster warf. Vielleicht hat Sholem Bernstein ihm geholfen, weil er daran denken mußte, wie Reles seine Frau beleidigt hatte. Und was war mit den Polizisten? Männern, denen noch feuchte Toilettenpapierkügelchen im Gesicht klebten, deren Füße noch von brennenden Streichhölzern schmerzten, deren Essen durch allzuviel Pfeffer verdorben worden war? Warum sollte nicht einer von ihnen die Ratte aus dem Fenster gestoßen haben? »Die Beamten waren über Reles' Tod nicht gerade traurig«, berichtete die *New York Times*. »Sie versuchten auch gar nicht, ihre Gefühle zu verbergen. Er war ein arroganter, grober, ungewaschener Mann. Ein inneres Leiden, das zahlreiche Blutungen verursachte, die er nicht zu verbergen trachtete, erhöhte noch ihre Abscheu für diesen Mann.« Als er mit solchen Theorien konfrontiert wurde, verteidigte Captain Bals seine Männer und sagte, daß sie keinen Fall gefährden würden, nur weil sie sich über jemanden ärgerten. »Den Beamten war bekannt, wie wichtig diese Zeugen waren«, sagte er. »Ihnen war auch die Tatsache bekannt, daß es ziemlich viel Geduld erforderte, Leute dieses Schlages in Verwahrung zu halten, und daß sie hier waren, um sie zu bewachen und jederzeit bei möglichst guter Laune zu halten.«

Gewieftere Spürhunde hielten sich eher ans Motiv: Wem brachte sein Tod den größten Nutzen? Das mußte der Killer sein. Doch manchmal schien es, als komme der halben Stadt Reles' Ende zugute. Man munkelte, Reles hätte Politiker, hochrangige, mit der Mafia verfilzte Drahtzieher, belasten können. Und was war mit den Leitern der Polizeireviere, jenen Bestechungsgeldempfängern, deren Karrieren durch Reles' Aussagen ruiniert worden wären? »Manche Leute – Politiker und kleinere Staatsbeamte – hatten durchaus Gründe für ihren Haß auf Reles«, schrieb Burton Turkus später. »In diesem Zusammenhang muß daran erinnert werden, daß John Harlan Amen, der damals eine Sonderuntersuchung zur Korruption durchführte, den Distriktstaatsanwalt William O'Dwyer gebeten hatte, ihm Reles für eine Befragung zum Thema Protektion und Beamtenbestechung ›auszuleihen‹.«

Natürlich waren es vermutlich Mobster wie Albert Anastasia und Bugsy Siegel, die am meisten durch Kids Tod zu gewinnen hatten und denen sein Ende gleichsam eine zweite Chance einräumte. »Solange Abe Reles lebte, war die Beweislage gegen Albert Anastasia hieb- und stichfest«, sagte William O'Dwyer im Radio. »Doch in dem Augenblick, in dem Abe Reles durchs Fenster flog, war dieser Fall aufgrund der nun fehlenden Zeugenaussage nicht mehr zu halten.«

Als die Polizei ihre Untersuchung abgeschlossen hatte, wartete sie mit einer völlig anderen Erklärung auf, einer Erklärung, wie sie Mark Twain nicht besser hätte erfinden können. Nach Ansicht der Polizei war Reles' Tod ein Unglücksfall. Und sein Plan? Er wollte sich an den Bettlaken in den fünften Stock herablassen, ein Schloß aufstemmen, durchs Fenster klettern, die Treppe hinauflaufen und an die Tür zur Suite klopfen. Resultat: allgemeine Heiterkeit. Am Abend zuvor hatte sich bei der Rezeption des Hotels ein Anrufer aus der Suite gemeldet, der wissen wollte, ob das unter der Suite gelegene Zimmer 523 belegt sei. Das war es nicht. Hatte Reles angerufen, um sicherzugehen, daß er in ein leeres Zimmer einbrach? Ermittler untersuchten das Schloß am Fenster des fünften Stocks auf mögliche Hinweise. Das angelaufene Messingschloß liegt heute in einer Kiste im New Yorker Stadtarchiv in Lower Manhattan, in jenem Büro, in dem sämtliche Berichte und Beweismittel des Falles Murder Inc. aufbewahrt werden. Schaut man sich dies Schloß an, hält es in der Hand und bewegt den Schließmechanismus, läßt sich sehen, wie

schmal der Riegel sein kann, der einen Menschen daran zu hindern vermag, den Weg zurück in die Welt zu finden.
Wochenlang hatte Reles seine Wachen Blechsternsheriffs genannt und behauptet, wenn er Lust habe, könne er jederzeit verschwinden. Nun bot sich endlich die Gelegenheit, seine Behauptung zu beweisen. Diese Theorie vom Unglücksfall fügte sich nicht nur nahtlos ein in die Reihe derber Streiche, die Reles aller Welt zu spielen pflegte, sie befreite alle Welt auch von jeglichem Verdacht. Wer trug die Schuld? Niemand, allein Kids übler Sinn für Humor war schuld. Nach der Veröffentlichung des Berichtes wurden die diensthabenden Beamten degradiert, entlassen wurde keiner. Rose Reles, die als letzte mit ihrem Mann Abe gesprochen hatte, schien diese Theorie zu akzeptieren. Als Abe Jahre zuvor eine Nacht im Haus von Louis Capone verbrachte, hatte er einen ähnlichen Streich gespielt. Er war betrunken, alles drehte sich, die Wände wirbelten im Kreis. Er zog ein Laken vom Bett, band es fest und ließ sich aus einem Fenster im zweiten Stock herab, die Füße berührten den Boden. Lachend taumelte er nach Hause. Als sie zum Tod ihres Mannes befragt wurde, erinnerte sich Rose an jenen Abend. »Ich glaube, ich bin die einzige, die dieses Rätsel lösen konnte«, sagte sie. »Wenn Sie fragen ›Wieso waren Sie nicht überrascht oder schockiert?‹ sag ich Ihnen, daß ich einfach nicht überrascht oder schockiert sein konnte, weil ich plötzlich an jenen Abend denken mußte, an dem er sich mit dem Bettlaken abgeseilt hatte. Er war wie benommen. Er war unter Freunden. Er wollte nicht fliehen. Als er heimkam, starrte er einfach nur vor sich hin. Er wußte nicht, warum er es getan hatte.« Die Polizisten sagten, Kid sei aus dem Fenster geklettert, weil er dieses Bravourstück wiederholen wollte. Die Tatsache, daß er nicht mehr derselbe Mensch war, daß er krank war, übergewichtig, deprimiert, daß er sich diesmal sechs Stockwerke über dem Erdboden befand, schien die Ermittler nicht zu kümmern.
Als der Bericht veröffentlicht wurde, dürften die New Yorker laut gelacht haben. All diese Verhöre, diese Untersuchungen, und was war dabei herausgekommen? Tod durch Schabernack? Bitte verstehen Sie mich nicht falsch. Ich finde, das ist eine wunderbare Weise, sein Leben zu beenden. Tod durch Schabernack

ist in meinen Augen die beste Todesursache überhaupt, wenn auch nicht für mich selbst. Die Bewohner von Brooklyn müssen sich glücklich geschätzt haben – sie hatten ein weiteres Mal den herrlichen Humor des Mobs erleben dürfen.

Selbst als Amerika in den Zweiten Weltkrieg eintrat, blieben die New Yorker von Reles fasziniert. Ständig tauchten neue Einzelheiten, neue Tatsachen und Theorien auf. Immer wieder stand etwas über ihn in der Zeitung, grinste er sie auf alten Fotos an und weigerte sich, tot zu sein. Eine nach dem Krieg herausgebrachte Broschüre über wahre Verbrechen zeigt als Titelbild eine Nahaufnahme von Reles und darüber die Worte: »Sein Tod verfolgt die Könige der Unterwelt.« Drinnen ist das Half Moon aus vielen Perspektiven abgelichtet, das Fenster im sechsten Stock ein Fleck am Himmel. Im Jahre 1951 veranlaßte der Kings County Court eine neue Untersuchung seines Todes. Obwohl sechsundachtzig Zeugen befragt wurden, brachte der Abschlußbericht nur wenige neue Erkenntnisse. »Abe Reles fand den Tod, als er mittels eines zusammengeknoteten Bettlakens zu fliehen versuchte, das er an dem Heizkörper in seinem Zimmer festgebunden hatte«, steht dort. »Er stürzte zu Tode, als er an dem Laken hing oder sich an dieses Laken hängen wollte, da der Draht sein Gewicht nicht tragen konnte. Unserer Ansicht nach ist Reles weder einem Verbrechen zum Opfer gefallen, noch ist er durch Selbstmord gestorben. Seine Motive für eine Flucht zu hinterfragen, wäre reine Spekulation.«

Männer, die mit diesem Fall vertraut waren, zweifelten die Ergebnisse der Untersuchung an. »Auf der Grundlage der vorliegenden Erkenntnisse gehe ich davon aus, daß Reles ermordet wurde«, schrieb Burton Turkus 1951. »Und daß Kid Twist Reles ermordet wurde, nehme ich aus folgenden Gründen an: Es gab weit mehr Personen, die an seinem Tod als an seinem Wohlbefinden interessiert waren. Er war bei jedem Ganoven von *Murder Inc.* verhaßt, weil er sich auf die Seite des Gesetzes gestellt hatte. Eben jene Zeugen, die mit ihm im Hotel unter Bewachung standen – allesamt Mobster –, verachteten ihn.«

Noch nach Jahren erhielt die Polizei Briefe von Leuten, die überzeugt waren, auf neue Hinweise zum Fall gestoßen zu sein:

Sehr geehrter Mr. Silver,

haben Sie je daran gedacht, daß Mr. O'Dwyer sagte: »Abe Reles fürchtet sich sogar, ohne Beistand eines Beamten über die Straße zu gehen und sich eine Tasse Kaffee zu holen«? Warum sollte er also versuchen, Selbstmord zu begehen, wenn er sich derart gefürchtet hat?

Ihr Zweifelnder

Sehr geehrter Mr. Halley,

in Florida traf ein Mann namens Max Bogan einen pensionierten Detective, der behauptete, einer der Beamten gewesen zu sein, die das Laken zerschnitten hatten, an dem sich Reles aus dem Fenster herablassen wollte. Wenn Sie sich mit Bogan in Verbindung setzen, dürften Sie neue Informationen zum Mordfall Reles erhalten.

Hochachtungsvoll (möchte anonym bleiben)

Sehr geehrter Mr. McDonald,

könnten Sie sich nicht die sechs Polizisten schnappen, die für den Mord an Reles verantwortlich waren, und sie zum Singen bringen? Ich bin mir sicher, daß dann die Gerüchte versiegen und man endlich herausfinden würde, wer die Jungs beauftragt hat, ihn aus dem Fenster zu stoßen.

Während in den folgenden Jahren die erste Generation jüdischer Gangster im Exil oder im Gefängnis dahinsiechte und die Vergangenheit nach und nach ihre Gegenwart überblendete, schälte sich langsam eine glaubhaftere Version von Reles' Tod heraus. »Frank Costello hat den Plan ausgeheckt«, erzählte Doc Stacher Uri Dan in Israel. »Vergessen Sie nicht, daß es in all den Jahren

Franks Aufgabe war, Polizisten und andere Beamte zu bestechen. Wie der Rest von uns, so hatte sich Costello nun gedacht, daß sich ein Verfahren gegen Bugsy und wohl auch gegen einige andere zerschlagen würde, wenn man Reles für immer zum Schweigen bringen konnte ... Also machte er sich ans Werk und fand heraus, in welchem Zimmer Reles im Half Moon schlief – was nicht allzu schwer war, da die Cops ihn rund um die Uhr bewachten. Und dann ließ Frank seine Muskeln spielen. Er kannte genügend hochrangige Polizisten, um die Namen der Beamten in Erfahrung bringen zu können, die auf Reles aufpaßten. Wir haben nie gefragt, wie Costello es eigentlich genau geschafft hat, doch eines Abends kam er mit einem Lächeln zur Tür herein und sagte: »Es kostet uns zwar hundert Riesen, aber dafür wird Kid Twist Reles bald vor seinem Schöpfer stehen.«

Meyer Lansky erzählte seine eigene Version der Geschichte: »Nach dem, was ich gehört habe, stand Bals selbst im Zimmer und hat die ganze Sache beaufsichtigt«, berichtete er Uri Dan. »Einer der Cops hat dem schlafenden Reles einen Klaps mit dem Schlagstock verpaßt. Und dann haben sie den Bewußtlosen aufgehoben und durchs Fenster gehievt.«

Selbst heute, fast sechzig Jahre nach Reles' Sturz aus dem Fenster, grübeln Menschen über seinen Tod nach. Sie hören von diesem Rätsel auf niedriger Frequenz, von einem Sender, der ebenso Nachrichten von versunkenen Piratenschätzen wie von UFO-Landungen bringt. Man kann in Brooklyn nicht über die Achtundzwanzigste Straße und die Promenade gehen, ohne zu spüren, daß Reles' Schatten in der Luft schwebt. Sein Tod kann nicht von Coney Island lassen, ist Wind und Wellen preisgegeben, ist weder Vergangenheit noch Gegenwart, ein trostloses Stück des alten Einwandereramerikas. Das Half Moon ist verschwunden, an seiner Stelle steht der massige Komplex zweier Gebäude, ein jüdisches Geriatriezentrum, was angemessen scheint, beinahe so, als wäre selbst das Grundstück mit dem jüdischen Amerika von einem wilden, zur See fahrenden Jugendlichen zu einem tattrigen Greis mit Stock in der Hand gealtert. Doch immer noch bleiben Leute an dieser Stelle stehen und zeigen dahin, wo die Suite einmal war, malen mit dem Finger Reles' Sturz vom Fenster aufs Dach in die Luft. »Gleich da vorn«, sagen sie. »Da vorn ist es passiert.« Und irgendwie wissen sie, daß das, was dort geschehen ist, mehr als nur der Tod eines einzelnen, verräterischen Gangsters war. Was dort an diesem desolaten, schäbigen Strandstreifen unter Seemöwen und am Rande lärmenden Gehupes, des heiseren Gedröhns des Vergnügens in der Ferne geschah, war das Ende einer Lebensweise, einer Phase der Geschichte, eines Stils, der in den jüdischen Slums in Brooklyn kreiert worden war, wo die Jungs an der Straßenecke lernten, sich nicht zurückzuhalten und ohne Scham und Furcht zu kämpfen. Reles' Tod war ein bedeutendes Symbol für die Ermordung der jüdischen Unterwelt. Dieser Tod war ein Opfer, eine Darbringung voller Ritual und Symbolik. Es war ein Tod, der für all die übrigen Tode zahlen sollte, Blut, das anderes Blut abwaschen sollte. Doch bedeutete dies auch das Ende der knallharten Juden Amerikas? Nein, natürlich nicht. Knallharte Sitzungssaaljuden bevölkern heute die Lobbys von Hollywood, dem Silicon Valley, der Wall Street und des Loops*. Doch Reles' Tod bedeutete das Ende des Anfangs, das Hinscheiden der Pioniergeneration, ein unvermeidliches Finale, das an die erste Stufe einer Rakete erinnert, die man absprengt, um die Raumkapsel ins All zu schleudern.

■ ■ ■

Drei Tage nach Reles' tödlichem Sturz begann die Verhandlung gegen Lepke. Es war dem Büro des Distriktstaatsanwaltes nicht leichtgefallen, den Fall vor Gericht zu bringen. Nachdem Lepke nämlich wegen Verstoßes gegen das Drogengesetz verurteilt worden war, hatten es die Bundesanwälte keineswegs eilig, ihn für den Mordprozeß nach New York zu überstellen. Der Brooklyner Distriktstaatsanwalt hatte zwar eine vernichtende Beweislage zusammengetragen, doch sollte Lepke nach dem Willen des Justizministeriums erst seine Bundesstrafe absitzen, ehe es ihn nach New York verlegen lassen wollte. »Es war ein hartes Stück Arbeit, bis gegen Lepke Anklage wegen Mordes erhoben werden konnte, da er wegen Drogenvergehens vom Bund verurteilt worden war, und Frank Roosevelt und sein Justizministerium rück-

* Zentrales Geschäftsviertel in Chicago. (A. d. Ü.)

ten ihn einfach nicht raus«, erzählte mir Ralph Salerno. Vermutlich gefiel Roosevelt der Gedanke nicht, Dewey zu Lepke vorzulassen, da der Gangster, um die eigene Haut zu retten, die Korruption eines hochrangigen Bundesbeamten wie Sidney Hillman aufdecken mochte. Dewey wollte in der Präsidentschaftswahl von 1944 gegen Roosevelt antreten, und ein bundesweiter Skandal wäre ihm da gerade recht gekommen. »Wenn Lepke die Wahrheit aufdeckte, würde er gestehen müssen, daß er damals, als er im Textilgeschäft arbeitete und Schädel für die Gewerkschaften einschlug, unter anderem auch für Sidney Hillman von den Amalgamated Clothing Workers gemordet hatte«, fuhr Salerno fort. »Und dann konnte Dewey verkünden: ›Der Mann, gegen den ich antrete, hat einen Mann angeheuert, der seine Gegner durch Lepke umbringen ließ.‹«

Die Bundesbeamten zögerten und zauderten, erhoben Bedenken und gaben sich alle Mühe, Lepke von New York fernzuhalten. Doch als Reles zu reden begann und die Anklage des Staatsanwaltes vom Vorwurf der Zugehörigkeit zu einer kriminellen Vereinigung zu einer Mordanklage erweitert wurde, mußte der FBI den Mobster endlich ziehen lassen. Schließlich ließe sich kein größerer Skandal denken als der Vorwurf, einen Mordverdächtigen dem Gericht vorzuenthalten. Während er im Gefängnis auf seinen Prozeß wartete, erhielt Lepke eine Nachricht von seinem alten Partner Gurrah Shapiro, der seine Strafe in der Haftanstalt von Atlanta absaß. Die Nachricht bestand nur aus einem Satz und spielte auf jene lang vergangene Begegnung an, bei der Gurrah darauf gedrängt hatte, Dewey umzulegen: »Ich hab's dir ja gesagt.«

Am 15. November 1941 begann der Prozeß. Angeblich hatte Lepke mindestens siebzig Morde befohlen. Er stand wegen eines dieser Morde vor Gericht, wegen des Verbrechens an Joe Rosen, jenes Brooklyners, der in seinem Süßwarenladen umgebracht worden war. Lepke wurde gemeinsam mit zweien jener Männer der Prozeß gemacht, die seinen Befehl ausgeführt hatten: Mendy Weiss und Louis Capone. Die Aussage von Abe Reles, in der er die Funktionsweise der Combination erklärte, wurde der Jury vorgelesen. Als man Allie Tannenbaum in den Zeugenstand rief, dürfte ihm das auf den Magen geschlagen sein. Tannenbaum verriet seinen alten Boß, jenen Mann, der ihn oben am Loch Sheldrake entdeckt hatte, der ihn gelehrt hatte, hart zu sein und der ihm ein Leben in der Stadt ermöglicht hatte. Vermutlich trieb Allie seinen leibhaftigen Vater in den Tod, als er zum erstenmal mit den Gangstern loszog, und nun ermordete er seinen zweiten Vater. Doppelter Vatermord. Er berichtete der Jury von jenem Tag damals im Jahre 1939, als er hörte, wie sich der Boß mit Max Rubin unterhielt, wie er sagte, daß er von Joe Rosen die Nase voll habe. »Dieser Idiot, faselt der Rosen doch was davon, daß er zu Dewey will«, schrie Lepke. »Aber der geht nirgendwo mehr hin, der redet mit keinem mehr, dafür werde ich schon sorgen.«

Dann betrat Max Rubin den Zeugenstand. Er war ein attraktiver Mann, weißhaarig, aristokratisch, und er hatte versucht, Rosen zu retten, hatte Lepke erst erzählt, daß der Fahrer keine Bedrohung für ihn sei, und Rosen später dann geraten, sich von der Stadt fernzuhalten. Als Lepke bald darauf die Säuberungswelle in der Unterwelt veranlaßte, wurde Rubin in den Kopf geschossen. Er überlebte und konnte es Lepke jetzt heimzahlen. Als aber Lepkes Anwalt versuchte, Rubin in ein schlechtes Licht zu rücken, und ihm unterstellte, daß er selbst nur ein Gauner sei, der eine alte Rechnung zu begleichen habe, lief Rubin vor Wut rot an. »Ich bin zweiundfünfzig Jahre alt«, sagte er. »Bis ich diesen Mann Lepke traf, hab ich in meinem Leben nichts Unrechtes getan. Und bloß weil ich ihm einen Gefallen tun wollte, bin ich in Schwierigkeiten geraten. Ich bin kein Mörder. Aber Sie sind ein dreckiges Schwein, daß Sie mich so beschimpfen. Ich habe meine Finger nicht in irgendwelchen Geschichten drin. Ich bin freiwillig hierhergekommen.«

Rubin schwieg und funkelte Lepke an, der sich den Schnäuzer abrasiert und das Haar geschnitten hatte, so daß er wieder wie ein Mann von der Straße aussah, ein Mann mit kühlen, kalkulierenden Gangsteraugen, die nach der Antwort suchten, die über die Gesichter im Gerichtssaal wanderten, die Dummköpfe auf der Geschworenenbank, die Neugierigen auf den Zuschauerbänken, Rubin im Zeugenstand, und die doch keine Antwort fanden. Die Geschworenen verurteilten die Angeklagten nach sechsstündiger Beratung. »Louis Buchalter, alias Lepke, wird für die Ermordung von Joseph Rosen, deren er hiermit für schuldig befunden wird, zum Tode verurteilt«, sagte Richter Tailor. »Vorbehaltlich der aufschiebenden Wirkung gesetzlicher Gründe soll der Sheriff von Kings County innerhalb der nächsten zehn Tage besagten Louis Buchalter dem Leiter des Gefängnisses von Sing Sing übergeben, wo er bis zum Sonntag, den 4. Januar 1942, in Einzelhaft gehalten werden möge, auf daß sodann an einem Tag jener Woche, der noch festzusetzen ist, der Leiter des Gefängnisses von Sing Sing die Strafe an ihm vollstrecken möge.«

Dies waren die letzten offiziellen Worte über *Murder Inc.* Eine Bande von Killern war aus Brooklyn hinweggefegt worden, manche auf der Straße niedergeschossen, manche auf dem elektrischen Stuhl verglüht, andere warteten in Todeszellen, und einer stürzte durchs Fenster. In den nächsten Wochen sollten sich die Ratten, die noch im Half Moon hausten, einer nach dem anderen wie Collegeabsolventen nach dem letzten Examen verkrümeln. Sie tauchten im Gedränge des amerikanischen Lebens unter, auf Straßen, die hinterm Horizont verschwanden. Sholem, Meyer, Blue Jaw. Ich weiß nicht, was aus ihnen geworden ist. Ich weiß, daß Allie Tannenbaum sich in den fünfziger Jahren in Florida blicken ließ und später dann in Alabama, wo er in der Nähe seines Bruders lebte und als Lampenschirmverkäufer arbeitete. Wenn ich an Allies Leben denke, wie er in die Unterwelt eintauchte und später wieder herausfand, empfinde ich fast eine Art Bewunderung für ihn. Ich bewundere Allie, weil er um des bloßen Abenteuers willen dabeigewesen zu sein schien, weil er sich gegen Ende dann doch nicht mit Reles vertrug, den er abstoßend fand, weil er nie seine Memoiren schrieb und nie als technischer Berater für einen Film gearbeitet hat, weil er, als er ging, einfach verschwand, weil sein Spitzname sich auf seine Persönlichkeit bezieht, nicht auf sein Können als Killer, weil er sich mit dem Land verändert hat, weil er einer dieser aufregenden, jungen Männer war, die zu einem dieser grummelnden Alten werden sollten, weil mich 1996, als ich von ›Albert‹ sprach, ein Detective korrigierte und ›Allie‹ sagte, und weil selbst auf dem schlimmsten Foto, das es von ihm gibt, einem Foto, auf dem er die Stirn runzelt und sein Gesicht verbergen will, die Augen immer noch lächeln. Ich weiß nicht, ob Allie lange genug lebte, um sehen zu können, wie israelische Soldaten Entebbe stürmten. Vermutlich ist er vorher gestorben. Doch gibt es Juden wie ihn, die auf denselben Straßen aufwuchsen, in denselben Slums, die dieselbe Lektion lernten, in denselben Kriegen fochten und lange genug lebten, um die Entstehung eines starken Israel zu erleben, und es muß für sie ein Grund zum Jubeln gewesen sein, ein Beweis dafür, daß nicht alles, woran die Gangster glaubten, falsch gewesen war.

■ ■ ■

Bald nach dem Prozeß brach Lepke mit Capone und Weiss zu seiner letzten Zugfahrt auf. Ich frage mich, hat Lepke sich beim Blick aus dem Fenster auf dem Weg nach Sing Sing gedacht: Dies ist die letzte Eiche, die ich je sehen werde, dort verschwindet der letzte Hügel, schau doch, mein letztes Auto mit drei Menschen drin, meine letzte zweispurige Straße. Lepke wußte die alten Werte noch zu schätzen: Rache, Gerechtigkeit der Straße. Auch wenn es auf seinen Fall keinen Einfluß mehr hatte, dürfte es ihn gefreut haben, daß Reles aus dem Fenster stürzte. Und bestimmt hat er sich auch gefreut, als Albert A. sich um Dimples Wolensky kümmerte und es dem Verräter heimzahlte. Vielleicht benutzt Gott die Gangster, um anderen Gangstern die gerechte Strafe zukommen zu lassen. Doch Lepke war längst eher Zuschauer als Mitspieler. Seit eineinhalb Jahren war er nun in Haft, und die Zeit davor hatte er im Untergrund zugebracht. Sein Gangstermetabolismus hatte sich verlangsamt, und er war gewiß ein seltsamer Anblick im Gefängnis, ein Mann, dessen Verhalten nicht zu seiner Legende paßte. Er ist der einzige Boß in der Geschichte des Mobs, der je die Todesstrafe erhielt. Als Robert Lowell, der Dichter, einige Zeit im Gefängnis verbringen mußte, sah er Lepke und hielt seine Eindrücke in dem Gedicht »Erinnerungen an West Street und Lepke« fest:

> Verknackt zu einem Jahr,
> ging ich spazieren auf dem Dach der West-Street-Strafanstalt,
> eng umgrenzt wie einst der Fußballhof in meiner Schule,
> und sah den Hudson River einmal täglich
> durch ein Gespinst verrußter Wäscheleinen

und ausgebleichten Mietskasernen-Khaki scheinen.
Schlendernd klönte ich Metaphysisches mit Abramowitz,
dem gelbsuchtgelben (»Nein, sonnengebräunten«)
fliegengewichtigen Pazifisten,
derart vegetarisch,
daß er hanfgeflochtene Schuhe trug und Fallobst vorzog.
Selbst Bioff und Brown, die beiden Hollywood-Zuhälter,
wollte er zu seiner Kost bekehren.
Sie, behaarte Muskelprotze aus der Vorstadt
In schokoladenbraunen Zweireihern,
explodierten und verdroschen ihn schwarz und blau.

Ich war so ahnungslos; ich hatte noch nie
von den Zeugen Jehovas gehört.
»Sind sie ein C. O.?« Habe ich einen Knastbruder gefragt.
»Nein, ein Z. J.« hat der mich drauf belehrt.
Er zeigte mir den »Klinikbetteinschlag«
und den trikotumspannten Rücken
des Zaren Lepke von der *Mord AG.*,
der in ein Fach Handtücher schichtete
oder sich zu seiner Sonderzelle trollte, voller
Sachen, die man dem kleinen Mann verwehrt:
Kofferradio und Toilettentisch, zwei U.S.-
Spielzeugflaggen, mit einem Band vom Osterpalmwedel
umschlungen.

Schlaff, kahl, gehirnoperiert,
ließ er sich schafsgelassen treiben,
von keiner peinigenden Revision
in der gespannten Sammlung auf den Todesstuhl gestört –
einer Oase gleich in seinem Dunst
verlorener Zusammenhänge schwebend...

Das Schicksal schien entschlossen, Lepke von der Bühne zu stoßen, seine letzten Augenblicke unsichtbar verstreichen zu lassen. Normalerweise hätten es seine Gnadengesuche auf die Titelseiten gebracht, doch seine Verurteilung erfolgte am Vorabend von Pearl Harbor. Was also in den folgenden Monaten geschah, all das Dealen und Mauscheln, wurde durch das europäische Drama auf einen Nebenschauplatz gedrängt. Immer und immer wieder wurde die Hinrichtung durch Gnadengesuche verschoben. Ehe auch nur ein Termin festgelegt werden konnte, mußte die Bundesregierung Lepke begnadigen und ihm so eine Schuld erlassen, die er in dem ihm verbleibenden Leben sowieso nicht mehr abbüßen konnte. Das FBI sperrte sich eine Zeitlang, da es sich offenbar besorgt fragte, was Lepke verriet, wenn die Bundesregierung keinen Druck mehr auf ihn ausüben konnte. Dieser Krieg wurde in den Zeitungen geführt, hinten, kurz vor den Sportseiten, bis Roosevelt schließlich die Schuldfreigabe unterschrieb. Die Wochen verstrichen, und Dewey begann, Lepke zu bearbeiten, und wie einen Knüppel, mit dem er ein Geständnis aus ihm herausprügeln wollte, hielt er ihm den Tod vor Augen. In diesen letzten Tagen muß Lepke daran gedacht haben, was Albert A. ihm gesagt hatte, als er ihn drängte, sich nicht auszuliefern. *Solange sie dich nicht haben, können sie dir nichts tun. Hast du dich erst mal gestellt, ist der beste Deal der Welt keinen Pfifferling mehr wert.*

Am 2. März 1944 wurden Lepke, Weiss und Capone die Köpfe rasiert, und man legte ihnen weiße Socken, schwarze Hemden, weiße Slipper und schwarze Hosen zum Anziehen bereit. Dann schnitt man einen Schlitz in die linken Hosenbeine, um eine Elektrode anlegen zu können. Die Männer wurden in einen kargen Aufenthaltsraum geführt, in dem sie miteinander reden, sich aber nicht sehen konnten. Sie nannten den Raum den Tanzsaal. Eine Wache fragte Lepke, was er sich für seine letzten Mahlzeiten wünsche. Zum Mittagessen wollte Lepke Steak, Salat, Pommes frites und Erbsen, zum Abendessen Brathähnchen, Salat und Kroketten. Capone und Weiss sagten, sie wollten das gleiche wie ihr Boß – diese Männer würden bis zum Ende zu Lepke halten, würden ihn wie die Diener eines Pharaos ins Unbekannte begleiten.

Nach dem Essen, als alles soweit erledigt war und sie nur noch der Stuhl erwartete, klingelte das Telefon. Im Film ist es ein rotes Telefon, und das Läuten hallt laut durch steinerne Korridore. Ein Aufschub. Dewey hatte den Jungs weitere achtundvierzig Stunden Leben gewährt. »Immerhin haben wir gut gegessen«, sagte Mendy.

Es ist viel über den Lepke dieser letzten Tage geschrieben worden. Für einen Kriminalberichterstatter bot sich ein ideales Szenario: der Gangsterboß, der in namenlos grauer Gefängnismontur aus dieser Welt scheidet, keinen Deut besser als all die ungebildeten Psychopathen, die auf demselben Stuhl gesessen hatten; Intrigen liegen dicht wie Nebel in der Luft, die Zeit verrinnt, fahle Schornsteine, die sich im schlammigen Hudson spiegeln, die öde Fabrikkulisse von Sing Sing, ein Aufschub zum Greifen nahe, und alle fragen sich: Wird er reden? Wenn Lepke redete, wäre er nicht besser als all die übrigen Ratten, die ihn dahingebracht hatten, wo er war, nicht besser als Reles oder Tannenbaum. Wenn Lepke redete, würde er das eine aufgeben, was ihm die Regierung nicht nehmen konnte: sein Selbstbild. Er war ein richtiger Gangster, einer von echtem Schrot und Korn, ein Nachfahre von Arnold Rothstein, einer dieser Ganoven, die die Kugel in ihrer Brust fühlen, aber dennoch die Cops fortscheuchen und sagen: »Das erledige ich auf meine Weise.«
Nachdem die Exekution aufgeschoben war, erhielt Lepke Besuch. Tom Dewey hatte Frank Hogan, Manhattans Distriktstaatsanwalt, geschickt, um ein Abkommen auszuhandeln. Hogan wollte mehr über die alten Tage wissen: Hatte der Boß jemals auf Sidney Hillmans Gehaltsliste gestanden? Gerüchteweise hieß es, Lepke habe wöchentlich dreihundert Dollar vom Gewerkschaftsboß kassiert. Hatte Hillman jemals mit Lepke über Schlamming und Mord gesprochen? Das Gerücht wußte auch, daß sich die Männer im Clinton Hotel in Manhattan getroffen hatten. Lepke war verzweifelt, aufgebracht, er hing an seinem Leben, aber er war keine Ratte. »Wir leierten ihm einen Namen nach dem anderen vor, aber die Reaktion war gleich Null«, sagte Hogan später. »Und Lepke wußte in jedem Moment ganz genau, was er tat, obwohl ihn nur zwei Tage vom elektrischen Stuhl trennten.«
»Sie fragen ›Wie konnte er das tun? Er weiß, daß er auf dem Stuhl sterben wird. Wie kann er da ein Abkommen ausschlagen?‹« sagte Ralph Salerno. »Nun, Lepke hatte eine Frau, ein Kind, einen Bruder. Selbst wenn er zu plaudern begann, würde ihn Dewey nicht gänzlich freilassen können. Außerdem würde man ihn isolieren müssen, weil er als Ratte sonst umgebracht worden

wäre. Also würde er für den Rest seines Lebens allein in einer Zelle sitzen. Der Mob würde seine Frau, seinen Sohn und seinen Bruder zwar nicht töten, aber er würde sich auch nicht um sie kümmern. Hielt er aber den Mund, dann würde man sich um seine Frau, um seinen Sohn und um seinen Bruder kümmern.« Salerno lächelte und sagte. »Lepke war eben das, was man so einen Macho-Gangster nennt.«

Am nächsten Morgen waren die Zeitungen voller Gerüchte: »Lepke bietet dem Gouverneur Material an, das ihn zu einem unschlagbaren Präsidentschaftskandidaten macht«, berichtete der *New York Daily Mirror.* Von derlei Artikeln beunruhigt, besorgt um das letzte Bild, das er der Welt hinterlassen würde, ließ Lepke der Presse noch am selben Nachmittag folgende Nachricht überbringen: Kommt zum Depot Square Hotel in Ossining, eine halbe Meile vom Sing Sing. Etwa dreißig Reporter fanden sich ein, um Lepkes Frau an der Bar des Hotels zu treffen. Sie trug einen Lammfellkragen und eine dunkle Brille. »Mein Mann hat in seiner Todeszelle gerade folgendes Statement diktiert«, sagte sie und hielt einen gelben Notizblock hoch. »›Es liegt mir daran, in aller Deutlichkeit festzuhalten, daß ich mich keinesfalls erboten habe, Informationen im Austausch für ein Versprechen auf Abänderung meiner Todesstrafe zu geben‹«, las sie vor. »›Darum habe ich auch nie gebeten! Das einzige, worum ich gebeten habe, war die Einsetzung einer Kommission zur Untersuchung der Fakten. Sollte die Kommission nicht beweisen, daß ich unschuldig bin, bin ich willens, auf dem elektrischen Stuhl zu sterben.‹«

Lepke, Capone, Weiss – was fingen sie mit diesen letzten achtundvierzig Stunden an? Eigentlich waren sie schon tot, lebten sie doch gleichsam bereits in der Verlängerung. Die Bodenfliesen, die Adern ihrer Hände, die kleinen Details, die zusammen das große Detail des Lebens ausmachen, erschien ihnen das alles scharf und deutlich? Sahen sie den Schatten, den ihre Glieder an die Mauer warfen? Hörten sie den Widerhall ihrer Stimmen? Oder hatten sie seelische Offenbarungen? Ich glaube nicht, daß diese Männer unbedingt unsentimental oder gefühllos waren. Lepke und Weiss wuchsen als Juden auf, hatten mit dreizehn ihre Bar-Mizwa, danach kamen die Hohen Feiertage, und sie behaupteten, an Gott zu glauben. Über diesen Glauben haben sie nie geredet. Wahrscheinlich hielten sie ihn in der Reserve, wie einen Ersatzkanister im Kofferraum. Wenn sie ihn brauchten, dann war er da. Wie die meisten Menschen schoben sie wahrscheinlich die großen Fragen zur Seite, glaubten, sie würden sie später lösen, wenn Zeit dafür war. Und wer weiß? Vielleicht haben sie die Zeit dafür gefunden, vielleicht haben sie die Fragen gelöst.

Sing Sing. Nacht. 4. März 1944. Die monatelangen Verzögerungen hatten die Jungs an das Hin und Her gewöhnt, an die Politik des elektrischen Stuhls. Selbst an ihrem letzten Tag müssen sie noch auf den Anruf gewartet haben, auf den Aufschub, der ihnen eine weitere Stunde gewähren würde. Wer kann an seinen eigenen Tod glauben? Während die Gangster im Tanzsaal warteten – das letzte Mahl war vorbei –, unterhielten sich die Wachen flüsternd, berieten sich, wer zuerst gehen sollte, ein gewiß ebenso delikates Problem wie die Schlagordnung beim Baseball. Capone sollte den Reigen anführen. Er hatte ein schwaches Herz, und sie wollten nicht, daß er ihnen starb, ehe sie ihn töten konnten. Als der Gefängnisleiter Capone fragte, ob er noch etwas zu sagen habe, blieb er stumm. Der Hebel. Der Stromschlag. Der nächste. Mendy Weiss wurde auf dem Stuhl festgebunden. »Ich bin hier, weil man mich reingelegt hat, und Gouverneur Dewey weiß das«, sagte er. »Ich möchte mich bei Richter Lehman bedanken. Er kennt mich, denn ich bin ein Jude. Sagt meiner Familie und allen Freunden, daß ich sie liebe.« *Zack*! Und dann kam Lepke und setzte sich, der letzte freie Platz in einem überfüllten Bus. Als der Gefängnisdirektor ihn um ein letztes Wort bat, sagte er nichts und sah sich statt dessen noch einmal um, prägte sich vermutlich jedes Gesicht ein, Leute, die er vielleicht dereinst einmal wiedersehen würde. Als der Scharfrichter den Hebel umlegte, schnellte sein Kopf nach hinten. Sein Körper wummerte wie eine Glocke. Die Gedanken flogen ihm wie Vögel davon. Und die letzte Stimme, die er hörte, war die Stimme von Rabbi Jacob Katz, der das Kaddisch sang.

Die Warriors

Die jüdischen Gangster haben den Zweiten Weltkrieg nicht überlebt. Ihre kühnsten Köpfe waren eingesperrt, umgebracht oder bekehrt, und die wenigen, die überlebten, die kümmerlichen Reste, verliefen sich oder verschwanden einfach wie Little Farvel Cohen, der in den fünfziger Jahren im Staat New York bei irgendeiner Drogengeschichte getötet wurde, ein ›Wen kümmert's?‹-Tod, der nur kurz in den Nachrichten aufflackerte wie Standbilder, die dem Abspann eines Films untergelegt werden. Und als es diese Generation nicht mehr gab, als die in den ersten Jahren dieses Jahrhunderts in Brownsville geborenen Gangster vergessen waren, wer nahm da ihren Platz ein? Niemand. Dies war der letzte Wagen, das Schlußlicht, und der Zug fuhr davon. Als Europa in den kommenden Jahren die Juden ausgingen und keine mehr übers Meer kamen, als die Ghettos vereinsamten, die Universitäten, die Medizinstudiengänge und Anwaltskanzleien sich mit Juden füllten, als das jüdische Volk in Amerika zu Wohlstand gelangte, da verblaßten die Gangster sogar in der Erinnerung. »Allie Tannenbaums Generation war die letzte Generation jüdischer Gangster«, erklärte Ralph Salerno. »Die Ghettos verschwanden, und die Juden zogen fort, wen hätten die Gangster da rekrutieren können?«

Wenn ein Gangster der alten Generation wie Meyer Lansky sich nach jungen, gesetzlosen Juden umsah, um die Gang aufzufrischen, fand sich niemand. Nicht einer. Und ich glaube, so haben sie es auch gewollt – eine Glaubensgemeinschaft, die stark genug war, die Straße in Vergessenheit geraten zu lassen. Für die jüdischen Gangster war das Verbrechen eine Leiter, die sie hinter sich hochzogen, eine einmalige ›This generation only‹-Abkürzung zur Macht. »Lansky begriff, daß es nicht mehr so einfach sein würde, jüdische Jungs zu rekrutieren«, fuhr Salerno fort. »Sie gingen alle zum College. Moshe Dayan hatte in Israel das gleiche Problem. Er sagte, er habe Mühe, Leute zu finden, die Taxi fahren oder in Fabriken arbeiten. Alle wollten sie nur noch an die Universität, keiner wollte mehr die einfachen Jobs. Lansky hat recht früh begriffen, daß es bald an jüdischen Jungs fehlen würde, die eine Waffe in die Hand nehmen und Mumm genug haben würden, sie auch abzudrücken.«

Gegen Ende des Zweiten Weltkrieges war eine ganze Gangstergeneration ausgelöscht. Louis Lepke, Abe Reles, Charlie Workman, Pep Strauss, Buggsy Goldstein, Mendy Weiss, Greenie Greenberg – sie alle waren im zurückliegenden Jahrzehnt getötet worden. Die jüdische Kriminalität, dieser Fluch, diese Pest, über die man einst in Seminaren und Synagogen diskutierte, hatte sich im Laufe des Krieges verflüchtigt. Man wachte auf, und es war vorbei. Doch der Krieg hatte auch die überlebenden Juden verändert. Als das Ausmaß des Holocaust bekannt wurde, als die Flüchtlinge mit ihren Geschichten und ihren Tätowierungen zurückkehrten, kamen Juden ins Grübeln, die zuvor eigentlich nie über die Tugend der Gewalt nachgedacht hatten. Der alte intellektuelle Weg, das Aufsteigen und Durchwurschteln so vieler gelehrter Juden der Vorkriegszeit, jener Juden, die die Seminare

über die Gottlosigkeit des jüdischen Verbrechens besucht hatten, glich nun einem Irrweg. Hervorragende, wohlerzogene Juden waren zu Tausenden in den Tod geschickt worden. Und wenn die Menschen sich Sinn suchend dem Krieg zuwandten, lernten sie Lektionen, die die Gangster schon Jahre zuvor begriffen hatten, sie lernten, was Meyer Lansky von jenem Soldaten gelernt hatte, der seine Nachbarn im polnischen Grodno ausschimpfte: »Juden! Warum steht ihr wie blöde Schafe herum, laßt sie kommen und euch abschlachten? Ihr müßt euch erheben und kämpfen.«
Der Holocaust hat eine neue Art Juden hervorgebracht, eine Mixtur aus Uptown und Downtown, aus hellem Kopf und stolzem Gang, einen Juden, für den weder Konfrontation noch Gewalt das erste Mittel war, zu dem er griff, aber gewiß auch nicht das letzte, ein Typus Jude, der sich in Israel durchsetzen sollte, diesem jüdischen Staat, der die zahlenmäßig überlegenen arabischen Feinde durch bloße Entschlossenheit besiegte. In *Wanderings*, seiner Geschichte der Juden, zeigte Chaim Potok diesen Charakterwandel auf. »Die meisten sanftmütigen Juden sind tot«, schrieb er. »Die Gaskammern und Brennöfen haben eine neue Art Juden gezeugt. Selbst die Chasidim sind nicht mehr sanftmütig... Von Auschwitz bis Entebbe in einer einzigen Generation.« Die Gangster sind tot, doch was sie stark gemacht hatte, ihr Elan, ihre ›Kämpf-bis-zuletzt‹-Philosophie lebte weiter. Pep Strauss hat den Krieg zwar nicht überlebt, doch seine Moral, jedenfalls in Teilen, hat nicht nur überlebt – sie hat sich allgemein durchgesetzt.
Für meinen Vater und seine Freunde hätte es keine besseren Lehrer dieser neuen Lektion als die toten Gangster geben können. Sie waren Männer, die gewissermaßen ihr Leben für ihren Glauben hingegeben hatten. Als sie ihre Kumpane verraten konnten, zogen sie es vor, den Mund zu halten. Und die Tatsache, daß sie Gangster waren, daß sie außerhalb des Gesetzes operierten, außerhalb dessen, was man für akzeptabel hielt, verhalf ihnen zu einem zusätzlichen Maß an Glaubwürdigkeit, zur spontanen Glaubwürdigkeit der Außenseiter. Die meisten Menschen werden stets einen toten Gangster einem lebenden Gangster vorziehen. Mit einem toten Gangster kommt man einfach besser aus. Ein lebender Gangster könnte sich als Tyrann erweisen, als Spin-

ner, als bösartiger, habgieriger, psychotischer, unverschämter Dreckskerl, ein toter Gangster aber ist all das, was man sich von ihm erhofft.

Überall in Brooklyn ahmten Kids die Gangster nach, imitierten sie einen Lebensstil, der gerade erst verschwunden war. In den toten Gangstern sahen sie etwas, das sie brauchten, ein lebenswichtiges Vitamin. Letztlich sollte es auch dieser Generation zufallen, das Erbe zu schultern, der schmerzlichen Geschichte der jüdischen Gangster Lektionen und Erinnerungen abzugewinnen. Wäre es ein Film, würde der Regisseur von der Szene mit Lepke auf dem elektrischen Stuhl, dem zurückschnellenden Kopf, gleich zur Ecke Sechsundachtzigste Straße und Bay Parkway in Bensonhurst wechseln, ein Schnitt zur Hochbahn am westlichen Ende, wo mein Vater und seine Freunde wie einst die Jungs der Brownsville-Gang herumlungerten, dabei allerdings ganz ohne Mord und Totschlag auskamen.

Mein Vater kann sich noch an jedes Detail dieser Straßenecke erinnern, Annäherungen, Fluchten, eine in seinem Gedächtnis erstarrte Stadtlandschaft, ein Modell, das er mitnimmt, wohin er auch geht. Wird er gebeten, die Ecke und die umliegenden Straßen zu beschreiben, schließt er die Augen und wartet, bis das Bild vor ihm auftaucht. »Okay«, sagt er und lächelt. »Ich sehe es jetzt vor mir ...«

Blickst du nach Süden den Bay Parkway entlang, kannst du die schmalen, roten Backsteingebäude des italienischen Viertels sehen, Handkarren, Pizzabuden. Da runter geht's zur Schule, kommen einem Damen entgegen, springst du vom Bürgersteig, um sie vorbeizulassen. Doch die Schule ist aus, also läufst du in die entgegengesetzte Richtung, an Richland Clothing vorbei, wo sich kein Mensch, den du kennst, einen Einkauf leisten kann, vorbei an Vim Sporting Goods, ein Laden, der über einen Lautsprecher Songs von Frank Sinatra auf die Straße dudelt. Biegst du auf der Einundzwanzigsten Avenue nach rechts, vorbei an den Kids der Junior High, die hier ständig herumtrödeln – vielleicht kannst du sie im F. W. Woolworth's loswerden; im Woolworth's kann man alles loswerden; ein Freund von mir ist sogar seine Unschuld im Woolworth's losgeworden –, kommst du zu Sam Maltz' Süßwarenladen. Sam Maltz ist ein widerlicher Kerl.

Ständig stiert er dich durch die Glasbonbonniere an, schwebt sein wächserner Karamelkopf über den Lollies. »Kein Geld? Verschwinde!« Eines Tages gehst du also mit einer Tasche voll Nickel zu ihm. »He, Sam, heute können Sie mich nicht rausschmeißen. Ich hab Geld dabei.« Und du gehst zur Jukebox und drückst siebenundzwanzigmal Frankie Laines »Wild Goose«. Fluchend schiebt Sam Maltz die Box auf die Straße, sobald du zur Tür raus bist. Immer noch lachend läufst du zu Feders Foodbox, einem verschlafenen Diner voller einfacher Arbeiter. Dein Freund Bernie hat gerade einen Artikel über Lebensmittel von irgendeinem Ernährungswissenschaftler gelesen, der behauptet hat, daß sich alles Essen sowieso im Magen vermischt, weshalb es egal sei, was man mit was ißt. »Das ist der Sieg des Geistes über die Materie, kapierst du?« wiederholt er immerzu. »Ich mag Essiggurken, ich mag Eiskrem, also kann ich auch Essiggurken mit Eiskrem essen.« Du bietest zehn Dollar gegen Bernies zehn Dollar und rufst die Kellnerin. »Mein Freund hier möchte sein Eis mit gekochten Bohnen, Rührei, Essiggurken, Schokosirup und einem Glas Milch.« Als Bernie auf die Hose von irgend so einem armen Gast kotzt, nimmst du deine zwanzig Dollar, gehst nach draußen, biegst nach rechts und bist wieder an deiner Straßenecke an einem warmen Sommerabend. In regelmäßigen Abständen rattert ein Zug über deinen Kopf hinweg und läßt einen Schauer weißer Funken herabregnen.

Mein Vater und seine Freunde standen manchmal bis spät abends an der Straßenecke, erzählten sich Geschichten, lachten und halfen einander durch jenes unwegsame Gelände, das sich von der Jugend zur Erwachsenenwelt erstreckt. Sie müssen gespürt haben, daß sie eine Tradition pflegten, die Kunst des Herumlungerns, eine Kunst, die Lepke und Luciano im Hotel Arkansas in Hot Springs zur Vollkommenheit entwickelt hatten. Jeden Abend strömten die Jungs von Bensonhurst aus den Wohnhäusern und Mietwohnungen der Umgebung an ihre Ecke. Wer als erster auftauchte, konnte auf der Bank sitzen; wer später kam, lehnte sich ans Stoppschild oder ans Schaufenster.

Sid Young, damals noch Sid Yalowitz, kam aus der Vierundsiebzigsten Straße herüber, wo er mit seinen Eltern zur Miete wohnte. Der damalige Sid war wie der heutige Sid, allerdings eine etwas eingelaufene Version, eine Idee, die darauf wartete, daß der Körper heranwuchs. Er war klein, hatte ein rundes Gesicht und ein breites Lächeln und spielte ständig Basketball, seine Geschichten und Sätze wurden vom Dribbeln kontrapunktiert. *Weißt du, was passiert ist?* Dribbel. Dribbel. *Ich geh die Straße lang und seh eine unglaublich süße Kleine.* Dribbel. Dribbel. *Und dann.* Kamera in die Totale. *Frag ich sie, ob sie mit mir ausgehen will.* Schuß. *Und sie sagt.* Rumms. *Ja.* Sid dribbelte vom Schlafzimmer in die Küche, von der Küche ins Wohnzimmer, und wenn ihm seine Mutter sagte, er solle sich mit dem Ball nach draußen verziehen, dribbelte er den Ball auf dem Weg nach unten auf jede Treppenstufe.

Im Erdgeschoß von Sids Haus war ein Lebensmittelgeschäft. Der Laden gehörte einem Einwanderer namens Jagoda, einem Kaufmann, der seine schönsten Träume für seinen Sohn Asher aufbewahrt hatte. Sid lernte Asher auf der Straße vorm Laden kennen, und sie wurden Freunde. Sie spielten zusammen Basketball, gingen gemeinsam zur Schule und zogen zusammen zur Straßenecke und in die Welt hinaus. Von Anfang an wußte Sid, daß Asher jemand Besonderes war. Er war der geborene Aristokrat, der stattliche Seemann aus Melvilles Romanen. Seine Züge formten eines jener dunklen, geheimnisvollen Gesichter, auf die Schauspieler wie Rudolph Valentino und Tyrone Power die Frauen Amerikas vorbereitet hatten. In der High School zog Asher das Interesse einiger Erwachsener auf sich, die daraufhin Werbefotos für eine Zeitschrift mit ihm machten. Mit siebzehn begann er, für die Schutzumschläge von Liebesromanen zu posieren. Ging man am Fenster eines Drugstores vorbei, konnte man dort auf so mancher Hochglanzzeitschrift Asher Jagoda mit offenem Hemd und Mädchen im Arm unter Wörtern wie »exotisch« oder »abenteuerlich« entdecken. Jeder wußte, daß Asher für eine andere Welt bestimmt war, eine Welt, die weit fort von Bensonhurst lag und aus der Wörter wie »exotisch« und »abenteuerlich« kamen.

Als Sid und Asher endlich in den Bay Parkway einbogen, drängten sich an der Ecke bereits die Gesichter. Sam Deluca, ein Footballspieler mit dicken Gelenken, der später, bei den New York Jets, Joe Namath den Ball zuspielen sollte; Sandy Koufax, der in einigen Jahren Werfer bei den Dodgers werden sollte; Peter Max, später einmal ein weltberühmter Künstler, der Wände mit seinen Rahmen sprengenden Skizzen bedecken würde. Sie standen da, steckten die Köpfe zusammen und redeten rasend schnell in einer Sprache aufeinander ein, die nur sie verstehen konnten.

An der Straßenecke wurden den Jungs auch die ersten Spitznamen angehängt, Namen, die verrieten, wie sie außerhalb der Familie gesehen werden wollten. Manche Spitznamen waren rasch gefunden (Bucko, Noodles); andere ergaben sich mit der Zeit (Ben the Worrier), und wieder andere boten sich einfach an. Bernard Horowitz, der, wenn man ihm eine Frage stellte, »Who?« fragte und wenn man die Frage wiederholte »Ha?« sagte, wurde von da an nur noch Who-Ha genannt. Wegen einer Wette trank Irving Kaplan in der Schule ein Tintenfaß aus und wurde folglich Inky genannt. In der High School konnte Inky brennende Zigaretten verschlucken; heute ist er Zahnarzt. Einer der Jungs wurde aus einem Grund, an den sich keiner zu erinnern vermag, Gutter Rat, Kanalratte also, gerufen, sogar seine eigene Mutter nannte ihn so. *He, Gutter Rat, komm essen!*

Larry King, der mit bürgerlichem Namen Zeiger heißt, war als *Zeke the Creek the Mouth Piece* bekannt. Schon damals war Larry ein Ansager, der die Geschehnisse an der Straßenecke kommentierte. »Hier kommt Sam Deluca«, rief er etwa durch eine trichterförmig zusammengerollte Zeitung. Larry besaß bereits die für ihn typische Baritonstimme – eine Stimme, der es bestimmt zu sein schien, große, welterschütternde Ereignisse anzukündigen. »Und Deluca befiehlt Zeiger, den Mund zu halten«, fuhr er fort. »Deluca nähert sich Zeiger. Jetzt nimmt Deluca Zeiger in den Schwitzkasten. Das war Ihr Larry Zeiger, und nun zurück ans Funkhaus.«

Larry wurde in Brownsville geboren, wo sein Vater Eddie Zeiger, ein hart arbeitender Einwanderer aus dem russischen Pinsk, Besitzer von Eddie's Bar & Grill auf der Fulton Street war, einem Stammlokal der Streifenpolizisten. Eddie war klein und breitschultrig und hatte ein offenes Gesicht, das beständig zu sagen schien: »Ich? Ich bin nichts. Aber guckt euch meinen Jungen an!« Jeden Tag ging Larry unter der Hochbahn die Fulton Street entlang, lief durch den Sonnenschein, der in Streifen auf die

Straße fiel, und trat ins staubige Innere der Bar, wo irgendein alter Cop am Tresen hockte und ihn fragte, was denn los sei: »Weißt du denn nicht, daß ich ein Cop bin, Junge?« sagte er dann. »Ein Cop kann alles für dich deichseln.«

Als Larry einige Tage nach seinem neunten Geburtstag aus der Schule nach Hause kam, sah er schon von weitem das pulsierende Blitzen der Blaulichter. Beim Näherkommen entdeckte er die Streifenwagen vor dem Haus. Er hörte Schreie. Seine Mutter. Doch ehe er ins Haus laufen konnte, schnappte ihn ein Polizist, setzte ihn in einen Wagen und fuhr mit ihm ins Loew's Pitkin, ein riesiges Kino. Und dort, während John Wayne in *Stahlgewitter* gegen die ›Japsen‹ kämpfte, erzählte ihm der Cop, wie schlimm es manchmal kommen konnte. »Dein Vater ist heute morgen an einem Herzanfall gestorben«, sagte er ins Dunkel. »Jetzt bist du der Mann im Haus.« Und Larry blieb bis zum Schluß sitzen – Wayne, Maschinenpistole in der Hand, wird von Feinden überrannt und kämpft bis zum bitteren Ende –, in eben jenem Kino, in dem einige Jahre zuvor Dukey Maffeatore und Pretty Levine den lang vermißten Gangy Cohen in der Zuschauermenge eines Boxkampfes entdeckt hatten. »He, sieh doch«, hatte Pretty gerufen. »Da oben ist Gangy.«

Im folgenden Herbst zog Larrys Mutter mit der ganzen Familie nach Bensonhurst. Die Zeigers, ohne Vater nun und auf Sozialhilfe angewiesen, mieteten sich eine Dachwohnung in der Dreiundachtzigsten Straße. »Die Stadt New York hat mir meine erste Brille gekauft«, schrieb Larry. »Ein Drahtgestell, das der Welt verriet, wie arm man war, daß man von der Stütze lebte und sich keine richtige Brille leisten konnte.« Als die Schule begann, fiel es Larry schwer, sich einzugewöhnen. Für einen Jungen, der seinen Vater verloren hatte, sind einige Dinge einfach nicht mehr wichtig. Was hatten ihm die Fächer Mathe und Biologie schon zu sagen? Larry sollte nie wieder gute Zensuren erhalten. Er war gewitzt, aber sorglos. Mehrmals die Woche wurde er ins Büro des Direktors geschickt, und dort hat er auch meinen Vater kennengelernt. »Herbie Cohen war der erste Freund, den ich in Brooklyn fand«, schrieb er. »Brooklyn hat gewiß eine ganze Menge Originale hervorgebracht, doch Herbie stand für mich ganz oben auf der Liste. Einen besseren Freund kann kein Mann finden.«

Als ich aufwuchs, erzählte mir mein Vater, daß die Spitznamen seiner Kindheit alle mit seinem Aussehen zusammenhingen, aber das, sagt er, sei schließlich auch umwerfend gewesen. »Denn wie hat man mich genannt?« sagte er dann. »Handsomo, Mr. Stunning. Mr. Charming, General Gorgeousimo Franco.« Einmal habe ich beim Pessach-Essen meine Großmutter Esther gefragt, ob mein Vater auf der High School von seinen Freunden tatsächlich Handsomo genannt worden sei. Meine Oma gehört zum altmodischen, osteuropäischen Schlag: unerschütterlich, Akzent, blauschwarzer Haarschopf. Ehe sie antwortete, kaute sie sorgsam, schluckte und sagte dann: »Tja, weiß ich nur, daß er wollte, daß Freunde ihn so nennen.« Wie für die Gangster von Brownsville bedeutete ein Spitzname für die Kids von Bensonhurst eine Befreiung, eine Möglichkeit, das eigene Schicksal in die Hand zu nehmen, eine Art, sich selbst zu benennen, die Vergangenheit abzustreifen und eine Welt zu schaffen, die sich von jener der Eltern unterschied, eine Welt ohne Überlieferungen und Erwartungen. Von einem Typen namens Bucko erwartete man sicher nicht, daß er den Sabbat einhielt.
Gelegentlich kam einer der Jungs mit Neuigkeiten von den Gangstern zur Ecke. Stundenlang redeten sie über Lepke, fragten sich, wo er sich versteckt hielt, warum er sich stellte, wie er entfliehen würde und schließlich, wie er sterben würde, tapfer oder wie ein Feigling. Lepkes Schicksal lehrte meinen Vater schon sehr früh, daß manchmal selbst für den härtesten Typen eine Flucht unmöglich ist, daß man manchmal nur noch mit Anstand verlieren kann. »Habt ihr von Lep gehört?« fragte mein Dad nach der Hinrichtung. »Hat keinen Ton gesagt. Der ist bestimmt keine Ratte.«
Das Beispiel der Gangster hatte meinen Vater beeindruckt. Ihr Vorbild brachte ihm bei, nach einem Kode zu leben, eine Ratte zu verachten, Treue zu schätzen. Für Eltern mögen die Gangster zwar eine *schand* gewesen sein, die Schande der Juden, doch die Kids an der Ecke kannten die Wahrheit – daß die Gangster nämlich zumindest teilweise jenes Geheimnis kannten, nach dem sie suchten.
Von Anfang an imitierten mein Vater und seine Freunde den Stil der Gangster. Zu Beginn der fünfziger Jahre beschlossen einige

Kids an der Ecke, eine Bande zu gründen. Die Warriors. Sie bestellten sich Jacken. Es waren Wendejacken, rot auf der einen Seite mit einem weißen W, auf der anderen Seite weiß, das W rot. Auf die Brust ließen sie sich unter den Namen des Bandenmitglieds die Buchstaben SAC nähen: Social Athletic Club. Eines Abends stürmte Who-Ha an die Ecke, zog meinen Vater und Larry auf die Seite und sagte: »Jungs, ich hab da mal eine Frage.« Who-Ha besaß eine träge, pseudo-aristokratische Ausdrucksweise. Wenn er Jungs, also ›guys‹, sagte, klang es wie ›gauze‹. »Jungs, warum nennen wir uns eigentlich Social Athletic Club?« fragte er. »Sport machen wir ja ständig, das mit dem ›athletic‹ ist also okay. Aber wir haben doch gar keine kontaktfreudigen Typen bei uns. Was ist also mit dem ›social‹?«

Mein Vater schaute Larry an und sagte dann: »Tja, Who-Ha, das ›athletic‹ ist das ›social‹, weil wir nämlich die ganze Zeit beim Sport quasseln. Das A ist das S, also muß es SAC heißen.« Who-Ha lächelte, seufzte und verschwand.

Die Warriors hatten einen Klubraum in der Fünfundachtzigsten Straße zwischen Bay Parkway und Einundzwanzigster Avenue im Keller des Hauses, das Mr. und Mrs. Horowitz gehörte, Who-Has Eltern. Der Keller hatte einen separaten Eingang, eine knarrende Treppe, die nach unten führte. Manchmal blieb ein Warrior oben auf der Treppe stehen, legte den Kopf in den Nakken, schob die Hüften vor, füllte den Türrahmen aus und rief: »He, Jungs!« Die Warriors zahlten vierzig Scheine im Monat für das unmöblierte Zimmer, Geld, das als Mitgliedsbeitrag eingesammelt wurde. Im Laufe der Zeit begannen Sofas und Sessel den Klub zu zieren, Möbel, die man sich aus Brooklyner Häusern organisiert hatte. Mein Dad ging einfach in die Eingangshalle eines Miethauses und fragte nach dem Hausmeister. »Wir sollen das Sofa abholen«, sagte er dann gelassen. »Wird neu bezogen.« Und wenn sie das Sofa nach draußen trugen, rief mein Dad dem Hausmeister zu: »He, Mann, wie wär's? Könnten Sie uns vielleicht die Tür aufhalten?« Wenn mein Vater heute die Eingangshalle eines Mietshauses betritt, weil er eines seiner Kinder oder Enkelkinder besuchen will, schaut er sich immer noch rasch um und sagt: »Leichte Beute. Rein und wieder raus. Aber man sollte gleich die ganze Garnitur mitnehmen.«

Auf den Boden ihres Klubraums malten die Jungs mit Leuchtfarbe einen riesigen Indianerkopf. Und wenn sie Mädchen mit in den Keller brachten, fragte der mutigste Warrior dann manchmal: »Willst du den Indianer glühen sehen?« Who-Ha hatte eine Urgroßmutter, eine sterbensalte Dame mit fürchterlich schlechter Durchblutung. Wenn ihre Fingerspitzen blau anliefen, wurde sie auf den Boden gelegt und hin und her gerollt. Selbst die romantischen Augenblicke also, in denen die geklauten Sofas knarrten und ächzten und der Indianer glühte, waren oft vom Gepolter einer Alten untermalt, die über den Boden gerollt wurde.

»Was ist das?« fragte dann eines der Mädchen und schaute nach oben.

»Mein Herz«, erwiderte Larry und zog das Mädchen an sich.

Die Warriors trafen sich oft in ihrem Klubraum: ziellose Diskussionen, die nirgendwohin oder zu idiotischen Vorhaben führten, Pläne, die nur in Peinlichkeiten oder im Verderben enden konnten. Solche Projekte dachte sich meist mein Vater aus, der sich gern selbst auf die Probe stellte, der immer wieder in einen Schlamassel geriet, weil er es genoß, sich daraus zu befreien. Selbst in den frühesten Geschichten, also in jenen, die seine Freunde aus der Grundschule und der Junior High School erzählen, wird Herbie als die explosive Kraft beschrieben, als Unruhestifter, dem sich ansonsten ganz vernünftige Kinder anschlossen. In allen Lagen sucht mein Vater stets die Geste, die provoziert, erregt, den Rahmen sprengt. Wer etwa 1946 in Bensonhurst über die Straße lief, konnte ihn antreffen, wie er Geld für das Begräbnis von Gil Moppo sammelt, einem Jungen, der quicklebendig in Arizona weilte; oder man sah ihn, wie er auf eine Wahlversammlung in New Haven stürmte, sich mit Doughnuts vollstopfte und dann auf die Bühne sprang, um eine Rede für einen Kandidaten zu halten, den er sein Lebtag noch nie gesehen hatte; oder man konnte ihn erleben, wie er eine ganze Reihe von progressiven Lehrern schlicht in den Wahnsinn trieb. »In Brooklyn war Herbie, was man auf jiddisch ein *tombenik* nennt«, schrieb Larry King in *Larry King by Larry King*. »Und Larry Zeiger war stets an seiner Seite, um sich den Spaß nicht entgehen zu lassen.«

Später dann, als es mich gab, nahmen seine Eskapaden größere

Ausmaße an, reichten von Brooklyn bis New Orleans, wo er das Tulane English Department davon zu überzeugen suchte, daß ich ein erstklassiger Student sei; bis zu einem Grenzübergang zwischen Hongkong und China, an dem er einem Soldaten erzählte, daß er ›nur mal für einen Augenblick‹ nach China wolle; bis Moskau, wo er, in seiner Brusttasche eine Liste von Juden, denen die Ausreise verwehrt worden war, einfach durch den Zoll marschierte. »Da würden die Ruskies doch ganz zuletzt nachsehen«, erklärte er später. »Direkt vor ihren Augen.« Es gab Zeiten, da hat mich seine Tollkühnheit fasziniert, sein Zwang, am Abgrund entlangzuschlendern, so etwa, als er sämtliche Warteschlangen umging und den ägyptischen Zollbeamten einredete, daß wir eine Diplomatenfamilie seien, und es gab Zeiten, da hat es mich verlegen gemacht, etwa damals, als er dem Direktor meiner High School, der mich auf begrenzte Zeit von der Schule ausschließen wollte, drohte: »Jetzt passen Sie genau auf, denn sonst wende ich mich über Ihren Kopf hinweg an Ihre Vorgesetzten.«

In seinen Erinnerungen *When You're from Brooklyn, Everywhere Else Is Tokyo* schrieb Larry King auch über den Drang meines Vaters, sich überall hineinzuschleichen, überall herauszuschleichen und jeden zu überlisten. Als Larry meinem Vater erzählte, daß er im Madison Square Garden in New York sein würde, wo die Demokraten ihren Parteitag abhielten, sagte mein Vater, daß er sich mit ihm im Saal treffen würde. »Du hast mich nicht verstanden, Herbie«, sagte Larry. »Ich kann dir kein Tikket besorgen. Jeder wird dreifach überprüft. Gestern haben sie sogar Ed Muskie rausgeworfen, weil der kein rotes Abzeichen trug. Und Muskie ist immerhin Staatssekretär. An jedem Eingang steht ein Sicherheitsposten. Ich treffe dich also lieber davor, und wir genehmigen uns einen Happen.«

»Herbie kennt einfach nicht die Bedeutung der Worte ›geht nicht‹«, schrieb Larry. »›Wir sehen uns morgen im Saal‹«, sagte er. Herbie ging einfach in den Garden, entdeckte einen Eingang, der direkt in den Saal zu führen schien, schritt voller Selbstvertrauen auf die verblüffte Wache zu, klopfte ihr kräftig auf die Schulter und sagte: ›Hervorragende Arbeit‹, und zack war er im Saal. Und die Wache stand einfach bloß da, ein breites Grinsen im Gesicht. Ich blickte auf, und Herbie stand vor mir.«

Im Lauf der Jahre begriff ich, daß mein Vater seine Mätzchen nicht bloß aus Spaß an der Freude abzog, sondern daß sie für ihn eine Philosophie der Tat waren, ein Beweis seiner Auffassung, daß Autorität, sei es die der russischen Zollbeamten oder die der Wache im Madison Square Garden, sich stets überlisten ließ. Auf diese Weise zeigte er uns, daß die Welt noch ein lebenswerter Ort ist, daß all diese Regeln – tu dies, tu das, das darfst du nicht – nur von anderen Menschen aufgestellte Regeln sind, die sich auch umgehen lassen. Als Erwachsener verdiente Herbie sein Geld als Unterhändler, als Stratege und auch als Redner, als ein Mann, der anderen Menschen seine Erkenntnisse einer lebenslangen Untersuchung der Autorität mitteilte. In seinem Buch *Sie können alles schaffen* schrieb er: »Alles ist verhandelbar«, womit er gewiß nicht den Kaufpreis für ein Auto meinte, sondern jenen Teil des eigenen Schicksals, der vorherbestimmt zu sein scheint. Er glaubt an den freien Willen, daran, daß man diese hohen Tiere, die einem sagen, wozu man keinesfalls fähig ist, immer irgendwie überlisten kann. Es ist die Gewitztheit der Straße, die ihm sagt, daß sich stets ein Weg zum Paradies aushandeln läßt, daß man einen Menschen nie nur beim Wort nehmen soll – all die alten Gangsterweisheiten eben, Einsichten, die schon in den zwanziger Jahren von Arnold Rothstein wie folgt zusammengefaßt wurden: »Die Mehrheit der menschlichen Rasse besteht aus Nieten und tauben Nüssen«, erklärte Rothstein dem *Brooklyn Eagle*. »Sie haben ein miserables Urteilsvermögen und keinen Verstand, und wenn man gelernt hat, das eine oder andere zu tun, Leute richtig einzuschätzen und wirksame Methoden für sich auszuknobeln, kommen sie gleich zu dem Schluß, daß man nur ein Gauner sein kann.«
Ich glaube, mein Vater hat sich seine Philosophie teilweise durch Kindheitserfahrungen in Bensonhurst und teilweise durch alte Filme angeeignet, in denen die schlagfertigen Brooklyner am Ende immer gewinnen, hat sie teilweise von den jüdischen Gangstern übernommen, die in den Vertretern des Gesetzes eine rivalisierende Gang sahen, und teilweise vom Holocaust, der (so ist er überzeugt) damit begann, daß man falsche Autoritäten akzeptierte. Wie klein man sich auch fühlt, einen Nazi kann man immer überlisten, und wenn man einen Nazi überlistet, unter-

miniert man seine Macht; ein Nazi ist auch bloß einer von diesen beknackten Typen, mit denen man es auf der Straße aufnimmt. Die Lektionen meines Vaters haben sich für mich stets mit dem vermischt, was ich im Religionsunterricht gehört habe, mit der Geschichte von Abraham, dem Patriarchen der Juden, der an dem Tag lernte, falschen Göttern zu mißtrauen, als er die Götzenbilder in der Werkstatt seines Vaters zerschlug. Als ich vor kurzem meinen Vater fragte: »Wenn ich Rebbe Menachem Mendel Schneerson in den Hintern treten kann, habe ich dann bewiesen, daß er nicht der Messias ist?« lächelte er und sagte: »Interessante Frage.«

Für meinen Vater ist jede Konfrontation mit der Autorität ein Test, ein Maßstab dafür, wie er gegen das wahrhaft Böse bestehen würde. Als er mir zu erklären versuchte, warum er ein Geplänkel austrug, das mir völlig bedeutungslos erschien, sagte er: »Stell dir vor, wir schrieben das Jahr 1941, und diese Arschlöcher brächten Juden um.« Als Herbie und Larry fünfzehn Jahre alt waren, wurden sie in Bensonhurst von der Polizei aufs Revier mitgenommen. Sie standen an der Ecke und waren gerade von ihrem Rendezvous am Freitagabend zurück. Während sie noch über ihre Mädchen redeten, hielt einen Streifenwagen neben ihnen. »Okay«, sagte ein Polizist. »Ihr beide da, steigt ein.« Larry protestierte und sagte, hier müsse eine Verwechslung vorliegen, doch mein Vater, der gleich eine Gelegenheit für einen handfesten Streich witterte, sagte: »Tja, Larry, da kann man nichts machen, jetzt haben sie uns doch noch erwischt.« Die Cops suchten nach zwei Jungs, Rowdys, die das Viertel tyrannisierten, und die Beschreibung paßte auf Larry und meinen Vater.

Auf dem Weg ins Revier stiegen Larry die Tränen in die Augen.

»Ihr habt die falschen Typen geschnappt«, sagte er.

»Hör schon auf, Larry«, sagte Herbie. »Ich habe dir doch immer gesagt, daß wir eines Tages der Gerechtigkeit in die Hände fallen.«

Auf dem Polizeirevier brachte man die Warriors in verschiedene Räume und verhörte sie. In einem Film sähe man die Szene auf geteilter Leinwand, Larry auf der einen Seite, weinend, mein Vater auf der anderen Seite, wie er jedes Verbrechen gestand, das ihm in den Sinn kam. »Ich glaube, er hat sogar die Verantwortung für Pearl Harbor übernommen«, schrieb Larry später. Nach einer Weile ging der Polizei auf, daß ein Versehen vorlag und ihr die falschen Jungs ins Netz gegangen waren, daß sie es nur mit einem Schlaumeier und einer Heulsuse zu tun hatte. Man rief die Eltern an und bat sie, die beiden abzuholen. Als man die Warriors schließlich freiließ, wurden sie von ihren Eltern, Tanten, Onkeln, Freunden und von Renee, der superklugen Schwester meines Vaters, in Empfang genommen. (Als ich meinem Vater einmal sagte, daß ich mir blöd vorkäme, sagte er: »Du kommst dir blöd vor? Ich hatte eine Schwester, die war drei Jahre älter als ich und mir in der Schule sieben Jahre voraus. Was glaubst du, wie ich mich gefühlt habe?«) Kaum hatte er die Menge vor dem Revier entdeckt, drehte sich mein Vater um und sagte: »He, Larry, sie haben die ganze Gang mitgebracht!«

■ ■ ■

Als die Warriors älter wurden, rückten die Gangster in den Hintergrund. Die Nützlichkeit ihres Vorbildes begann zu verblassen. Mein Vater und seine Freunde hatten Chancen, von denen die Gangster nur träumen konnten. College. Berufe. Karrieren. In den vierziger Jahren waren die Versprechen Amerikas in Bensonhurst überaus real. Die Straße, das war nicht mehr der Weg nach oben, sondern der Weg nach draußen. Eine Sackgasse. Die Jungs waren bereits auf ihre Zukunft getrimmt, auf eine Zeit, in der Juden zu Nichtjuden werden sollten, und manche Nichtjuden sogar Juden werden wollten. Fürs jüdische Leben waren die Tage der Eishacke vorbei. Was würden die Jungs von den Gangstern übernehmen? Einen Stil, eine gewisse Härte, eine Pose, die sie an den Tag legten. Mehr nicht. Sie wuchsen auf, vergaßen, ordneten sich in die gesellschaftliche Mitte ein. Einen Brooklyner Stil allerdings behielten sie bei, einen Stil, der in gewisser Hinsicht auch ein Gangsterstil ist.

Doch mein Vater und seine Freunde blieben an den Gangstern interessiert, folgten ihren Spuren wie denen halb vergessener Freunde. Als Senator Estes Kefauver von Tennessee 1950 eine breitangelegte Ermittlung in der Unterwelt veranlaßte, eine Ermittlung, die über zwei Jahre dauern und die Aussagen von mehr als sechshundert Zeugen umspannen sollte, sahen sich die Warriors die Verhandlungen im Fernsehen an. Herbie und Larry standen vor dem Apparat, als Gangster auf Gangster ihre Aussage machten.

He, sieh doch. Mickey Cohen. Der war früher mal Boxer. Phantastisches Fliegengewicht, dieser Mickey Cohen.

Ach was, das ist er nicht! Das ist Meyer Lansky; der Typ, der sich immer mit Bugsy Siegel rumgetrieben hat. Siegels Schwester wohnt in Brooklyn, weißte ja!

Klar weiß ich das. Wer weiß das nicht?

Ehe Frank Costello seine Aussage machte, erwirkte er aus Angst vor der Öffentlichkeit einen Erlaß, der es den Fernsehsendern untersagte, sein Gesicht zu zeigen. Stundenlang, ja tagelang zeigten die Bildschirme überall im Land also nur die äderigen Hände des Gangsters. Costello, dem schließlich der Ton der Fragen nicht mehr paßte, stürmte aus dem Saal. Später wurde er wegen Mißachtung des Gerichts verurteilt und mußte achtzehn Monate im Gefängnis absitzen. Als man Jake »Greasy Thumb« Guzik, einem jüdischen Gangster aus Chicago, eine Frage stellte, weigerte er sich zu antworten. Er sagte: »Durch meine Antwort könnte ich mich selbst belasten.«

Eines Nachmittags stand mein Vater an der Ecke und stierte durch die Schwellen der Hochbahn in den Himmel. Gleich darauf entdeckte er Larry, der den Bay Parkway entlanglief. Alle paar Meter blieb Larry stehen, um sich die Brille wieder auf die Nase hochzuschieben. Außer Atem erreichte er schließlich die Fünfundachtzigste Straße. »Haste schon gehört, was passiert ist?« stieß er hervor. »Ich hab's gerade in der Zeitung gelesen. Sie haben Albert Anastasia umgebracht.«

»Wer hat Albert Anastasia umgebracht?« fragte mein Vater.

Larry blickte zwischen den Hochbahnträgern durch und sagte: »Weiß nicht.«

Albert Anastasia wurde vermutlich auf Befehl von Vito Genovese umgebracht, ein Coup, der ihm die Kontrolle über die Mobfamilie Lucky Luciano sichern sollte. Er starb im Frisiersalon des Park Central Hotels, im selben Hotel also, in dem dreißig Jahre zuvor Arnold Rothstein erschossen worden war, so daß es schien, als wären dem Produzenten die Drehorte ausgegangen.

Anastasia saß um 10.15 Uhr im Stuhl Nummer vier. Er döste vor sich hin, während der Friseur seiner Arbeit nachging. Der Stuhl stand mit dem Rücken zur Tür, so daß die Killer, zwei Männer in Anzügen mit Filzhüten und Sonnenbrillen, den Gangster und dessen mächtiges Kinn im Spiegel gesehen haben dürften, das Gesicht in dampfende Tücher gehüllt. Als der Friseur die Killer sah, trat er zur Seite.
Fünfmal schossen sie von hinten durch den Stuhl. Als Anastasia zu Boden fiel, schossen sie ihm weitere fünfmal in die Brust. Es gibt ein Foto, das nur wenige Minuten nach der Tat aufgenommen wurde. Albert liegt auf dem Rücken, ein Laken verdeckt sein Gesicht, ein zweites seinen Unterkörper. Sein Brustkorb ist breit wie ein Baumstamm. Mit diesem Mord war der jüdische Mob um einen Tod tiefer ins Vergessen gedrängt worden. Noch eine Leiche. Noch eine Schaufel voll Dreck. Etwas über diesen Mord erfahren zu haben, bedeutete für Larry, mit jener Welt verbunden zu sein, in der sich einst Reles, Strauss und Goldstein bewegt hatten. Der Stuhl, auf dem Anastasia saß, Stuhl Nummer vier, wurde später auf einer Auktion für sieben Riesen verkauft. Buddy Hackett erstand das Haus des Gangsters in Fort Lee in New Jersey. Letzten Endes gehört eben doch alles den Komikern.

■ ■ ■

In den fünfziger Jahren begannen Teile von Brooklyn zu verschwinden. Ganze Wohnblocks packten zusammen und zogen fort in die Reihenhäuser von New Jersey oder Long Island oder weiter nach Westen in die weiten, offenen Staaten, die nur eine einzige Jahreszeit kennen. Jackie Gleason, dessen *The Honeymooners* in Bensonhurst spielte, verlegte das gesamte Fernsehteam nach Miami. 1957 verließen sogar die Dodgers Brooklyn und suchten sich ihre Fans in Kalifornien. Einige Jahre später errichtete man auf Ebbet Fields eine Neubausiedlung, einen Gebäudekomplex, der für die Farbe Braun das gleiche ausrichtete, was Hitler für den Vornamen Adolf bewirkte. Und dann begannen die Straßenecken zu veröden. Kam man nach dem Essen zum Bay Parkway runter, war wieder jemand verschwunden. Ein

Freund, der früher stets an der Ecke stand, war nicht mehr da. Vielleicht war es Sandy Koufax, der fortgegangen war, um mit den Dodgers zu spielen. Oder es war Inky, der nun zur Howard Dental School ging. Und am nächsten Tag war jemand anderes fort. Diesmal vielleicht Who-Ha, Gutter Rat, Bucko, Sheppo oder Moppo. Und dann war es wieder jemand anderes.
Als sie eines Tages an der Ecke standen und Larry mal wieder mit seinen Radioträumen angab und vorbeifahrende Autos ankündigte – *Hier kommt ein Ford Fairlane, Baujahr 1949, meine Damen und Herren, einen Applaus, bitte!* –, fiel meinem Vater auf, daß Sid und Asher verschwunden waren. Einige Tage zuvor waren Sid und Asher mit der vagen Idee nach Kalifornien aufgebrochen, drüben Basketball zu spielen, vielleicht an der USC oder der UCLA, um den Kids von der West Coast Basketball à la Brooklyn beizubringen. Dann und wann fanden Neuigkeiten den Weg zurück zur Straßenecke. Sid und Asher spielten in irgendeinem Junior College; Sid und Asher von Frauen umringt; Sid und Asher ständig betrunken; Sid und Asher hießen jetzt Sid Young und Asher Dann; Asher Dann traf sich mit irgendeinem hohen Tier vom Film; Asher Dann unterschrieb einen Vertrag mit Universal Pictures; Sid Young nahm einen Job als Makler an; Asher Dann drehte seinen ersten B-Film mit dem Titel *September Storm*, in dem er einen jungen Kabinensteward spielt, der nur höchst selten ein Hemd trägt; Asher Dann wird zu Hollywoods Sexsymbol gekürt. Und danach verschwinden Sid und Asher aus dem Blickfeld, ein Signal, das schwächer wird, je weiter es sich entfernt.
Stirb oder raus aus der Stadt – das galt für meinen Vater und seine Freunde wie damals für jeden, der gegen Lepke aussagen wollte. Man mußte die Stadt verlassen, um sein Leben in die Hand nehmen zu können, um sich neu zu erschaffen, die Welt in Besitz zu nehmen. Verläßt man die Stadt nicht, wird man früher oder später, in zehn Minuten, falls nicht erst in zehn Jahren, aufwachen und merken, daß man nie gelebt hat, daß die eigene Stadt auf dem Hintergrund des Nichts existiert. Man muß die Stadt verlassen, bevor man sie sich zu eigen machen kann – das haben mein Vater und seine Freunde in den fünfziger Jahren begriffen, damals, als es den Eindruck machte, als würde das ge-

samte Viertel die Sachen packen und fortziehen. Stirb oder raus aus der Stadt. Stirb oder raus. Raus oder Stadt stirb. Stirb Stadt raus. Und natürlich begriffen sie Jahre später, als sie zurückzukommen versuchten, als sie an der Ecke standen und ihre Augen schlossen, daß ihre alte Stadt verschwunden war, daß sie gestorben war, als sie sich in der Ferne herumtrieben und ihr Leben lebten. Doch tief in sich drinnen bewahrten sie etwas von dieser alten Stadt auf, eine Welt, die einst existiert hatte, die immer noch existiert, nachts, wenn sie träumen. Stirb oder raus aus der Stadt. Nun, wer blieb, war mit der Stadt gestorben – er wußte es nur noch nicht. Wer gegangen war, hatte sich auch verändert, hatte sich verändert, wie sich die Stadt hätte verändern sollen, wäre alles andere geblieben, wie es war. Dabei muß ich an einige Gemälde des italienischen Malers Umberto Boccioni denken: *Die, die blieben; Die, die gingen; Die Abschiede*. Auf beiden Seiten verlieren sich Gesichter in einem Farbmeer, das gleiche, doch unterschiedlich. In der Mitte aber sind *Die Abschiede* zu sehen, ein Bild voller Leben, und die Schienen sirren, als ein Zug über die Gleise schießt. Die Abschiede sind das Entscheidende; die Abschiede sind das Leben.

1954 ging mein Vater zur Armee. Zuvor hatte er daheim bei seinen Eltern gelebt und an der New Yorker Universität studiert. In der Schule war er nicht besonders gut gewesen. Jeden Abend, wenn er die Bücher vor sich ausbreitete, füllte sich die Straße vor seinem Fenster mit Warriors. »He, Herbie«, riefen sie zu ihm hoch. »Komm runter!« Mein Dad sah dann auf seine Bücher, zum Fenster, Bücher, Fenster, und dann rannte er die Treppe hinunter. Er wußte, daß es so nicht weitergehen, daß sich seine Jugend nicht bis ins Unbestimmte verlängern konnte. In Korea fand ein Krieg statt – ein Weg aus der Stadt. Als er den Einberufungsbescheid unterschrieb, empfand er zuerst eine Art Erleichterung, als hätte er seinem Leben endlich Gestalt verliehen. Sein Vater hatte im Ersten Weltkrieg gedient, und sein Vetter Nathan hatte im Zweiten Weltkrieg an der Landung der alliierten Truppen in Anzio in Sizilien teilgenommen und war in der Normandie gewesen.

Am letzten Abend vor Dienstantritt saß er allein im Zimmer. Seine Gedanken tanzten in die Zukunft, und er sah sich sterbend an einem verlassenen Strand des Südpazifiks liegen oder mit einer Gruppe GIs einen Hügel erstürmen. Er sah den Himmel vor seinem Fenster, der sich mit Sternen füllte, und sah den weißen Vorhang in einer Brise flattern, die von Gravesend Bay herüberwehte. Er hörte *In the Wee Small Hours*, eine Platte von Frank Sinatra, bis sich jeder Song in sein Gedächtnis eingegraben hatte und er vor lauter Angst nicht mehr ein noch aus wußte. Erst als der Himmel sich aufhellte, fiel er in einen leichten Schlaf. Einige Stunden später umarmte er seine Eltern zum Abschied, schluckte schwer, meldete sich in der Whitehall Street zum Dienst und wurde sofort nach New Jersey verlegt. Wenige Tage später besuchten ihn seine Eltern und brachten bergeweise Matzoball-Sandwiches mit.

Nach der Grundausbildung im Camp Chafee in Arkansas wurde mein Vater nach Europa verlegt, mitten hinein in die spannungsgeladene Atmosphäre des kalten Krieges. Er war in Bad Kissingen stationiert, einer flachen Gegend, bekannt unter dem Namen Fulda Gap, einem Becken, durch das im Falle eines Krieges die Sowjets vermutlich ihre Panzer schicken würden. Eine Zeitlang bemannte er bei Grenzpatrouillen in einem Panzerwagen das hintere Maschinengewehr. Später war er Schreiber bei Gericht und Behörden, trainierte Basketballmannschaften, fand Schlupflöcher in rätselhaften Vorschriften, unternahm Ausflüge nach Frankreich, Spanien und Nordafrika, füllte ein Fotoalbum mit Postkarten und führte im großen und ganzen ein herrliches Leben. Wenn ihn heutzutage irgendein alter Herr fragt, ob er denn auch gedient habe, lächelt er und sagt mit einem leichten Südstaatenakzent: »Jawoll. Laut öffentlichem Erlaß 550 Veteran des Koreakrieges. Hab uns alle vor den Kommies gerettet.«

■ ■ ■

Als mein Vater zur Armee ging, war Larry der letzte Warrior in Bensonhurst. Er ging nicht mehr zur Ecke. Da war niemand mehr, höchstens noch ein paar Jungs aus der High School, Babys eben. Er nahm einige schlecht bezahlte Jobs an (Botenjunge, Postangestellter, Milchmann) und träumte immerzu vom Radio. Seit er ein kleiner Junge war, wollte Larry zum Radio. 1960 ging er auf Anraten eines Rundfunkmitarbeiters nach Miami. »Die Stadt hat Zukunft, ein Ort voller Kids auf dem Weg nach oben und voller Greise, die den Weg freigeben«, erzählte der Mann. »Außerdem gibt es da noch keine Gewerkschaft, also kannst du dir problemlos einen Job besorgen. Schlechte Bezahlung. Lange Arbeitszeiten. Aber wenigstens bist du beim Radio.« In den nächsten Jahren arbeitete sich Larry von Sender zu Sender vor. Sein erster Rundfunkdirektor meinte, Zeiger klänge zu jüdisch, und änderte Larrys Namen in King. Bald war er in Miami ein Star. Ende der sechziger Jahre hatte er außer seiner Radio- noch eine Fernsehshow, berichtete live von den Dolphins und schrieb eine Zeitungskolumne. Die Welt war sein Spielfeld geworden.

■ ■ ■

In diesen Jahren verfolgten Larry und die übrigen, im ganzen Land verteilten Warriors das Ringen einer anderen New Yorker Berühmtheit. Was Meyer Lansky 1972 durchmachte, scheint heute die Geschichte der jüdischen Gangster im kleinen widerzuspiegeln, zeigt sie doch, was mit einer Gruppe von Männern passiert, wenn ihr Platz in der Welt schwindet. 1970 hörte Lansky, der damals in Miami wohnte, daß man ihn wegen Steuerhinterziehung belangen wolle. Statt sich zu stellen, floh er nach Israel. Er machte dabei vom israelischen Rückkehrgesetz Gebrauch, das jedem Juden die Staatsangehörigkeit zusichert. Und kaum hatte er sich in Tel Aviv niedergelassen, ging er vor Gericht und kämpfte gegen die Bemühungen des amerikanischen Justizministeriums um seine Ausweisung. Der Fall kam bis vors oberste Gericht in Israel, das sich weigerte, Lansky Asyl zu gewähren. Jemand wollte später bei Golda Meir, der israelischen Premierministerin, ein Wort für Lansky einlegen. Doch als Meir das Wort »Mafia« hörte, schüttelte sie den Kopf und sagte: »Nein, keine Mafia in Israel.«
Am 5. November 1972 startete Lansky in Tel Aviv. In Zürich traf er sich mit einem Freund, der ihm Tickets für Rio und eine Verbindung nach Buenos Aires besorgte. Von dort aus konnte er nach Paraguay fliegen, wo er einige Beamte bestechen, einen neuen Namen annehmen und verschwinden sollte. Das FBI

schickte eine Meldung an alle Flughäfen der Welt, und die Polizei spürte ihn in Argentinien wieder auf. Nachdem er einige Fragen beantwortet hatte, erlaubte man ihm, sich für den Braniff-Flug 949 einzuchecken. Kaum war das Flugzeug in Paraguay gelandet, kamen Polizeibeamte, die ihm sagten, daß er das Flugzeug nicht verlassen dürfe. Dasselbe passierte, als das Flugzeug in Bolivien, Peru und Panama landete. In diesen Stunden schien der Fünfundsiebzigjährige die Geschichte der Juden noch einmal zu durchleben, Ankunft und Abreise, Exil, Wanderungen. Er blickte aus dem Fenster, das Gesicht leer wie ein Blatt Papier. Er schob sich eine Nitroglyzerin-Pille unter die Zunge.
Als das Flugzeug am 7. November 1972 in Miami landete, wurde er von einer Meute von Fotografen erwartet. *Blitz. Blitz. Blitz.* Seit sechsunddreißig Stunden war er unterwegs, war aber letztlich, nach all den Mühen, den Prozessen, den Fluchten, dem Kommen und Gehen, doch wieder in Miami angekommen, dort, wo so viele alte Juden ihre Träume zu Grabe tragen. In den kommenden Jahren mußte Lansky zwei Prozesse wegen Steuerhinterziehung über sich ergehen lassen. Er wurde freigesprochen. Während seiner letzten Tage konnte man ihn über die Collins Avenue spazieren sehen, ein alter Mann mit seinem Hund. Er starb 1983 an Herzversagen. Er war sechsundachtzig Jahre alt, und er hatte den einzigen Sieg errungen, den ein Gangster je erringen kann: Er war an Altersschwäche gestorben.

■ ■ ■

Als mein Vater von der Armee zurückkam, absolvierte er das College und studierte Jura. 1956 lernte er in einer Cafeteria der New Yorker Universität meine Mutter kennen, und kaum zwei Jahre später waren sie verheiratet. 1960 wurde meine Schwester Sharon geboren, mein Bruder Steven drei Jahre später. Mein Vater nahm dann eine Stelle als Schadensgutachter bei der Allstate Insurance Company an und begann seinen langsamen Aufstieg, jede Beförderung ein neues Leben in einer neuen Stadt. In den Jahren, ehe ich geboren wurde, den besten Jahren, wie mein Bruder behauptet, zog meine Familie vom Ocean Parkway in Brooklyn zum Aurelia Court in Brooklyn, dann nach Syosset in Long

Island, nach Berkley Heights in New Jersey und schließlich nach Libertyville in Illinois, wo ich 1968 geboren wurde. So, wie Lanskys Reise einen Teil der jüdischen Geschichte verdeutlicht, so verkörpern unsere Umzüge einen anderen Teil: die Reise aus überfüllten Stadtwohnungen auf hüglige Vorstadtrasen, von Osten nach Westen, oder doch zumindest in den Mittleren Westen. Wir waren die einzige jüdische Familie in Libertyville. Im Herbst zog meine Mutter dann meine Schwester auf die Seite und sagte: »Gute Nachrichten. Nächstes Jahr gibt es noch ein jüdisches Kind in der Schule.« Als meine Schwester fragte, wer das sei, antwortete Mom: »Dein Bruder Steven.«

Als ich vier Jahre alt war, zogen wir nach Glencoe an den See. In Glencoe gab es viele Juden, aber sie waren anders als meine Eltern. Sie gehörten zum alten Geldadel, waren Juden des Mittleren Westens. Sie wußten mit dem Silberbesteck so geschickt wie mit einem Skalpell zu hantieren und hoben nur selten die Stimme. Wenn ich hin und wieder herausfand, daß irgendeine hyperarrivierte Familie eine jüdische Familie war, entfuhr mir ein: »Willst du mich verscheißern?« Bei uns zu Hause brachten die Stimmen beim Mittagessen das Glas zum Klirren. Sah ich meinen Dad auf der Straße in der Stadt, sah ich ein Stück wandelndes Brooklyn vor mir. Das Leben in Brooklyn schien ihn zu beschleunigen, ihn in Schwung zu bringen, wie Pedale, wenn die Kette abspringt. Als mein Bruder mal beim Eishockey in eine Massenschlägerei geriet, lief mein Dad aufs Eis und stürzte sich auf den Leiberknäuel. Wenn er zur Bank wollte, ging er zu Fuß durch die Drive-in-Durchfahrt und stellte sich hinter den wartenden Autos an; wenn ich Hockey spielte, stand er auf der Zuschauertribüne, Zigarre im Mund und schrie: »Zeig's ihnen!« Und als ich aus der Schule ein superblondes Mädchen mit nach Hause brachte, sah er die Kleine von der Seite an und sagte: »Schau an, Richs weiße Freundin.« Oft gab er weitsichtige Gemeinplätze aus Gangsterfilmen von sich. Er sprach, wie Don Corleone im *Paten* spricht, wenn er sagt: »Barzini wird den ersten Schritt machen und ein Treffen arrangieren lassen durch jemanden, dem du absolut vertraust. Wer auch zu dir kommt und sagt, daß Barzini dich treffen will, der ist der Verräter. Egal, wer es ist.« Nachdem meine Großmutter sich mit einem Mann namens Izzy wiederverheiratet hatte, ein Mann, den mein Dad nicht leiden konnte, fuhren wir eines Tages über den Highway, und mein Dad sagte zu mir: »Wenn ich mal sterbe, wird deine Mutter einen Mann kennenlernen, der ihr Geschenke und Blumen kauft und ihr all diese kleinen Aufmerksamkeiten erweist, in denen ich nie so besonders gut war, und er wird deine Mutter bitten, sie zu heiraten. Aber ich sag dir hier und jetzt, damit du es weißt: Dieser Mann ist ein Armleuchter.«

Am deutlichsten ließ sich Brooklyn beim Basketballspielen erkennen. Wir spielten jeden Abend nach dem Essen. Ich trug Shorts und T-Shirts, er Hemden mit Knopfleiste und Anzugshosen. Kleingeld klimperte in seinen Taschen. Er roch nach Steak. Er legte die Zigarre zur Seite, sagte: »Jetzt oder nie.« Und peng! Schon war er hinter mir. Lag er knapp in Führung, fing er an, dummes Zeug zu reden: »So junges Gemüse kann einen alten Hasen doch niemals schlagen.« Lag ich in Führung, sagte er: »Okay, du wirst adoptiert.« Falls sich mein Vorsprung vergrößerte, senkte er die Stimme zu einem verschwörerischen Flüstern: »Deine Mutter braucht Hilfe; ich halt sie im Keller gefangen.« Er hatte eine Reihe schöner alter Wurftechniken auf Lager: den Bodenpaß, den Baseballpaß und den Schrägpaß. Sein Lieblingswurf war der Hakenwurf, und im Sprungwurf war er auch nicht schlecht. Unterm Korb aber wurde er regelrecht bösartig. Als ich einmal zu einem Korbaufleger hochspringen wollte, rammte er mich zu Boden. »Und wenn ich im Rollstuhl sitze«, sagte er und half mir wieder auf, »aber dich mach ich immer noch fertig. Ich komme aus Brooklyn. Und wo kommst du her? Aus den Bergen.« Es gibt zwar keine Berge in Illinois, aber mein Vater behauptete immer, mein Bruder und ich kämen aus den Bergen, von da oben, wo die reichen Kids hinter verschlossenen Türen lebten. Schwach vor lauter Kultiviertheit waren wir in den Bergen von Illinois verloren. Wäre mein Leben ein Buch, hieße dieses Kapitel: »Warum sich unsere Väter über uns lustig machen.«

Meine Generation unterscheidet sich deutlich von der meines Vaters. Meine Freunde und ich sind eine weitere Generation von Europa, vom *schtetl* entfernt. Ich merke selbst, daß viel vom knallharten, weltmüden Brooklyner Humor der nasalen Ironie eines Bewohners des Mittleren Westens gewichen ist. Als ich aufwuchs, zuckte ich immer zusammen, wenn Jüdisches tatsächlich jüdisch genannt wurde. Sah ich einmal von meinen Eltern ab, kannte ich eigentlich nur eine Sorte Juden: intellektuelle, bürgerliche Kinder-auf-dem-College-Vorstadtjuden. *Können sich Juden besaufen? Demolieren Juden Hotelzimmer? Wissen sich Juden selbst zu verteidigen?* Fragen, die mir nie eingefallen sind. Warum nicht? Weil ich keine Ahnung von der Vergangenheit hatte. Nachdem die Mehrzahl der jüdischen Gangster gestorben war, nachdem man die Ghettos den Schwarzen oder Latinos überlassen hatte, war dieser Teil der jüdischen Geschichte, eine New Yorker Geschichte, nahezu vergessen worden. Vermutlich entsprach dies auch der Absicht der Großeltern: als wollten sie einen Weg überwuchern lassen, der in die Irre geführt hatte. Für die jüdischen Kinder meiner Generation würde Israel den Platz der Gangster einnehmen müssen. Dort lebten die harten Juden, Juden, die zurückschlugen, starke Juden, die Aggression mit Aggression vergolten. Jüdische Kids redeten mit kieksigen Stimmen von der israelischen Armee, ihren Kriegen, ihren Siegen. Doch Israel war weit fort, Ausland. Was hatte Israel in Glencoe zu bedeuten? Und anders als mein Dad hatte ich keine jüdischen Gangster oder auch nur einen jüdischen Boxer. Wen hatte ich? Michael Milken (Börsenmakler), Steve Guttenberg (Regisseur), Abner Mikva (Kongreßabgeordneter und Richter). Hart aussehende Juden spielten in den Filmen unweigerlich Italiener. Henry Winkler als *Fonzie* in *Happy Days: Die Großstadt-Cowboys;* James Caan als Sonny Corleone in *Der Pate;* Edward G. Robinson als Rico in *Der öffentliche Feind.* In Richard Prices Buch *The Wanderers* sagt ein Italiener, der nicht glauben will, daß ein Filmstar Jude ist: »Blödsinn, der sieht doch für einen Hebräer viel zu gut aus.«

Als Larry King in unserer Küche in Illinois saß, hörte ich zum erstenmal von jüdischen Gangstern. Allein die Worte – jüdische Gangster – schienen den Raum zum Leben zu erwecken. Kugeln schwirrten durch die Luft, Flüche wurden ausgestoßen, Intrigen ausgeheckt. Der Hängefarn sah kräftiger aus. Das Vogelgezwitscher aus dem Nebenzimmer klang plötzlich rätselhaft, ahnungsvoll, und mein eigenes Gesicht sah im Spiegel dunkler, härter aus. Irgendwo da drinnen, in Zügen, die noch nicht zu sehen waren, mochte sich ein Gangster verbergen. Ein jüdischer Gangster. Die Menschen glauben nicht an jüdische Gangster, weil jüdische Gangster nicht ins Klischee passen, weil sie die Erwartungen durchkreuzen, die so viele Menschen mit Juden verbinden. Die jüdischen Gangster gehörten zu den ersten Juden, die den Glauben an die jüdische Besonderheit über Bord warfen, die die Juden in eine Welt der Killer und Diebe aussetzten, sie freisetzten. Wenn Reles ein Opfer um die Ecke brachte, dann nahm er ihm nicht nur das Leben; er gab auch der fundamentalen Freiheit der Juden in Amerika Ausdruck.

Hätte ich in Glencoe einem meiner ›weißen Freunde‹ von jüdischen Gangstern erzählt, hätte er mir ins Gesicht gelacht. Und ich schätze, deshalb habe ich mich so an diese Worte geklammert: jüdische Gangster. Allein die Tatsache, daß jüdische Jungs einst Gangs gebildet hatten, daß sie gekämpft und geschossen hatten, änderte einfach alles. Schließlich bedeutete es, daß alles möglich war. Man würde mich nicht mehr nach dem Klischee beurteilen können, da das Klischee falsch war. Man würde sich schon mit mir treffen, mit mir reden, mir in die Augen sehen müssen, wenn man wissen wollte, wie ich war. Als mein Dad mich und meinen Bruder mal durch Bensonhurst fuhr, sahen wir einen verkniffen aussehenden Mann die Straße entlangschleichen. Mein Vater kurbelte das Fenster runter und rief: »He, Sheppo.«

Das Gesicht des Mannes leuchtete auf. Er rannte zum Wagen. »Ich faß es nicht«, sagte er und schaute in den Wagen. »Handsomo ist wieder da.« Und da wußte ich, daß die Welt vor meiner Geburt eine andere Welt gewesen war.

■ ■ ■

Als mein Vater den Osten verließ, verlor er den Kontakt zu vielen Brooklyner Freunden. Vermutlich ist das so, wenn man erwachsen, wenn man Ehemann und Vater wird. Jeder Mensch kann eben nur eine begrenzte Anzahl Leben führen. Als Larrys Mutter 1976 in Miami starb, sah meine Großmutter die Todesanzeige in der Zeitung und fuhr zur Beerdigung. Sie redete mit Larry, zeigte ihm Bilder von meinem Dad und seiner Familie. Larry, der damals schon auf seinem Weg zum CNN und zu Weltruhm war, rief meinen Vater an. Und obwohl sie sich seit einem Jahrzehnt nicht gesprochen hatten, war es, als sei kein Tag vergangen. Sie unterhielten sich bald schon wieder nächtelang. Larry suchte nach den anderen Mitgliedern der Gang. In den achtziger Jahren hörte er, daß Sid jeden Morgen im *Nate 'n' Al's* frühstückte. Und als er das nächste Mal in Los Angeles war, fuhr er zum Diner. Larry sah Sid allein in seiner Sitzecke frühstücken und Zeitung lesen. Leise glitt er auf den Stuhl vor ihm. Sid ist halb im Ruhestand und hat als Makler genügend Geld verdient, um sein Frühstück genießen zu können. Als er die Zeitung senkte, sah er in Larrys grinsendes Gesicht. »Was zum Teufel ist denn jetzt los?« rief Sid und ließ die Gabel fallen. »Bin ich etwa an der Ecke? Ist das nicht Larry Zeiger?« Bald darauf tauchte Asher auf. Asher, der schon vor langer Zeit mit der Schauspielerei aufgehört hatte, besitzt eine der größten Maklerfirmen Kaliforniens. Sein Gesicht ist alt und weise geworden, doch der hübsche Junge ist immer noch dahinter zu erkennen. Einige Tage später flog mein Dad zu ihnen, und die alten Freunde waren wieder vereint.

In den letzten Jahren haben sie viel Zeit zusammen verbracht, sind schwatzend in Fahrstühle gestiegen, Korridore entlanggegangen. Ich habe sie auf Galaempfängen betrunken gesehen, habe sie fromme Tischredner niederbrüllen hören; ich habe sie in spießigen Restaurants in Uptown auf Tische klettern und tanzen sehen und habe Asher eines Nachmittags, als ich im Four Seasons Hotel in Washington um die Ecke bog, mit einer Frau flirten sehen, die eigentlich seine Minibar auffüllen sollte, während ihr Sid in Unterhose dutzendweise Wodka-Flaschen vom Wagen stibitzte. Einmal traf ich Sid in der Lobby eines Hotels, wie er, umringt von drei blonden Frauen, fragte: »Sagt, meine Damen, wann fängt der Spaß an?« Auf einer Party veranstalteten Sid und Asher ein derartiges Spektakel, daß Helen Gurley Brown* auf sie zustürmte und sagte: *»Gentlemen, bitte halten Sie verdammt noch mal die Schnauze.«* Und ich habe sie am frühen Morgen erlebt, wenn ihre Stimmen fürsorglich klingen, wenn sie Nuan-

* Autorin und Herausgeberin. (A. d. Ü.)

cen von Besorgnis andeuten, die nur die Zeit lehren kann, ihre Höhen und Tiefen und all die Dinge, die die Jahre eben mit sich bringen. Wohin sie auch gehen, stets nehmen sie ihre Straßenecke mit.

Die alten Viertel sind fast verschwunden. Auf den Karten stehen noch die Namen, und manche Gebäude gibt es noch, aber es leben andere Menschen dort. Der Akzent auf der Straße hat sich verändert, und auch die Gerüche sind anders. In Brownsville mußten die Reihenhäuser, auf deren Eingangstreppen junge Männer die Nächte verbrachten, ausgedehnten Wohnsiedlungen weichen, die sich bis zum Horizont erstrecken: den Van Dyck Houses, den Laughton Houses. Aus dem Kino Loew's Pitkin ist ein Bekleidungsgeschäft geworden. An der Ecke, wo früher der Süßwarenladen der Midnight Rose stand, steht heute das Brownsville Bargain Center, Reihen trostloser Schaufenster, die auf rund um die Uhr geöffnete Delis und Wohnungen ohne fließend Warmwasser starren. Das Haus, in dem sich Reles und Strauss um die richtige Schreibweise von ›Freund‹ stritten, gibt es noch, ein zweistöckiges Backsteingebäude, umringt von Stacheldraht. Die Gardinen vor den Fenstern sind zerfetzt, als wäre ein Hurrikan hindurchgefahren. Das Haus um die Ecke, in dem Strauss gewohnt hat, ist mit Brettern vernagelt, passenderweise mit Gang-Graffiti besprüht: »The Bump Crew Here!« Das Diner meiner Großeltern ist ebenfalls verschwunden, verdrängt durch eine endlose Abfolge mit stählernen Rolläden geschützter Lagerhäuser. Doch die Legenden leben noch. Man kann sie hören, wie sie an Türen hämmern, die Straßen hinunterhasten. Und jedesmal, wenn mein Vater mit seinen alten Freunden zusammenhockt, Geschichten erzählt und über die alten Tage redet, über das Brooklyn von Reles und Strauss und Goldstein, dann verschwinden die Jahre einfach. Also reden sie weiter und erzählen sich wieder von jenen Nächten vor langer Zeit, von den Gaunern und Gangstern unter der Hochbahnbrücke.

Epilog Nate 'n' Al's

Die Frühstücksmeute hat sich aus *Nate 'n' Al's* verzogen, nur die Stammgäste sind geblieben. In der Küche hört man das Besteck klirren, im Hintergrund Gelächter, dort, wo die Jungs immer noch über Brooklyn reden. Geschirr steht verstreut auf dem Tisch. Hier und da fällt ein Sonnenstrahl auf einen Bagelkrumen oder einen Streifen Räucherlachs. Fettaugen am Tellerrand. Kaye, die Kellnerin, hat schon zweimal versucht, den Tisch abzuräumen, und ist zweimal wieder fortgescheucht worden. »Nichts da«, ruft Asher und hebt die Hand. Keiner will sich eingestehen, daß das Frühstück längst vorüber ist. Herbie probiert immer noch hier und da, versucht die merkwürdigsten Kombinationen. Jede Ansammlung von Tellern ist für ihn ein Büfett.

»Um Gottes willen«, ruft Larry. »Französischen Toast mit Weißfisch?«

»Im Magen kommt ohnehin alles zusammen«, sagte Herbie, »und der Geist besiegt die Materie.«

Asher knöpft einen Knopf seiner Hose auf, und Larry redet bereits vom Lunch. Sid verlangt die Rechnung. »Na schön«, sagt er und steht auf. »Verschwinden wir aus dieser Kaschemme.«

Langsam gehen die Männer zur Kasse, Handknöchel streifen über Tischflächen. Blicke folgen ihnen. Alle greifen sie nach einem Zahnstocher, tätscheln ihre Wampen. Sie haben gelernt, den Luxus zu lieben, und den ganzen Tag lang spazieren sie wie Mafia-Dons in knalligen Trainingsanzügen umher. Abends gehen sie in seidenen, mit Fischen, Rennautos oder Blumen verzierten Hawaiihemden zum Dinner. Fast meint man, sie wären direkt aus den Shorts ihrer Jugend in die Uniformen ihres jungen Erwachsenseins geschlüpft und von dort gleich weiter in die Dreitausend-Dollar-eigens-für-mich-angefertigten-Hongkong-Anzüge und dann zum John-Gotti-Schick des Ravenite Clubs – dieser Allzeitbequemlichkeit, die man nur im wahrhaft geschmacklosen Trainingsanzug genießen kann. Sie blicken den Beverly Drive hinunter zur Wilshire, Autos strömen vorbei, all diese Trottel auf dem Weg zur Arbeit. Vor ihnen liegen noch mindestens zehn gute Jahre, Mahlzeiten, Urlaube, Sauftouren. Sie sind wie die Gangster, hätten die Gangster sich an Lepkes Rat gehalten und die Stadt verlassen. Denn letztlich ist die Geschichte ihres Lebens eine Geschichte der Heimatlosigkeit, eine Geschichte von Männern, die sich weit von zu Hause niedergelassen haben, die von der Vergangenheit reden, weil die Vergangenheit ihnen sagt, wer sie sind. Kurz bevor sich ihre Wege trennen, lächelt Sid und sagt: »Morgen um dieselbe Zeit. Wer zuletzt kommt, zahlt.«

Zum Quellenmaterial

Das Material in diesem Buch stammt aus mehreren Quellen. Außer in jenen Büchern, die in der Bibliographie erwähnt werden, habe ich einen Großteil meiner Recherchen in den New York Archives durchgeführt, wo man sich die ruhmreichen Tage der jüdischen Gangster gleichsam in ihrer skelettierten Form anschauen kann. In den vierziger Jahren sammelte das Büro des Brooklyner Staatsanwaltes im Anschluß an jene Prozesse, die so viele der Verbrecher ins Gefängnis bringen sollten, das Beweismaterial in Kisten, die später in einem Gebäude in der Chambers Street in Manhattan archiviert wurden – Kisten, in denen nicht nur Mitschriften und Polizeiberichte, sondern auch Karten der Fluchtrouten, Stricke, mit denen Verräter erdrosselt wurden, Wanzen und aus Leichen entfernte Kugeln lagern. In diesem Ar-

chiv hielt ich die Kugeln in der Hand, die dem Leben von Plug Shulman ein Ende bereiteten. Ich stehe in der Schuld des Archivmitarbeiters Ken Cobb, der mich Kiste um Kiste durch die Geschichte von *Murder Inc.* führte, sowie in der von Robert Lacey, der mir einen ersten Hinweis auf dieses Archiv gab.
Viele Informationen stammen aus Interviews. Heute leben nicht mehr allzu viele Menschen, die noch über unmittelbare Erinnerungen an die alten jüdischen Gangster verfügen, und von denen, die noch leben, wollten viele nicht reden. Die Gangster sind tot, aber die Angst schwelt weiter. Zu den ersten, die mit mir redeten, gehörte mein Großvater Benjamin Eisenstadt, der inzwischen verstorben ist und während der Weltwirtschaftskrise in einem Diner arbeitete, das von Gangstern frequentiert wurde. Meine Großmutter Betty Gelman-Eisenstadt, deren Familie das Diner gehörte, war mir ebenfalls eine große Hilfe. Zu den anderen Leuten, mit denen ich mich unterhielt, gehören Dorrie Shapiro-Grizzard, Enkelin des berüchtigten Gangführers Gurrah Shapiro, und Arlene Brickman, die in der Sendung *60 Minutes* eine Frau genannt wurde, die der Vorstellung von einem weiblichen Mafioso am nächsten käme. Außerdem führte ich mehrere Interviews mit Leuten, die auf der Seite des Gesetzes stehen, so unter anderem mit Ralph Salerno, einem pensionierten New Yorker Polizeibeamten, der sich auf das organisierte Verbrechen spezialisierte; mit Ben Jacobson, einem pensionierten Polizeibeamten, der heute für eine Privatdetektei arbeitet; mit Robert Patterson, einem Bundesrichter mit einer bemerkenswerten Karriere als Staatsanwalt; mit Herbert Brownell, der, ehe er als Staatsanwalt unter Präsident Eisenhower arbeitete, Thomas Deweys Präsidentschaftskampagne leitete und erst vor kurzem starb; mit John Cusack, lange Zeit Agent des Federal Bureau of Narcotics, heute der Leiter des Rauschgiftdezernats auf den Bahamas; mit J. Edward Lumbard, Bundesrichter und ehemals Justizminister, der unter Thomas Dewey im Büro des Staatsanwaltes arbeitete, und mit Richter Joseph Stone. Außerdem muß ich mich für so manchen Ratschlag meiner Schwester Sharon Cohen Levin und meines Bruders Steven Cohen bedanken, die beide zur Zeit Assistenten der Staatsanwaltschaft im Southern District in New York sind. Sharon ist Leiterin der Asservatenkammer, Steven

Leiter des Sonderkommandos gegen gewalttätige Straßenbanden. Sie konnten mir eine Ahnung von dem vermitteln, was es für einen jungen Ankläger heißt, einem notorischen Verbrecher gegenüberzustehen.
Und dann sind da noch die Geschichten aus dem Viertel, Folklore, die mir von den Bensonhurster Freunden meines Vaters zugetragen wurde, vor allem von Larry King, Asher Dann und Sid Young, die viele Nachmittage mit mir im Friars Club in Los Angeles verbrachten, wo Sid mich einmal ein Sandwich mit Zunge bestellen hieß (Zunge schmeckt wie Zunge – meine Zunge, deine Zunge, Zunge mit Senf schmeckt wie meine Zunge mit Senf), damit er es essen konnte, als ich mich geschlagen gab. »Willste das nicht, Richie? Reich's rüber.« Doch mehr als von allen Quellen wurde dieses Buch von den jüdischen Gangstern selbst inspiriert – von den Menschen dieses verschwundenen, halb vergessenen Schlags, deren dramatisches Leben noch heute, nach so vielen Jahren, wie Rauchschwaden in der Luft hängt.

Danksagung

Dieses Buch hätte ohne die Hilfe vieler Leute nicht geschrieben werden können. Zuallererst möchte ich Alec Wilkinson danken, der einfach der beste Typ ist, den ich kenne, dann Ian Frazier, von dem ich gelernt habe, daß ernste Menschen lustig und lustige Menschen ernst sein können, schließlich Sara Barret, David Lipsky, Jim Albrecht, C. S. Ledbetter III., Helen Thorpe, Melissa Roth, Todd Clark, Ralph und Renee Blumenthal, Debra Eisenstadt, Tad Floridis, Julie Bauer, Bill Brenner, Morris Liebman, Mark Varouxakis, Dennis Cohn, Brendan Lemon, Chris Knutsen und meinen Großeltern Benjamin und Betty Eisenstadt. Außerdem möchte ich mich bei der Zeitschrift *The New Yorker* von damals bedanken, als ich aus dem College kam und sämtlichen Leuten mit allem zur Last gefallen bin, was ich jemals geschrieben hatte. Ich möchte vor allem auch den Redakteuren Bob Gottlieb und Chip McGrath danken, die mir meine erste Chance gaben. Einen besonderen Dank schulde ich Jann Wenner, der mir einen Platz bei der Zeitschrift *Rolling Stone* verschafft hat, wo er mir nicht so sehr Arbeitgeber als vielmehr Freund gewesen ist, ein Mäzen, der mir zu vielen günstigen Gelegenheiten verhalf. Außerdem möchte ich mich bei Bob Love, Sid Holt, Tobias Perse, Tom Conroy und Will Dana von *Rolling Stone* bedanken. Beim Verlag Simon & Schuster gilt mein Dank Dominick Anfuso und Ana DeBevoise. Dankbar bin ich auch Jessica Tuchinsky bei Creative Artists, die mir eine liebe Freundin geworden ist, sowie meinem Agenten Andrew Wylie, der für mich das ist, was Reggie für die Yanks war – der Strohhalm, der den Drink umrührt. Bei der Agentur Wylie danke ich auch Jeff Posternak.

Ich möchte außerdem Bernhard Robben für die wunderbare Übersetzung meines Buches ins Deutsche danken. Und Peter Sillem im S. Fischer Verlag, meinem Freund und Lektor.

Und natürlich bedanke ich mich bei Jessica Medoff, der Frau, die aufwachte, wenn ich mitten in der Nacht eine blöde Idee hatte, und ohne deren Tatkraft und Verständnis die Arbeit an diesem Buch nie beendet worden wäre.

Vor allem aber möchte ich meinen Eltern danken, Herb und Ellen, wie sie auch in meinen besten Geschichten heißen, meiner Schwester Sharon Levin und meinem Schwager Bill Levin, meinem Bruder Steven Cohen und seiner Frau Lisa Melmed. Und unten in North Miami Beach, dem wahren Gelobten Land der Juden, möchte ich meiner Großmutter Esther danken und ihr sagen: »Nein, Oma, du brauchst mir kein Hühnchen zu schikken. Wir haben hier in New York genug zu essen.«

Bibliographie

Asbury, Herbert. *The Gangs of New York*. New York: Paragon House, 1927.

Amen, John Harlan. Report of Kings County Investigation. 1938–1942. New York, 1942.

Berger, Meyer. »Murder Inc.« *Life* 9, 30. September 1940.

Cohen, Mickey. *Mickey Cohen: In My Own Words,* aufgezeichnet von Peter Nugent. Englewood Cliffs, New Jersey: Prentice Hall, 1975.

Dewey, Thomas E. *Twenty Against the Underworld*. New York: Doubleday, 1974.

Doctorow, E. L. *Billy Bathgate*. München: Goldmann, 1992.

Eisenberg, Dennis, Dan Uri und Eli Landau. *Meyer Lansky: Mogul of the Mob*. New York: Paddington Press, 1979.

Feder, Sid, und Joachim Joesten. *The Luciano Story*. New York: David McKay Company, 1954.

Finch, Edward R. Jr. »Hands in Your Pockets: A survey of the Background and Work of the New York County Rackets Bureau«, Bde 1 und 2. Diss. Masch. Princeton University, 1941.

Fried, Albert. *The Rise and Fall of the Jewish Gangster in America.* New York: Columbia University Press, 1980.

Gaebler, Neal. *Winchell: Gossip, Power and the Culture of Celebrity.* New York: Random House, 1994.

Howe, Irving. *World of Our Fathers.* New York: Random House, 1976.

Jackson, Kenneth. *The Encyclopedia of New York.* Yale University Press, 1995.

Katcher, Leo. *The Big Bankroll: The Life and Times of Arnold Rothstein.* New York: DeCapo Press, 1958.

Kennedy, Robert F. *The Enemy Within.* New York: Popular Library, 1960.

King, Larry. *Larry King by Larry King.* New York: Simon & Schuster, 1982.

– *When You're from Brooklyn, Everything Else Is Tokyo.* New York: Little, Brown, 1990.

Lacey, Robert. *Little Man: Meyer Lansky and The Gangster Life.* New York: Little, Brown, 1991.

McClellan, John L. *Crime Without Punishment.* New York: Duell, Sloan and Pierce, 1962.

McDonald, Miles F. Grand Jury Presentment, County Court, Kings County: The Investigation into the Circumstances Surrounding the Death of Abe Reles on November 12, 1941, at the Half Moon Hotel in Coney Island, Brooklyn, New York, 1951.

Mitgang, Herbert. *The Man Who Rode the Tiger: The Life and Times of Judge Samuel Seabury.* New York: L. B. Lippincott, 1963.

Nash, Jay Robert. *Blood Letters and Badmen: A Narrative Encyclopedia of American Criminals from the Pilgrims to the Present.* New York: M. Evans and Company, 1973.

– *The World Encyclopedia of Organized Crime.* New York: Paragon House, 1989.

Pankhurst, Charles. »Our Fight with Tammany Hall.« New York. 1895.

Petersen, Virgil W. *The Mob: 200 Years of Organized Crime.* Ottawa, Illinois: Green Hill Publishers, 1983.

»Probation Report.« People of New York Against Louis Buchalter, et al. Court of General Sessions.

Roth, Andrew. *Infamous Manhattan.* New York: Citadel Press, 1996.

Sann, Paull. *Kill the Dutchman.* New York: DeCapo Press, 1971.

Schwartzman, Paul, und Rob Polner. *New York Notorious.* New York: Crown Publishers, 1992.

Sifakis, Carl. *The Mafia Encyclopedia.* New York: Facts on File, 1987.
Smith, Richard Norton. *Thomas E. Dewey and His Times.* New York: Simon & Schuster, 1984.
Turkus, Burton, und Sid Feder. *Murder, Inc.: The Story of the Syndicate.* New York: Farrar, Straus and Young, 1951.
Winchell, Walter. *Things That Happened to Me – and Me to Them.* New York: Prentice Hall, 1975.

Personenregister